国家示范性高职院校建设项目成果工学结合课程教材

园林企业经营管理

主　编　罗广元　陈春叶

西北农林科技大学出版社

图书在版编目(CIP)数据

园林企业经营管理 / 罗广元,陈春叶主编. —杨凌:西北农林科技大学出版社,2010.3
(2017.3重印)

ISBN 978-7-81092-584-6

Ⅰ.①园… Ⅱ.①罗…②陈… Ⅲ.①园林—农业企业管理—高等学校:技术学校—教材 Ⅳ.①F326.13

中国版本图书馆 CIP 数据核字(2010)第 040926 号

园 林 企 业 经 营 管 理

罗广元 陈春叶 主 编

出版发行	西北农林科技大学出版社
地　　址	陕西杨凌杨武路3号　　邮　编:712100
电　　话	总编室:029—87093105　　发行部:87093302
电子邮箱	press0809@163.com
印　　刷	陕西森奥印务有限公司
版　　次	2010年3月第1版
印　　次	2017年3月第3次
开　　本	787 mm×1092 mm　　1/16
印　　张	18
字　　数	427 千字

ISBN 978-7-81092-584-6
定价:27.00 元

本书如有印装质量问题,请与本社联系

前　言

　　改革开放以来,随着我国经济、社会的迅猛发展,国家对技能型人才,尤其是对高技能人才的需求在不断增加,促使我国高等教育的结构发生重大变化。近年来,高等职业教育逐渐成为社会关注的热点,特别是其人才培养目标。高等职业教育培养生产、建设、管理、服务第一线的高素质应用型技能人才和管理人才,强调以核心职业技能培养为中心,与普通高校的培养目标明显不同,这就要求高等职业教育要在教学内容和教学方法上进行大胆的探索和改革,编写出版高等职业教育园林类专业系列教材显得极为迫切和必要。

　　随着城市建设的发展,人们越来越重视环境,特别是环境的美化。园林建设已成为城市美化的一个重要组成部分,园林不仅在城市的景观方面发挥着重要功能,而且在生态和休闲方面也发挥着重要作用。城市园林的建设越来越受到人们的重视,许多城市提出了要建设国际花园城市和生态园林城市的目标,加强了新城区的园林规划和老城区的绿地改造,促进了园林行业的蓬勃发展。与此相应,社会对园林类专业人才的需求也日益增加,特别是那些既懂得园林规划设计、又懂得园林工程施工,还能进行绿地养护的高技能人才。又因创办园林类企业,尤其是中小型园林类企业在市场管制、技术含量和资金投入方面没有很严格的限制,因此,园林类企业更应重视把握市场的脉搏,实施科学的管理,发展壮大自己,造就一大批社会需要的既懂园林经营管理又掌握园林技术的新型园林服务人才,这正是本书编写的目的所在。

　　本书的编写大纲是在北京林业大学陈建成教授和田明华博士、教授的指导下,由甘肃林业职业技术学院冉福祥教授及本书的编写人员共同讨论制定的。该书的特点是内容紧密结合园林生产经营实际,理论基础重点突出园林生产经营实际技能所需要的内容,并与园林技术实训项目密切配合,同时也注重对当今发展迅速的先进技术的介绍和训练,具有较强的实用性、技术性和可操作性,具有明显的高职特色。可供培养从事园林规划设计、园林工程施工与管理、园林植物生产与养护、园林植物应用以及园林企业经营管理等高级应用型人才的高等职业院校的园林技术、园林工程技术、园艺技术、观赏园艺等园林类相关专业的学生使用;而且能够满足高职学生根据自己的专业方向参加相关岗位资格证书考试的要求,如花卉、绿化工、园林工程施工员、园林工程预算员、插花员等,也可作为这些工种的培训教材。

参加本书编写的人员有甘肃林业职业技术学院罗广元同志(绪论、第二章第一节);陈春叶同志(第二章第二、三、四节、第三章、第四章、第六章);康凌宇同志(第一章、第十二章第二、三节);裴宝红同志(第九章、第十一章、第十二章第一节);郭毅同志(第十章);陈仲军(第五章、第七章、第八章)。罗广元、陈春叶同志任主编,全书由罗广元、陈春叶总纂。甘肃林业职业技术学院冉福祥教授主持审阅了全书。

由于编者水平有限,加之园林业发展迅猛,所涉及生产领域广泛,书中难免出现疏漏,甚至偏颇等不妥之处,敬请广大读者提出宝贵意见,以便进行修订和完善。

编 者

2009 年 11 月

目　录

绪　论 ……………………………………………………………………………… (1)
  一、园林及园林企业概念 ………………………………………………………… (1)
  二、园林企业经营管理的概念及特点 …………………………………………… (3)
  三、园林企业经营管理的基本原则、性质及内容 ……………………………… (4)

第一章　园林企业经营管理基础 ………………………………………………… (8)
  第一节　园林企业经营管理的职能 ……………………………………………… (8)
    一、经营与管理 ………………………………………………………………… (8)
    二、职能 ………………………………………………………………………… (9)
  第二节　园林企业经营管理的方法 …………………………………………… (12)
    一、行政方法 …………………………………………………………………… (12)
    二、法律方法 …………………………………………………………………… (12)
    三、经济方法 …………………………………………………………………… (13)
    四、教育方法 …………………………………………………………………… (13)
  第三节　园林企业经营管理的基本原理 ……………………………………… (14)
    一、系统原理 …………………………………………………………………… (14)
    二、整分合原理 ………………………………………………………………… (14)
    三、反馈原理 …………………………………………………………………… (14)
    四、封闭原理 …………………………………………………………………… (15)
    五、能级原理 …………………………………………………………………… (15)
    六、弹性原理 …………………………………………………………………… (15)
    七、动力原理 …………………………………………………………………… (16)
    八、竞争原理 …………………………………………………………………… (16)
  第四节　我国园林企业现代化 ………………………………………………… (16)
    一、园林企业现代化的内容 …………………………………………………… (17)
    二、我国园林企业现代化的发展 ……………………………………………… (18)

第二章　现代园林企业经营战略 ………………………………………………… (22)
  第一节　园林企业经营战略概述 ……………………………………………… (22)
    一、经营战略的作用 …………………………………………………………… (22)
    二、经营思想与经营目标 ……………………………………………………… (23)
    三、园林企业经营战略的基本概念及特点 …………………………………… (25)
    四、园林企业经营战略的内容 ………………………………………………… (26)
  第二节　园林企业战略环境 …………………………………………………… (28)
    一、外部环境分析 ……………………………………………………………… (28)

二、企业内部条件 ·· (30)
　第三节　园林企业经营形式 ·· (31)
　　一、承包经营与租赁经营 ·· (31)
　　二、股份合作制 ·· (32)
　　三、股份制企业 ·· (33)
　　四、现代企业制度 ·· (33)
　第四节　园林企业经营战略的制订与实施 ·························· (36)
　　一、园林企业经营战略体系 ·· (36)
　　二、园林企业经营战略制订 ·· (38)
　　三、园林企业战略的实施 ·· (39)
　第五节　园林企业战略的控制 ·· (40)
　　一、园林企业战略控制的含义 ·· (40)
　　二、战略控制的过程 ·· (40)
　　三、园林企业战略控制的方法 ·· (41)
第三章　园林企业市场调查与预测 ·· (45)
　第一节　园林企业市场及市场体系 ·· (45)
　　一、园林市场的概念 ·· (45)
　　二、园林市场体系与特点 ·· (46)
　第二节　园林企业市场调查和预测 ·· (46)
　　一、概念 ·· (46)
　　二、市场调查和预测对园林企业经营的意义 ·················· (47)
　　三、园林企业市场调查和预测的内容 ······························ (47)
　　四、园林企业市场调查和市场预测的方法 ······················ (48)
　第三节　园林企业营销管理 ·· (53)
　　一、园林企业进入市场的步骤 ·· (53)
　　二、园林企业市场营销策略 ·· (54)
　　三、影响园林产品定价的因素 ·· (56)
第四章　园林企业经营决策 ·· (61)
　第一节　园林企业经营决策概述 ·· (61)
　　一、园林企业经营决策的概念及特点 ······························ (61)
　　二、园林企业经营决策的内容 ·· (65)
　　三、园林企业经营决策的程序 ·· (65)
　第二节　园林企业经营决策的方法及应用 ·························· (67)
　　一、定性决策方法 ·· (67)
　　二、定量决策方法 ·· (69)
　第三节　园林企业经营计划 ·· (75)
　　一、意义 ·· (75)
　　二、计划管理的任务 ·· (76)

  三、计划指标 …………………………………………………… (77)
  四、园林企业经营计划的结构 …………………………………… (78)
  五、计划的编制 …………………………………………………… (79)
  六、计划的执行和检查 …………………………………………… (80)

第五章　园林企业人力资源管理 …………………………………… (84)
第一节　园林企业人力资源管理概述 ……………………………… (84)
  一、园林企业人力资源管理的概念及特点 ……………………… (84)
  二、园林企业人力资源管理的内容 ……………………………… (86)
  三、园林企业人力资源管理的目标 ……………………………… (87)
  四、园林项目人力资源管理 ……………………………………… (88)
第二节　园林企业人力资源规划 …………………………………… (89)
  一、人力资源规划的含义 ………………………………………… (90)
  二、制定人力资源规划的程序 …………………………………… (90)
  三、园林企业人员招聘与录用 …………………………………… (92)
  四、人员招聘 ……………………………………………………… (93)
  五、录用 …………………………………………………………… (94)
  六、职前人员培训 ………………………………………………… (94)
第三节　园林企业人力资源绩效考核 ……………………………… (95)
  一、园林企业人力资源绩效考核 ………………………………… (95)
  二、人员考核的内容 ……………………………………………… (97)
  三、绩效考核的方法 ……………………………………………… (98)
  四、绩效考核应注意的问题 ……………………………………… (99)
第四节　园林企业人力资源激励与沟通 …………………………… (99)
  一、园林企业人力资源激励 ……………………………………… (99)
  二、园林企业人员沟通 …………………………………………… (102)
第五节　园林企业劳动的管理 ……………………………………… (104)
  一、园林企业劳动保护 …………………………………………… (104)
  二、园林企业劳动合同管理 ……………………………………… (105)
  三、劳动争议及其处理 …………………………………………… (106)

第六章　园林企业生产技术和物资设备管理 ……………………… (111)
第一节　园林技术概述 ……………………………………………… (111)
  一、园林技术概念及特点 ………………………………………… (111)
  二、园林技术开发与引进 ………………………………………… (113)
  三、园林企业技术创新 …………………………………………… (115)
  四、园林工程施工现场技术管理 ………………………………… (117)
第二节　园林企业物资管理 ………………………………………… (119)
  一、园林企业物资管理的概念 …………………………………… (119)
  二、园林物资管理的基本任务和基本要求 ……………………… (119)

三、园林物资现场管理 …………………………………………………… (122)
　第三节　园林企业设备管理 ………………………………………………… (124)
　　一、设备管理概述 ………………………………………………………… (124)
　　二、设备管理的特点 ……………………………………………………… (125)
　　三、设备管理的基本原则 ………………………………………………… (125)
　　四、设备管理的基本要求 ………………………………………………… (127)
　　五、园林设备的更新与改造 ……………………………………………… (129)

第七章　园林企业质量管理 ………………………………………………… (133)
　第一节　质量管理概述 ……………………………………………………… (133)
　　一、质量管理 ……………………………………………………………… (133)
　　二、质量管理的基本方法——PDCA 循环 ……………………………… (135)
　　三、全面质量管理 ………………………………………………………… (136)
　第二节　园林设计质量管理 ………………………………………………… (139)
　　一、设计质量管理概述 …………………………………………………… (139)
　　二、设计质量标准 ………………………………………………………… (141)
　　三、设计质量管理战略 …………………………………………………… (141)
　　四、园林工程项目设计质量控制 ………………………………………… (142)
　　五、园林施工质量管理 …………………………………………………… (146)
　　六、园林工程质量检验与质量评定 ……………………………………… (147)
　　七、园林养护质量管理 …………………………………………………… (148)
　第三节　园林质量管理标准化 ……………………………………………… (150)
　　一、质量管理标准化的意义 ……………………………………………… (150)
　　二、质量管理体系认证 …………………………………………………… (151)
　　三、园林质量管理体系认证 ……………………………………………… (153)

第八章　园林企业资产管理 ………………………………………………… (156)
　第一节　园林企业财务管理 ………………………………………………… (156)
　　一、园林企业现行的财务管理体制 ……………………………………… (156)
　　二、园林企业财务管理的主要职能 ……………………………………… (158)
　　三、园林企业财务管理的四个环节 ……………………………………… (158)
　　四、经济核算 ……………………………………………………………… (163)
　第二节　园林企业资金的筹集 ……………………………………………… (164)
　　一、筹集资金的基本原则 ………………………………………………… (164)
　　二、筹集资金的渠道 ……………………………………………………… (165)
　　三、园林企业筹集资金的方式及程序 …………………………………… (166)
　第三节　园林企业流动资产管理 …………………………………………… (169)
　　一、流动资产的特点 ……………………………………………………… (169)
　　二、流动资产管理的内容 ………………………………………………… (170)

  第四节 园林企业固定资产及其它资产管理 ……………………………………… (175)
   一、固定资产管理的基本要求 ………………………………………………… (175)
   二、固定资产的特点 …………………………………………………………… (175)
   三、固定资产管理的方法 ……………………………………………………… (175)
   四、其它资产的管理 …………………………………………………………… (177)
  第五节 园林企业成本费用管理 …………………………………………………… (179)
   一、成本费用的概念 …………………………………………………………… (179)
   二、成本费用的核算方法 ……………………………………………………… (181)

第九章 园林企业文化管理 …………………………………………………………… (185)
  第一节 企业文化的构成 …………………………………………………………… (185)
   一、文化与企业文化的含义 …………………………………………………… (185)
   二、企业文化的特征 …………………………………………………………… (186)
   三、企业文化的构成要素 ……………………………………………………… (187)
   四、企业文化的功能 …………………………………………………………… (187)
  第二节 园林企业文化的塑造 ……………………………………………………… (188)
   一、企业文化建设的一般步骤 ………………………………………………… (188)
   二、企业文化建设的误区 ……………………………………………………… (189)
   三、企业文化重塑 ……………………………………………………………… (190)
   四、塑造园林企业形象的基本原则 …………………………………………… (190)
  第三节 园林企业文化建设 ………………………………………………………… (191)
   一、园林企业文化结构 ………………………………………………………… (191)
   二、园林企业文化建设的内容 ………………………………………………… (193)
   三、园林企业文化建设的程序 ………………………………………………… (194)
  第四节 园林企业形象 ……………………………………………………………… (194)
   一、企业形象的概述 …………………………………………………………… (194)
   二、园林企业形象的特征 ……………………………………………………… (195)
   三、园林企业形象的构成要素 ………………………………………………… (196)
   四、企业文化与企业形象的关系 ……………………………………………… (197)

第十章 园林企业信息管理 …………………………………………………………… (203)
  第一节 管理信息系统 ……………………………………………………………… (203)
   一、管理信息系统的概念 ……………………………………………………… (203)
   二、管理信息系统的基本职能 ………………………………………………… (203)
   三、管理信息系统在经营管理中的作用 ……………………………………… (204)
   四、管理信息系统开发方法 …………………………………………………… (204)
  第二节 园林管理信息系统的建立 ……………………………………………… (208)
   一、园林管理信息系统规划 …………………………………………………… (208)
   二、园林企业管理信息系统规划的步骤 ……………………………………… (209)
   三、园林项目信息分类 ………………………………………………………… (209)

四、园林企业实施信息化建设的主要内容 …………………………… (211)
第十一章　园林企业项目管理 ………………………………………… (217)
　第一节　项目管理的概念 ………………………………………………… (217)
　　一、项目管理的概念 ……………………………………………………… (217)
　　二、项目管理的特点 ……………………………………………………… (221)
　　三、工程项目管理机制 …………………………………………………… (222)
　　四、工程项目组织 ………………………………………………………… (222)
　　五、项目经理责任制 ……………………………………………………… (226)
　　六、项目团队 ……………………………………………………………… (228)
　　七、项目人力资源管理 …………………………………………………… (230)
　　八、项目协调 ……………………………………………………………… (231)
　第二节　项目管理的基本职能 …………………………………………… (233)
　　一、项目管理的基本职能 ………………………………………………… (233)
　　二、园林绿化工程项目来源 ……………………………………………… (234)
　　三、项目招投标管理 ……………………………………………………… (234)
　　四、项目管理要素 ………………………………………………………… (242)
　第三节　园林企业项目管理 ……………………………………………… (243)
　　一、企业项目管理主要内容 ……………………………………………… (244)
　　二、企业项目管理面临的主要问题 ……………………………………… (244)
　　三、实施企业项目管理所带来的好处 …………………………………… (244)
第十二章　园林建设项目的可行性研究与企业经营成果分析 ……… (248)
　第一节　园林建设项目的可行性研究的概述 …………………………… (248)
　　一、园林建设项目的可行性研究的概念 ………………………………… (248)
　　二、可行性研究报告的写作 ……………………………………………… (248)
　第二节　园林企业经营成果的分析 ……………………………………… (251)
　　一、经营成果分析的概念 ………………………………………………… (251)
　　二、经营成果分析的具体内容 …………………………………………… (251)
　　三、经营成果分析的常用方法 …………………………………………… (254)
　第三节　园林企业建设项目评价 ………………………………………… (260)
　　一、资金时间价值概念 …………………………………………………… (260)
　　二、现金流量与等值 ……………………………………………………… (261)
　　三、资金时间价值的计算方法 …………………………………………… (262)
　　四、园林企业建设项目评价的主要方法 ………………………………… (266)
　　五、比较方案时应注意的问题 …………………………………………… (274)
主要参考文献 …………………………………………………………… (277)

绪 论

目的与要求
1. 了解园林、园林企业概念。
2. 掌握园林企业经营管理的概念及特点。
3. 熟悉园林企业经营管理的基本原则、性质及内容。

一、园林及园林企业概念

(一) 园林

园林是以丰富的园林植物为主,以优美的景观和完备的设施发挥改善城市生态和保护城市环境的作用,为人们提供休憩、游览、锻炼和开展文化活动的园地,增进人们身心健康;同时,优美的生态环境还是吸引投资,发展旅游文化产业的基础条件之一。

在较早时期,我国园林绿化水平较低,还没有什么园林的规划与发展。绿化主要是花木业,属于农民的副业劳动,处于自然与半自然经济状态。新中国成立前,随着外国资本主义势力的侵入,对庭园布置、美化环境、花卉、盆栽植物的需求渐渐增加,同时婚、丧、礼仪对花卉的需求量也在加大,园林花卉市场出现繁荣局面。在住宅区建造花园住宅的人也越来越多,这就大大增加了对园林植物及营造庭园的需求。原来那种自然经济式的花木业市场已不能适应新兴市场的需要,继而出现了专门进行花、树生产的园艺农场,还有人开设了花店,还出现了许多庭园营造商,也就是我们现在所说的园林工程中的造园业务。到新中国成立时,上海已有园艺农场 80 户,主要以经营庭园营造、贩卖花树等业务为主,我国在那时就已经形成了园林绿化经济。

随着社会经济的发展,城市化进程加快,人口大量聚集,空气污染越来越严重。城市工业化破坏了原来的自然生态环境平衡,清洁的水、新鲜的空气靠大自然的自身平衡已不能承担。城市生态系统中的生产者——绿色植物的缺乏,使城市生态失衡,环境质量下降,威胁着人类的生存。所以,大力开展植树绿化,提高城市绿化覆盖率,为城市增加自然因素,是最根本、最积极的措施。做好园林绿化工作是维护城市生态平衡、美化、净化城市环境的根本手段,是协调人与自然的基本途径。许多发达国家把绿化水平作为衡量城市文明水平的重要标志之一。

我国政府对园林绿化十分重视。历年来,我国的法律、法规、条例都对园林绿化事业的发展作出了明确的规定,要求园林规划必须切实保护和改善生态环境,防止污染和其他公害,保护绿地,搞好绿化建设,并禁止任何组织和个人侵占风景名胜区、公共绿地进行其他建设项目。在建国初期恢复经济建设的同时就开始了有计划的城市绿化建设,首先是有计划地发展苗木生产基地,大力辟建苗圃,开设国营花店;其次,园林绿化的规划、设计、计划、施工,绿化植物的生产、流通,绿地的养护管理,游览地区的商业服务以及科研教育等一切与园林绿化有关的各个单位、各个部门都纳入到了园林绿化的统一计划、集中管理之中。然后在园林绿化的生产、建设、管理、养护、服务运行全过程中,各个环节密切相关,互相衔接,在国民经济中形成了相对独立的产业体系,它包含了不同部门、不同性质的门类,主要涉及的部门和行业有:种植业有蔬菜、果树、花卉、园林绿化苗木的生产;渔业有河鱼、金鱼养殖;制造业有园林机具生产;建筑业有园林工程建设施工;交通运输业有专业车、船运输部门;商业有花卉销售、小卖部;公共饮食业有餐厅;公用事业有公园、公共绿地管理;旅游业有旅馆、招待所、照相;科学研究事业有科研所;教育事业有技工学校、高职院校;娱乐有娱乐场馆设备的管理等。

现代意义上的园林是指在一定地域内运用园林工程和艺术手段,通过改造地形、种植相关树木花草、营造建筑与小品、布置园路、设置水景等途径创造而成的自然环境和游憩境域。它既包括城市绿地的建设以及对原有植被的维护工作,也包括以经营生产为目的的果园、花圃、苗圃等。

随着历史的发展,园林的功能也从早期的仅供人游憩,发展到不单是供人游憩而更注重生态、环境保护等功能的发挥。绿色,是大自然的本色,生命和希望的象征,现代化的城市,需要绿色渲染;优美的庭院和人居环境,需要绿色装点;奇特的自然生态景观,更需要绿色增添秀美和灵气。园林绿色植物以其对人类慷慨无私的奉献,展示着自己独特的十大功能:①天然的"净化器";②免费的"空调器";③巨大的"吞云吐雨器";④有效的"降噪机";⑤义务的"防疫员";⑥奇妙的"镇静剂";⑦陶冶性情的"催化剂";⑧接受教育的"绿色课堂";⑨跨越时代的"经济库";⑩绿色的"就业平台"。

(二) 园林企业

园林企业一般是指从事园林建设、生产、流通或服务等经济活动,以园林产品或劳务满足社会需要,进行自主经营、自负盈亏、承担风险、实行独立核算、具有法人资格的基本经济单位。

我国的园林企业有的是从农业企业发展而来,有的是从事业单位转制而来,有的是从其他行业中分离而来(如房地产),有的是其他企业走多样化之路而投资成立。从出资者性质看,有的是国有企业,有的是民营企业;有内资企业也有外资企业;有以经营花木为主的企业,有以建造园林工程为主的企业,有以养护为主的企业,也有以园林风景设计为主的企业。虽然园林企业比较多样,但综合起来看,园林企业一般有如下特征。

1. 园林企业的发展有明显的周期性

这是由于园林的发展依附于城市的发展,而城市的发展往往具有阶段性和明显的周期性。因此,就总体而言,园林企业的数量规模和质量的发展都是随着城市的高速发展而高速发展,随着城市稳步发展而稳步发展的。因此,园林企业的发展也与城市的发展一样,显示出明显的阶段性和周期性。

2. 受宏观经济波动的影响很大

由于园林的需求属精神层面的需求,是较高层次的需求,在宏观经济较好、人们的预期收入较高的条件下,人们对园林产品的需求会成倍增加;在宏观经济调整期间,人们对园林产品的需求则会明显下降。

3. 规模小

由于我国的园林企业很多属于个体小规模投资企业,缺乏规模效应,往往资金不足、信息不灵、市场与价格选择能力比较低。大企业可以凭借资金、技术优势和固有的销售网络等条件向中小企业发动挑战,有些竞争者会利用低价和地域性销售优势抢占市场;同时,小企业活动分工往往不够确定,部门间的协调和配合难度较大。随着企业内外环境中不确定和不可预测因素的增加,企业的复杂性增加,经营风险增大。

4. 园林企业竞争激烈

在资金、技术、法律等方面,园林企业的门槛很低,除了园林工程方面需要资质以外,其他的几乎"人人"可以进入。因此,企业之间的竞争非常激烈。

5. 园林企业产品具有多样性

园林企业一方面提供绿化、公园等公共物品,这类产品涵养水源、保持水土、防风固沙、调节气候,还可作生物产品的基因库,对改善城市生态环境、维护城市生态平衡起着重要的作用,并有美化城市、为人们提供闲暇休闲的场所、改善城市居民生活质量的功效;另一方面,园林企业同时也生产供家庭、个人所需的苗木、花卉等法人产品。不管是公共物品还是法人产品,园林企业的产品大多为活物。这一特点决定园林企业经营内容的丰富性、资金运动的复杂性和效益的多样性。

6. 从业人员文化水平较低

由于园林是从农业分离出来的,加上许多园林产品的技术含量较低,企业规模又小,使园林企业的从业人员,尤其是一线的生产养护人员文化技术素质较低。

二、园林企业经营管理的概念及特点

(一)园林企业经营管理的概念

园林企业经营管理,是指从事园林生产、交换、分配或消费等经济活动,以及对公园、园林等方面的经济活动进行计划、组织、协调、控制和创新,从而最终达到预期的经济目标而进行的各项经济活动的总称。

(二)园林企业经营管理的特点

园林企业经营管理与一般工业企业的经营管理不同,园林产品受天气的影响,具有季节性和不可预测性等特征。园林企业管理除了一般企业管理所具有的盈利性、自主性和风险性之外,还有其自己的特殊性,主要体现在以下几个方面。

1. 园林企业管理职能的发挥要考虑到城市发展的要求

园林企业的发展依附于城市的发展,生活水平的提高,园林是对城市建设过程中自然环境遭到破坏的补偿。也就是说,由于人口集中、工业生产、交通运输和广播通讯集中,环境受到破坏,烟尘、废气、污水、噪声、射线过度,使得园林边际效用大大提高。所谓边际效用,是指最后增加的一个单位有效生产量所具有的效用,即该生产量在多大程度上满足人的欲望或需要。例如,城市居民的绿化通常小于农村居民,所以增加一个单位的绿化面积就能为城市居民提供较大程度的满足。因此，园林的边际效用对城市居民来说就比较大，这正如对于沙漠中的旅行者来说，一杯水的效用就很大，而对于在清澈江河边上的人来说，一杯水就没有什么效用。除此之外，还应考虑生产可能性，所谓生产可能性，是指在一定的资源条件下可能生产的最大产量。由于农村人均土地多于城市，可能建设及维持的绿化面积大于城市，因此生产可能性较大（如果资源条件差，水旱灾害太多，则这种可能性较小，这导致南部沿海各省的庭院建设高于内地）。因此，园林企业职能的发挥要充分考虑到城市发展的要求。

2. 园林产品既属公共产品，也属私有产品

所谓公共产品，是政府向公民提供的，而个人又不愿意或不能提供的各种服务的总称，如国防、警察、司法、教育、卫生、城建等；而私有产品是只能给单个个人提供产品和服务，又不能分割开来给其他人消费的产品或服务的总称。

园林产品作为一个行业、一个产业，像教育与卫生保健一样，可能是公共产品，也可能是私有产品。如公用绿地、公园、公路的绿化等，具有非独占性与非竞争性的特点，它们属于公共产品，无需个人投资，是政府投资，大家受益。但像丘陵的果树栽培，它既有公共产品特性，又具有私人产品的特性，它能绿化荒山，平衡生态环境，大家受益；而属个人投资开发的，最终收益归个人所有。

3. 园林企业管理是活物管理

活物管理把生产建设（提供有效生产量）的过程和园林生产（提供实现效益量）的过程有机衔接在一起。由于园林主要依靠植物，所以在基本建设的生产过程中，涉及绿地规划、设计及植物栽植与养护；而在园林服务中也涉及植物（以及动物）养护及布局调整。这与一般的产品生产和供销之间界限分明的情况有所不同，也与一般的基建和服务（如旅店、博物馆及其他文化设施等）之间界限分明的情况十分不同。

三、园林企业经营管理的基本原则、性质及内容

（一）园林企业经营管理的基本原则

1. 整体优先原则

园林绿化要遵循自然规律，利用城市所处环境、地形地貌特征、自然景观、城市性质特点进行科学规划，整体布局，把握好它们与园林绿化的关系，使园林在现代化建设的同时也保留独有的自然景观和历史文化风貌，实现园林发展与自然、人文历史的和谐统一。在市区内外，要点、线、面相结合建设各类绿地系统，完善城市绿地功能。考虑城市建设规模和人口规模不断扩大的因素，合理确定近期和远期规划，确保在园林发展过程中能够保持园林的绿地生态效应和一如既往的独特人文历史景观。

2. 生态优先原则

生态是园林的血肉与灵气，随着城市人口的迅速增长，城市环境面临着日益增大的压力，建设生态环境，营造生态景观，实现人与自然、人与社会的和谐统一，成为园林绿化建设的一项重要内容。在城市绿化中树立生态优先原则，在树种的选择、灌木的搭配、花卉的点缀、草坪的培育等方面，要以最大限度地改善生态环境，以提高生态质量为出发点，从而体现出园林绿化产生景观美和生态美。

3. 可持续发展原则

可持续发展原则就是要以自然环境为出发点，按生态学原理，调节自然环境与人类社会环境的关系，实现社会、经济及环境的协调发展及物质、能量、信息的高效利用，以达到城市的生态良性循环。

4. 文化原则

要在园林绿化中坚持文化原则。通过自然景观，充分挖掘城市历史文化内涵，集观赏性、文化性、艺术性于一体的人文景观可以提升园林的文化艺术品位，可以使园林绿化向充满人文内涵的高品位方向发展，使不断演变起伏的历史脉络在城市绿化中得到体现。在园林绿化过程中，把反映某种人文内涵、象征着某种精神品格、代表着某个历史时期的植物，根据不同的街区、不同的人文景点进行分类种植，营造独特的城市景观文化氛围。

（二）园林企业经营管理性质

园林绿化水平直接反映着城市的生态环境质量和风貌特色，是判断一个国家和地区文明程度的标志之一。园林企业经营管理要与现代化经济建设相协调，顺应时代发展的需要。从整体上说，园林企业经营管理的性质主要有两方面：一方面是面对整个园林绿化的建设和管理，主要通过立法的、行政的、经济的、发动宣传的手段，调动全社会各行各业和广大人民群众的力量，共同实现园林绿化的规划目标；另一方面是园林企业单位的管理和生产经营活动。

1. 园林企业经营管理的法制化

园林绿化是一种改善城市环境的公益行为，是有利于当代，造福子孙万代的伟大事业，在环保国策中具有不可取代的作用。据美国科研部门的资料反映，绿化的间接经济价值（包括：产生氧气、防治大气污染、防止土壤侵蚀、增加土壤肥力、涵养水源、为鸟类和动物提供栖息环境等）是其直接经济价值的 10～20 倍。由此可见，城市绿化对环境的巨大贡献和在社会经济大环境中特殊的地位。我们应该保持并扩大这种绿化效应，把绿化发展和绿化成果的巩固纳入法制化与制度化管理轨道，这是绿化事业健康发展的保障。1992 年 5 月，国务院发布了《城市绿化条例》，江苏省也相继颁布了有关法规。城市绿化逐渐走上了有法可依的轨道，同时，绿化管理部门随绿化水平的发展，进一步规范绿化市场行为、增强法制观念，使城市绿化管理工作真正步入到有法可依、有章可循、规范发展的轨道上，以保护城市绿化的成果。

2. 对园林绿化要具有市场经营理念

在新形势下，辖市园林绿化既是公共产品，又是准公共产品，有的还是私人产品，本身就具有经济特性。按照"谁投资、谁受益"的市场经营理念，进行管理创新，把经营城市的理念贯穿到城市园林绿化工作中去。由于近年来城市的发展，国家政策杠杆的作用和人们的价值取向，绿化业已成为房地产业的孪生兄弟。有新农村必有绿地配套，有工程建设必有绿化建设、园林城市建设，否则就不能为消费者所接受。园林绿化工程现已成为绿化单位的管理，主要是园林绿化单位生产、经营活动的一种新兴行业。上海市近年来成立了 140 家绿化施工单位，1996 年完成绿化工程产值 3 亿多元，这就是城市绿化建设引入市场经营机制的结果，所以，园林绿化应走市场经营的发展道路。

3. 完善园林绿化管理监督机制

园林绿化管理要实行建管并举，管养分离，强化绿化管理部门的管理、指导和监督职能。实行城市绿化养护管理责任制，责任到人，任务明确，且实行责、权、利相结合。加强园林绿化管理，将具体的城市绿化养护任务，如浇水、施肥、清除杂草、防治病虫害、修剪等直接推向社会，由园林绿化企业参与承包管理。对绿化养护公司进行公开投标，由绿化主管部门同有关部门对参与竞标的绿化公司作出综合评定和审核，择优选择绿化养护队伍。园林绿化管理有句术语叫"三分栽，七分管"，管理跟不上，就会使园林绿化成果毁于一旦。同时，还要完善园林绿化管理的监督机制，重视园林绿化的宣传教育，依法护绿。使广大群众从我做起，爱护一草一木，动手大搞绿化。

4. 加强园林绿化苗木生产基地的建设

园林绿化建设水平的高低，与是否具有规模相当的苗木生产基地密切相关。建设大型苗木基地（包括建设大型温室），引进和培育绿化新品种，生产适用的绿化苗木，为城市园林绿化建设长期提供质优价廉的园林苗木，是城市园林绿化上新台阶的关键。苗木生产基地要积极做好苗木培育工作，源源不断地提供品质优良、规格较大、品种繁多的苗木，满足经济发展对城市绿化建设的需要。同时，苗木基地在降低绿化成本，培育新品种，提高绿化科技含量等方面达到了积极示范的效果。

5. 发展园林绿化，以特色为中心，坚持科学规划

在园林绿化中，要突出政府在经营城市中的主导作用，要体现政府对城市发展的战略意图，体现功能导向作用。首先要对城市进行整体绿化规划，进行城市绿化设计，设计方案要以城市的风格特色为中心，紧跟时代的审美观，突显城市经济、文化发展的内在活力。根据植物生长习性、城市地理环境状况，如土壤性质、水质标准、气候条件、阳光、空气质量等条件来设计方案，并要与植物生长习性相符、与管理相适应，因地制宜、适地适时地选择植物种类。园林绿化无论是行道树、游园、小绿地，还是庭院、厂区绿地，都可根据地理环境和人文环境创造适宜的绿化特色。在一些游园、街头大块绿地中，可种植大面积草坪，形成绿色的底色基调，然后再组团式地栽植树丛或植风景树与点缀建筑小品；也可利用一种或两种植物成片状、块状栽植，形成一种明快大气的风格。游园绿化以往多注重三季有花，四季有绿，很少注重特色栽植，结果各游园的绿化效果大同小异，毫无特色。所以，要向纵深发展，必须着眼于景点的充实和提高，精益求精，用园林植物的多彩多姿去塑造优美的植物景观。可根据实际情况建成各类特色游园，以形成不同的景观特色。在街路绿化中，植物配置力求形式多变、简洁、明快，打破传统的单一模式，采用双株、三株、多株的自然配置形式，对较宽敞的人行道两侧种植大草坪，点缀组团式风景树、造型树。在城市绿化中，积极应用植物本身所具有的活泼、明朗、豪放、充满生命力的特色进行绿化造景；对城市行道树和绿地内的部分景观树，应拓宽绿化树种，尽量采用大苗；在绿化树种选择上，要坚持近期与长远，速生与慢生，常绿与落叶互相搭配的原则，及时做好植物品种的更新换代，走探索高质量、高生态效益的新路子。

城区绿地资源有限，在做好常规绿化的同时，应大力拓宽城市的绿化空间层次，主要途径有：①搞垂直绿化，利用楼房或高大建筑物在墙角处广植攀缘或垂吊植物；②利用平顶楼房的房顶或平台盆栽花灌木或其他花草；③搞多层次绿化，在高大乔木的中下层栽植较耐阴的花灌木和地被植物；④结合退耕还林可提倡将水泥地还绿；⑤搞庭院绿化，鼓励单位和居民利用房前和屋后搞点式绿化配植盆花或盆景。

6. 依靠科技进步，加强园林科研

国际产业发展走势表明：绿化业已渐变为具有高科技含量的产业。以色列、哥伦比亚之所以成为世界花卉大国，并非他们的自然条件格外优越，而是非常注重花卉业的科技投入，提高了花卉产品的附加值，为国家换取了大量外汇。

随着我国改革开放的发展，一方面，人民的生活水平不断提高，对生存环境的要求也越来越高；另一方面，随着城市国内外交往的增多，各种庆典、节假日等活动频繁，这些活动都需要大量的花饰，而我国的园林花卉优势已不存在，特别是制种技术落后、单一。因此，许多花坛等绿地用花，不得不进口种子种苗。目前进口花种的价格都很高，所以，园林绿化要发展，科研必须先行，要走科技兴绿之路。首先要抓好新、优、特绿化花卉品种的引进和培育技术以及科学管理方法的推广，如新材料在园林建设上的应用，采用新型草坪砖、防水塑木取代原木，新型人工石驳岸等；其次，要发挥园林学会、花卉协会的作用，广泛开展园林绿化理论的研究和技术推广工作，提高园林科研水平。

（三）园林企业经营管理内容

园林企业经营管理是围绕其管理的目的展开的，管理的目的在于增强企业的功能，提高环境质量和绿化率，最终实现园林企业的生产经营目标。其主要内容有：园林企业经营战略管理，园林企业市场调查、预测与决策。园林企业生产要素的管理包括园林企业人力资源管理、园林企业生产技术和物资设备管理、园林企业资产管理、园林企业信息管理、园林企业质量管理和园林企业项目管理等，通过这些内容的学习，掌握一些园林经营管理的基本理论，从而实现对园林企业进行有效的经营管理和园林企业的生产经营过程。它包括规划设计，植物培育，园林养护、生产和管理的全过程，对这一过程的组织与控制，是企业管理工作系统的主体，以致使园林企业的社会效益和经济效益达到最大。

思考与练习

一、名词解释

园林企业　　园林企业经营管理

二、简答题

1. 简述园林企业的特征？
2. 简述园林企业经营管理的特点？

第一章 园林企业经营管理基础

目的与要求
1. 认识园林企业经营管理的职能。
2. 掌握园林企业经营管理的方法。
3. 理解园林企业管理的基本原理。
4. 了解我国现代园林企业经营。

[阅读资料]

我国园林企业管理创新

当今,我国园林企业管理创新十分活跃。强化企业核心能力,实施业务流程再造,建立学习型组织,投资建设 ERP、SCM、CRM 等信息化系统,探索知识管理的有效方式,进行规模化定制生产,开展服务营销和体验营销,组织虚拟企业与战略联盟等。这些包含着新的管理理念、管理组织、管理方法和管理手段等在内的管理创新,一浪接着一浪。依据近年来国家级管理现代化创新成果,敏捷管理、精细管理、和谐管理、绿色管理、简约管理和透明管理等都是值得注意的一些管理创新的发展趋势。

园林企业是国民经济的细胞,是社会经济运行的基层组织,是创造社会财富的经济组织主体。实行独立核算和自负盈亏是园林企业的根本特征,也是区分独立经济实体与其他非经济实体的标志。

国有园林企业的任务是坚持国有企业生产经营方向,掌握以植物材料为劳动对象的特点,根据经济规律和自然规律,积极开展园林产业,为社会提供良好的生态环境和各种园林产品。讲求经济效益,为国家积累资金,为企业自身的发展提供更多的积累,以确保园林经济效益、环境效益和社会效益等综合效益的实现。

第一节 园林企业经营管理的职能

一、经营与管理

(一)经营与管理的概念

经营是指商品生产者以市场为对象,有目的地将劳动力和生产资料结合起来,进行商品生产和交换的动态活动过程。

管理是指企业为了实现预期的经营目标,对经营要素的结合与经营过程的运转进行决策、计划、组织、指挥、协调、控制等全部工作的总和。管理体现在企业的所有经营活动中,具有明确的目的性,特定的范围、权限、管理的主体和管理的中心等内容。

经营是一种目标,而管理是一种手段。经营与管理是两个不同的概念,它们既有区别又有联系。

(二)经营与管理的区别

管理适用于一切社会组织,经营适用于营利性的组织,经营与管理毕竟是两个不同的范畴,具有一定的区别,主要有以下几点:

(1)范畴不同:经营属于商品经济范畴;管理属于人类共同劳动的范畴。
(2)侧重点不同:经营侧重于处理人与物(资金)的关系;管理侧重于处理人与人的关系。
(3)直接目的不同:管理的直接目的是提高效率;经营的直接目的是提高效益。
(4)形态不同:经营多属于实体形态(如时、物等);管理多属于非实体形态。
(5)趋向不同:经营是面向市场、外向的;管理是组织协调、内向的。
(6)成果不同:经营的成果是有形的,便于衡量、计量;管理成果多是无形的,难于定量、计量。

(三)经营与管理的联系

在企业活动中,经营与管理是互相渗透、互相作用、密不可分的。经营与管理,好比生活中的阴与阳,必须共生共存,在相互矛盾中寻求相互统一;经营与管理也相互依赖,忽视管理的经营是不能长久,不能持续的。另一方面,忽视经营的管理是没有活力的,是僵化的。经营是龙头,管理是基础,管理必须为经营服务。企业经营的好坏关键是决策,而管理则是实现正确决策的手段。一个企业没有明确的经营目标和正确的决策,生产就会陷入盲目性,管理也就失去了目标;而没有科学、有效的管理,企业的正确决策就不能顺利地实施,那么生产交换、分配活动就会发生混乱和中断,经营目标也就难以实现。由此可见,经营与管理是紧密联系、不可分割的统一体,两者交织在一起,共存于各种经营性组织中。

二、职能

园林企业管理的具体职能既包括由劳动社会化产生的属于合理组织社会化大生产的职能,又包括由这一劳动过程的社会性质所决定的属于维护生产关系方面的职能。具体有7个方面,即计划、组织、领导、控制、协调、激励和创新。

1. 计划

计划就是通过调查研究,在预测未来、方案选优的基础上,确定目标及安排实现这些目的措施的过程。计划最重要的和最基本的作用在于使员工了解他们所要求的目标和应完成的任务,以及实现目标过程中应遵循的指导原则。计划是企业管理的首要职能。企业计划主要包括企业人事计划、企业市场销售计划,企业生产计划和企业财务计划等。

2. 组织

6 组织就是将管理系统的各要素、各部门在空间和时间的联系合理地组织起来,形成有机整体的活动。

组织工作中对职权的设置以及职权的授予必须遵循以下几个基本原则：

(1)权限分明原则。企业中从最高管理职位到最低下属，每个职位的权限分得越清楚，决策责任就越清楚，组织内部的沟通乃至企业管理就越有效。

(2)预期结果授权原则。对每位管理人员的授权必须适当，以保证他们有能力实现预期结果。

(3)责任的绝对性原则。上级管理人员可以把任务和相应的职权分派给下级，可是上级管理者所承担的责任是绝对存在的，尽管下级人员就其工作也要承担起责任，但上级管理者不能因此而免责。

(4)权责对等原则。工作的责任不应该大于也不应该小于所授予权限的范围。

(5)指挥统一性原则。下级应该只对一个上级负责，这个原则贯彻越彻底，指令相互矛盾的问题就越少，每个人的责任感就越强。

(6)权力层次原则。每位管理人员必须在其责、权能力范围内做出决定，而不应也不必请示上级做出决定。

组织工作的另一个重要方面是部门的划分。设计部门结构最为重要的是：必须做到职能明确，把某一职位或部门预期要达到的目标规定得越明确，对其应该进行的工作、所授予权限及与其他职位的相互关系规定得越明确，那么每一个有责任感的个人就越能为实现企业目标做出充分的贡献。

组织工作还有其他一些原则，如平衡原则、灵活性原则、有利于领导原则等。

3. 领导

领导是管理系统内的负责人员，按照组织体系进行调整，调解各部门之间的联系，并对企业员工施加影响，使企业员工为部门和企业的目标作出贡献。领导的原则有：目标协调一致原则、激励原则、领导原则、信息沟通的明确性原则、信息沟通的完整性原则、补充使用非正立组织原则。

4. 控制

控制就是在检查管理系统实际运行情况的基础上，将实际运行与计划进行比较，找出差异，分析产生差异的原因并采取措施，纠正差异的过程。控制与计划密切相关，控制要以计划为依据，而计划要靠控制来保证实现预期目标。

企业管理控制应遵循下列原则：

(1)标准控制原则。有效控制需要客观的、精确的和合适的标准，必须制订简单的、可考核的方式来衡量一项计划方案是否完成。控制是通过人来完成的，即使是最出色的主管也要受到人这一因素的影响，有时实际业绩受到能说会道者的文过饰非，或因下属善于"兜售"低劣业绩而得以隐瞒。因此，客观、良好的业绩标准，因其公正和合理，就比较有可能为管理人员所接受，易于执行。

(2)关键点控制原则。有效控制必须选择那些对评价业绩有关键意义的因素，管理人员大可不必追踪计划执行的每个细节。他们必须了解的是：计划已经在执行之中了。所以，它们不必在意那些无关大局的细微偏差，而只需集中注意那些表明已脱离计划的任何重要偏差和与最终业绩有关的突出因素。因此，控制是否有效，在很大程度上取决于所选择的关键控制点。

(3) 例外原则。主管人员越是把控制工作集中于重大的例外情况,他们的控制工作就越有效。这条原则需要同关键点控制原则结合起来,但又不能相互混淆。关键点控制原则是确认有待留意的那些控制点,而例外原则是留意在这些点上所产生偏差的规模。

(4) 控制的灵活性原则。在出现失误或出现未曾预见的变化时,如果仍要使控制有效,这条原则需要在设计的控制系统中保持灵活性。按照这条原理,控制不必十分死板地同计划结合在一起,因为如果整个计划失败,或发生突变,控制便会变得毫无作用。这条原则适用于计划的失败,而不是按照计划进行工作的失败。

(5) 采取措施的原则。只有当脱离计划的已知偏差,通过适当的计划、组织和领导工作得到了纠正,才能证明控制得当。在实际的工作中,这个简单的道理却常常被人遗忘,如果控制工作不辅之以措施,则控制工作只是管理部门人力和时间的浪费而已。假如在已有和预计业绩中发现偏差,则要提出改进措施,或者重新制订计划,要以制订追加计划的方式使之胜任所要求的工作。

5. 协调

在企业管理活动中,不可避免地会遇到各式各样的矛盾与冲突,这就需要协调。这是管理的重要职能,是在管理过程中引导组织之间、人员之间建立相互协作和主动配合的良好关系,有效利用各种资源以实现企业共同预期目标的活动。

协调可分为企业内部协调、对外协调、纵向协调和横向协调,管理协调就是正确处理人与人、人与组织以及组织与组织之间的关系。

6. 激励

激励是激发人的动机,诱导人的行为,使其发挥内在潜力,为追求欲实现的目标而努力的过程。激励是管理的重要手段,特别是现代管理强调以人为中心,如何充分开发和利用人力资源,如何调动企业职工的积极性、主动性和创造性是至关重要的一个问题。这就要求激励者必须学会在不同的情境中采用不同的激励方法,对具有不同需要的职工进行有效的激励的形成机制,表现为个人需求和它所引起的行为,以及这种行为所期望实现的目标之间相互作用关系。

7. 创新

所谓创新,是事物内部新的进步因素,通过矛盾斗争战胜旧的落后因素,从而推动事物向前发展的过程,创新是一切事物向前发展的根本动力。在现代管理活动中,创新是创造和革新的合称。所谓创造,是指新构想、新观念的产生;而革新则是指新观念、新构想的运用。从这个意义上讲,创造是革新的前导,革新是创造的继续,创造与革新的整个过程及其成果就表现为创新。所以,创新是通过创造与革新达到更高目标的创造性活动,是管理的一项基本职能。

正确处理管理职能的普通性与差异性。首先,这些职能是一切管理者,即不论何种组织、所处何种层次、属于何种管理类型的管理者都要履行的。但同时也必须认识到,不同组织、不同管理层次、不同管理类型的管理者,在具体履行管理职能时,又存在着很大差异性。例如,高层管理者更关注计划和组织职能,而基层管理者则更重视领导和控制职能。即使对同一管理职能,不同层次的管理者关注的重点也不同。对计划职能,高层管理者更重视长远、战略性计划,而基层管理者则只安排短期作业计划。正确理解各管理职能之间的关系,每一项管理工作一般都是从计划开始,经过组织、领导到控制结束,各职能之间同时相互交叉渗透,控制的结果可能又导致新的计划,开始又一轮新的管理循环。如此循环不息,把工作不断推向前进。创新在这一管理循环之中处于轴心的地位,成为推动管理循环的原动力。

第二节　园林企业经营管理的方法

园林企业管理方法是行使园林企业管理职能、贯彻管理原则、实现管理目标的手段。园林企业管理原理必须通过园林企业管理方法才能在管理实践中发挥作用,园林企业管理方法是管理原则指导管理活动的具体的实施措施,它的作用是一切管理理论、原理本身所无法替代的。

近几十年来,管理方法在数量和质量上都有了很大发展,由单一方法的简单运用转为多种方法的综合运用,一般定量分析转为较准确的定量分析,对"物"的管理转向对"人"的行为控制等。在吸收和运用多种学科知识的基础上,管理方法已逐步形成一个相对独立、自成体系的研究领域。

一、行政方法

行政方法是依靠领导者的权威,运用命令、指令、指示、监督等行政手段,按照管理层次,行使管理职能的一类管理方法。其主要特点:①权威性。上级指示和命令的贯彻执行,取决于权力和权威;②垂直性。上级指示和命令一般都是自上而下,纵向直线传达,不能越级传达;③强制性。下级服从上级,不能违抗;④稳定性。行政系统一般都具有严密的组织机构、统一的目标、统一的行动及有力的调节和控制,对外部环境的干扰有较强的抵抗作用;⑤非经济性。主要是根据政治、行政管理的需要,上级对下级的人、财、物的占用和调动不讲等价交换原则,不考虑价值补偿问题。

行政方法有以下独特的作用:①便于统一领导和指挥,有效地贯彻上级的方针和政策;②令行禁止,迅速排除阻力,及时解决问题;③便于处理特殊问题,上级能对下级实行有力的控制,能及时针对具体问题发出命令、指示,保证各方面工作协调进行。

但是,行政方法也有局限性:①管理效果受领导者水平的影响,行政方法的管理效果基本上取决于行政领导人的知识水平、领导艺术、心理素质、道德修养等,较多地体现人治,而不是法治;②强调令行禁止,不利于发挥下级的主动性和创造性,不利于权宜应变地处理问题;③强调条条管理,横向沟通困难;④权、责、利三者结合不紧密,容易产生权、责不相符和忽视经济效益的倾向。

要正确地运用行政方法,必须与管理的其他方法,特别是经济方法有机地结合起来。

二、法律方法

法律方法是运用立法和司法的手段行使管理职能的一类管理方法,法律作为上层建筑,是为经济基础服务的,是广大人民群众的意志表现。

法律方法中讲的法,不仅指国家制定的法律、法令,而且还包括各种组织、团体制定的条例、守则,规章制度等。法律方法主要特点:①强制性。违法必究,违法者要承担法律责任,比行政方法的强制性更大;②规范性。法律是行为的规范,对于违法程度和处理办法都有明确的规范,是所有组织行动统一的准则;③稳定性。这里的稳定性即严肃性,立法必须按一定的程序,法律一经制定,就不能随意改变,具有相对的稳定性;④平等性。在法律面前人人平等。

应当看到,法律方法由于缺少灵活性和弹性,有时会不利于基层单位发挥其主动性和创造性;法律方法也不可能解决所有问题,在法律范围以外,还有各种大量的经济关系、社会关系需要采用其他方法来调整。因此,法律方法的有效性还有赖于同管理的其他方法紧密结合起来,综合使用。

三、经济方法

经济方法是运用经济杠杆和其他经济手段,调节人们之间的物质利益关系从而行使管理职能的一类管理方法。用经济方法管理经济,是通过各种经济手段和经济方式的运用来实现的。经济手段是指费用、成本、利润、税收、信贷、工资、奖金、罚款等价值工具;经济方式是指经济合同、经济责任制、经济核算等经济管理方式。

经济方法有以下特征:①利益性。贯彻物质利益原则,即通过利益机制引导被管理者去追求某种利益,且使个人利益同企业经营成果联系起来,使企业具有内在动力;②间接性。不是采用行政命令的强制方法直接干预,而是借助经济杠杆和各种经济手段,调节人们之间的物质利益关系,引导企业按照市场需求组织生产经营活动;③灵活性。一方面,经济方法针对不同的管理对象,可以采用不同的手段;另一方面,对于同一管理对象,在不同情况下可采用不同的方式,如用信贷及利率的差别,鼓励或限制某一产品项目的生产等。

经济方法同其他管理方法一样,必须加以正确运用才能发挥其功能。一是要注意与其他方法配合使用。经济方法也不是万能的,人们作为"社会人",除了物质利益需要以外,还有更多的精神和社会方面的需要。随着社会的发展、科技的进步,物质生活越来越丰富,物质利益的驱动将相对减弱。如果单纯采用经济方法,容易产生一切向钱看的负作用,所以经济方法必须与其他管理方法相结合;二是要强调经济方法的综合运用。应当看到各种经济方法都是相互联系、相互制约的,在各种各样经济方法各自作用的同时,更要注重整体上的协调配合。

四、教育方法

教育方法是指利用一定的培训、教育等方式全面提高人的素质,以影响和调节人们的经济行为,达到行使管理职能的一种管理方法。

劳动者是构成生产力的决定因素。任何管理活动,首先是对人的管理,充分调动人的积极性、创造性是管理者最重要的任务。而这一任务的完成,正是教育方法所应发挥的作用。就个别的单个的人来讲,他行动的一切动力都一定要通过他的头脑,一定要转变为他的愿望和动机,才能使他行动起来。教育方法的实质就是激发劳动者的主动精神,变管理者意图为劳动者的自觉行为,把潜在的生产力变成现实生产力。尤其是现代社会科学技术的迅猛发展,加快了人们知识更新的速度,因此全面提高人的素质,包括政治思想素质、文化知识素质、专业技术素质等,对组织成员不断进行培训和教育,已是现代管理与传统管理相区别的显著标志。

第三节　园林企业经营管理的基本原理

园林企业管理原理是对园林企业现实管理现象的抽象和概括,是客观规律体现和管理实践经验的总结。企业管理原理是指企业管理活动中必须遵循的行动准则和规范。它是企业管理实践经验的概括和总结,反映了企业管理活动的客观规律性,现代企业管理的基本原理有着十分丰富的内容,这里主要介绍以下几种。

一、系统原理

所谓系统是由许多相对独立、相互联系、相互制约的要素组合而成的具有特定功能的有机整体。

系统原理就是把管理对象作为一个系统,从系统整体性的观点出发,对管理系统及诸要素进行全面研究和系统分析,使其从整体上达到最优化目标。

园林企业系统具有以下特征:①集合性:系统是由相互区别的各个要素所组成的集合;②相关性:各要素相互联系、相互作用;③目的性:凡系统都具有明确的目的;④整体性:一个系统是由若干从属于它的子系统所构成的有机整体;⑤层次性:由系统、子系统、子子系统构成了多层次的阶层结构;⑥环境适应性:任何系统都存在于更大的系统(环境)之中,要适应环境的变化。

管理系统原理是把管理组织或管理过程视为一个系统,进行系统分析和系统优化。实现优化组织设计和优化管理的理论系统分析,就是运用逻辑推理和分析计算的方法,对一个系统的集合性、相关性、目的性、整体性、层次性和环境适应性进行分析,实现系统优化,即提高系统的功能,获得整体效益的最大。

二、整分合原理

整,就是集权,统一领导;分,就是分权,分级管理。整分合原理指在企业管理中,把集中统一领导和分级归口管理有机地结合起来,在整体规划下明确分工,在分工基础上进行有效的综合。这一原理,首先强调整体观念,否则分工是盲目的。但分工又是关键,没有明确的分工,必然会使管理陷入混乱,导致工作效率的低下。

三、反馈原理

反馈是控制论中一个极其重要的概念。管理的主要职能之一是控制,因而在管理中必然存在反馈。管理的反馈原理是指所管理的系统把信息送出去,又把其作用结果收集回来,并对系统的投入发生影响,起到控制的作用,以达到预定的目的。

企业面对不断变化的内部条件和外部环境,如何按照市场和消费者的需要组织生产经营,使系统的管理有效,关键在于是否有灵敏、准确、适用的反馈。如果反馈时间耽搁太久、信息不准、信息匮乏或未加筛选,事无巨细都会不同程度地影响管理效能的降低,甚至导致瞎指挥和重大的决策失误。

四、封闭原理

封闭原理是指一个系统内各管理机构、管理制度、管理方法之间应具有相互制约的关系,使管理活动构成一个连锁的封闭回路,以进行有效的管理。

企业管理中运用封闭原理的要点:

(1)企业各管理机构要形成相互制约的关系。一个管理系统可分解为指挥中心、执行机构、监督机构和反馈机构。管理的起点是指挥,然后是执行指挥的指令,监督执行的情况,然后将执行情况输入反馈机构,反馈机构又将执行结果返回指挥中心,指挥中心再根据反馈信息发出新的指令,这就形成了管理的封闭回路。管理活动只有在封闭回路中,才能相互推动,不断前进。

(2)企业领导体系要实行相对封闭式领导。企业领导关系,应实行相对封闭式领导,应使企业不同层次的管理者之间,各管理部门之间以及管理者与被管理者之间形成相互制约的关系,彼此分工协作,相互监督。这样才能减少管理中的失误,避免官僚主义,充分发挥企业员工的积极性和创造性,提高管理效率。

(3)按封闭式管理法规建立各级管理制度。一项管理制度的建立和实施,需要建立相应的其他管理制度相配合,一种管理措施的执行,要对其后果进行评价,并在执行过程中,采取相应的对策加以封闭,以防止出现偏离目标的情况。只有从后果评估出发,从各种后果中循踪追迹,才能实现封闭管理。

五、能级原理

能,即能量,是做功的本领。管理中的能量指干事的本领。能量有大有小,可以分级。把能量按大小排列,犹如梯级,称为能级。能级原理是指在管理系统中,建立一套合理的能级,即根据各个单位和个人的能量大小来安排其地位和任务,使其才职相称。这样一种结构才能发挥不同能级的能量,才能保证结构的稳定性和有效性。

要实现能级原理,必须做到:

(1)建立稳定的正立三角形的管理机构,在这中间分为四个层次:最高层是经营决策层;第二层是管理层;第三层是执行层;最低层是操作层,它们使命不同,能级也不同。

(2)对不同能级应给予不同的权力、物质利益和精神荣誉。各个层次要在其位、谋其政、尽其责、获其酬。

(3)各类能级必须动态地对应,使有相应才能的人处于相应能级的岗位上。同时,人的才能是在变化的,才能变化了,所处的能级也应变化,或升或降,实现动态对应,才能经常保持最佳的管理效能。

六、弹性原理

弹性原理是指管理必须保持充分的弹性,及时适应客观事物各种可能的变化,才能有效地实现动态管理。企业管理是在众多因素千丝万缕的有机联系中进行的,百分之百地反映客观规律的管理是不存在的,且各种因素的变化大,对任一细节的疏忽都可能产生巨大的影响。因此,企业管理必须尽可能考虑一切可能的因素,综合平衡,以求得最佳的技术经济效益。

管理弹性包括局部弹性和全局弹性。局部弹性是任何一类管理必须在一系列管理环节上保持可调节的弹性,特别是重要的关键环节。全局弹性是指各个层次的弹性,它标志着系统的可塑性或适应能力。

七、动力原理

企业管理必须要有强大的动力,只有正确地运用动力,才能使管理运动持续而有效地进行下去,这就是动力原理。动力是管理效能的决定性因素。由于管理的目标最终是要靠人去实现,因此,如何调动和发挥人的积极性、主动性和创造性,是管理的根本问题。动力原理的基本要求就是最大限度地调动人的积极性。

管理有三种基本动力:物质动力、精神动力、信息动力。

物质动力是指人们在追求物质利益的过程中产生的动力。企业管理中,实行必要的物质奖励,是激励企业和职工行为的一种动力,但它不仅是物质刺激,更重要的是经济效益。使物质财富不断增加,以满足人们日益增长的物质生活的需要,这是产生强大的、持久的动力的基础。

精神动力是指人们追求精神满足过程中所产生的动力,泛指人的信仰、精神鼓励、日常的思想工作、成就感、社会尊重等。在特定的条件下,精神动力可以成为决定性的动力。重视精神动力的作用,是社会主义企业的重要标志。管理者必须善于运用精神激励来调动人的积极性,实现企业的目标。

信息动力是人们在信息交流过程中产生的动力。企业管理中的信息动力主要表现在两个方面:一是通过信息交流可以使人们开阔视野、认清形势、找出差距、明确方向、催人上进;二是外界信息的输入使新知识、新成果进入企业,可以丰富职工知识,提高职工素质。

一个管理系统要有动力才能运转,只有正确地运用动力,才能推动管理系统有效运转,并实现管理目标。管理者不仅要找到动力源,而且要正确地运用动力。人是管理系统中的能动因素,管理系统的动力来自激发人的积极性。

八、竞争原理

"适者生存,不适者淘汰"。企业必须要充分掌握市场,提高适应市场的能力,在市场竞争中取胜。

第四节 我国园林企业现代化

近几十年来,世界园林经济发展迅猛,特别是经济发达国家。随着我国改革开放的逐步深入,经济搞活,我国园林企业也迎来了高速发展的新时期。果树、城市园林绿化植物生产的发展速度远远超过了农业中粮、棉、油、糖等种植业和肉、蛋、奶、鱼等饲养水产业。园林企业的高速发展,已从沿海发达地区向内地延伸,这是广大地区解决了温饱问题向小康过渡的必然趋势,是我国园林企业走向现代化的必经过程。

园林企业的现代化是我国园林经济发展的必然趋势。对促进整个国民经济的发展,满足社会对园林产品日益增长的需求,提高人们的身体素质,增强园林产品在国际市场上的竞争力等,都具有重要的意义。园林企业现代化是依托现代科学技术和工业机械化、智能化,实行园工贸相结合、产供销一体化的园林生产。

一、园林企业现代化的内容

园林企业现代化的内容主要体现在以下四个方面。

(一) 园林企业经营管理现代化

园林企业经营管理现代化就是通过运用现代科学理论知识、建立现代企业经营理念、采用现代管理方法、提高管理人员素质等途径,把园林企业管理由一般管理提高到现代科学管理的水平。

1. 管理方法科学化

建立一套适合现代生产要素和市场变化的最有效方法,使园林企业经营有目标,全体员工有责任感、积极性和共同的归属感,各项工作实现标准化、制度化,最终使园林企业的经营目标得以实现。

2. 管理手段现代化

运用先进的计算机、网络、通讯等技术手段来管理现代园林,实现管理手段的现代化。

3. 管理人员专业化

通过专业教育和培训,培养大批专业管理人员的知识化、专业化。通过专业管理人员对市场调研、研究消费者的需求,树立市场观念;在保证质量的前提下,调整自己的生产结构、降低成本、增加盈利、树立经济效益观念;加大对管理制度、管理体制的改革,树立生态学观念。

(二) 园林企业生产手段现代化

园林企业生产手段现代化包括园林企业机械化、智能化和工厂化。机械化是指在园林企业生产过程中,用现代化园林机具进行生产操作,用园林设施进行生产;智能化是指在设施园林的环境下,进行人工调控园林植物的生产,给予园林植物适当的温度、湿度,生产出人们需要的园林产品;工厂化是指园林产品的生产要像工厂生产一样,实现规模化生产,生产出标准化产品,如智能温控大棚生产,反季节花卉生产等。

(三) 园林企业生产商品化、专业化和社会化

传统的园林是一种小而全的生产方式,各家各户在房前屋后种植果树和自留地上种植蔬菜,属于自给半自给的生产经营,生产规模小,缺乏社会分工。随着商品化的发展,园林的生产分工越来越细,出现果园、花卉、园林植物等种植大户。在这种专业化过程中,需要有对园林产品的运输、销售、产前、产中、产后等服务部门为专业户提供协作服务,随着协作部门越来越多,便形成了社会化的生产。

(四)园林企业科学技术现代化

在园林生产经营中广泛应用科技成果,是实现园林现代化的关键。其内容有:进行园林品种的培育以及良种的引进;采用科学的生产栽培技术,先进的生产材料、设备,保证园林产品的优质高产;提高园林产品的科学技术水平等。

二、我国园林企业现代化的发展

实现园林企业现代化必须从中国的实情出发,充分利用我国的资源和条件,尽量避免不利因素的影响,走中国特色的园林产业现代化道路。

园林企业现代化是园林由传统的产业部门向现代产业部门转变的过程,是市场经济条件下园林经济的基本经营方式。它是以市场为导向,以经济效益为中心,以系列化服务为手段,通过实行生产、供销、农工商一体化经营,将园林产业的再生产过程中的产前、产中、产后诸环节联结成一个完整的产业系统,最终形成社会化大生产的组织形式。

园林产业一体化经营是农村经济改革与发展的自然产物。随着我国新农村的建设,我国工业化进入中期阶段,农村劳动机会成本大增,土地成本和劳动成本也呈上升趋势,居民由温饱型需求转变为小康型需求,更多需求营养价值高、安全卫生的园林产品。分散的生产方式和传统的生产结构显然不适应这种市场的需求,迫切要求革新经营方式和调整产业结构,创造市场需求的规模经济。提高园林企业的生产效益,增强园林企业持续发展动力,从产业链和经营链上创新,走生产—加工—销售的农工商一体化道路,扩大经营规模、提高资源投入报酬率,从而降低经营风险,增加行业整体规模效益。

实现园林产业现代化,主要做好以下几项工作。

(一)加强龙头企业建设

园林企业化经营的主体主要是龙头企业和农户,其中处于主导地位的是龙头企业。龙头企业通过市场信息技术和管理,以利益为纽带把分散的农户连接为一个经营整体,例如建设新农村后兴起的农家乐。龙头企业与一般市场主体的区别在于龙头企业与农户之间建立了利益连接机制,形成了产业链,是产供销一条龙的利益共同体,所以说扶持产业化就是扶持园林企业。

(二)因地制宜,确立主导产业,建立生产基地

在区域内进行主导产业和优势园林产品,加强区域化与规模化的园林产品生产基地建设,发挥区域比较优势,提高园林竞争力和产业化经营水平,发展园林产业化经营,没有一定的规模,就不会有较低的成本,就不会有较强的抗风险能力,也很难保证有好的质量,更谈不上有较强的竞争力。因此,培育优势产业,建立集中连片的规模化、区域化生产基地是园林产业现代化的重要基础和条件。

(三)积极培育市场,努力开拓市场

园林产业经营是以市场为导向,以市场为资源配置手段的经营体制,加强园林产品市场

体系建设和开拓市场,是发展园林产业化经营的关键环节,必须"贸"字当头,市场开拓领先。面对园林发展进入新阶段,加入世贸组织后的新形势,要坚持国内、国际两个一齐开发,坚持有形市场和无形市场一齐培育,把培育和发展一批大型流通性企业集团和流通组织作为建立市场体系的关键。园林产品流通企业要着眼于开拓大市场,实现大流通。在营造品牌上下工夫,通过园林产品的收购、加工、包装、储藏、运输及现货批发、拍卖、直销、配送、进出口贸易等多种手段,实现产地市场与销地市场对接,国内市场与国外市场对接,通过流通企业来整合生产要素,树立品牌优势。

(四)加强园林产品无公害、标准化生产

发展无公害、标准化园林产品生产,是园林企业产业化经营的重要环节,是园林产品创品牌的关键。随着我国加入WTO,产品质量安全问题已成为继人口、资源、环境之后的第四大问题。能否解决好园林产品的质量标准问题,不仅关系到中国园林产品能否突破西方"绿色壁垒"走向国际市场,而且直接关系到人类健康和可持续发展。推行园林产品无公害、标准化生产;加强标准化管理和园林产品质量检测、监督;健全园林产品质量安全保障体系,大力发展特色园林生态,提高人民的质量意识和安全理念;制定标准,做好规划,大力扶持重点龙头企业,建立无公害、绿色、安全园林产品生产基地,发展订单式园林;按照标准化、规模化、专业化的要求进行园林产品生产、加工和销售;实行园林产品分级包装和标识上市,要把发展园林产品无公害、标准化生产与创品牌有机结合起来,强化品牌意识,将产品品质、特色融入品牌价值之中,打造一批园林产品知名品牌。

(五)大力培育和发展中介组织

发展培育连接园林龙头企业的各类中介组织,是增强产业化经营组织竞争力的重要一环。一方面,专业合作经济组织本身是带动主体,通过向成员提供信息、技术、销售等服务,成为市场连接的纽带,改变了单家独户在市场中的弱势地位;另一方面,作为龙头企业的中介,合作组织代表成员与龙头企业签订合同,与龙头企业对话,维护成员的利益。同时,以这种专业合作组织为基础形成的更大地域范围内的园林产品行业协会,是入世后园林产品走向国际市场不可缺少的行业组织。要以园林技术人员为依托,创建合作经济组织,围绕主导产业,采取政府推动和政策引导相结合的方式,把合作经济组织扶上马、引上路、在合作经济组织步入正常运行后,政府逐步地退出来,做到"管理不包办,扶持不代替",鼓励合作经济组织向股份制企业发展。

(六)加强政府宏观指导和服务,推进园林产业化经营过程

各级政府要明确发展目标,突出工作重点,创造良好的发展环境。

第一,抓好发展规划。对本地区重点发展的主导产品、主导产业和龙头企业,要制定切实可行的发展目标,集中人力、财力、物力扶优扶强,不搞四面出击,不搞全面开花。

第二,保护和调动经营主体的积极性,重视企业市场主体地位。尊重企业的发展意愿与经营自主权,遵循市场经济法则和经济规律,加强政策引导和服务,做到"有所为,有所不为"。彻底改变过去由政府直接投资项目、下达指令的做法,学会运用政策和经济杠杆进行

间接调控。

　　第三，注重示范引导。用引导、示范的方法把政府的意图与企业的愿望统一起来，形成动力。善于总结推广园林产业化经营经验，推广在培育龙头、完善机制、发展中介、开拓市场等方面的典型经验，探索成功的途径，提供可以借鉴的样板，让更多园林企业积极地参与园林产业化经营。

　　第四，营造发展环境。重点是营造良好的软环境，为企业之间的合作穿针引线，创造条件。通过整顿市场经济秩序，规范市场主体行为，为平等竞争创造良好的外部环境。

　　第五，强化协调服务。协调各方面、各部门支持园林产业化经营，落实龙头企业的各项扶持政策，为企业提供信息、技术、资金、营销等方面的服务。

本章小结

　　管理活动作为人类最重要的一项活动，广泛地存在于现实的社会生活之中。管理是由于人们劳动过程的协作性质所引起的，凡是一个由两人以上组成的、有一定活动目的的集体都离不开管理。经营是现代企业最基本的活动，它是以市场为对象，以商品生产和商品交换为手段，为了实现企业目标，使企业各项经济活动与企业外部环境保持动态均衡的一系列有组织的活动。任何组织为了实现预定目标就必须要进行管理，管理与经营既有联系又有区别。管理职能是管理者实施管理的功能或程序，主要有计划职能、组织职能、协调职能、指挥职能、控制职能和创新职能。管理要不断创新，使人能够高效率、高质量地工作，所以又提出了园林企业管理的方法和几个基本原理。管理原理是对管理的实质及客观规律的表述，是对管理工作进行科学分析总结而成的基本原理，对一切管理活动具有普遍的指导意义，是任何一项管理活动都必须遵循的行为规范。对于管理原理的认识有助于我们形成多方面、多角度看待与分析管理问题的能力，从而使我国的园林发展成为现代化的园林。

[案例1-1]

苏州某园林企业领导的实践活动

　　苏州某园林企业的领导者被视为具有社交能力的联系人，是小组的一部分，通过家长式的领导方法，领导者体现出对其下属福利的极大关心。领导者的作用是营造一个具有"团队精神"的工作环境，而且他们也愿意帮助下属完成他们的工作。为了最大限度地保持和睦，管理人员避免面对面的对抗，领导者希望他的下属们将他们个人的利益与公司或组织的利益联系起来。实际上，这种亲密的人际关系被建立起来，不仅因为雇员们一起工作，而且因为雇员和外界直接联系，园林企业的领导者花费了大量的时间与其下属交流，强调面对面的交流胜过便函。

思考与练习

一、名词解释

　　经营　管理　组织　控制　创新　激励

二、填空题

1. 企业计划是企业管理的_____。
2. _____是企业管理的重要手段。
3. 企业计划要包括_____、_____、_____和_____。
4. 动力原理在管理系统常用的有三种动力,即_____、_____和_____。
5. 管理组织系统一般分为四个层,即_____、_____、_____和_____。

三、选择题

1. 企业管理控制应遵循下列原则:(　　　)
   A. 标准控制原则　　　B. 关键点控制原则　　　C. 例外原则
   D. 控制的灵活性原理　E. 采取措施的原则
2. 园林企业经营管理的方法(　　　)
   A. 行政方法　B. 法律方法　C. 经济方法　D. 教育方法
3. 行政管理方法其主要特点:(　　　)
   A. 权威性　B. 垂直性　C. 强制性　D. 稳定性　E. 非经济性
4. 园林企业法律管理方法(　　　)
   A. 强制性　B. 规范性　C. 稳定性　D. 平等性
5. 园林企业经济管理方法(　　　)
   A. 利益性　B. 间接性　C. 灵活性　D. 直接性
6. 园林企业现代化的内容(　　　)
   A. 园林企业经营管理现代化　　　　　　B. 园林企业生产手段现代化
   C. 园林企业生产商品化、专业化和社会化　D. 园林企业科学技术现代化

四、简答题

1. 简述经营与管理的关系。
2. 简述园林企业经营管理的职能。
3. 简述园林企业管理的基本原理?
4. 我国园林企业现代化的发展应主要做好哪几项工作?

五、实训题

1. 分析与讨论

有人说管理是利用他人的智慧把事情办好的艺术,一些人并不是管理科班出身,但却成为著名的管理专家,你对此有何看法?

2. 模拟实训

组织全班分成两个小组,以座谈会或辩论赛的形式,对"管理出效益"、"管理也是生产力"等观点辩论,选出优胜组。

第二章 现代园林企业经营战略

目的与要求
1. 了解园林企业经营战略概述。
2. 熟悉园林企业经营战略环境。
3. 掌握园林企业经营形式和园林企业经营战略的制订与实施。

[阅读资料]

木梳卖给和尚

一家效益很好的大公司招聘营销人员的试题,就是把木梳卖给和尚的实际推销案例,公司要求应聘者小伊、小石和小钱10天后上报推销木梳的经过及成果。

10天后,小伊卖出了一把,不仅历经艰辛,且受到众和尚的责骂和追打。好在下山途中遇一小和尚挠着又脏又厚的头皮,小伊灵机一动赶忙递上梳子,小和尚用后满心欢喜买下一把。小石卖了10把,小石找到寺院主持说:"蓬头垢面是对佛的不敬,应在每座庙的香案前放把木梳,供善男信女梳理鬓发。"主持认为言之有理,于是买下10把。小钱到香火极旺的深山宝刹对主持说:"凡来进香朝拜者,多有一颗虔诚之心。宝刹应有所馈赠,以作纪念,保佑其平安吉祥,鼓励其多做善事。我有一批木梳,你的书法超群,不妨刻上'积善梳'三字,然后可做赠品。"主持大喜,立即买下1 000把木梳,并请小钱出席赠送"积善梳"的仪式,"积善梳"传开后,朝圣者更多,香火更旺,小钱卖出的木梳也更多。

观念就是效益,思路就是出路。借鉴将木梳卖给和尚的经营谋略,打破常规经营模式,以全新的观念,开阔的思路,不断拓展发展空间,创造更大的市场。

第一节 园林企业经营战略概述

经营战略是一种以变革为实质的概念,经营战略归根到底是寻求竞争优势的指导方针。现代市场是一个风云变幻的市场,竞争异常激烈。企业要在这样的环境中生存发展,就必须不断地对企业进行创新,创造性地经营企业。也就是说,企业要通过实施具有改革创新实质的经营战略,以适应未来激烈多变的环境。

一、经营战略的作用

园林企业的经营战略对企业的生产与经营起着巨大的作用,具体表现在如以下四个方面。

1. 使企业能够顺利发展

制定经营战略能够对园林企业当前和长远发展的经营环境、经营方向和经营能力有一个正确的认识,全面了解本企业的优势和劣势、机会和威胁,从而做到"知己知彼"。不失时机地把握机会、利用机会、扬长避短、求得企业的生存和发展。

2. 提高生产经营的目的性

园林企业有了经营战略,就有了发展的总纲,就有了奋斗的目标。从而可以进行人力、物力、财力的优化配置,统一全体员工的思想,调动员工的积极性和创造性,实现企业的生产经营战略目标。

3. 增强有效管理

运用经营战略,使之达到企业的外部环境、内部条件、经营目标三者的动态平衡,就可以理顺内部的各种关系,适应外部环境的变化。随时审时度势,正确处理"企业目标与国家政策"、"产品方向与市场需求"、"生产与资源"、"竞争与联合"等一系列关系。

4. 可以提高企业家的素质

企业应用经营战略,有利于企业高层领导人集中精力去思考并制定经营战略目标、战略方针、战略措施等带有全局性的问题。这些问题的解决都需要企业家具有战略头脑,并可以培养和造就一大批优秀的企业家。

二、经营思想与经营目标

(一) 经营思想

园林企业经营思想是园林企业从事经营活动,制定经营方针、实现经营目标的指导思想。

园林企业和事业单位其经营的指导思想:在国家方针政策和计划的指导下,以提高绿化覆盖率为总目标,大力开展植树绿化,充分发挥园林绿化的生态效益和社会效益,减少环境污染,并面向市场,为社会提供大量的、适销的园林产品,实现园林经济效益、生态效益和社会效益的全面提高。

园林企业在经营过程中需要处理的关系涉及方方面面,其经营思想的内容相当广泛。由于人们对企业经营中主要关系的认识存在差异性,因此,对企业经营思想的主要内容的认识也存在区别。这里介绍下列基本观念的时候,并不排除其他观念在一定条件下的重要性,也不排除其他的一些观念是由下列观念派生而来。

市场观念　是园林企业处理自身与顾客之间关系的经营思想。顾客需求是企业经营活动的出发点和归宿,是企业的生存发展之源。企业生产什么、生产多少、什么时候生产以及生产的产品和提供的服务以什么方式去满足顾客的基本需求是市场观念的基本内涵。

竞争观念　是园林企业处理自身与竞争对手之间关系的经营思想。竞争就其本质而言,就是优胜劣汰。竞争存在于企业生产经营活动的全过程,市场竞争具有客观性、排他性、风险性和公平性。作为园林企业管理者必须要树立竞争观念,要敢于竞争,善于竞争,使市场竞争成为促进企业发展的一种强大推动力。

效益观念　是园林企业处理自身投入与产出之间关系的经营思想。企业以一定的资源投入,经过内部转换,输出社会和市场所需要的产品。效益观念的本质就是以较少的投入带来较大的产出,处理好投入、转化和产出的综合平衡。

质量观念　质量是一定标准的使用价值,一般包括产品性能、寿命、可靠性和安全性。以产品质量和数量满足社会需要,是企业存在的社会性目的。园林企业要树立质量第一的思想,就要依据市场要求和用户要求,不断开发新产品和改造老产品,增加产品的花色、品种和规格,优化产品结构,为消费者提供优质产品和良好服务。

创新观念　是园林企业处理现状和变革之间关系的经营思想。创新是企业抓住市场的潜在机会,对经营要素、经营条件和经营组织的重新组合,以建立效能更强、效率更高的新的经营体系的变革过程。企业的创新观念主要体现在以下三个方面:一是技术创新,包括新产品开发、老产品的改造、新技术和新工艺的采用以及新资源的利用;二是市场创新,即新市场的开拓;三是组织创新,包括变革原有的组织形式,建立新的经营组织。

长远观念　是园林企业处理自身近期利益与长远发展关系的经营思想。近期利益和长远发展是一对矛盾统一体,商品生产的特点是扩大再生产,然而投资者和职工当前的利益又不能不考虑,企业领导者如何兼顾这对矛盾,是长远观念的核心。

人才观念　涉及"识才"、"育才"、"用才"问题。在现实社会中,凡有一技之长,能胜任特种工作的人都可视为人才。人才的培养是长期的、连续的在职教育。园林企业在人才观念上要做到用人所长、德长为本、才长为主、扬长避短、优化人才结构。

信息观念　当今社会已进入信息时代,信息是一种重要的资源。竞争的成败在很大程度上取决于掌握信息的速度和数量。与园林企业经营有关的信息主要有市场需求信息、原材料及半成品供应信息、货币和资本市场信息等。

社会观念　是园林企业处理自身发展关系的经营思想。企业之所以能存在,就在于能对社会做出某些贡献。除了生产适销对路的产品外,企业还负有诸如对国家、生态环境、文化教育事业、社区发展、就业、职工福利和个人发展等社会责任。社会观念的本质,就是谋求企业与社会的共同发展,企业的发展为社会做出了贡献,社会的发展又为企业的发展创造了一个良好的外部环境。

(二)经营目标

1. 经营目标的概念和特点

经营目标是指在一定时期内企业经营活动预期要达到并获得的成果。社会主义企业经营目标不同于资本主义企业获取高额利润的单一目标,社会主义企业的经营目标从属于社会主义企业的生产经营目的,是由多目标组成的目标体系。每个企业要有它的总体经营目标,在总体经营目标下,还要有不同层次和不同环节的具体经营目标。

经营目标具有以下几个特点。

(1)综合性。园林企业经营目标是由园林企业经营内部条件和外部环境多方面因素的要求所决定的,它也会受客观经济规律的制约。经营目标首先要体现国家计划政策的要求,在此前提下遵循客观经济规律,综合反映对企业经营有决定性影响的多种因素的要求。

(2)系统性。经营目标以总体目标为中心,分解为多层次、多方面的具体目标。具体目标是总体目标的组成,总体目标是具体目标的汇总,从上而下、从下而上构成经营目标网络体系。经营目标尽量避免抽象笼统,在一般说明的基础上用定时定量的表现形式反映。

(3)激励性。经营目标具有两重性,这种两重性表现在:一方面,确定的目标必须是组织或个人所能及,而不能高不可攀。一个不可能达到的过高的目标会被忽视,完成目标会失去信心,等于没有目标;但是另一方面,目标又必须有足够的难度。先进的目标,是需要经过一定努力才能争取达到的,因而它又具有挑战性,能够发挥激励作用,能充分调动组织或个人的潜在力。

(4)阶段性。阶段性是根据人力、物力、财力、环境等情况确定在不同发展阶段上的经营目标。当一个阶段的目标实现以后,就应总结经验,找出差距,并根据客观情况的变化,再制定下一阶段的目标,进入新的循环周期,促进企业不断开拓前进。

2. 园林企业经营目标的内容

(1)对社会贡献目标:体现了为社会提供园林产品的品种、质量和数量,以及对自然资源和其他资源的合理利用、保护环境等方面。

(2)市场目标:体现在对新市场的开发、传统市场的巩固、园林经销产品的增加以及经济效益的提高等方面。

(3)发展目标:包括对园林产品的更新改造、新产品的开发,生产能力的不断扩大,能源及原材料的节约,生产成本的降低,为社会和人民提供优美的环境,增加企业的经济效益和发展能力。

(4)利益目标:包括国家利益目标和企业利益目标,二者是统一的。利益目标表现为实现利润、利润率、自留利润率、奖金和福利水平等。

(5)人才目标:企业发展靠科技,科技发展靠人才。企业间的竞争是产品的竞争,说到底是人才的竞争,人才是企业的宝贵财富。企业求生存、求发展,应把吸引人才,培养人才放在首位。

(6)精神文明建设目标:园林绿化建设可以丰富精神文明建设的内容,精神文明是物质文明的保证,物质文明是精神文明的基础。因此,在建设社会主义物质文明的同时,必须建设社会主义精神文明,进一步加强企业文化建设。

三、园林企业经营战略的基本概念及特点

企业战略,是指企业为适应未来环境的变化,在充分了解企业内外环境的基础上,不断发展而进行的总体性谋划。具体说来,企业经营战略就是在保证实现企业利益条件下,扬长避短。在充分利用企业内外环境中的各种机会并积极不断地创造新机会,确定企业同环境之间的关系,规定企业经营所从事的范围、发展方向、竞争策略,并根据情况不断调整企业结构和分配企业的全部资源。由此可以看出,企业经营战略是经营思想的集中体现,企业的一系列规划与决策都围绕企业经营战略而进行。

园林企业经营战略是指园林企业的高层领导人在现代市场经济观念的指导下,为实现组织的经营目标,通过对园林企业外部环境和内部条件的全面估量和分析,从企业发展的全局出发而做出的较长时期总体性谋划和活动纲领。

由以上对园林企业经营战略的解释可以看出,园林企业经营战略具有如下特征。

1. 全局性

园林企业经营战略是组织高层领导者负责制定的组织经营活动的纲领,而不是具体管理的一般性决策。因而具有全局性,它对园林企业的各项工作都有着普遍的、权威性的指导作用。

2. 长远性

园林企业经营战略是有关园林企业经营管理长远发展的,为使企业适应未来变化的、有目的的决策,它们的目的不在于维持园林企业的现状,而在于创造园林企业的未来。

3. 竞争性

市场没有竞争,也就没有企业经营战略,更没有园林企业经营战略,所以园林企业经营战略总是针对特定的竞争对手而制定的。

4. 风险性

园林企业经营战略的重点是决策,但由于园林企业经营战略外部环境是变化不定的,较难把握,因此,能否把握客观环境变化的规律,作出正确的决策,就带有一定的风险性。

5. 特殊性

园林企业经营战略没有一个统一不变的模式,它总是根据园林企业不同时期、不同内外部条件制定的,各个园林企业组织的经营战略都具有自己的特色。

6. 相对稳定性和变动性

园林企业经营战略建立在对自身客观环境长期发展趋势进行科学分析预测的基础上。它不是急功近利的产物,因而不能朝令夕改,在一定的历史阶段具有相对稳定性。但同时,企业经营战略还是动态的,它要随着变化了的主客观条件,尤其是随着外部环境的变化进行扩充、调整和完善。

四、园林企业经营战略的内容

(一)经营战略的要素

由于经营战略管理关系到园林企业的全局发展,所以涉及的因素十分繁杂,主要有:企业的外部环境、行业环境、企业的使命、资源运用、经营组织的文化、协同作用等。

1. 企业的外部环境

园林企业处在一定社会环境之中,必然会受到社会、经济和政治等因素的影响。环境中各因素都是动态变化的,只是变化有强弱快慢之分。在外部环境中,人口、社会风俗的变化相对较弱较慢;而政治、经济、科技与法律因素的变化相对较强较快,因而对经营组织的影响就相对较大。环境因素对于一些经营组织来说是约束、威胁,同时,对另一些经营组织则是机遇、机会。企业要生存和发展,要健康成长,就必须研究外部环境,抓住机会,避开威胁。因此,外部环境是园林企业经营战略必须考虑的要素。

2. 企业使命

园林企业使命是经营组织存在的目的或理由,要求决策者慎重考虑本组织经营活动的性质与经营领域。确定企业使命和经营领域时应考虑:企业从事何种产品(服务)的生产,面向哪些市场,采用何种技术。

3. 行业环境

园林企业要获得竞争优势,最重要的是行业环境,行业环境是企业制定战略必须考虑的重要因素。经营组织首先要判断该行业是否存在机会,如果存在行业机会,接着就要分析行业结构和竞争状态。竞争分析主要分析五种基本竞争因素:现有竞争对手、新加入竞争对手、顾客的讨价还价、供应者讨价还价以及替代产品的威胁等。

4. 企业的资源运用

园林企业资源是组织经营战略的构成要素,是现代园林企业组织生存发展不可缺少的因素。它体现为企业内在的经营能力、经营组织资源的多寡、资源质量的高低,对组织经营战略的制定与实施有重要影响。企业在经营中可能面临着很多不同类型的机会,但关键是要挖掘那些有能力抓住的机会,没有相当的资源,企业的机会是一句空话。企业所具备的优势使自己适合于抓住某些机会,企业的弱势则使它丧失另一些机会。因此,在制定战略时,要客观评价企业能够和应该做哪些事,不能够和不应该做哪些事。

5. 企业的文化

每个组织都有自己的信念、价值观和特征等,这些反映在组织的行为上,就形成了经营组织自己的文化。园林企业文化使企业具有了特有的形象和个性。例如,有些公司在技术上是开路先锋,引导技术新潮流;有些公司则注重产品质量,品质超群;还有些公司则特别注重社会意识,对满足消费者需求有一种执著的追求等,这些都是企业文化的体现。这些与文化有关的价值观念和信念会影响战略决策者的思维,决定企业对外界环境的反应,从而影响企业对战略的选择。

6. 协同作用

这是指园林企业从资源配置、企业使命以及经营领域的决策中所能寻求到的各种共同努力的效果。在企业管理中,企业总体资源的收益要大于各部分资源收益之和。从总体看,衡量园林企业协同作用的方法有两种:一是企业收入一定时,评价由于联合经营而使企业成本下降的情况;二是企业投资一定时,评价由于联合经营而使企业纯收入增加的情况。

(二)经营战略的内容

园林企业要实现经营战略,一般需要经历三个阶段,即经营战略分析,经营战略形成,经营战略实施。这三个阶段互相衔接而形成了园林企业经营战略管理的有机整体,也体现了园林企业经营战略管理的动态过程。

1. 经营战略分析阶段

这一阶段是经营战略的目的,是在企业经营战略指导思想和指导方针下,根据园林企业生产经营的特点、企业能力状况、企业外部环境状况及变动趋势,确定企业的使命和经营战略目标。主要内容包括:收集各种有关制定经营战略的资料和信息;分析企业的用户和竞争对手的情况及其发展动向;分析研究企业外部环境给企业带来的机会和威胁;分析研究自身的实力,找出优势和劣势;最终明确企业经营战略的使命、任务和目标。通过这一阶段管理工作,为企业下一步正确制定经营战略奠定基础并提供科学的依据。

2.经营战略形成阶段

在第一阶段工作的基础上,进行经营战略的选择,拟订并设计园林企业得以生存和发展的经营战略方案以及对经营战略方案进行评估并最终决策。同时,围绕经营战略的目的阐明经营战略的政策,为经营战略实施提供条件,这就是园林企业经营战略的第二阶段,即经营战略形成阶段。具体包括四项重要内容,即经营战略类型的选择,经营战略方案的设计,经营战略方案的评估与决策,制定阐明经营战略的政策。

3.经营战略实施阶段

园林企业战略实施的过程本质上是一个进行企业运行规划的过程,它所关心的主要内容是如何进行资源的有效配置和生产经营成果。为此,在战略实施的过程中,必须围绕企业使命和目标,对企业的组织、资源等结构加以适应性的调整,以使得企业环境结构能够更好地满足实现企业战略的需要。它是围绕已制定的经营战略,保证园林企业在今后的运行中得到有效的贯彻实施,并达到预定的经营战略目标。正确的企业战略需要通过有效的组织实施来保证,企业经营战略实施工作组织的好坏,既可使一个坚实的企业经营战略走向失败,也能让一个有争议的企业战略获得成功。

第二节 园林企业战略环境

园林企业战略环境分析是为制定园林企业经营战略而对未来外部环境及内部条件的信息进行收集、预测、加工处理和研究,并得出环境分析报告的过程。它是企业确定战略目标、制定战略规划、配置战略资源和组织战略实施的重要依据,也是制定企业经营战略的一个重要环节。有什么样的环境,就有什么样的战略。战略是跟着环境走的,只有情况明,才能决心大。离开了环境分析,就难以制定出竞争能力强、能引导企业走向兴旺发达之路的经营战略。

分析外部环境就是要找出外部环境中存在的机会和问题。机会是对企业发展有利的因素,问题是对企业发展不利的因素。分析外部环境是通过分析找到和利用市场机会,采取措施克服存在的问题,使企业的生产经营活动能适应环境的变化。

分析企业内部条件,就是要弄清本企业在内部条件上的优势和劣势。分析内部条件的作用是通过分析发挥优势、扬长避短,使企业能有效地使用自己的资源,更好地适应外部环境变化的要求。如果对企业内部条件上的优势和劣势认识不足,往往会造成战略上的失误。

一、外部环境分析

(一)园林企业的外部环境包括一般环境和特定环境

1.一般环境因素(宏观环境)

人们也称之为非市场因素,这类环境因素影响着社会中的一切组织,不论管理者是否意识到它的存在,它都或多或少地影响着组织的发展。这些环境因素是由特定社会中的经济、技术、社会、政治和自然等要素构成的社会环境及这个社会所处的国际环境,是对园林产品市场发生间接影响的因素。一般环境因素可分为以下几个方面。

经济环境　它主要包括：整个国民经济的发展状况，如国民经济的迅速增长、调整或紧缩等；产业结构的构成与发展，如初级产品工业和次级产品工业的力量构成及变化等；价格的升降和货币价格的变化；银行利率的升降和信贷资金的松紧程度；国际经济状况，如初级产品价格的升降、石油价格的升降、汇率的变化等。

　　技术环境　技术是企业外部环境因素中最活跃的因素，它可以给企业带来巨大的成功，也可以使企业陷入困难境地。因此，重视对有关科技发展的研究和分析是企业生存与发展的前提条件之一。一般来讲，它包括两个方面的内容：一是注重对宏观科技发展趋势的研究分析。例如，新技术革命的成果迅速推动了核能、太阳能、生物能、风能、潮汐能等替代性能源的发展，减少了世界经济发展对非再生性的石油能源的依赖，这对于石油工业部门是一个重要信息。二是企业对科学技术发展的研究要着重于与本企业产品、材料、制造工艺、技术装备等相关科技发展的研究、分析。这些相关科技的发展水平和发展速度，对于企业提高技术水平，发展新产品等具有决定性的意义。

　　社会环境　社会因素主要包括人口环境和文化环境。人口环境是指人口的增减对需求的增减程度；文化环境是指人们在特定的社会制度下所形成的道德观念、规范、民族习俗、宗教信仰、文化水平等。对社会环境进行分析，需要了解消费者和用户所在国家的文化背景、风俗习惯、传统礼仪、价值观念、宗教信仰、审美观念、商业习惯以及人口总数、人口发展趋势、结婚率、离婚率、出生率、死亡率、环境保护状况等。

　　政治环境　政治因素主要是指国家的政治形态、独立自主程度、政局的安定程度和在世界上的战略地位。政治因素是企业外部环境分析的重点之一，企业必须注重对政治形势的分析，把握政治形势的发展变化。

　　自然环境　企业的自然因素主要指资源及地理气候等自然条件，如土壤资源、土壤特性、空气、水等气候自然条件。企业的经营活动依赖于物质资源，也受自然物质资源的限制。就园林企业而言，地理、气候等自然条件对企业经营产生着极大的影响。

　　2. 特定环境因素（微观环境）

　　人们也称之为主体环境因素，是指与企业经营直接有关的外部环境因素，诸如对企业具有潜在影响的竞争对手、服务对象、资源供应者、管理部门等。与上述一般环境因素相比较，企业对于特定环境因素能施加一定的影响，因而在企业经营战略或策略规划中具有一定的主动权。特定环境因素主要有下列内容：

　　股东　股东是园林企业的出资者或所有者。股东对企业的态度影响企业的经营发展。

　　顾客　顾客是企业产品的消费者和使用者。顾客对企业的态度的好坏可以从对企业产品的态度上反映上来。由此看来，顾客是企业生存与发展的决定因素，因此也是园林企业之间竞争的唯一目标。

　　金融机构　金融机构是向园林企业提供融资，从企业支付利息中获利的部门，它是企业能够获得足够资金的重要支柱，能在很大程度上促进和限制企业的经营。

　　竞争企业　是指将相同或相似产品投向与本企业相同市场的企业。竞争企业是本企业同一产品市场的争夺者，它的发展动向及兴衰与本企业有密切的关系，因此它是企业环境分析的重要内容之一。

外部机关团体　包括政策机关、教育机关和宗教团体等,它们虽然不直接参与企业的经营,但是对园林企业有重要的作用,如教育机关里的大学科研所向企业提供新概念、新技术或与企业合作开发新产品;调查机关向园林企业提供必要的情报;宣传机关为企业进行各种形式的宣传和广告等。这些团体机关对促进企业的经营有重大作用。

(二)外部环境的特征

从经营角度来看,园林企业的外部环境是指那些与企业有关联的外界因素的集合,它具有以下特征:

(1)客观性:环境是客观存在的,外部环境发生变化,是自然规律和经济规律的客观体现。

(2)复杂性:园林企业自身是极其复杂的,而围绕着它的环境就更加复杂,且具有随机性。

(3)不可控制性:环境是不可控制因素的集合,园林企业系统只能调整内部因素来适应环境的变化。

(4)动态性:环境在不断地变化,并且多维地、加速度地变化。由于经营环境具有这些特征,所以,园林企业在制订经营战略和进行经营决策时,必须进行经营环境的分析,获取有关知识和信息以适应环境的变化,取得自身的生存和发展。

二、企业内部条件

园林企业经营的内部条件是指构成企业内部生产经营过程的各种要素,也有的称为素质或结构,但指的都是同一性质的概念。园林企业内部条件是指构成园林企业内部生产经营过程的各种要素,它体现为企业总体的经营能力,如领导指挥能力、协同能力、应变能力、竞争能力、获利能力、开发创新能力等。企业内部环境因素是可控因素,经过努力可以创造和提高企业的经营能力,也可能由于管理不善而失控和削弱企业的经营能力。从不同的角度来看,企业内部条件主要有两种分类方式。

(一)按构成要素划分

按构成要素划分,企业内部条件可分为人、财、物、技术、信息等五个方面:①人力资源因素,这是构成企业内部环境中最基本和最具活力的因素,它包括领导人员的素质、管理人员和工程技术人员的素质、生产工人的素质,即包括个人的素质,也包括群体的素质;②资金因素:它反映企业的财力状况,包括信贷能力和筹资的能力;③物资因素包括两个方面:首先,技术装备的素质,包括现有技术装备的数量、技术性能、技术先进程度、技术磨损程度以及它们之间的构成和配置状况、它的生产效率等;其次,劳动对象的素质,包括各种主要原材料、关键零部件和配套件、燃料和动力类物资供应的来源和质量以及企业本身所拥有的资源状况;④生产技术因素:这是指企业人员所拥有的生产技术方法、技术水平和先进程度以及拥有的专利、专有技术、配方等;⑤信息因素:它包括企业所拥有的科技情报资料、技术档案、销售及用户的资源、市场信息以及信息的构成状况等。

（二）按能力划分

按能力划分可分为：①经营管理能力：它包括企业的领导能力、协同能力和内部的组织管理能力等，反映企业整个经营机制是否充满生机和活力；②应变能力：这是指园林企业能否适应市场需求变化的能力，包括多角化经营，产品多样化，产品的质量、价格、信誉、产品寿命周期等；③竞争能力：这是指同竞争对手相比较所处的优势和劣势，如市场占有率、产品、成本、服务、销售渠道是否具有比竞争对手更为优越的地位和特色；④创新开发能力：这是指开发新产品、采用新技术、新工艺的能力和拥有的条件，如新产品开发的数量、质量和速度，投入市场的时机，新技术采用的程度以及科研开发人员、机构及装备水平等；⑤生产能力：包括原有设计的生产规模、生产率、生产技术条件以及可能采取变更生产能力的策略等；⑥销售能力：它包括销售网络、销售人员的数量和质量、运储能力、信息反馈以及所应用的促销策略，反映园林企业经营管理是否具有较强的经销力量；⑦获利能力：它体现各种要素、各种能力综合的结果；⑧财务能力：它包括企业的实有资产负债的比例、营运资本的变动状况等。

第三节　园林企业经营形式

园林企业经营形式是在一定的所有制条件下，实现园林企业再生产过程的经营组织、结构、规模、责权利关系及生产要素的组合形式。

园林企业经营形式的核心在于明晰其责权利关系，使之实现恰当的结合，以调动生产经营者的积极性。因此，在选择企业经营形式时，首先必须弄清企业经营主体责权利的结合状况。任何一个经营者都要以物质利益为动力，并运用经营权利，调配人财物力，组织生产经营活动。其责权利的结合状况关系到具体经营形式的选择。

一、承包经营与租赁经营

（一）承包经营

园林企业承包经营是按照所有权和经营权分离的原则，以承包合同的形式，明确所有者与经营者的责权利关系，使经营者实行自主经营、自负盈亏的一种经营形式。

承包经营具有的特点：它是社会主义公有制经济体系中的一种经营形式，提高了经营者生产经营的积极性；生产经营活动与经营者的自身利益紧密结合，充分调动了经营者生产经营的积极性，提高了劳动者的技术素质。随着科学技术在园林行业生产中的应用，促进了生产经营者的科学文化水平，实现各生产要素的有效结合，生产经营者能最大限度地有效运用各项生产要素，取得最佳的综合效益。

园林企业在实行承包经营时，要密切结合园林行业的特点，科学确定承包的指标体系。既要考虑经济效益指标，也要考虑生态效益、社会效益指标，并适当确定承包期，同时要建立有效的管理和监督体系，以避免由承包经营带来的企业短期化行为。

（二）租赁经营

园林企业租赁经营是在所有权不变的前提下，园林企业将一部分（或全部）生产资料租赁给集体或个人经营，承租方向出租方交付租金并对企业实行自主经营，在租赁关系终止时，返还所租财产。

（三）租赁经营和承包经营的区别

租赁经营和承包经营虽然都是所有权和经营权相分离的经营形式，但二者有很大区别，主要表现在：承包经营是承包上缴利润指标以及由此产生当事人之间的其他权利义务关系，租赁经营是承租方对企业财产进行租赁经营，并向出租方交纳租金；承包经营多适用于大中型国有企业，而租赁经营则多适用于小型国有企业和集体企业；发生亏损时，承包企业只要用企业的自有资金补偿即可，租赁经营的承租方则必须以抵押财产进行补偿；在承包经营的情况下，承包期间新增资产的所有权性质与承包前的企业所有权性质是一致的。而在租赁经营的情况下，租赁期间承租方用其收入追加投资所添置的资产，则属于承租方。

租赁经营能使企业活力增强，对市场反应灵敏，但企业经营易产生短期行为，它比较适合技术不太复杂、经济效益较差、市场不太稳定的中小型企业。实行租赁经营必须对企业资产进行科学评估，合理确定租赁费用，保证企业资产不流失。

二、股份合作制

股份合作制企业是园林企业以合作制为基础，实行以劳动合作与资本合作相结合，按劳分配与按股分红相结合，职工共同劳动、共同占有生产资料、利益共享、风险共担、股权平等、民主管理的企业法人组织。

股份合作制企业是从我国农村经济中产生和发展起来的。20世纪80年代初期，在一些解决温饱后的农村地区，乡镇企业发展开始起步，需要一定的资金积累。对于乡镇企业这类点大面广的农村基层经济组织，局限于所有制性质的差别，国家不可能直接进行投资。乡村集体经济的家底很薄，客观上需要农民集资入股，然而在当时受各种主客观因素的限制，乡镇企业不可能实行规范的股份制。因而一种由农民集资入股，并参与企业生产劳动和经营管理的经营方式便应运而生。由于它既解决了企业发展的资金不足，又密切联系了职工与企业的关系，还使农民获得了较高收益，并吸引他们关心企业的经营和发展，从而受到很多人的欢迎。为此，农业管理部门在研究总结这一经验后，于1990年发布了《农民股份合作企业暂行规定》，对这一做法进行了规范和推广，股份合作制企业便在全国不少地区的农村和乡镇企业中推广开来。近些年来，在城市小企业改革中，各地借鉴农村改革的经验，积极试行股份合作制，从而使这一原产自农村的企业经营方式走向城市，开始发挥更大的作用。

股份合作制企业有以下特点：劳动和资本相结合，企业职工共同劳动、共同出资，既是企业的劳动者，又是企业的出资人；在分配上，实行按劳分配与按股分红相结合的分配方式；企业属于集体经济性质，是独立的企业法人，以企业全部资产承担民事责任，出资人以出资额为限对企业的债务承担责任。

三、股份制企业

股份制企业是指两个或两个以上的利益主体,以集股经营的方式自愿结合的一种企业组织形式。它是适应社会化大生产和市场经济发展需要、实现所有权与经营权相对分离、利于强化企业经营管理职能的一种企业组织形式。在现代化建设中,股份制有利于调整经济结构;有利于筹集建设资金,促进社会需求结构合理化和经济综合平衡;可以进一步明确产权关系,有利于正确分离所有权和经营权,使企业管理体制进一步合理化;可以为建立适合现代化大生产、多方集中投资建设的新体制提供十分有益的经验。

股份制企业主要有三种类型,一是法人持股的股份制;二是企业内部职工持股的股份制;三是向社会公开发行股票的股份制。我国股份制企业主要有股份有限公司和有限责任公司两种组织形式。

股份制企业主要有以下特点:一是发行股票,作为股东入股的凭证,一方面借以取得股息,另一方面参与园林企业的经营管理;二是建立园林企业内部组织结构,股东代表大会是股份制企业的最高权力机构,董事会是最高权力机构的常设机构,总经理主持日常的生产经营活动;三是具有风险承担责任,股份制企业的所有权收益分散化,经营风险也随之由众多的股东共同分担;四是具有较强的动力机制,众多的股东都从利益上去关心企业资产的运行状况,从而使企业的重大决策趋于优化,使企业发展能够建立在利益机制的基础上。

股份制企业和股份合作制企业在经营上主要区别有:第一,在集资方式上,股份制企业面向社会募集股份,股份合作制企业向企业内部募股;第二,在合资方式上,股份制一般仅是资本的联合,而股份合作制是在劳动合作的基础上的资本联合,企业职工共同劳动,共同占有和支配生产资料;第三,在表决方式上,股份制实行一股一票制,股份越多,表决时越有发言权,而股份合作制则实行一人一票制,企业实行民主管理,决策体现多数人的意愿;第四,在股份的操作上,股份公司的个人股份经批准可上市交易,而股份合作制的职工个人股不得上市交易,企业职工利益共享,风险共担;第五,在分配方式上,股份制实行按股分红,而股份合作制除了按股分红外,还有按劳分配;第六,在适用范围上,股份制作为现代企业的一种资本组织形式,不具有基本制度属性,而股份合作制是我国城乡群众在改革中产生的新事物,是公有制的组成部分。

当然,股份制与股份合作制也有共同的地方,如资本采取股份形式,股东以其认购的股份承担有限责任,企业以其全部资产独立承担民事责任等。

四、现代企业制度

(一) 现代企业

现代企业是建立在劳动分工基础上,拥有现代企业制度、现代科学技术、现代经营技术、经营权完整的经济组织。

现代企业的特征:第一,现代企业比较普遍地运用现代科学技术手段开展生产经营活动,拥有现代化的管理。企业的规模日益壮大,管理层次越来越多,管理幅度也越来越大。同时,企业与社会的联系程度非常紧密,企业所承担的社会责任也大大提高。第二,现代企业内部分工协作的规模和细密程度极大地提高,劳动效率呈现逐步提高的态势。第三,现代企业经营活动的经济性和盈利性。现代企业的基本功能是从事商品生产、交换或提供服务,经济性是现代企业的显著特征;现代企业又是为赢利而开展商品生产、交换或从事服务活动的,赢利性构成了现代企业的根本标志。第四,现代企业的环境适应能力不断增强。企业竞争已从本地化、国内化过渡到国际化、全球化,企业所面临的环境更加复杂多变,多因素的影响大大胜于单一因素的作用,而且每一因素的变化节奏明显加快。第五,企业发展已由一业为主向多元化经营发展。现代企业把许多单位置于控制之下,企业规模庞大、经营地点分散、经营类型多样、经营产品丰富。

(二)现代企业制度

1. 现代企业制度的含义

现代企业制度是指以市场经济为前提,以规范和完善的企业法人制度为主体,以有限责任制度为核心,适应社会化大生产要求的一整套科学的企业组织制度和管理制度。现代企业制度的核心内容包括规范和完善的企业法人制度、严格而清晰的有限责任制度、科学的企业组织制度、科学的企业管理制度、运行环境是市场经济体制,生产技术条件是社会化大生产。

现代企业制度有着十分丰富的内涵,它是当前最为发达的一种企业体制。我国社会主义市场经济条件下建立现代企业制度,主要包括现代企业产权制度、现代企业组织制度、现代企业管理制度三个方面的主要内容。

现代企业产权制度　产权归属的明晰化、产权结构的多元化、责任权利的有限性和治理结构的法人化是现代企业产权制度的基本特征。园林企业建立现代企业制度,首先要求对其进行公司化改造,明晰企业的产权划分和归属主体,在此基础上引导出多元化的投资来源。同时,根据投资的多少,确立对称的责任和权利。在所有权与经营权分离的前提下,企业依照自己的法人财产开展各项经济活动,独立地对外承担民事权利和民事义务。

现代企业组织制度　所有者、经营者和生产者之间,通过公司的决策机构、执行机构、监督机构、形成各自独立、责权分明、相互制约的关系,并以国家相关的法律法规和公司章程加以确立和实现。现代企业组织制度有两个相互联系的原则,即企业所有权和经营权相分离的原则,以及由此产生的公司决策权、执行权和监督权三权分离的原则。在此原则基础上形成股东大会、董事会、监事会和经理层并存的组织机构框架。按其职能,分别形成权力机构、执行机构、监督机构和管理机构。

现代企业管理制度　有一套股东大会、董事会、监事会与经理层相互制衡的公司治理结构,具有正确的经营思想和能适应企业内外环境变化、推动企业发展的经营战略。建立适应现代化生产要求的领导制度,拥有熟练地掌握现代管理知识与技能的管理人才和具有良好素质的职工队伍,在生产经营各个主要环节普遍地、有效地使用现代化管理方法和手段,建设以企业精神、企业形象、企业规范等内容为中心的企业文化。

现代企业产权制度、现代企业组织制度、现代企业管理制度三者之间相辅相成,它们共同构成了现代企业制度的总体框架。

2. 现代企业制度的基本特征

现代企业制度的基本特征可以概括为产权清晰、权责明确、政企分开、机制灵活、管理科学等几个方面。

产权清晰 产权清晰是指产权在法律上和经济上的清晰。产权在法律上的清晰是指有具体部门和机构代表国家对国有资产行使占有、使用、处置和收益等权利,以及国有资产的边界要"清晰";产权在经济上的清晰是指产权在现实经济运行过程中是清晰的,它包括产权的最终所有者对产权具有极强的约束力,以及企业在运行过程中要真正实现自身的责权利的内在统一。

权责明确 健全的法人制度使企业各方权责明确,即合理区分和确定企业所有者、经营者和劳动者各自的权利和责任。法人制度的核心是法人财产制度,法人财产制度的核心则是确立企业法人产权。企业拥有出资者投资形成的全部法人财产权,并以其拥有的全部法人财产。依法自主经营、自负盈亏、照章纳税、独立承担民事责任;依法维护所有者权益,对出资者承担资产保值增值的责任;所有者按其出资额,享受资产收益、重大决策和选择管理者的权利,对企业债务承担相应的有限责任;公司在其存续期间,对由各个投资者投资形成的企业法人财产拥有占有、使用、处置和收益的权利,并以全部法人财产对其债务承担责任;经营者受所有者的委托,享有在一定时期和范围内经营企业资产及其他生产要素并获取相应收益的权利;劳动者按照与企业的合约拥有就业和获取相应收益的权利。企业破产时,出资者只以投入企业的资本额对企业承担有限责任,出资者与法人是平等的民事主体关系。

政企分开 一方面要求政府将原来与政府职能合一的企业经营职能分开后还给企业,另一方面要求企业将原来承担的社会职能如住房、医疗、养老、社区服务等分离后,交还给政府和社会。政企分开的基本含义是实现三分开:一是实现政资分开,即政府的行政管理职能与国有资产的所有权职能的分离;二是在政府所有权职能中实现国有资产的管理职能同国有资产的营运职能的分离;三是在资本营运职能中实现资本金的经营同财产经营的分离。

机制灵活 企业在经营管理活动过程中,完全按照国内外市场需求组织生产经营活动。面向市场,在国家宏观调控下,各类企业在市场中平等竞争、优胜劣汰,实现企业的和社会生产的良性发展。

管理科学 管理科学规范是一个具有广泛意义的概念。从广义上看,它包括了企业组织合理化的含义,如"横向一体化"、"纵向一体化"、公司结构的各种形态等。一般而论,规模较大、技术和知识含量较高的企业,其组织形态趋于复杂;从较为具体的意义上说,管理科学要求企业管理的各个方面,如质量管理、生产管理、供应管理、销售管理、研究开发管理、人事管理等方面科学化。

3. 完善现代企业制度的途径

(1)建立现代企业制度的总体构想。建立现代企业制度,必须从战略上对国民经济的布局进行调整,采取多种形式,区别对待。对涉及国家安全、国防、尖端技术、某些特定行业、特殊产品的企业,由国家直接控制和管理;对基础产业和支柱产业中的骨干企业,国家要实行控股;对国有小型企业,可改组为有限责任公司、股份合作制企业,亦可采取承包、租赁方式实行国有民营,还可进行拍卖、实行产权转让。

(2)建立科学有效的法人治理结构。科学有效的公司治理结构必须在产权明晰和改革国有资产管理制的基础上,通过公司股权结构的多元化,强化所有者的约束,进一步明确董事会的权力、责任和法律地位,对经营者实行有效的监督与激励机制;同时,准确地界定党委会在公司中的保证监督作用,加强工会和企业职工在公司治理结构中参与民主管理的组织制度建设。

(3)降低企业负债率。加快发展资本市场。解决企业债务问题,防止不良债务比率上升。同时,积极稳妥地发展资本市场,运用发行债券和股票等方式筹措资金。

(4)建立和完善社会保障体系。建立和完善社会保障的运行机制,实行统一税率、统一基数、统一办法、统一管理。

面向市场着力转换企业经营机制,逐步形成企业优胜劣汰、经营者能上能下、人员能进能出、收入能增能减、技术不断创新等机制。

第四节　园林企业经营战略的制订与实施

一、园林企业经营战略体系

在战略环境分析的基础上,园林企业必须建立经营战略体系。它是由企业经营战略的内容体系、组织体系、层次体系等相互联系、相互制约而构成的一个整体。由于企业环境、各自情况以及其生产经营的特点各不相同,每个企业的总体战略是千差万别的。通常依据企业在行业中所处的地位、基础水平和战略态势的不同,将企业经营战略分为成长型战略、稳定型战略和紧缩型战略。

(一)成长型战略

成长型战略又称发展战略、进攻型战略。它是现有企业依靠自身的力量或与其他企业联合,以促进企业快速成长发展的战略,它是国外企业普遍采用的一种经营战略。近年来,我国许多大企业或企业集团也通过实施成长型战略,使企业在激烈的国内市场竞争中发展壮大。

园林企业成长战略类型包括以下几种类型。

1. 产品—市场战略

企业经营战略的四项要素(即现有产品、未来产品、现有市场、未来市场)有四种组合,即市场渗透(现有产品和现有市场的组合),产品开发(未来产品与现有市场的组合),市场开发(现有产品与未来市场的组合),全方位创新(未来产品与未来市场的组合)。市场渗透战略是扩展企业现有产品市场,是促进企业成长发展的一个重要途径。市场渗透战略希望通过对现有产品进行小的改进,从现有市场上赢得更多的顾客;产品开发战略是针对现有市场,不断开发适销对路的新产品,以满足用户不断增长的需要,它是企业成长发展的一个重要途径;市场开发战略是企业采用种种措施,把原有产品投放到新市场上去,以扩大销售。它是发展现有产品的新顾客层或新的地域市场,从而扩大产品销售的战略;全方位创新战略是市场开发战略和产品开发战略的组合,这种战略是企业向一个新兴市场推出其他企业从没生产过的全新产品。

2. 一体化经营战略

园林一体化经营战略指企业充分利用自己的产品、市场和技术的优势,不断地从后向、前向和水平方向发展的总体性谋划。一体化战略的基本形式有纵向一体化和横向一体化。纵向一体化战略,又称垂直一体化战略,它是将生产与原材料供应,或者生产与产品销售联结在一起的战略形式,它是使企业进入一种多种经营,以求得成长的战略。

纵向一体化包括后向一体化和前向一体化两种,后向一体化战略是指企业利用自己在产品上的优势,把原来属于外购的原材料或零件,改为自行生产的战略。如园林生产企业所需要的植物种苗由企业自己建种苗基地繁殖。前向一体化战略是指企业根据市场需求和生产技术可能的条件,利用自己的优势,把成品进行深加工的战略。如园林产品生产与深加工联合,提高产品的附加值。

横向一体化战略,又称水平一体化战略,是指把性质相同或生产同类型产品的同行业竞争企业进行联合,发展成为集团化公司的战略。目的是为了扩大生产规模、降低产品成本、巩固企业的市场地位、提高企业竞争优势、增加企业实力。横向一体化的战略可以通过契约式联合、合并同行业企业两种方式实现。

3. 多角化战略

又称多角化经营战略,是指园林企业同时生产和提供两种以上基本经济用途不同的产品或劳务的一种经营战略。目前,多角化经营战略已成为企业适应新形势、开拓市场的必然选择。它是由新产品领域和新市场领域组合而产生的,即增加产品种类和增加新市场两者同时发生作用的一种战略。

(二)稳定型战略

稳定型战略是指企业遵循过去相同的经营目标,保持一贯的成长速度,同时不改变基本的产品或经营范围。它是园林企业对产品、市场等方面采取以守为攻,以安全经营为宗旨,不冒大风险的一种战略。稳定型战略是一种内涵型经营的战略,它是向企业内部结构合理发展,在取得经济效益最大化的同时减少不必要的资源浪费。当然这种战略在提高效益的同时,园林企业生产经营规模增长速度是缓慢的。其特点是针对本企业在经营管理等各方面存在的问题,在尽量不增加生产要素投入的条件下,致力于调整企业内部结构,挖掘内部潜力,使企业的产品结构、组织结构及其他各项工作合理化,通过提高技术水平,优化产品工艺等来实现企业扩大再生产。

(三)紧缩型战略

紧缩型战略是采取从园林企业现有战略基础起点往后倒退的战略。当企业面临艰难的经营局面,或者经营现状不佳,采用发展稳定型战略都无法达到企业目标时,不得不缩小业务范围,或者出让资产,或者关闭下属工厂以渡过难关。在国民经济产业结构调整时期,许多企业关、停、并、转,就是国家采取的经济紧缩战略。紧缩型战略一般包括以下几种战略类型。

1. 转变战略

转变战略是指企业经营由危机状况转变为正常状态的战略。其重点是改善经济效益。

在公司经营充满了问题,但还不是很严重的情况下,采用这种战略最适宜。总之,转变战略的目的是通过各种努力扭转企业财务状况不佳的局面,以顺利渡过难关,争取形势的好转。

2. 放弃战略

在转变战略中,为求生存,企业仅削减某些成本或项目,而在放弃战略中,企业要关闭或出售其所属某个事业部门或子公司。当企业遇到很大困难、预计难以通过转变战略扭转局面或当采用转变战略失败后,企业可以采用放弃战略,将经营资源从这一领域中抽走。这种战略是从企业的现状出发,以尽快收回现金为目的,不得不放弃这一领域。当企业面临困境时,采用这种战略,能使企业及时转变或撤退,渡过难关,转危为安。但采用紧缩型战略使企业陷入消极经营状态,员工士气低落,由此恶性循环,加剧了企业经营的困难。当公司做出放弃或分离决定时,若优柔寡断,该放弃和分离的经营领域不能及时地放弃或分离,将拖垮整个公司,甚至使公司倒闭或破产。

二、园林企业经营战略制订

园林企业经营战略制订包括:确定园林企业任务,认定企业的外部机会与威胁、内部优势与弱点,建立长期目标,制订备选战略方案,选择特定的实施战略。战略制订过程所要确定的问题包括:企业进入何种新领域?放弃何种业务?如何配置资源?是否扩大经营或进行多元经营?是否进入国际市场?是否进行合并或建立合资公司?如何防止被敌意接管等。

由于没有任何企业拥有无限的资源,战略制订者必须确定在可选择的战略中,哪一种能够使公司获得最大收益。战略制定决策将使公司在相当长的时期内与特定的产品、市场、资源和技术相联系。经营战略决定了企业的长期竞争优势,无论结果好坏,战略决策对企业都具有持久性的影响,它决定了企业各主要经营活动的成败。具体来说,战略制订包括以下步骤。

1. 形成战略思想

战略思想是园林企业谋求发展和处理重大经营问题、经济关系的指导思想,是制订和实施战略的基本思路。它反映了企业高层管理者的世界观、价值观,表明了企业的行为准则,体现了经营者和广大职工对未来的希望和看法。形成战略思想应从战略思维开始,进行战略思维本身也是一种过程,人们对处理问题的认识和态度逐步从模糊到明确的过程,就是战略思想形成的过程。战略思想的形成要求进行全方位、多维、开放性的思维;进行超前性、创造性的思维;要求形成新的观念、新的思路以指导战略的制订和实施。例如当企业面临逆境时,要形成克服困难、勇于拼搏的战略思想;在处于顺境时,要确立居安思危、发展优势的战略思想。

2. 环境调查

环境调查是制订和实施战略的前提,是一项十分重要的基础性工作。环境调查主要包括两个方面:一是企业内部环境调查,了解企业各种资源和经营实力情况;二是企业外部环境调查,了解企业所处的宏观环境和市场环境、行业环境。通过环境调查,明确企业本身的优势和劣势,以及企业所面临环境的机会和风险,为正确制订和实施经营战略方案提供客观的依据。

3. 拟定、评价和选择战略方案

这是经营战略的决策阶段,在明确了战略思想和对环境进行了调研,并有了分析结果之后,就需要拟定多种战略方案,对每个方案进行评价,找出各方案的优缺点并做出选择,最后确定满意的经营战略方案。战略方案应包括战略目标、战略重点、战略方针、战略阶段和战略对策等内容。

4. 战略方案的落实和修改完善

选择经营战略方案后,需要加以落实,使之具体化。也就是说,需要通过战略规划或战略计划使之具体化,从时间和空间上加以落实。在时间上,划分为若干战略阶段,明确每个阶段的计划目标;在空间上,将每个阶段的计划目标落实到每个部门和各个生产经营单位,直到个人。根据各部门、各单位的计划任务进行资源的合理配置,保证战略任务的顺利实施。在战略方案的执行过程中,经营环境可能会出现预料之外的变化,使战略方案中的某些部分失去了指导作用,因而需要及时地对原方案进行必要的修改、调整,使其更加符合实际,发挥其正确的指导作用。

三、园林企业战略的实施

战略实施是战略管理的行动阶段。战略实施要求企业树立年度目标、制定政策、激励员工和配置资源,以便使制定的战略得以贯彻执行。战略实施活动包括培育支持战略实施的企业文化、建立有效的组织结构、调整企业经营方向、制订预算、建立和使用信息系统,以及将员工报酬与组织绩效挂钩等内容。实施意味着动员员工和管理者将已制定的战略付诸行动。战略实施是战略管理过程中难度最大的阶段,它要求企业人员守纪律,有敬业和牺牲精神。战略实施的成功与否取决于管理者激励员工能力的大小,它与其说是一门科学,倒不如说是一种艺术。已经制定的战略无论多么好,但如未能实施,便不会有任何实际作用。战略实施活动会影响到企业中的所有员工及管理者,每个分公司或部门都必须回答诸如"为实施企业战略中属于我们责任的部分,我们必须做什么?""我们能将工作做得多好?"之类的问题。战略实施是对企业的一种挑战,它要求激励整个公司的管理者和员工以自豪感和热情为实现已明确的目标而努力工作。

上述几种战略实施模式在制订和实施战略上的侧重点不同,在实际运用过程中,上述战略实施模式并不是互相排斥的,但也不是任何一种模式都能通用于所有的企业,这取决于各种企业经营的程度、发展变化的速度,以及企业目前的文化。

经营战略的实施需要遵循以下原则。

1. 目标分解、任务合理的原则

园林企业经营战略目标应分解为企业各部门和下属各单位的具体目标,以便落实责任和检查监督。各部门、各单位直至个人应完成的具体目标应合情合理,既有利于挖掘潜力、调动各方面的积极性,又要切实可行、具备实施条件,有实现目标的可靠保证。

2. 统一领导、组织协调的原则

实施园林企业经营战略,必须由企业高层管理者进行统一领导,加强协调,使企业各部门、各单位以及全体职工统一行动、步调一致、相互配合、密切协作,以保证企业经营战略总体目标的实现。

3. 突出重点、兼顾全局的原则

一个合理的经营战略方案应明确地规定战略重点,以突出企业的主攻方向。这些重点一般应是对企业发展的全局有决定性影响的方面,如企业的优势或制约全局的薄弱环节、主要矛盾等。抓住重点,有利于推动全局,同时也要兼顾全面,用重点来带动一般,用一般来保证重点。

4. 适应变化、机动灵活的原则

园林企业战略是对未来一定时期的谋划和方略,在战略实施过程中,环境总会发生这样或那样的变化。战略的制订者和实施者应机动灵活,适时调整和修改原有的战略方案,使之符合变化了的新环境,以充分发挥战略的指导作用。

第五节　园林企业战略的控制

一、园林企业战略控制的含义

园林企业战略控制是指园林企业战略管理过程的最后阶段,在战略计划实施过程中,为了保证按园林企业战略计划的要求进行生产经营活动,所采用的不断评审实际工作,将反馈回来的实际成效信息与计划目标比较,及时发现偏差、采取纠正措施的活动。园林企业经营战略的实施过程有时同不断变化的环境之间存在着一定的矛盾,实施结合也会同预定目标产生一定的偏差,这就需要及时采取纠正措施加以控制,主要是建立一套战略实施的控制系统。

园林企业战略控制是企业系统中战略层活动的控制,不同于管理层、作业层的控制。其特点表现为:

(1)战略控制系统是开放的,因为战略层的活动处于园林企业与外部环境的衔接处。

(2)战略控制的标准依据是企业的总体目标,因为战略是追随园林企业总目标的一个方面,当战略规划目标接近企业总体目标时,才能起到控制标准的作用。

(3)战略控制的标准有两种类型,即成效标准和废弃标准。当战略执行过程中出现偏差时,若这一偏差值落入成效标准范围内,就可以采取修正措施或修正规划,以保证战略目标的实现;而当这一偏差值落入废弃标准范围内时,则表明原战略规划所依据的假设条件发生了重大变化,原有的战略应废弃。

(4)战略控制的功能是既要保护战略规划的稳定性,又要允许其变化。它使园林企业系统维持一种动态的平衡,使园林企业系统具有足够的稳定性以承受周期性的冲击,走向相关的目标,同时,它又主张变化,但这种变化是可接受的和符合期望的。

二、战略控制的过程

园林企业战略控制过程是将实际工作情况与工作评价标准进行对比、发现差距、找出原因,并进行纠正的过程。战略控制是一个活动过程,它由以下几个步骤组成。

1. 确定控制标准

评价标准是战略控制的依据,是工作成果的规范,是从一个完整的战略计划中所选出的对工作成果进行计量的一些关键点。它用来确定是否达到战略目标和怎样达到战略目标。战略目标以及低层次的组织目标、个人目标和计划要求都是评价标准,一般以战略目标的具体化——战略计划及其指标体系作为评价和控制战略执行效果的标准,评价标准一般由定量和定性两个方面的标准组成。定量评价标准一般可选用下列指标：资金利税率、人均创利、劳动生产率、销售利润率、销售增长额、市场占有率、投资收益、股票价格、每股平均收益、工时利用率等；定性评价标准一般从以下几方面加以制订：战略与环境的一致性、战略中存在的风险、战略与资源的配套性、战略执行时间性、战略与企业组织机械的协调性等。

2. 检查实施、衡量成效、寻找偏差

对战略执行前、执行中、执行后信息反馈的实际成效加以分析比较，将执行的结果与计划目标、指标进行比较，是完成还是未完成？如果完成了，超过多少？如果未完成，差额多少？找出实际活动成效与评价标准的差距及其产生的原因，这是发现战略实施过程中是否存在问题和存在什么问题，以及为什么存在这些问题的重要过程。要做好这项工作，必须建立管理信息系统，并采用科学控制方法和控制系统，在适当的地点来进行评价。

3. 分析原因、采取措施、纠正偏差

对通过成效衡量发现的问题，必须针对其产生的原因采取纠正措施，才能真正达到园林企业战略控制的目的。纠正的措施有的是改变战略实施的活动、行为，有的是改变战略的目标、措施和计划。

4. 改进调整，完成战略目标

园林企业经营战略是指导企业中长期发展的，应当在相当长的时期内具有稳定性，但园林企业外部环境和内部条件是经常变化发展的，因而园林企业经营战略不可能绝对地一成不变。为了发挥经营战略的正确指导作用，必须根据市场需求、环境变化和企业内部条件的变化，及时进行调整，以保证它的正确性。在采取必要的纠偏措施后，要按规定的目标继续努力，加以完成。

上述几个方面的活动有机结合在一起，构成完整的园林企业战略控制过程。

三、园林企业战略控制的方法

进行园林企业战略控制，可以有不同的控制方式，需根据实际情况做出选择。选择控制方式，一要考虑控制的可行性，二要考虑控制要求、控制量和控制成本。总之，要从园林企业实际出发，作出正确的选择。园林企业经营战略实施控制的方法主要有以下几种。

1. 避免控制

就是管理人员采取适当的手段，使不适当的行为没有机会产生，从而达到需要进行控制的目的。例如采用自动化手段减少所需要的控制，或把权力集中于少数高层管理人员手里，以减少分层控制所造成的矛盾。

2. 直接控制

这是指园林企业必须将经营战略纳入控制过程，采取控制措施并进行控制活动，这类控制主要有具体活动的控制、成果控制、人员控制等。

3. 事前控制

在实施战略之前，要设计好正确有效的战略计划。该计划要得到企业领导人的批准后才能执行，其中有关重大的经营活动必须经过企业领导人的批准同意才能开始实施，他所批准的内容往往就成为考核经营活动绩效的控制标准。这种控制多用于重大问题的控制，如任命重要人员，签订重大合同，购置重大设备等。

4. 事后控制

这种控制方式是在园林企业经营活动之后,才把战略活动的结果与控制标准比较,这种控制方式工作的重点是要明确战略控制的程序和标准,把日常的控制工作交由员工。

5. 经营审核

经营审核是在弄清经营成果的基础上,深入到园林企业政策、职权应用、管理重量、管理方法等方面进行综合分析研究和专门分析研究。分析它们的效果,作出正确评价,从而推动经营管理工作的改进,保证战略目标的实现。

6. 个人现场观察

这是指园林企业各级领导者深入到各种生产经营现场进行直接观察。有经验的领导者即使偶然到车间、办公室走一下,也能从中得到许多有用的情报。

本章小结

本章首先讲述园林企业经营战略应具备经营思想和达到经营目标,而经营战略是建立在企业经营环境分析的基础上的,企业经营环境包括企业外部环境和企业内部环境。企业外部环境可分为一般环境和特定环境,在一定的所有制条件下,实现园林企业再生产过程的经营组织、结构、规模、责权利关系及生产要素的组合形式是园林企业经营形式,它包括承包经营与租赁经营、股份合作制、股份制企业和现代企业制度。要经营好这几种园林企业经营形式,就必须制订与实施园林企业经营战略,园林企业经营战略体系有成长型战略(包括产品—市场战略,一体化经营战略,多角化战略)、稳定型战略和紧缩型战略(包括转变战略和放弃战略),园林企业经营控制和实施有着自身的规律、程序和要求。

[案例 2-1]

20 世纪 90 年代初,天津市青州园艺公司主要经营园林绿化工程,同时也设有花木店兼营花木零售。在长期与客户的经营交往中,发现许多宾馆、酒楼、公司和企事业单位买了花卉回去,由于不会管理或照料不善,使花卉很快就失去了娇美的秀色,甚至枯萎凋零。于是这家公司便决定迎合客户需求,推出了新的经营点子——花卉租摆。

这项新业务一改,原来的卖花为租花,将客户点要的玫瑰、月季、菊花、茶花、绿萝等盆花送上门为客户摆放,并定时派人上门进行浇水料理等日常服务,等到租摆出去的花卉需要保养时,便送另一盆新的花卉去租摆并换回需要保养的花卉。

这样的经营方式,既为客户免去了日常管理花卉的麻烦,也不必频频另买盆花,只需花较少的钱,就能使会客厅或办公室秀色长驻;而对花木公司来说,不但有了长期稳定的客户,也减少了花盆、花卉的无谓损耗。花卉租摆使双方各得其利,大受用户欢迎。

到 1992 年,已有 250 多家宾馆、公司和企事业单位成了青州园艺公司的常年客户,该公司 1992 年仅"花卉租摆"一项就收入了 80 多万元,占了该公司全年园林绿化工程总收入的近一半。

分析讨论

(1)青州园艺公司经营成功的主要原因是什么?

(2) 上述案例对我们有什么启示?

[案例 2-2]

北京天盛花木有限公司是一家从事花木生产、销售的企业,在计划经济时代,由于国家的扶持,理所当然地得到了发展。但现在,这家企业强烈地感觉到了同行的竞争,经营业绩每况愈下。公司总经理很是担心,便请来了某高校的一位管理学教授帮助分析原因。该教授经过调查,提出了以下看法:企业的目标大多数是为期一年的,而且主要是一些经济指标。一般地,各主管人员是好的"消防战士",但他们只注重"救火",而不太注意事先防止问题的发生,没有什么集体的努力。每一个主管人员都集中精力于自己的任务,主管人员大都只关心内部的经营活动,而不关心外界的环境变化。总经理认真地听取了教授的报告,认为重要的问题是:现在应该怎么办才能解决这些问题,从而增强企业的竞争能力。

分析讨论

当总经理征求你的意见时,你将如何回答?

思考与练习

一、名词解释

园林企业经营战略　　园林企业经营形式　　园林企业经营思想
现代企业制度　　　　企业经营战略的控制

二、判断题

1. 企业经营内部环境是有两种分类形式。(　　　)
2. 现代企业制度的基本特征可以概括为产权清晰、权责明确、政企分开、机制灵活、管理科学等几个方面。(　　　)
3. 以安全经营为宗旨,不冒较大风险的战略是紧缩型战略。(　　　)
4. 稳定型战略又称发展战略。(　　　)
5. 股份合作制企业在分配上,实行按劳分配与按股分红相结合的分配方式。(　　　)
6. 园林企业的外部环境包括一般环境和宏观环境。(　　　)

三、填空题

1. 园林企业经营战略管理环境包括＿＿＿＿＿和＿＿＿＿＿。
2. 我国股份制企业主要有＿＿＿＿＿和＿＿＿＿＿两种组织形式。
3. 经营战略管理的内容包括＿＿＿＿＿、＿＿＿＿＿和＿＿＿＿＿。
4. 将园林企业经营战略分为＿＿＿＿＿、＿＿＿＿＿和＿＿＿＿＿。
5. 战略控制的标准有两种类型,即＿＿＿＿＿和＿＿＿＿＿。

四、选择题

1. 企业经营的一般环境包括(　　　)
   A. 经济环境　　B. 技术环境　　C. 社会环境
   D. 政治环境　　E. 自然环境
2. 从经营角度来看,园林企业外部环境的特征(　　　)
   A. 客观性　　B. 复杂性　　C. 不可控制性　　D. 动态性

3. 经营目标具有以下几个特点:(　　　)
   A. 综合性　　B. 系统性　　C. 激励性　　D. 阶段性
4. 紧缩型战略一般包括(　　　)战略。
   A. 转变战略　　B. 一体化战略　　C. 放弃战略　　D. 后退战略
5. 园林企业经营战略具有如下特征:(　　　)
   A. 全局性和长远性综合性　　　　B. 竞争性
   C. 风险性和特殊性　　　　　　　D. 相对稳定性和变动性

五、思考题
1. 园林企业的经营战略管理作用具体表现在哪些方面?
2. 园林企业经营战略管理经营战略的要素有哪些?
3. 承包经营与租赁经营主要区别表现在哪些方面?
4. 股份制企业和股份合作制企业在经营上主要区别有哪些?
5. 园林企业经营战略制订包括哪些步骤?
6. 园林企业战略控制的方式有哪些?

六、实训题
1. 选择并参观一家企业,试着对其进行内部条件和外部环境分析,并写出分析报告。
2. 请同学们3~5人一组,根据企业所处的经营环境,为一家要发展经营规模,获取规模效益的企业设计市场发展战略。

第三章 园林企业市场调查与预测

目的与要求

1. 了解园林企业市场及市场体系,掌握市场分析的有关知识,理解市场调查和市场预测的基本内容。
2. 掌握园林市场、市场调查、园林市场预测的概念,重点掌握园林企业市场预测的方法。
3. 熟悉市场营销的有关知识,掌握市场营销"4P"组合策略,园林市场营销培养制定科学的营销决策、开拓市场的初步能力。

[阅读资料]

防患于未然

有位客人到某人家里做客,看见主人家灶上的烟囱是直的,旁边又有很多木柴,于是,客人忠告主人说:"烟囱要改曲,木柴也要移到别的地方去,否则将来可能会有火灾。"

主人听了没有做任何表示。不久,主人家里果然失火,四周的邻居赶紧跑过来救火,最后火被扑灭了。于是,主人烹羊宰牛,宴请四邻,以酬谢他们救火的功劳,但是并没有请当初建议他将木柴移走、烟囱改曲的人。

有人很不解,问主人为何不请那个提建议的人。主人说:"他没有帮我救火,没给我做任何事,我为什么要请他呢?"

那人对主人说:"如果当初你听了那位先生的话,今天也不用准备筵席,而且也没有火灾的损失。现在论功行赏,原先给你建议的人没有被感恩,而救火的人都为座上宾,真是很奇怪的事呢!"

第一节 园林企业市场及市场体系

一、园林市场的概念

市场属于商品经济范畴,也是市场学的基本概念之一。市场的含义,根据市场发展状况不同,有三个层次。

(1)市场是商品买卖和转移的场所。如商场、集市、交易所等;

(2)市场是商品交换关系的总和。列宁说:"哪里有社会分工,哪里就有市场。"因社会分工而发生的交换关系,就是市场。这里指的商品交换关系,包括许多抽象的、具体的交换活动和手段,即买卖行为关系的总和。

(3)市场是商品的购买者,即用户。如美国市场学家菲利浦·考特勒认为:购买商品和劳务的实际及潜在的个人和集团就是所谓的市场。

之所以出现这些不同的定义,其原因在于市场本身的内容和研究角度不同。市场是由供求双方及其代表、中介人构成,三者之间存在着错综复杂的商品交换关系。这样,当从经济角度看市场,就会得出第二种定义。从习惯上可以理解为场所,从市场学观点看市场,其定义第三种为好,即市场"是具有需求支付能力和希望进行某种交易的个人和群组",或者购买商品的顾客或顾客群组。按照这个定义,可以看出市场主要有三个因素构成:一是人口;二是购买力;三是购买欲望。用下列简单公式来表示:

$$市场 = 人口 + 购买力 + 购买欲望$$

对市场来说,人口、购买力和购买欲望这三个要素,互相制约,缺一不可。一个国家或地区,人口多少,是市场大小的基本因素,但是人口虽多,收入极低,市场也非常的狭窄;相反,如果一个国家或地区的居民收入很高,但人口很少,市场同样十分有限。有了人口和购买力,如果货不对路,引不起消费者的购买欲望,对于卖主来说,也不能形成它的市场。因此,对市场进行分析,必须从人口、收入水平和购买欲望三方面着手,围绕顾客这个中心来展开。

园林市场是指园林植物、花卉、园林技术及园林规划设计等园林产品实物形态交换的场所和领域。其作用主要表现在:①通过园林产品的交换,沟通花卉和园林植物产、供、销渠道,联结社会各生产部门和企业,促进商品经济持续稳定协调发展;②通过园林产品的有效供给,满足人民日益增长的物质消费和精神消费需要;③实现园林产品流通中价值的实现和使用价值的转换;④促进社会分工和科学技术进步。

二、园林市场体系与特点

园林市场体系是园林产品在流通与交换过程中各种关系的总和,其各种经济活动依照各种固有经济规律有序地运行。

园林市场体系包括园林建材市场、花卉市场、园林技术市场、园林信息市场、园林设计市场和观赏动植物市场等,园林行业内市场的形成使园林经济得到了繁荣。

以上几种主要市场,构成了社会主义统一市场体系,它们各个都需要不断扩大和发展,不断培育和完善,才能真正达到国家希望的"市场引导企业",搞活企业的目的。

我国园林产品市场的基本特性为:①多种市场类型、经济形式和经济结构并存;②市场供求关系处于一种动态平衡状态,自觉运用市场价值规律,是避免园林产品经营中的盲目性,发挥各种经济杠杆的调节作用,实现园林产品生产经营各部门、各环节之间联系的有效手段;③发挥比较优势原理,在自主发展基础上,积极开展对外贸易;④园林产品市场体系不断完善,广泛联系,形成较大的流通网络。

第二节　园林企业市场调查和预测

一、概念

园林企业市场调查就是运用科学的方法,有目的、有计划,系统地收集和分析有关园林企业市场各方面的情况和资料,以作为园林企业预测和决策的依据;园林企业市场预测则是在园林市场调查的基础上,运用定性和定量的方法,预估园林企业市场今后发展趋势,为园林企业决策提供可靠的依据。所以,园林企业市场调查和预测最终都是为园林企业决策服务的。"园林企业管理的重点在于经营,而经营的核心在于决策,决策的前提是预测,预测的依据是信息,信息的来源是调查。"这一概括的论述,简明地说明了市场调查和预测与园林企业经营管理的内在联系。

二、市场调查和预测对园林企业经营的意义

(1)做好市场调查和市场预测有利于园林企业制订科学计划。

(2)做好市场调查和预测有利于园林企业增强竞争力。

企业要夺取竞争的优势,必须"知己知彼",为了"知彼",就必须通过市场调查和预测,充分掌握和了解竞争对手和用户各方面情况,而这些都必须依靠市场调查和预测才能达到。

(3)做好市场调查和预测有利于园林企业不断开发新产品。

新产品来自用户和消费者的新需求,这种新需求不仅会促使老产品的寿命终止,而且也促进新产品的诞生。企业原有产品能否满足用户需求?用户有哪些新需求需要满足?怎样才能做到产品适时的更新换代?这些问题离开了市场调查和预测是难以正确回答的。

(4)做好市场调查和预测有利于园林企业领导者进行正确经营决策。

领导者要正确经营决策,离不开对客观情况的正确了解。市场调查和预测恰恰可为企业领导者提供可靠、完整、系统的市场情况,使企业领导者做到情况明确,决心大。

三、园林企业市场调查和预测的内容

园林企业市场调查和预测的内容很广泛,凡涉及园林企业经营活动的各项因素,都需要进行调查和预测。大体可概括为下列几方面。

1. 政治、经济、社会环境状况的调查和预测

国家政治、经济和社会文化环境与园林企业的经营关系甚大,及时了解和掌握这些方面的情况并预测其发展趋势对园林企业甚为重要。园林企业要求善于从这方面吸取有益于本企业发展的情报。

2. 技术发展状况的调查和预测

现代科学技术的飞速发展,既给园林企业带来了巨大的机会,也会对其造成严重的威胁。掌握科学技术的现状和发展趋势,有助于园林企业在新技术革命的形势面前争取主动,并利用科学技术的进步壮大自己。

3. 市场需求容量的调查和预测

市场对某一商品的需求容量为多少?将会怎样变化?这与园林企业的生产经营活动关系最为密切和直接。所以,通过市场调查和预测,掌握与园林企业有关的商品需求容量及其变化极为重要。

4. 消费者和消费行为的调查和预测

消费者及其消费行为是园林企业直接服务对象,所以企业必须了解自己的消费者,了解他们的需求变化、需求能力、需求动机、需求习惯等,它是市场调查和预测的重要内容。

5. 市场营销手段的调查和预测

市场营销涉及产品、价格、途径和促销手段的综合运用,相当大程度上取决于市场营销手段的合理应用。通过市场调查和预测,了解本企业的市场营销策略及竞争对手策略的实际效果,对园林企业改善经营管理是极为重要的。

此外,园林企业市场调查和预测的内容还包括资源(能源)供应状况。

四、园林企业市场调查和市场预测的方法

(一) 市场调查的方法

园林企业市场调查一般要经历调查问题、组织力量进行实地调查、整理分析调查资料和提出调查报告这四个阶段。其中,进行实地调查前还需作好调查方法的选择(如采用普查还是抽样调查,采用哪一种调查方法等),准备好调查表格等。其中常用的调查方法有下列几种。

询问法 询问法通过一定形式向被调查者提问,并从被调查者的回答中获得有关资料信息的方法。这种方法又可视具体方式不同分为面谈法、电话询问法、函询问法等几种。

观察法 观察法是调查人员直接到调查现场进行观察的一种调查搜集资料的方法,也可以安装仪器进行收录和拍摄。这种调查方法是在被调查者毫无觉察的情况下,了解顾客的需求方式、对产品的评价、要求等,这种调查方法情况最真实,有较高的价值。

实验法 实验法是对需要调查的内容,选用合适的方法,进行实际的销售实验,如举办展销会、请用户试用新产品等,并从中收集市场信息。

网络调查法 网络调查也叫网上调查,是指利用互联网了解和掌握市场信息的方式。网络调查和其他传统的调查方式相比,在组织实施、信息采集、信息处理和调查效果等方面具有明显的优势。

上述市场调查的方法各有优缺点,应根据实际情况选用。

(二) 市场预测的方法

园林企业市场预测通常要经历预测目标、收集预测资料、选择预测方法并进行预测、整理分析结果和提出预测报告这几个阶段。通常它和园林企业市场调查结合起来,市场调查为市场预测提供资料,而市场预测为决策提供依据,常用的预测方法有两种。

1. 定性预测方法

它是在预测人员掌握材料的基础上,根据自身经验和知识,经过分析和判断,对预测问题做出预测的方法。由于不经过数学计算,主要停靠预测者的知识、经验和分析预测能力,所以适用面广,比较简单。当预测人员经验丰富、分析判断力强时,往往可收到良好效果。其不足之处是:往往带有主观片面性,精度也较低,受预测者水平高低的影响比较大。定性预测方法一般有如下几种。

德尔菲法(又称专家意见法) 它是依靠专家小组进行预测。这种方法主要采用函询调查,对与预测领域有关的专家分别提出问题,而后,将他们回答的意见综合、归纳,集中成几条意见再匿名反馈给专家,再次征求意见,然后再加以综合、反馈,如此反复几次,意见渐

趋一致,得出预测结果。这种方法的优点是能够克服在面对面开会时附和权威意见,不敢提自己见解的弊病,且费用不高;其缺点是主观判断。这种方法可在企业缺乏资料作预测根据时(如要推销新产品)采用,可与其他预测方法同时采用,相互补充。这种方法用在园林上主要对树种、园林业主导产品、产业结构等发展预测定位上较为理想。

集合意见法　一般是找几个人集中讨论产品或市场需求问题。参加对象可以是销售人员、代销商、工程师或用户,各自发表不同意见,互相讨论与分析、相互补充,最后找出问题的中心,即焦点,然后作出比较完整的预测意见和结论。它的优点是在市场激烈变化时,能够考虑到各种非定量的社会、政治因素,使预测更符合现实。

销售人员估计法　销售人员估计法是指根据销售人员和销售部门负责人的经验对未来的经营状况进行估计和预测的方法。由于销售人员直接接触市场和用户,对市场要求和需求动向、顾客和竞争厂家的情况与动向比较了解,综合他们的意见所作的预测比较接近实际,能够反映用户的意见。因此,销售人员所做的市场需求、产品销售、用户变动趋势等方面的预测是相当有价值的。这种方法的优点是适用性强,简便易行;其缺点是销售人员对企业部门总的情况与趋势往往不太了解,主观随意性大,容易发生疏忽或失误。

历史类推法　用过去曾出现过的类似的市场变化来预测当前市场变化的可能趋势,对企业的产品,也可将其与新产品相似的老产品进行比较分析,预测新产品的销售前景。

2. 定量预测方法

定量预测方法就是根据可靠的历史数据资料来分析判断市场未来发展趋势的方法,通过数学计算的方法来获得预测结果。它主要应用于市场需求量预测,这种方法具有数学的精确性,但由于数学模型都是在对实际作了简化得到的,所以它还必须辅以定性预测,才能做出决策的依据。

时间序列法　就是将历史资料按时间顺序排成一个数列,利用数学模型,进行数学计算和分析判断的方法。常用的方法有简单平均法、移动平均法、加权平均法、加权移动平均法。

①简单平均法:是根据算术平均数的原理,计算、预测目标一定时期多阶段实际值的平均数,以此平均数作为预测值。

$$F = \frac{V_1 + V_2 + \cdots + V_n}{n} = \frac{\sum_{i=1}^{n} V_i}{n}$$

式中:F——预测值

n——资料期数

V_i——第 i 期实际销售数量($i = 1, 2, 3 \cdots n$)

简单平均法简便易行,主要适用于那些比较稳定的,受季节及其外部因素影响较小的市场活动现象的预测。

[例3-1]

某花卉公司要预测本年度7月份的花卉销售量。已知本年1~6月份的销售量分别为520万盆、426万盆、485万盆、496万盆、566万盆、570万盆。

$$F_7 = \frac{V_1 + V_2 + V_3 + V_4 + V_5 + V_6}{n} = \frac{520 + 426 + 458 + 496 + 566 + 570}{6} = 506 (m^3)$$

②移动平均法：是利用接近预测期的若干期实际数据，由远而近按一定的时间间隔推移的原则求得平均值。即从时间数列的第一次开始，按一定项数求出序列平均值后逐渐推移，并将接近预测期的最后一个平均值和趋势变动值作为确定预测的依据。

[例3-2]

某花木公司2004~2009年花木销售额如下表3-1

表3-1　某花木公司2004~2009年花木销售额

年份	2004	2005	2006	2007	2008	2009
销售(万元)	80	85	80	81	85	90

预测2009年的销售额。

计算步骤如下：

第一步：先将数列按平均间隙三位分段，即2003~2005年为第一段；2003~2006年为第二段，依次类推，逐点推移，算出各断的平均值，填入表3-2"三年移动平均值"栏中。

表3-2　2004~2009年花木销售预测

年份	销售额(万元)	三年移动平均值	逐期发展趋势	三期平均值
2004	80			
2005	85			
2006	80	81.7		
2007	81	82	0.3	
2008	85	82	0	
2009	90	85.3	3.3	1.2
2010(预测)	86.5			

第二步：计算相邻两段平均值的差，称为平均值的逐期发展趋势，并填入表中"逐期发展趋势"栏内。

第三步：计算相邻三期逐期发展趋势的平均值，称为三段平均值的发展趋势，如上例计算为1、2并填入表中。

第四步：计算预测年的销售额。

预测年的销售额 = 最后段的移动平均值 + 最后段的平均发展趋势值

即：2010年的销售额为：85.3 + 1.2 = 86.5(万元)

这种方法是将近期的实际值按规律的期数进行平均，随着时间的推移，不断引进新的数据来修改平均值，以清除偶然因素的影响，使时间序列数据均匀并呈某种趋势。

③加权平均法：此方法适合于有长期趋势变化的预测。其计算公式为：

$$F = \frac{\sum_{i=1}^{n} W_i V_i}{\sum_{i=1}^{n} W_i}$$

式中：$w_1, w_2 \cdots w_n$ 为权数。

考虑到距预测值的点越近,对预测值的影响越大。必须指出,对于权数的倍比关系,为达到预测精度,可以结合实际经验来加以选择,没有统一模式。

④几何平均法:此方法适合于存在异常波动(或季节性变化)的预测。其计算公式为:

$$F = \sqrt[n]{\prod_{i=1}^{n} V_i}$$

⑤加权移动平均法其移动平均数计算公式为:

$$F_{i+1} = \frac{\sum_{i=1}^{n} V_i W_i}{\sum_{i=1}^{n} W_i V_i}$$

其余计算步骤与移动平均法相同。

⑥指数平滑法:指数平滑法就是利用本期实际和预测数,采用平滑系数加以调整的方法。其计算公式为:

$$F_{n+1} = F_n + a(v_n - F_n)$$
$$F_{n+1} = av_n + F_n(1-a)$$

式中:F_{n+1}——下一期的预测值

v_n——本期实际数

F_n——本期预测值

a——平滑系数($0 \leq a \leq 1$)

指数平滑法计算得到的预测值是预测点时上一期的实际值和上期指数平滑预测值的加权平均,即它实际上是一种采用特殊加权数的加权平均法。

[例3-3]

某园林公司1999~2009年绿化苗木资源(如表3-3所示),应用指数平滑法进行预测,预测计算如表3-3。

表3-3 指数平滑法预测计算表

年份	受害面积(亩)	$a=0.1$时预测值(亩)	$a=0.9$时预测值(亩)
1999	3105		
2000	4046	3105	3105
2001	3649	3199.1	3951.9
2002	3845	3244.09	3679.29
2003	3538	3306.18	3846.43
2004	4250	3329.36	3568.84
2005	5202	3421.43	4181.88
2006	5079	3599.48	5099.99
2007	3937	3747.44	5081.10
2008	4453	3766.39	4051.41
2009	3979	3835.05	4412.84

若 $a=0.9$ 时,2002 年的受害情况预测为:

$$F_{2002} = a \times V_{2001} + (1-a) F_{2001}$$
$$= 0.9 \times 3\,979 + (1-0.9) \times 4\,412.84$$
$$= 4\,022.38$$

指数平滑法计算得到的预测值是预测点上一期的实际值和上一期指数平滑预测值的加权平均,即实际上是一种采用特殊加权数的加权平均法。从上例可以看出,平滑系数越大,预测值越不稳定,但对于实际数据的变化越敏感;反之,平滑系数越小,预测值越稳定,但对实际数据的反应越迟缓,因此选择平滑系数对预测结果至关重要。在具体进行预测时,要根据具体情况,选择适当的平滑系数。

回归分析法 就是研究两组已知的数据资料,从中找出因变量与自变量之间的依存关系,建立回归方程进行预测的一种方法。这种方法在市场需求、商品销售、价格变动、成本与效益等方面的预测中广泛采用。回归分析法包括一元回归,二元回归、多元回归等多种模型,这里只介绍一元回归分析法。

一元回归分析是通过揭示自变量和因变量之间的关系(这种关系是线性的)及其变化来预测未来市场状态的一种方法。其主要步骤是:

第一步:确定预测目标和影响因素;

第二步:收集整理统计数据,建立一元回归方程:

$$y = a + bx$$

式中:y——因变量(预测目标因素)的预测值

x——相关因素的自变量值

a、b——回归系数

第三步:求回归系数 a 和 b,计算公式是:

$$a = \bar{y} - b\bar{x}$$

$$b = \frac{\sum(x_i - \bar{x})}{\sum(x_i - \bar{x})^2}(y_i - \bar{y}) \text{ 或 } b = \frac{\sum x_i y_i - \bar{y}\sum x_i}{\sum x_i^2 - \bar{x}\sum x_i}$$

式中:x_i——自变量(实际值),$i = 1,2,3\cdots n$

y_i——因变量(实际值),$i = 1,2,3\cdots n$

第四步:对预测结果进行分析;

第五步:计算相关系数,进行相关分析。

在有依存关系的现象之间,对代表原因的自变量与代表结果的因变量(预测目标因素)之间的依存关系密切程度的研究,称为相关分析。一元线性回归方程中的两种变量呈线性相关时,其相关密切程度的量为单相关系数。用 r 表示相关系数,计算公式是:

$$r = \frac{n\sum x_i y_i - (\sum x_i \sum y_i)}{\sqrt{n\sum x_i^2 - (\sum x_i)^2} \cdot \sqrt{n\sum y_i^2 - (\sum y_i)^2}}$$

式中:$0 \leq |r| \leq 1$,当 $r > 0$ 时表示正相关;当 $r < 0$ 时,表示负相关;$r = 0$ 表示完全无关(或称为零相关);$r = \pm 1$ 表示完全相关。

相关系数求出后,可通过查相关系数表,考察变量 x_i 与变量 y_i 的相关程度。当 $|r|$ 大于相关系数表中给定的数值时,表明 x_i 的变化对 y_i 的变化影响很大,表明 x 与 y 存在强相关

关系；反之，当|r|小于相关系数表中给定的数值时，表明 x 与 y 存在弱相关。

[例 3-4]

某花卉公司 2001~2009 年间历年花卉销售额如表 3-4 所示。

表 3-4 2001~2009 年间历年销售预额

年份	销售额 y_i（万元）	t_i	y_i	Ti^2
2001	52	-4	-208	16
2002	54	-3	-162	9
2003	58	-2	-116	4
2004	61	-1	-61	1
2005	64	0	0	0
2006	67	1	67	1
2007	71	2	142	4
2008	74	3	222	9
2009	77	4	308	16
合计	578	0	192	60

由表中数据可得：

$b = 192/60 = 3.2$ $a = 578/9 = 64.22$

故本例预测用的数学模型为：

$y = a + bx = 64.22 + 3.2t$

若要预测 2015 年的销售额，可用 2015 年 $t(t=6)$ 代入上式即得：

$y_{2015} = 64.22 + 3.2 \times 6 = 83.42$（万元）

第三节 园林企业营销管理

市场营销观念是一种以消费者需求为中心的营销观念，持有市场营销观念的企业非常重视消费者的需要。消费者需要什么，企业就生产什么，哪里有消费者，哪里就有企业拓展营销的机会。市场营销观念就是摆正企业与顾客的关系，但在实际执行过程中，企业往往自觉不自觉地在满足顾客需求时，与社会公众利益发生矛盾，损害社会利益。因此，人们要求修正市场营销观念，从而提出了社会市场营销观念，以重视社会公共利益。

一、园林企业进入市场的步骤

园林企业应该明确谁是真正的顾客，这些顾客在哪里，一般要经过 3 个步骤（见图 3-1）。

第 1 步是市场细分化。即按照购买者所需的特定产品和（或）销售方式进行组合，将一个市场划分为由若干个不同的购买者群所构成的群体的行为。园林企业要运用不同的方法将市场细分化，描绘出细分市场的轮廓，并评价每个细分市场所具有的吸引力。

第 2 步是目标市场的选定，即对要进入的一个或多个细分市场做出判断和选择。

第 3 步是产品定位，即确定园林企业自身的可行的竞争地位，以及确定园林企业向各目标市场所提供的产品。

市场细分	选择目标市场	确定产品的市场地位
确定细分市场的基础勾画细分市场的轮廓	确定细分市场吸引的衡量标准,选择目标细分市场	为每个目标细分市场开发产品定位,为每个目标细分市场开发营销

图 3-1 园林企业进入市场的步骤

二、园林企业市场营销策略

营销组合,就是企业可控制的各种营销手段的综合应用。园林营销组合也就是园林市场营销策略,园林市场营销策略包括产品策略、价格策略、流通策略和促销策略。由于其英文均以字母"P"开头,故简称"4P"(产品策略:product policy;价格策略:price policy;流通策略:place policy;促销策略:promotion policy)策略。

(一) 产品策略

产品策略是指园林企业如何根据自己的优势和特点,在激烈的市场竞争中适时地生产出园林产品和服务,主要包括新产品开发策略、品牌策略和园林产品的实际内容三个方面。

1. 新产品开发策略

没有疲软的市场,只有疲软的产品。园林企业需要不断创新,不断开发新产品。市场营销中的新产品包括全新产品、换代新产品、改造新产品和仿制新产品四种。开发新产品具有较大的风险,园林企业必须根据市场需要、竞争动态和企业实力,正确选择新产品开发战略。真正做到"人无我有,人有我特,人特我新",从而在市场竞争中永远处于主动地位。

2. 品牌策略

品牌就是产品的牌子,是卖者给产品规定的商业名称。在激烈的市场竞争中,品牌可以起到多方面的效果。但是要使一个品牌成功地打入市场,往往需要花费巨额的费用,万一经营失利,会使得企业信誉和其他产品的销售受到损失。对于消费者已经有较多认识的园林产品,生产者也可以不提供产品质量、生产来源以及辨认标志等资料,而是依靠品牌的良好信誉赢得消费者的认同。

(二) 价格策略

价格策略的主要内容包括价格制定策略和价格管理策略。价格制定策略主要是针对现行的园林产品,如何制定适宜的价格,恰当地体现园林市场中的供求关系,以及市场诸要素变动之后对园林产品价格的调整。定价方法主要有成本加成法和收支平衡定价方法两种。

1. 成本加成定价法

成本加成定价法是在平均单位成本的基础上,加上一定比例的预期利润和税金成本,作为商品销售价格。具体包括按平均成本加成定价、按总成本加成定价和按可变成本加成定价三种。

按平均成本加成定价,其计算公式为:

$$单位价格 = 单位平均成本 \times (1 + 加成率)$$

按总成本加成定价,其计算公式为:
$$单位价格 = (总成本 + 总成本 \times 利润率) / 产量$$
按可变成本加成定价,其计算公式为:
$$单位价格 = (变动成本 + 可变成本 \times 利润率) / 产量$$
成本加成定价法的优点是计算简单,管理方便;缺点是完全割裂了需求与竞争的关系,成本的计算口径也不统一,很多属于估算分摊,缺乏科学性和准确性。

2. 收支平衡定价法

又称盈亏平衡定价法,是企业在已知固定成本和生产单位产品的可变成本的情况下,求出企业在什么样的价格水平下,达到多大的销售量,从而实现收支平衡,获得利润。其公式为:
$$收支平衡点的销售量 = 固定成本 / (单位商品价格 - 单位商品可变成本)$$
价格管理策略主要是指从维护消费者和生产者各自的利益这一法律角度出发,对产品的价格制定到执行到调整所采取的各种监督和管理措施。

(三) 流通策略

流通策略也就是将各种类型的园林产品通过何种途径传递到园林消费者手中。流通策略主要包括园林产品销售渠道的选择、产品营销中介的建立及产品营销渠道计划的制订。流通策略对于更好地满足园林消费者的需求,使园林企业最快最便捷地进入目标市场,缩短产品传递的过程,节省产品的销售费用方面起到积极的作用。因此流通策略正确与否和流通渠道选择适宜与否在某种程度上决定着园林旅游产品市场营销的成败。流通渠道是指产品由生产者向消费者转移过程中所经过的路线。选择流通渠道一般有三种基本策略。

1. 广泛分销

指生产者尽可能通过许多负责任的批发商、代理商和零售商推销其产品。

2. 选择性分销

指生产者在同一地区仅通过几个精挑细选比较适合的中间商来推销其产品。

3. 独家分销

指生产者在一定地区、一定时间内只选择一家中间商(批发商、代理商和零售商)推销其产品。企业和中间商双方通过协商签订独家经销合同,规定中间商不再经销其他竞争者的产品。

由于园林产品标准化和通用化程度较高,一般采取广泛分销的方式,有时生产者也会在产品进入市场后改为有选择的分销方式。

(四) 促销策略

促销是促进产品销售的简称。从市场营销角度看,促销策略是指企业通过人员和非人员的方式,沟通企业和消费者之间的信息,引发、刺激消费者的消费欲望和兴趣,使其产生购买行为活动的计划制定。由定义可以看出,促销包括人员销售和非人员销售两类,前者是指派销售人员进行面对面的推销,后者是指利用文字广播图像等进行推销。在园林行业中,有的企业主要采用人员推销,有的企业采用非人员推销,下面分别介绍其特点。

1. 园林人员推销

所谓园林人员推销,就是园林企业从业人员直接与园林消费者或潜在消费者接触、洽谈、宣传、介绍园林产品或服务,以达到促进销售目的的活动过程。其不仅满足园林消费购买者对产品或服务的使用价值需求,而且还能满足他们对园林产品与服务的各种信息需求、服务需求和心理需求,且推销过程机动灵活,效果好。但园林人员推销的开支大、费用高,对推销人员的素质要求也很高,使得园林人员推销的运用受到一定的限制。

2. 园林产品广告

广告即"广而告之"之意,作为促销手段的广告是指由广告主以付费的形式通过媒体作公开的宣传,达到影响消费者行为,促进销售相关园林产品目的的非人员促销方式。广告以其大众化、重复性及表现力成为一种富有大规模激励作用的信息传播技术。园林企业如何有效地发挥旅游广告的作用,取决于其对园林广告的有效管理过程。

3. 营业推广

营业推广是指能在短期内迅速刺激需求,促成消费者或中间商大量购买某一特定产品的促销活动。园林营业推广包括多种具体形式,如通过发放景区游览优惠券、奖券;开展诸如插花竞赛、鲜活植物新品种竞赛,开展园林消费附带赠品等多种形式来实现营业推广。其共同特点是刺激性强,激发需求快,能临时改变顾客的购买习惯,短期效果比较明显,但有效期短,如持续长期运用则不利于塑造产品形象。

4. 公共关系

公共关系是指企业在市场营销活动中为改善与社会公众的关系,增进公众对企业的认识、理解与支持,树立良好的企业形象,从而促进产品销售的一系列活动。公共关系活动的主要形式有新闻报道、赞助、安排特殊活动等。公共关系对促销来说是一种间接的方式,不能直接实现现实经济效益,但有第三者说话,可信度高、影响面广,利于迅速塑造被传播对象的良好形象。不少企业将其盈利拿出一部分来进行慈善捐赠或投资于公益事业,虽然这些捐赠不能立即给企业带来现实的经济效益,但却能给企业树立良好的社会形象,能为企业赢得一个良好的生存氛围和社会环境。园林企业广泛宣传园林绿化所带来的生态环境的改善和居住环境的美化,无疑能使其拥有更好的企业形象。例如在地产界,为了提高楼盘的品位房价,经营者常以小区优质、高档绿化为噱头,大作"园林小区"的概念性文章,以此来提升企业形象和楼盘的品质,从而最终达到提高房价的目的。

三、影响园林产品定价的因素

我国园林生产一般规模小,生产者多,投入差异大,价格灵活,不易形成市场垄断,加之经济尚不发达,人们在园林产品消费观念上存在较大差异,所以进行园林产品定价时,需要考虑产品成本、市场和产品特性等三大因素。

1. 园林产品的价格受成本的影响

在制定园林产品的价格时,首先要考虑到园林产品的成本,包括生产成本和流通费用等成本是价格形成的重要依据;主要是支付或补偿其物化劳动和活劳动。在一般条件下,生产者或经营者在出售产品时必须收回成本,同时有一定的盈利。而在经营不善或其他特殊情况下,也有连成本都收不回来的;其次,园林产品本身的特性也直接影响到价格。由于园林产品,尤其是花卉商品已成为城乡居民生活消费的必需品。从购买者行为来看,应以习惯定价为主,而花卉商品又极易腐坏损耗,市场流通中商品质量变化快且差异大,因此价格在一天当中也会有很大差别。如零售市场花卉商品的价格在早市、旺市和落市时期明显不同,客观地需要进行差异性定价;最后,园林产品的价格是受国家方针政策影响的。这是社会主义市场价格明显不同于资本主义的特征之一。因此,在园林产品定价时,生产者或经营者必须根据国家的有关物价政策,合理确定各种商品的价格,这样才能保证国家对园艺与园林产品生产和流通宏观调控的顺利实施。

2. 市场状况也很大程度地影响了园林产品的价格

市场状况主要是指市场供求状况、市场范围、市场需求特点、市场竞争状况等。从市场范围看,一些产地园林产品,由于产地与销地的空间距离较短、市场范围小、信息传递和反馈都比较及时,而且运输与商品保护费用较低,因而价格变化较小。在市场稳定的情况下,制定价格时应主要考虑其习惯。在产地与销地之间的距离较远时、市场范围较大、产销信息传递与反馈就会受到一定的限制,市场供求常会出现一些失衡,商品价格变化较大,在定价上常以市场状况为导向。从市场需求特性看,一些消费量大、购买频率高的园林产品,因周转速度快,在定价上常采取薄利多销的策略。而对一些消费量较小、购买频率低的园林产品,则在定价上利润高些,而且价格也较高。

园林产品的供求也影响着价格。一般地,市场商品可供量超过社会购买力一定幅度,将引起价格总水平的下降,反之将会使价格上涨。园林产品的市场供求关系是指市场对园林产品的可供量与产品购买量之间的联系,它包括全社会或某一地区园林产品供求之间的比例关系。有效的市场供应为市场供求关系处于一种动态平衡时的状况。因此,在园林产品的市场供应上,常通过市场供求关系的分析找出其影响因素,以谋求实现园林产品时均衡供应。影响供求关系的因素主要有自然因素和社会因素。自然因素中主要影响因子为气候条件;社会因素包括:生产计划、品种现状、茬口安排、栽培技术水平、设施选择、储藏加工及经营管理能力、社会需求等。当园林产品市场供给量小于需求量,消费者在购买上发生竞争,出现园林产品市场价格由卖方起支配作用,则称为卖方市场。反之,市场供给量超过需求量,卖方之间竞争激烈,出现园林产品市场价格由买方起支配作用,这时的市场则称为买方市场。

买方市场和卖方市场的出现均是园林产品市场供求关系不平衡的表现。供求不平衡不仅表现在园林产品的总量上,而且表现在其供应品种的结构和时空分布上。所以园林产品市场供求关系是一个不断变化的动态过程。要运用市场机制对产销矛盾进行有效调节,协调好生产者、经营者和消费者之间的利益关系。

供求矛盾运动的规律是:供、求的数量和构成制约着供、求双方的需求满足程度,供、求双方彼此要求相互适应以趋于平衡。这个平衡包括以下四方面的内容:第一,供求数量上的平衡;第二,质量和品种上的平衡,即供应的花色品种、结构、规格,要适合消费水平;第三,时间上的平衡,供应要在时间上(季节)适合需求;第四,空间上的平衡,即供应要适合各个市场需求容量的地域构成。

3. 园林产品的价格还受多种其他因素影响

园林产品价格不仅受流通渠道不同而具有收购价、批发价、零售价等其他商品共有的价格形式,而且由于受生产地域性、季节性、市场供应的不稳定与不均衡性、品种多样性及品质要求上的鲜活性等特性的限制,同一种类园林产品形成的差价种类也较多,园林产品价格波动大。

本章小结

园林企业市场调查和预测活动既包括企业在流通领域内进行的活动,也包括生产过程之前的活动和流通过程结束后的售后活动,还有进行分析不可控制的各种外部因素。进行环境分析是企业参与市场竞争的基本,同时也是企业在复杂环境中发现市场营销机会的重要保障。市场营销组合是企业针对选定的目标市场,综合运用各种可能的市场营销手段,组合成一个系统化的整体策略,以达到企业的经营目标并取得最佳经济效益。

[案例 3-1]

花卉市场供求影响因素分析

2007 年 4 月 21 日,华西都市报第二版以一篇题为"一角买一朵,玫瑰遭冷落"的报道,报道了四川省成都市三圣花乡花农种植红玫瑰遭遇市场冷落的情况。

阳春三月,成都三圣花乡又一次迎来了玫瑰的丰收季节,2000 多亩的花圃里,朵朵玫瑰鲜艳欲滴,然而,由于市场的严重饱和以及品种的结构问题、春旱等多种因素的影响,三圣乡的玫瑰几近"滥市",每把(10 枝)价格仅能卖到 1 元钱。

"100 朵,10 元!"在龙舟路,一位小伙子只花了 10 元钱,就从三圣乡花农张大姐手里买来了一大把红玫瑰,而在情人节或其他重大节日里,同等数量的红玫瑰要卖到千元以上!

三圣乡幸福村花农缪大哥说:"由于天旱,已开的玫瑰花容易干死,所以不得不收割掉所有的玫瑰花,但玫瑰花不畅销。只有把花瓣摘下来晒干,等人收去做香料或用作玫瑰浴了,我现在光干花瓣就晒了几十斤。"

花瓣晒干后出售,实属无奈之举。因为花农心中都明白,干花瓣也不会卖很高的价钱。

三圣花乡的红玫瑰品质本属上乘,却为何遭到了冷落呢?据市中心一大型花店的刘先生介绍,每年冬季和初春是玫瑰花的销售旺季。现在圣诞、元旦、春节、情人节等重要节日已过,再加上前段时间成都气温较低,本地玫瑰完全处于"冬眠"状态。因此,成都花农们只得眼睁睁地看着来自广州、昆明等外地的玫瑰花赚走成都人的钞票。等到现在本地玫瑰花大量上市时,玫瑰销售旺季已去。

品种单一也是制约三圣乡玫瑰热销的一个重要因素。据了解,三圣乡有 2 000 多亩玫瑰园,但其中种植的绝大部分都是红玫瑰。而近年来,白玫瑰、黑玫瑰、黄玫瑰等其他品种的玫瑰越来越受到消费者青睐,红玫瑰渐渐失宠。

此例充分说明市场供求变动受到多种因素的影响,园林花卉市场消费多元化和市场竞争的激烈程度有增无减。由此,要求生产经营者认真分析市场供求关系和各种影响因素及其主导影响因素,有效地满足市场需求。只有在市场消费中具备一定的市场引导力,才能获得市场的认可,在竞争中立于不败之地。

[案例3-2]

某花卉企业2003～2009年产品销售量预测资料如下表：

表3-5 某花卉企业2003年至2009年产品销售量预计资料

年　度	2003	2004	2005	2006	2007	2008	2009
销售量(件)	110	130	125	150	170	140	160

（1）用简单算术平均法预测2010年销售量。

（2）用移动平均法预测2010年销售量。

（3）用几何平均法预测2010年销售量。

对预测值进行比较分析并说明原因？

思考与练习

一、名词解释

园林市场　　　园林市场调查　　　园林市场预测　　　卖方市场

二、填空题

1. 市场＝_____＋_____＋_____。

2. 园林市场体系是园林产品在_____与_____过程中各种关系的总和。

3. 市场预测的方法有_____和_____。

4. 园林产品策略包括_____和_____。

5. 收支平衡定价法称_____。

三、选择题

1. 市场调查的方法有：(　　)

A. 询问法　　　B. 观察法　　　C. 实验法　　　D. 网络调查法

2. 定性预测方法有：(　　)

A. 德尔菲法　　　B. 集合意见法　　　C. 销售人员估计法　　　D. 历史类推法

3. 花木产品的营销策略有(　　)

A. 追求客户的多样性　　B. 突出服务营销　　C. 相对灵活的价格策略

4. 园林产品供和求双方彼此要求相互适应，以趋于平衡。平衡包括(　　)

A. 供求数量上的平衡　　　B. 质量和品种上的平衡

C. 时间上的平衡　　　D. 空间上的平衡

5. 促销策略包括：(　　)

A. 园林人员推销　　　B. 园林产品广告　　　C. 营业推广　　　D. 公共关系

四、思考题

1. 园林企业市场调查和预测的内容。

2. 园林企业进入市场的步骤。

3. 简述市场营销的主要策略。

4. 影响园林产品定价的因素。

5. 简述园林市场定量预测的方法有何不同？

五、实训题

1. 分析讨论

（1）某花木公司生产经营某种产品，单位售价 200 元，生产经营此种产品的固定成本是 4 万元，单位变动成本为 160 元，企业目标利润为 18 万元，求企业经营该种产品的目标利润销售额和经营安全程度。

（2）有人说"市场营销就是推销"，你如何看待这句话？

2. 模拟实训

组织学生深入某家园林企业进行参观与调研，了解企业生产过程并组织讨论，预测这家企业下年的生产情况。

第四章　园林企业经营决策

目的和要求

1. 了解园林企业经营决策的定义及特点,园林企业经营决策的内容和园林企业经营决策的程序。
2. 掌握园林企业经营决策的方法:定性决策方法和定量决策方法及应用。
3. 熟悉园林企业经营计划、计划指标、计划的编制、计划的执行和检查。

[阅读资料]

好景花木公司:大刀阔斧调整、变革

王刚从前任手里接过好景花木公司这份沉甸甸的家当,他没有理由欣喜,上任后的第一件事,就是大刀阔斧地进行组织架构的调整。王刚进行企业架构调整的主要依据是提升企业效率。从好景花木目前的经营管理现状来看,存在不少严峻的问题,这可以通过很多数字反映出来。比如门店效率不高(效低、人效低)、营业额及毛利率下降、员工成本过高等。数字是最公正、最真实的,数字反映出调整的需要。进行组织架构调整的首要原则就是提升经营效率,少投入、多产出,提高回报率;其次就是为了更好地贯彻服务意识,职能部门如何对其他部门、对门店进行有效服务,门店运营如何通过高效的运作提升服务水平,这些都有赖于一个设置合理的组织架构;还有一个原则就是实现专业化管理,专业化意味着拥有明确的工作目标,能够持续提升工作质量,实现标准化;反过来,标准化可以降低成本,也是一个成熟商业系统的基础,这其实是一个良性的循环。

企业经营决策与控制包括企业的经营决策、计划、组织协调和指挥控制等工作。企业管理者就是要根据企业的经营状况,运用各种科学方法,做出科学的经营抉择。

决策是企业管理的核心。可以认为,整个企业管理就是围绕着如何制定和组织实施决策而展开的。为了有效地指导园林企业进行正确的决策,有必要研究园林企业经营决策的本质内容和特点,分析决策的过程及其制约因素,评价和介绍决策的方法与技术,以揭示园林企业经营决策的一般规律。

第一节　园林企业经营决策概述

一、园林企业经营决策的概念及特点

究竟什么是决策?决策自然是人们的一种行动选择。有人形象地说,决策是人在一个岔路口上选择一条通往目的地的捷径。这是从抉择、决定、拍板定案角度对"决策"概念的

传统认识。这种认识应该说是狭义的,尽管它抓住了决策的最直接、最本质的含义。但广义地说,决策不仅是指在某一瞬间做出明确、果断的决定,还应该指在做决定之前进行一系列的准备活动,并在决定之后采取具体措施落实决策方案。决策远比抉择、决定的范围广泛。换句话说,决策的有效性高低、经济效果如何,取决于决策全过程中每一步骤的完善,而不只是最后做决定的步骤。决策是企业经营管理的核心和关键。决策的地位和重要性如何在企业组织中得到体现?美国卡内基—梅隆大学教授、1978年度诺贝尔经济学奖获得者西蒙提出:"管理就是决策",这一论断使得决策在企业管理中的地位跃然而出。然而,对这句话不能简单地从字面上加以理解,否则容易混淆"管理"与"决策"这两个概念。西蒙所以称"管理就是决策",其目的显然是为了强调决策是管理的核心内容,决策贯穿于管理过程的始终。

确实,无论进行计划、组织还是领导和控制,各项企业经营管理职能的开展都离不开决策,决策是经营管理工作的基本要素。比如,确定园林组织的经营目标,制定各种战略计划和战术计划等,都需要在两个以上可供选择的方案中决定选取哪一个,这便是园林计划工作中决策问题;园林组织机构的设置、部门化方式的选择、职责和权限的分配以及各职位人员的选配等,这些是组织工作中的决策问题;而人员配备以后如何加以使用和激励,这属于领导职能,也同样存在一系列的决策要做。在日常生活和工作中,人人都可能是决策者,决策就是人们在行动之前对行动目标与手段的探索、判断和选择。

(一)概念

园林企业经营管理中,绩效标准的制定,实际成绩与绩效标准之间偏差容许范围的确定以及纠正偏差措施的选择等方面,也都需要进行决策。园林企业经营管理实际上是由一连串的决策组成的,决策的身影伴随着园林企业经营管理工作过程的每一个环节。决策质量好坏对于园林企业经营管理各项职能工作的效率和效能都有着不容忽视的影响作用,它是园林企业经营管理的中心,园林企业经营管理本质上就是决策。所谓园林企业经营决策,就是指为了实现园林绿化、规划和设计等并达到盈利的目标,提出解决问题和实现目标的各种可行方案,依据评定准则和标准,在多种备选方案中,选择一个方案进行分析、判断并实施的管理过程。

园林企业经营决策由五个基本要素组成,即决策者、决策对象、信息、决策理论与方法、决策结果。

1. 决策者

是决策系统主观能力的体现者,可以是个人,也可以是集体。做一个好的决策者不是一件容易的事,需要有多方面的素质。

2. 决策对象

一般是指可调控的具有明确边界的特定系统。园林企业经营管理决策涉及的不光有物,而且还有人,把决策对象控制在可调、可控的范围内,使决策被贯彻和执行,否则只能是纸上谈兵。

3. 信息

既包括决策对象环境内部的信息,又包括决策环境外部的信息。对于决策来说,对信息的要求是准确、及时、系统、经济、简明,达到上述要求的信息在园林企业经营决策中才能起到重要的作用和符合决策要求。

4. 决策理论与方法

随着学术研究和实际发展需要的不断增加,园林企业经营决策理论与方法已越来越详细、具体和复杂多样。这样就要求决策者要根据不同的决策对象、决策任务、决策要求加以选择运用,而不能生搬硬套。

5. 决策结果

每一个决策结果可能是正确的,也可能是错误的。因此对园林企业经营决策结果要进行分析和科学的检验,然后才能把认为是正确的决策加以贯彻、执行。在决策执行中还要进行不断的信息反馈,以追踪决策执行的情况。

(二)园林企业经营决策的特点

1. 目标性

决策都必须根据一定的目标来做出。目标是组织在未来特定时限内完成任务程度的标志。它是拟定未来的活动方案、评价和比较这些方案的标准,是检验未来活动效果的依据。组织决策比纯粹个人决策更具有明确的目的性或目标性,也正是从这种目标性角度,我们说组织决策是一种理性的决策。

2. 可行性

组织决策的目的是为了指导组织未来的活动。组织的任何活动都需要一定资源,缺少必要的人力、物力和技术条件的支持,理论上非常完善的决策方案也只会是空中楼阁。

因此,决策方案的拟订和选择,不仅要考察采取某种行动的必要性,而且要注意实施条件的限制。让决策具有可操作性,组织决策应该在外部环境与内部条件结合研究和寻求动态平衡的基础上来制定。

3. 选择性

决策的实质是选择,或者说"从中择一",没有选择就没有决策。而要能有所选择,就必须提供可以相互替代的多种方案。事实上,为了实现相同的目标,组织总是可以从事多种不同的活动,这些活动在资源需求、可能结果及风险程度等方面均有所不同。因此,组织决策时不仅要具有选择的可能,提出多种备选方案,而且还要有选择的依据,即提供选择的标准和准则。从本质上说,决策目标与决策方案两者都是由"选择"而确定的。

4. 满意性

选择组织活动的方案,通常根据的是满意化准则,而不是择优化准则。最优决策往往是理论上的幻想,这是因为最优决策要求:

(1)决策者了解与组织活动有关的全部信息;

(2)决策者能正确地认识全部信息的有用性,并能据此制订出没有疏漏的行动方案;

(3)决策者能够准确地计算每个方案在未来的执行结果;

(4)决策者对组织在某段时间内所要达到的结果具有一致而明确的认识。

在现实中,以上这些条件往往是难以具备的,这是因为:第一,组织很难收集到反映外界全部情况的所有信息,尽管外部存在的各种因素均会对组织的目前和未来产生程度不同的影响;第二,决策者对于收集到的有限信息的处理和使用能力也是有限的,它受到决策者个人素养与知识水平的影响,这种双重有限性决定了企业只能制订有限数量的行动方案;第三,任何方案都需要在未来付诸实施,而人们对未来的认识能力和影响能力是有限度的,目前预测的未来状况与未来的实际状况可能有着非常显著的差别,这样根据目前的认识确定未来的行动总是有一定的风险性;最后,即便决策方案的实施带来了原来预期的结果,这种结果不一定就是组织实现其最终目标所需要的。

在方案数量有限、执行结果不确定和结果判定不明确的条件下,人们就势必难以做出真正最优的决策,而只能是根据已知的全部条件,加上人们的主观判断,做出相对满意的选择。所以,组织决策通常只是有限理性的决策。

5. 过程性

决策是一个过程,而非瞬间行动。决策的过程性特点可以从两个方面去考察:

(1)组织决策不是独立的一项决策,而是一系列决策的综合。通过决策,组织不仅要选择业务活动的内容和方向,还要决定如何具体展开组织的业务活动;同时还要决定资源如何筹备、组织结构如何调整、人事如何安排,只有当这一系列的具体决策已经制定,相互协调,并与组织目标相一致时,才能认为组织的决策已经完成。

(2)这一系列决策中的每项决策,其本身就是一个多种工作的集合体、由众多人参与的过程。从决策目标的确定到决策方案的拟订、评价和选择,再到决策方案执行结果的评价,这些诸多步骤才构成了一项完整决策。决策不是指做出选择或抉择的那一瞬间,而是指"全过程"的概念。

6. 动态性

园林企业决策的动态性,首先与其过程性相联系。决策不仅是一个过程,而且是一个不断循环的过程。作为过程,决策是动态的,没有真正的起点,也没有真正的终点;其次,决策行为的必要性主要是组织活动应适应外部环境的变化要求所决定。由于园林是在外部环境不断变化下的一种适应,决策者在监视并追随这些变化过程,在适当的时候做出必要的决策,进而实现组织与环境的动态平衡。即决策就是针对问题和目标,分析问题、解决问题。决策具有普遍性,几乎管理者做的每一件事情都包含决策。当然并不是每一个决策都是冗长的、复杂的,由于许多决策都已经程序化了,所以处理得相当快,几乎感觉不到它是个决策。决策包含着以下内容。

(1)决策针对明确的目标。决策的目的是要解决存在的问题,决策就是为了通过解决某个问题而达到某个目标。要解决的问题必须是十分明确的,要达到的目标必须有一定的标准,并可以定量或比较,无目标的决策是盲目的决策。

(2)决策有多个可行方案。决策必须在两个以上的备选方案中进行选择,如果只有一个方案,那就不用选择,也就不存在决策。这些方案应该是平行的或互补的,能解决设想的问题或预定的目标,并且可以加以定量或定性的分析。如1986年9月下旬,肯德基公司开始考虑如何打入人口最多的中国市场时,为了决定先从哪个城市进入容易取胜,肯德基公司经过大量的调研,初步选定了上海、北京、广州3大城市作为备选方案。考虑到北京的现代化宾馆、大量流动人口和在全国的形象,肯德基决定暂时把北京作为一个起点。

(3)决策是对方案的分析、判断。决策面临若干个可行方案,每个方案都具有独特的优点,也隐含着缺陷,有的方案还带有很大的风险。决策的过程就是对每个可行方案进行分析、评判,从中选出较好的方案实施。管理者必须掌握充分的信息,进行逻辑分析,才能在多个备选方案中选择一个较为理想的合理方案。

(4)决策是一个整体性过程。决定采用哪个方案的决策过程不是个短暂的时段,而是一个连续统一的整体性过程。从初期搜集信息到分析、判断,再到实施、反馈,没有这个完整的过程,就很难有合理的决策。实际上,经过执行活动的反馈又进入了下一轮的决策。决策是一个循环过程,贯穿于整个管理活动的始终,在整个决策过程中,应随时重视决策的有效性,随时纠正偏差,以保证决策的质量。

二、园林企业经营决策的内容

经营决策的内容非常广泛,主要包括以下内容。

1. 产品决策

产品决策是园林企业为满足市场需要和达到自己的经营目标,在产品问题上所作的各种决策的总称。包括产品方向决策、产品开发决策、产品组合决策、产品的商标和包装决策等。

2. 销售决策

销售决策是园林企业为开发、扩大、占领市场,达到销售目标所作的各种决策,包括产品定价决策、销售渠道决策、促销决策等。

3. 财务、成本决策

财务、成本决策就是通过对园林企业各项生产经营活动的财务审核和经济评价。比较这些生产经营活动的费用支出与经济效益,从而判断其经济合理程度。它包括筹集决策、投资决策、目标成本和目标利润决策等。

4. 组织与人事决策

组织与人事决策是园林企业为了完善经营机制,适应外部环境的变化,对在组织与人事方面的改革、调整方案等所做出的选择。

组织决策包括:生产组织、劳动组织、管理组织的选择,管理层次和管理机构的设计,领导体制、经济责任制形式的确定等。组织决策不仅直接关系着劳动生产率以及管理工作效率的提高,而且还关系到企业整个生产经营活动的有效运行。

人事决策包括:人员的选拔与聘用、智力开发、考核标准与考核制度的确定、工资形式与奖金制度的选择等,成事在人,所以人事决策对起用能人、振兴企业有着十分重要的作用。

三、园林企业经营决策的程序

一般来说,经营决策程序应包括以下内容:

1. 问题和目标

决策的第一步是发现问题。分清这些问题的主次:是战略决策还是一般的业务决策,由哪些决策者承担任务等,必须马上了解该问题的关键在哪里、何时解决、解决这一问题的利弊如何,在确定问题的同时确定目标。

根据决策目标在决策中的地位和重要程度,一般将其分为3类:①必须达到的目标、希望完成的目标和不予重视的目标;②必须完成的目标对组织和决策来讲是重要的,完成它就意味着决策取得了成功;希望完成的目标对组织和决策来讲是相对重要的,能够全部完成更好,部分完成也算决策的收获。因此,它是一种弹性的要求;③不予重视的目标,是对组织和决策重要性不大的目标,在决策方案中无需专门考虑。

2. 搜集信息

确定了问题和目标后,必须着手调查研究,搜集信息,并加以整理和分析。根据既定的目标,积极地搜集和整理情报,建立数据库,进行比较,找出差距,发现问题。信息是决策的基础,是有效决策的保证。对于组织内、外部的相关信息,都应加以搜集、整理,尤其对于一些核心关键信息,应着重注意。

3. 确定决策标准

确定决策标准,即运用一套合适的标准分析和评价每一个方案。按照确定的目标和问题,把目标分解为若干层次的价值指标,同时指明实现这些指标的约束条件。这些指标实现的程度就是衡量达到决策目标的程度。在决策时,可按照确定的评判方法和指标,给每一个可行方案进行打分评比,并按每一方案的得分高低进行排列,这样会为决策工作的顺利进行奠定基础。

4. 拟订方案

拟订方案主要是寻找达到目标的有效途径。因此必须制订多种可供选择的方案,反复比较,每个方案必须有原则性的差异。有关企业发展的战略性重大决策,必须通过各种相互冲突的意见争辩、各种不同可行方案的评判,才能做出满意的决策。无论采用何种方法拟订可行方案,应同时给出这些方案实施后可能产生的结果,包括有利的和有害的结果及这些结果出现的概率,指出其中发展演变的趋势及利弊比较。

5. 评价备选方案

决策者必须认真地对待每一方案,仔细地分析评价,根据决策所需的时间和其他限制性条件,层层筛选。可进行重要性程度的评分加权,也可对其中某些关键处的缺点加以修改、补充,更可对一些各有利弊的备选方案优势互补、融会贯通,取其精华,去其不足,使最终的结果更加优化。在这一阶段中依靠可行性分析和各种决策技术,如决策树、统计决策等,尽量科学地显示各种方案的利弊,并加以相互比较。

6. 确定和实施方案

确定方案时,在各种可供选择的方案中权衡利弊,然后选取其一,或综合成一,是决策者的重要工作。有时会在方案全面实施之前进行局部试行,验证在真实条件下是否真正可行。若不可行,为避免更大损失,则需再次考察上述各个活动步骤,修正或重新拟订方案。当方案确定后,就要开始实施。实施方案是最重要的阶段,实施阶段花费的时间和成本远大于前几个阶段的总和。

方案实施前,需要做好各种必要的准备工作。如果是重大决策,应制订出具体责任,决策者对落实部门、人员的监督实施措施,相应的决策者应负起监督实施的责任,掌握新方案的实施情况,尤其在关键阶段、关键时间,要加强控制与监督,以保证组织内实施决策方案的及时性和可操作性。

7. 评价决策效果

方案的评价必须是全方位的。在方案实施过程中要不断进行追踪,若在新方案运行过程中发现重大差异,在反馈、上报的同时,决策者应查明原因、具体分析,根据具体情况区别对待;若是执行有误,应采取措施加以调整,以保证决策的效果;若方案本身有误,应会同有关部门和人员修改方案;若方案有根本性错误或运行环境发生不可预计的变化,使得执行方案产生不良后果,则应立即停止方案的执行,待重新分析、评价方案及环境后再考虑执行。

8. 反馈

反馈也是决策过程中的一个重要环节,通过反馈可对原方案不停地再审查和再改进。当原有决策实施活动出乎意料,或者环境突然发生重大变化时,需要将方案推倒重来。实施了一个时段后,需要对方案运行及预测的结果作个评价。评价可以由个人或专家组负责,目的是审核方案是否达到了预定目标或解决了问题,随时指出偏差的程度并查明原因。值得注意的是,评价和反馈应体现在每一阶段的工作上,而不仅仅是在方案的实施阶段,特别是重大的决策,必须时刻注意信息的反馈和工作的评价,以便迅速解决突发问题,避免造成重大损失。

第二节　园林企业经营决策的方法及应用

从经营决策的性质分,企业经营决策的方法可以分为定性决策方法和定量决策方法两大类。

一、定性决策方法

定性决策方法是直接利用人们的知识、经验和能力的决策方法。其核心是在决策机构过程中的各个阶段,根据已知情况和现有资料,提出决策机构目标、方案、参数,并做出相应的评价和选择。这种方法适用于受社会因素影响较大的、所含因素错综复杂的综合性的战略问题,所以是企业经营决策的主要方法。常用决策方法有以下几种。

1. 德尔菲法

德尔菲法是由美国兰德公司首创并用于预测和决策的方法。该法以匿名方式通过几轮函询征求专家的意见,组织预测小组对每一轮意见进行汇总整理后作为参考再发给各专家,供他们分析判断,以提出新的论证。几轮反复后,专家意见渐趋一致,最后供决策者进行决策,基本程序如下。

(1)确定预测决策题目。预测决策题目即所要解决的问题,题目要具体明确。

(2)选择专家。选择专家是德尔菲法的重要环节。因为预测或决策结果的可靠性取决所选专家对主题了解的深度和广度。选择专家须解决好4个问题:

①什么是专家:德尔菲法所选专家是指在预测主题领域,从事预测决策工作10年以上的技术人员或管理者;②怎样选专家:要视预测或决策任务而定,如果预测或决策主题较多地涉及组织内情况或组织机密,则最好从内部选取专家;如果预测或决策主题仅关系某一具体技术的发展,则最好从组织外部挑选甚至从国外挑选;③选择什么样的专家:所选专家不仅要精通技术,有一定的名望和代表性,而且还应具备一定的边缘科学知识;④专家人数:专家人数要视所预测或决策问题的复杂性而定。人数太少会限制学科代表性和权威性;人数太多则难以组织,一般以10~15人为宜,对重大问题的预测或决策专家人数可相应增加。

(3) 制订调查表。即把预测或决策问题项目有次序地排列成表格形式,调查表项目应少而精,调查表的前言部分可对德尔菲法进行介绍,以防某些专家对德尔菲法不够了解。

(4) 预测或决策过程。德尔菲法预测或决策一般要分 4 轮进行。第 1 轮把调查表发给专家,调查表只提出预测或决策主题,让各位专家提出应预测或决策的事件;第 2 轮由决策者把第 1 轮调查表进行综合整理,归并同类事件、排除次要事件,做出第 2 轮调查表再返给各位专家,由各位专家对第 2 轮调查表所列事件作出评价,阐明自己的意见;第 3 轮对第 2 轮的结果进行统计整理后再次反馈给每个专家,以便其重新考虑自己的意见并充分陈述理由,尤其是要求持异端意见的专家充分阐述理由。因为他们的依据经常是其他专家所忽略的或未曾研究的一些问题,而这些依据又会对其他成员的重新判断产生影响;第 4 轮是在第 3 轮的基础上,让专家们再次进行预测,最后由决策者在统计分析的基础上作出结论。

国内外许多大型企业集团都对德尔菲法感兴趣,视之为一种行之有效的决策方法,尤其在新技术发展和新产品开发的决策上。这种方法卓有成效,但这种方法一般不适合于日常决策,因为它耗时多,占用较多精力。

2. 名义群体法

名义群体这一决策法是指在决策制订过程中限制群体讨论,故称为名义群体法。如同参加传统委员会会议一样,群体成员必须出席,但需要独立思考。具体步骤如下:

(1) 成员集合成一个群体,在安静的环境中,群体成员之间互相传递书面反馈意见,在一张简单的图表上,用简洁的语言记下每一种想法并进行书面讨论,但在进行任何讨论之前,每个成员独立地写下他对问题的看法。

(2) 经过自己独立思考后,每个成员将自己的想法提交给群体,然后一个接一个地向大家说明自己的观点。

(3) 小组成员对各种想法进行投票。用数学方法,通过等级排列和次序得出决策。

在现实生活中,集体决策由于言语交流抑制了个体的创造力,而名义群体成员思路的流畅性和独创性更高一筹。名义群体可以产生更多的想法和建议,该方法耗时较少,成本较低。

3. 头脑风暴法

头脑风暴法是比较常用的集体决策方法,便于发表创造性意见,因此主要用于收集新设想。通常是将对解决某一问题有兴趣的人集合在一起,在完全不受约束的条件下,敞开思路,畅所欲言。头脑风暴法的创始人英国心理学家奥斯本为该决策方法的实施提出了 4 项原则:

(1) 对别人的建议不作任何评价,将相互讨论限制在最低限度内。

(2) 建议越多越好,在这个阶段,参与者不要考虑自己建议的质量,想到什么就应该说出来。

(3) 鼓励每个人独立思考,广开思路,想法越新颖、奇异越好。

(4) 可以补充和完善已有的建议,以使它更具说服力。

在典型的头脑风暴会议中,一些人围桌而坐。集体领导者以一种明确的方式向所有参与者阐明问题;然后成员在一定的时间内"自由"提出尽可能多的方案,不允许任何批评,并且所有的方案都当场记录下来,留待稍后再讨论和分析。头脑风暴法仅是一个产生思想的过程,下面的电子会议法则进一步提供了取得期望决策的途径。

4. 电子会议法

最新的集体决策方法是将名义群体法与尖端的计算机技术相结合的电子会议。会议所需的技术即一系列的计算机终端,将问题在屏幕上显示给决策参与者,他们把自己的答案打在计算机屏幕上。个人评论和票数统计都投影在会议室的屏幕上。这种方法的主要优点是快速、有效。

定性决策方法的优点是灵活简便、省时省力,有利于调动有关人员的积极性,有利于决策的贯彻执行。其缺点是主观成分强,论证不很严密,具有一定的局限性。定性决策方法适用于受社会影响因素较大,所含因素错综复杂的综合性的战略决策,往往需要用定量决策法补充。

二、定量决策方法

定量决策方法是利用数学模型进行优选决策方案的决策方法。它是指决策者在进行决策时,将决策问题数量化,也就是将决策的变量与决策目标之间的关系用数学关系表示出来。借助于现代数学工具与电子计算机程序语言,建立反映各种变量因素的数学模型,并通过计算与求解,选择出比较满意的决策方案的方法。定量决策是现代企业经营管理活动和决策活动的重要特征,是决策科学化的基础与保证。运用定量的方法进行经营决策,是企业经营决策的重要形式和手段。它可以使经营决策更加精确化和逻辑化,但定量决策必须与定性决策结合起来运用,才能收到较好的决策效果。下面侧重介绍几种企业常用的定量决策方法。

定量决策方法主要由行动方案,自然状态及决策变量三部分构成。所谓行动方案,就是指决策目标的行动方案,行动方案必须有两个以上才能进行比较和选优;所谓自然状态,是指决策问题未来发生的各种可能情况,这些情况可能性是已知的,也可能是未知的,或者虽然是未知,但其发生的概率是可以估计的。由此就可以把决策方法分成确定型决策、风险型决策和非确定型决策三类;所谓决策变量,是指在不同行动方案与不同自然状态下的收益,它是评价各种方案的主要依据。

(一)确定型决策方法

在比较和选择活动方案时,如果未来情况只有一种并为管理者所知,则须采用确定型决策方法。确定型决策主要运用盈亏平衡分析法、线型规划法等方法进行决策。这里我们仅介绍盈亏平衡分析法。盈亏平衡分析法又称量本利分析法,它是依据盈利与亏损的平衡点来选择经济合理的产量,主要用于利润预测、目标成本控制、生产方案优选、制定价格等决策问题。

盈亏平衡分析法的特点是从分析成本、利润、产量三者之间的关系入手来分析决策方案对企业盈亏的影响程度。掌握盈亏变化的规律,并根据盈利和亏损的平衡点进行决策,通过找出产量、成本、利润三者结合的最佳点,使利润最大,成本最低。

企业进行生产经营活动,总要投入人力、财力、物力,其货币表现就是生产经营活动中支出的各项费用。有的费用在一定的条件下是随着产量变化而变化的,这种性质的费用称为变动费用,比如材料费、生产人员计件工资等;有的费用不随产量的变化而变化,这种性质的费用称为固定费用,比如固定资产折旧费、企业管理费等。

此法的盈亏平衡点是指在一定产量(或销售量)下,企业销售收入等于产品总成本,即不盈不亏。若反映在直角坐标图上,即销售收入线与产品成本线相交处。以盈亏平衡点为界,销售收入高于此点则企业盈利,反之亏损。如图4-1所示,固定费用F不随产量变化而变化,是一条与横轴平行的线;变动费用随产量变化而变化,表现为一条斜线。固定费用与变动费用相加就是总费用线C,当销售收入线高于总费用线时,这一区域为盈利区,反之为亏损区,图中a点的销售收入与总费用相等,该点即为盈亏平衡点(也称保本点),所对应的产量(或销售量)为保本点产量(或销售量),以Q_0表示。

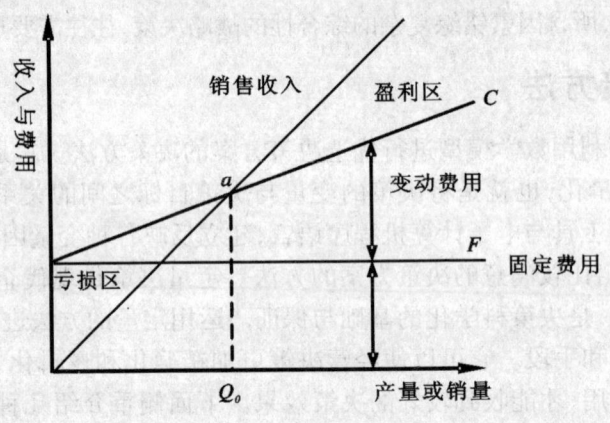

图4-1 盈亏平衡分析

企业在进行决策时,可以通过盈亏平衡图,围绕保本点,将影响企业利润的有关因素及相互关系,集中、形象、具体表现出来。利用它,可以清楚地看到有关因素的变动对利润发生的影响,从而提高经营管理中的预见性和主动性。

保本点的销售收入为$Q_0 \cdot P$,总费用(总成本)为$C_V \cdot Q_0 + F$

在保本点销售收入与总费用相等,即

$$C_V \cdot Q_0 + F = Q_0 \cdot P$$

故保本总销售量的计算公式:

$$Q_0 = F/(P - C_V)$$

当产量(销量)为Q时,企业盈利额Z的计算公式为:

$$Z = (P - C_V) \cdot Q_0 - F$$

当盈利额为Z时,销售量Q的计算公式为:

$$Q = (Z + F)/(P - C_V)$$

公式中,C_V为单位产品的变动成本,Q为产量(销售量),P为产品单价,F为固定成本,Z为盈利总额。

这里需要指出盈利额包括产品的销售税金。

[例4-1]

假定某花木公司生产一种产品,售价为300元,月固定成本为32 000元,产品的材料费为120元,工资100元,其他变动成本为30元。

根据上述资料作如下决策。

①要使工厂不亏本,每月至少应生产的产量为:
$$Q_0 = F/(P-C_V) = 32\,000/[300-(120+100+30)] = 640(张)$$
②该厂每年生产产品 20 000,年盈利额定为:
$$Z = (P-C_V) \cdot Q - F = [300-(120+100+30)] \times 20\,000 - 32\,000 \times 12$$
$$= 1\,000\,000 - 32\,000 = 968\,000(元)$$
③该厂每月想获利 100 000 元,应生产的产量为:
$$Q = (Z+F)/(P-C_V) = (100\,000+32\,000)/[300-(120+100+30)]$$
$$= 132\,000/50 = 2\,640$$

某一项决策做出以后,在执行过程中,往往会因为各种因素的变化,或者外界的干扰,影响决策目标的实现。因此,在决策过程中还必须计算经营安全率。

经营安全率是获取利润的产量(或销售量)与全部产量(或销售量)之比。其公式为:
$$经营安全率 = (Q-Q_0)/Q \times 100\%$$

经营安全率越大,表明经营状况越好,决策方案越安全可靠。经营安全率和经营安全状况如表4-1。

表4-1 经营安全率和经营安全状况的关系

经营安全率 $S/\%$	>30	25~30	15~25	10~25	<10
经营安全状况	安全	较安全	不太好	要警惕	危险

经营安全率可作为反映企业经营状况的综合指标。由定义可知,增加现实产量或降低盈亏平衡的产量都可提高经营安全率。

根据上面例题,如果该公司每月销售 1 000,其经营安全率如何?
$$经营安全率 = (Q-Q_0)/Q \times 100\% = (1\,000-640)/1\,000 \times 100\% = 360/1\,000 \times 100\%$$
$$= 36\%$$

因此,该家公司每月销售 1 000,其经营安全率为 36%,经营状况良好。

使用盈亏平衡点法做出决策时应注意的问题:

首先,考虑产量选用区间。按上述假定,成本中的固定成本与产量无关。显然,该假定只能在一定的产量区间内有效。当产量超过了现有生产能力并导致规模扩张时,原来的固定成本假定不再成立。

其次,是总收益可以把成本及产量之间的线性关系假设,只有在线性假设下,各变量之间有上述式关系。当出现产量的非线性收益或成本时仍可由"总收益=总成本"求解出盈亏平衡点产量,也可由"利润=总收益-总成本"求解利润量或目标利润下的产量,但不能直接套用上述式各式。

(二)风险型决策方法

在介绍风险型决策方案前,先介绍与风险型决策有关的几个基本概念。

概率 对未来事件发生可能性的数学估计,概率估计准确与否直接影响到决策质量。

条件损益值 各个方案在不同自然状态下的得失数值,在决策中决策者要作准确估计。

期望值 指决策者希望各方案得到的损益值。

期望值＝条件损益值×概率

风险型决策是一种随机决策,一般要具备五个条件:一是有一个明确的决策目标,如最大利润、最低成本、最短投资回收期等;二是存在两个以上可供选择的方案;三是存在着不以人的意志为转移的各种自然状态;四是可测算出各种自然状态发生的概率;五是可测算不同方案在不同的自然状态下的损益值。风险型决策在实践中常用的决策方法主要有决策树法、期望值法等,我们在此主要介绍决策树法。

决策树法就是根据自然状态出现概率的估计和方案的条件效果(计算各方案在不同状态下的收益值),通过概率计算期望值,以树形图来表示决策过程并选出最优方案的一种决策方法。这种方法对于分析复杂的问题很适用,是风险型决策的常用方法。

决策树的构成:决策点□,自然状态点○,损益值以及方案枝、概率枝和剪枝六个要素组成。如图4-2所示。

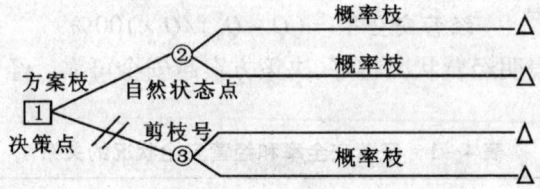

图4-2 决策树结构图

用决策树的方法评价和比较不同方案的经济效果,需要进行以下几个步骤的工作:

(1)根据可替换方案的数目和对未来市场状况的了解,给出决策树形图。

(2)计算各方案的期望值,包括:①计算各概率分枝的期望值:用方案在各自然状态下的收益值去分别乘以自然状态出现的概率。②将各概率分枝的期望收益值相加,并将数字记在相应的自然状态点上。

(3)考虑到各方案所需的投资,比较不同方案的期望收益值。

(4)剪去期望收益值较小的方案分枝,将保留下来的方案作为备选实施的方案。

如果是多阶段或多级决策,则需要重复(2)、(3)、(4)各项。

[例4-2]

假定某园林企业为生产一种新产品而设计改造生产车间,甲方案需要投资300万元,乙方案需投资160万元,其使用期限为10年。估计在此期间该产品销路好的可能性为0.7,销路差的可能性为0.3。每一方案在不同的自然状态下的年损益值如表4-2所示。应选哪一方案?

表4-2 两种建设方案投产后的损益   单位:万元

方案 条件损益值 自然状态	概 率	方案投产后的损益值	
		甲方案	乙方案
销路好	0.7	100	40
销路差	0.3	-20	10

第一步:画决策树,如图4-3。
第二步:计算每个方案的期望值,并标在自然状态结点○上方。
点②的期望值为:
$$[100 \times 0.7 + (-20) \times 0.3] \times 10 - 300 = 340(万元)$$
点③的期望值为:
$$(40 \times 0.7 + 10 \times 0.3) \times 10 - 160 = 150(万元)$$

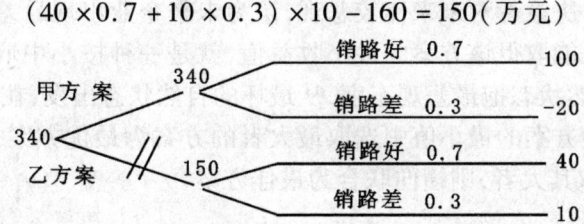

图4-3 决策树结构图

第三步:对方案进行评价和选择。甲方案在10年内期望值为340万元,乙方案在10年内期望值为150万元。如只以期望值大小作为选择方案的唯一标准,则甲方案为满意方案。

第四步:剪枝。将选中方案的期望值340万元标在决策点□上方,并将未选中的乙方案剪掉,在图4-3上的乙方案枝上标上剪枝号。

风险型决策的标准是期望值。期望值实质上是各种状态下加权数的平均值。当决策指标为收益时,应选取期望值最大的方案;当决策指标为成本时,应选取期望最小的方案。一个方案的期望值是该方案在各种可能状态下的损益值与其对应的概率的乘积。

(三) 非确定性决策方法

当决策者对未来将出现哪种自然状态,及对各种自然状态下的概率都难以事先确定时,这种决策叫非确定性决策。在非确定性决策方法中,满意方案的选择,除考虑条件损益值外,与决策者的素质、性格关系很大,相同的问题会有不同的认识,决策人可能持不同的态度,不同的处理结果。现介绍几种在非决定性决策中常用的几种方法。

[例4-3]

假定某园林公司家具厂准备生产一种新型的家具,有三个可行方案:对原生产线进行技术改造;引进国外生产线;横向联合。对未来若干年的市场需求状况的估计有高需求、中需求、低需求三种可能,并对每个方案在各种不同需求状况下的效益值做出估算,在此基础上算出后悔值和最大后悔值(表4-3)。

表4-3 三种方案投产后的损益 单位:万元

方案	低需求		高需求		中等需求		最大效益值	最小效益值	最大后悔值
	效益值	后悔值	效益值	后悔值	效益值	后悔值			
技术改造	320	120	190	50	60	40	320	60	120
引 进	440	0	240	0	30	70	440	30	70
横向联合	200	240	140	100	100	0	200	100	240

根据表4-3可以分别运用以下几种方法决策。

1. 乐观原则(大中取大法)

就是按照大中取大准则的一种决策方法。它是决策者对客观自然状态抱最乐观的态度,从最好的自然状态出发,在每个方案中选取一个最大值的方案为最优方案。从表4-3的最大效益值(320、440、200)中取其最大者,选择引进方案为最佳。

2. 悲观原则(小中取大法)

与乐观原则相反,决策者对未来比较悲观,认为未来企业出现最差的自然状态,因此不论采用何种方案,均只能取得该方案的最小收益值,就是一种按小中取大准则的决策方法。它是决策者对客观自然状态抱最悲观态度,从最坏的自然状态出发,在每个方案中选取一个最小效益值,并从各种方案的最小值中选取最大者的方案为最优方案,从表4-3的最小效益值(60、30、100)中取其大者,则横向联合为最佳方案。

3. 折中原则

这种方法认为应在两种极端中求得平衡。决策时,既不能把未来想得如何的光明,也不能描绘得多么黑暗,最好和最差的自然状态都有出现的可能。因此,可以根据决策者的判断,给最好自然状态以一乐观系数,给最差自然状态以一悲观系数(两者之和为1),然后用各方案在最好自然状态下的收益值与乐观系数相乘所得的积,加上各方案在最差自然状态下的收益值与悲观系数的乘积,得出各方案的期望收益值,然后据此比较各方案的经济效果做出选择。

在上例中,假定乐观系数为0.4,悲观系数0.6,则:

方案Ⅰ的期望收益值:$0.4 \times 320 + 0.6 \times 60 = 164$

方案Ⅱ的期望收益值:$0.4 \times 440 + 0.6 \times 30 = 194$

方案Ⅲ的期望收益值:$0.4 \times 200 + 0.6 \times 100 = 140$

方案Ⅱ的期望收益值最高,因此根据折中原则,企业应通过引进生产线来开发产品。

4. 最大后悔值最小原则

决策者在选定方案并组织实施后,如果遇到的自然状态表明采用,另外的方案会取得更好的收益,企业在无形中遭受了机会损失,那么,决策者将为此而感到后悔。最大后悔值最小原则就是一种力求使后悔值最小的决策原则。根据这个原则,决策时先算出各方案在各自然状态下的后悔值(用方案在某种自然状态下的收益值去与该自然状态下的最大收益值相比较的差),然后找出每一种方案的最大后悔值,并据此对不同方案进行比较,选择最大后悔值最小的方案作为实施方案。

最大后悔值最小原则的分析步骤如下:

第一步:列出每一个方案在不同自然条件下的条件损益值表,如表4-3

第二步:从表4-3中找出每种自然状态(高、中、低)需求下,各方案(技术改造、引进、横向联合)的最大条件收益值,分别为440、240、100。

第三步:分别求出每一种自然状态下各方案的后悔值。

　　后悔值 = 每一状态下最大条件损益值 - 同一状态下各方案的条件损益值

分别计算如下:

高需求下:技术改造方案后悔值 = $440 - 320 = 120$

　　　　　引进方案后悔值 = $440 - 440 = 0$

　　　　横向联合方案后悔值 = 440 - 200 = 220
　　中需求下：技术改造方案后悔值 = 240 - 190 = 50
　　　　引进方案后悔值 = 240 - 240 = 0
　　　　横向联合方案后悔值 = 240 - 140 = 100
　　低需求下：技术改造方案后悔值 = 100 - 60 = 40
　　　　引进方案后悔值 = 100 - 30 = 70
　　　　横向联合方案后悔值 = 100 - 100 = 0
第四步：编制后悔值表 4 - 3。
第五步：找出每个方案的最大后悔值，分别为 120、70、240。
第六步：选择方案。从各方案的最大后悔值（120、70、240）中选择最小后悔值（70）的方案，即引进新技术为满意方案。

第三节　园林企业经营计划

一、意义

　　园林企业的计划管理是通过编制和修订计划、组织力量执行计划、检查分析计划的执行情况，以及拟定改进措施来组织、指挥、协调和控制企业的生产经营活动。目的是保证园林企业任务的完成，不断提高企业经济效益。因此，加强园林企业的计划管理，使园林企业的一切活动按计划正常地进行。它对于减少失误，提高企业经济效益，实现企业的经营目标，都具有十分重要的意义，具体说来，主要表现在以下几个方面。

　　1. 计划工作为企业经营管理提供了明确的目标

　　任何行动，如果没有目标，就是盲目的，盲目的行动不可能达到理想的效果。计划工作以计划的形式为企业经营管理活动提供了明确的目标。这一目标既是企业其他管理活动的依据，也是领导者、管理者衡量经营管理效果的标准。企业的组织设计必须以实现企业的目标为基本准则，领导和管理者要以计划目标为依据进行指挥和控制，出现问题也是对照计划目标进行检查和调整。企业安排生产经营任务，实际是对目标的分解和落实。可以说，企业的一切经营管理活动都是围绕着企业目标的实现而展开的。

　　2. 加强计划管理可减少风险损失

　　在复杂的经济活动中，各种经济因素的变化十分活跃，处于这种环境中的园林企业，它的经营状况将受到瞬息万变的经济因素的影响，因而会遇到各种风险，如价格波动、供求失衡、金融市场的变化等。加强计划管理，可以通过事先科学预测和企业内、外部条件的全面分析，制订出具有科学依据和可行性的行动方案，从而避免大的经营风险。而且，计划在执行的过程中，还可通过经常检查和调整，进一步遏制不良后果的发生。对复杂多变的环境，企业通常要制订几套计划，以适应不同的环境变化。这就客观上要求有一个系统的、周密的计划，对企业的生产经营活动各方面、各环节及其相互关系做出合理的安排，使产品满足市场需求，使人力、物力、财力得到充分利用，以实现预定的经营目标。

3. 加强计划工作可以充分利用资源，提高经济效益

提高经济效益是企业管理工作的根本出发点。计划工作通过各种资源在数量上的综合平衡和空间、时间上的合理安排，使各种资源得到充分利用，减少了浪费，降低了流通成本，提高了企业的经济效益。特别是资金的有效利用，对企业的正常经营和提高经济效益至关重要。一份周密的计划可以通过资金需求与现金流量之间的衔接保证资金需要，也减少了资金浪费。另外，根据计划规定各部门、各单位及每个人的任务，使人人目标明确，责任清楚，人力资源得到充分利用，使企业经济效益不断提高。

4. 加强计划管理的必要性

加强计划管理可使各部门之间更好地协调配合，发挥综合效应的作用，提高企业经营管理水平，企业综合效应是企业内部各部门之间协调配合的结果。企业规模很小时，企业内部的协调比较简单，可以没有计划；现代化大规模企业由于内部协调关系比较复杂，必须通过计划作为部门间协调配合的协议，使各部门步调一致，发挥综合效应的作用，提高企业的整体效益。理论和实践证明，只要抓住计划管理这个"龙头"不放，就可事半功倍。因为企业实行了计划管理，就能达到以下效果：

（1）带动各项基础性、专业性、综合性的管理工作；

（2）理顺各项管理工作间的关系；

（3）通过计划的综合平衡能发现各项管理工作的薄弱环节并及时解决，只有这样，企业的经营管理水平才会迅速提高。

实行计划管理，是促进园林绿化事业发展必不可少的环节。在经济和社会发展计划中，城市建设占有一定的比例，城市建设中，园林绿化建设又占有一定的比例。为此，做好计划管理有着非常重要的意义。

二、计划管理的任务

园林绿化事业计划管理的主要任务：根据国家的计划要求，园林组织本身的生产能力编制计划、组织计划的执行及检查计划的执行情况，从而保证计划的实现。具体有以下几方面：

（1）根据国民经济和社会发展需要可能及园林部门本身的实际情况，准确地编制计划，确定发展目标、规模速度和步骤。园林绿化计划是国家整体计划的一部分，受国民经济计划的制约。因此首先从社会需要出发，再考虑本部门实际情况和发展目标，制订计划。

（2）组织计划的执行，保证计划的实现，为此要求树立综合平衡观念。综合平衡是计划管理的科学方法，这里的平衡就是指比例关系。园林绿化建设涉及的面很广，同样要做好综合平衡，保持各个环节协调一致。例如：园林绿化事业发展与城市建设发展的平衡，与城市用地的平衡，园林绿化的发展与苗木生产的平衡；园林绿化的发展与物资、劳动、财政的平衡；园林绿化事业发展与技术力量、技术设备的平衡；园林事业发展与养护、维修管理之间的平衡。

（3）充分合理地利用人力、物力和财力，发挥它们最大经济效果。和其他部门一样，园林部门也有一定的劳动力，如机械设备和原材料。如何挖掘它们的潜力加以充分合理利用，使它们发挥最大的经济效果，是我们计划工作又一重要任务。

三、计划指标

计划任务是通过计划指标来体现的。编制计划,实际上就是确定各项计划指标。指标是用来表示一定经济现象的数量方面的科学概念,计划指标是企业在计划期内生产、技术、经济等各方面所要达到的预期目标和水平。

园林绿化事业的生产业务活动,是一项复杂的经济活动,其效果概括为环境效益、社会效益和经济效益。同时,园林部门内部存在着许多性质完全不同的生产单位和工作部门,对它有着不同的任务和要求,这三个效益是园林绿化事业的综合反映。各单位各部门工作成果的表现形式截然不同,不可把这三个效益生硬地套用于一切,应该有区别,各有侧重。因此,计划指标的确定,是业务方针的具体化,具体地代表了领导机关对这个单位的指导方向和业务要求,它应该表现为若干互相协调、互相制约的指标而形成一个指标体系。表现为多种具体内容,不是某一个指标可以代替全貌的。

(一)计划指标按照反映内容的性质分为数量指标和质量指标

数量指标 数量指标是指在计划期内预计达到的数量要求。它通常用以绝对数表示,如植树指标、绿地发展面积指标、收入指标、游人量指标、产值、产量、营业额指标等。

质量指标 是指生产结果符合需要的程度。不同的生产业务活动有不同的质量要求,因此有不同的反映方式。它通常是以比值、比例、百分率等相对数来表示的,如成活率达到百分之几、合格苗达到百分之几、综合养护质量标准的绿地达到百分之几等等。

(二)按计量单位不同分为实物量指标和价值量指标

实物量指标 按事物固有的物理性质,以实物量作为计量单位来表示的指标,如行道树的株数、绿化面积等。它的单位有简单实物单位,如吨、公顷;复合实物单位如千瓦、小时、吨公里,标准实物单位如拖拉机的马力。

价值量指标 用价格(不变价格,现行价格)利用货币形式来表示的指标。

(三)按照管理形式的不同分为指令性指标和指导性指标

指令性指标 是以行政命令形式下达。这类指标一般由国家或部门的最高领导层和管理机关研究决定,一经确定下达,下级机关或生产经营单位务必作为命令来执行,非完成不可,否则,将负行政责任和纪律责任。

指导性指标 是指在国民经济和社会事业发展中有重要作用的指标,但不需以法令强制实行的,下级机关或生产经营单位对这类计划指标即使没有完成,也不负行政和纪律的责任。这类指标既可以国家或部门的名义下达,也可以下放给省级行政机关下达。

(四)其他指标

消耗指标 是指在生产业务活动中,为完成任务所必需的劳动消耗费用。其中包括:活动消耗指标,如职工总数、工资总额;物化劳动消耗指标如材料、燃料、动力、工具等的消耗额。

效果指标 是指使用价值与创造使用价值的劳动消耗相比较的指标,如亩产量、亩产值、流动资金周转次数、每个职工平均产值、管理费率等。

园林行业除了可以计量的指标以外,还有很多生产业务活动不容易用计量的方法反映它的成果。有些业务可以用业务标准如服务标准、养护质量标准、花台布置标准等来指导业务的进行,并依次评定它的工作质量水平,建立和完善计划指标体系,这些对反映经营管理成果,提高经营管理水平有重要作用。

四、园林企业经营计划的结构

企业计划体系,从纵向看,分为3个层次,即战略计划、业务计划和基层作业计划。它们之间的层次关系和工作量大小如图4-4所示。

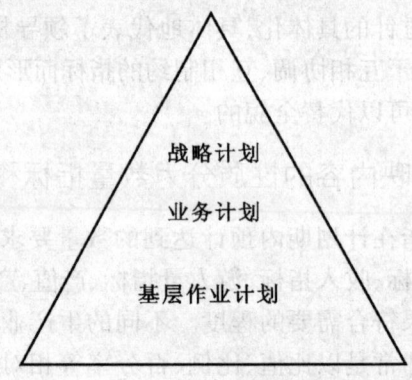

图4-4　企业计划体系

战略计划居于最高层,负责确定企业的整体目标、战略和布局,起着统率全局的作用。业务计划居中,起着承上启下的作用。它是业务管理部门以战略计划为依据,按照专业分工分别编制各业务分系统的计划,如市场销售计划、研究开发计划、生产计划、人事计划、财务计划等,以便指导各业务系统合理组织和利用资源、安排工作程序和相互关系。基层作业计划居于最底层,它是各执行单位(如车间、班组)以业务计划规定的指标、程序、定额为依据,合理组织人员、设备、物资、资金,以实现各类作业过程的计划。

三个层次计划的特性和关系如表4-4所示。

表4-4　三层计划的特性和关系

特性	战略计划	业务计划	基层作业计划
作用性质	战略性、统率性	业务性、承上启下	作业性、执行性
详细程度	概略	较具体、详细	非常具体和详细
时间范围	几年、中期、长期	一年	周、旬或月
计划范围	企业全局、综合性	专业领域、分支性	执行单位、综合性
计划要素	市场、产品、经营能力、资金、目标	任务、业务能力、资源限额、资金定额、标准	工件、工序、人、设备、定额、任务单
信息	外部的、内部的、概括性、预测的	内部的、较精确、较可靠	内部的,较精确、可靠
复杂程度	变化多、风险大、关系复杂、灵活性较强	变化易了解、较稳定、关系明确	变化易调整、内容具体明确、容易掌握
平衡关系	全局综合平衡	上下左右相协调	单位内部综合平衡

五、计划的编制

编制计划的原则:①实事求是,考虑需要与可能;②指标是先进的、积极的;③计划要留有余地;④走群众路线,要上下结合。

1. 准备阶段

这一阶段的工作重点,主要是作调查研究工作,收集计划所需用的各种资料并总结研究一些带有规律性的东西,为编制计划提供可靠的依据。收集的资料有:①研究上级下达的任务和有关指示,明确计划期内的指导思想和方针方向;②研究长期计划规定的分年度目标、明确计划期内的具体任务;③研究上期计划完成情况;④收集生产、建设、业务活动的有关预测资料;⑤掌握物资供应的保证程序;⑥计划期内的劳动力的可靠程度;⑦各种技术经济定额指标;⑧设计进度和技术力量。

2. 试算平衡,编制计划草案

计划指标的试算平衡,是编制计划阶段的重要工作内容。它是根据企业各项生产的生产条件,核定的计划定额和初步的计划安排来概略地核算企业计划期各项技术经济指标可能达到的水平,并同国家下达的计划任务和市场需求进行对比,看能否满足社会需求。若企业的初步计划和社会需求差距较大,企业要进一步挖掘内部潜力,做出新的计划安排,如此反复多次。如果企业在充分挖掘内部潜力的情况下,经过反复平衡,仍不能保证完成国家计划任务时,企业应向上级机关提出调整计划任务。如果各个方面都已基本平衡,能确保国家任务的完成,即可正式编制计划草案,经领导审定后,上报上级主管机关。

一套完整的计划,虽然它的类型和表现的形式多种多样,但科学地编制计划所遵循的步骤却具有普遍性。一般来说,在编制计划过程中可遵循以下程序(见图4-5)。

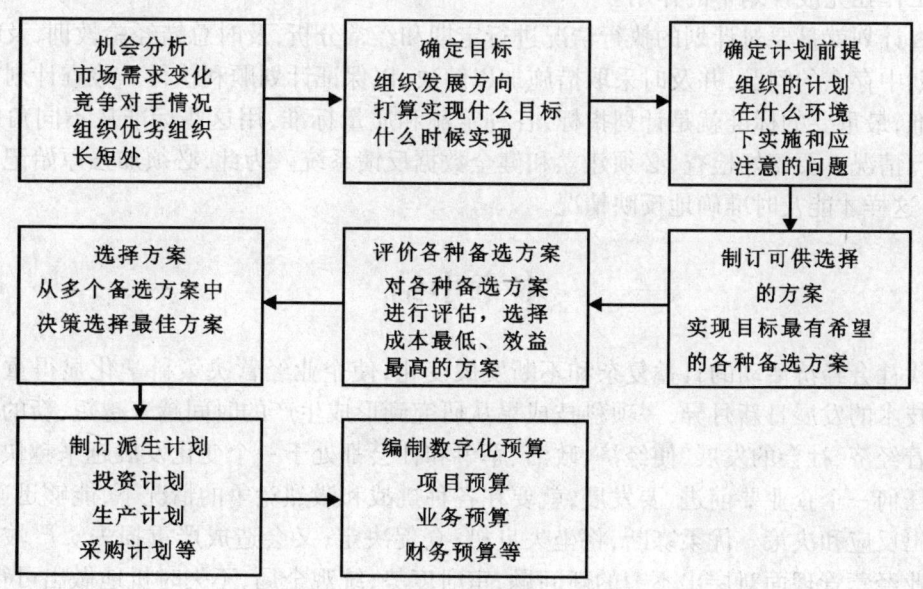

图4-5 编制计划所遵循的程序

3. 试算平衡

编制计划草案阶段是最费力气的阶段，要求计划工作人员要充分发挥个人的才智，并善于把个人的智慧和集体的智慧结合起来，熟练地应用综合平衡方法，制订出现有条件下最优计划方案，供企业领导决策。

4. 计划的确定阶段

计划的确定阶段，就是计划草案的审批和修正阶段。上级审批下达的计划任务，如与企业上报的计划草案一致时，计划草案即可成为企业的正式计划。如果上级主管机关要求企业上报的计划草案作某些修改时，企业必须根据上级审批意见对计划草案进行修改补充，经上级批准下达后，才能作为企业的正式计划。

六、计划的执行和检查

编制计划仅仅是计划工作的开始，更重要的是执行计划、组织计划的落实。执行计划的基本要求是全面地完成各项计划指标，及时完成和超额完成各项任务。因此，必须做好作业计划和调度计划，做好层层落实工作，随时掌握工作进度，及时解决工作中发生的问题。执行计划最重要的是把计划任务分解落实下去，只有把计划层层分解落实，才能保证计划的完成，这就要求把年度、季度的总任务按月、按旬分配给各部门、各班组以至个人，使每一个职工都有明确的行动计划和奋斗目标，并分解成短期的岗位计划，以充分调动职工的主动性和积极性，使人人都有明确的任务和分工。与岗位责任挂钩，采取行政措施与经济措施相结合的方法，一方面加强对计划执行情况的检查指导和督促；另一方面，把经济责任、经济效益和经济利益结合起来，实行切实可行的奖励制度。组织计划的执行，还要经常进行平衡和调整。没有预料到的情况、临时出现的任务的增加或减少，要及时进行调整和调度，要充分发挥调度工作在完成计划中的作用。

检查计划就是要对计划的执行情况进行定期和经常分析，及时总结经验教训，及时发现执行计划中存在的问题，并及时采取措施加以解决，以保证计划顺利执行。检查计划首先要制订标准，最重要的标准就是计划指标，各种定额和质量标准，用这些标准从不同角度反映计划执行情况。要搞好检查，必须建立和健全数据反馈系统。为此，必须加强原始记录和统计制度，这样才能及时准确地反映情况。

本章小结

现代社会经济活动的日益复杂和不断发展变化，使企业经营决策科学化显得重要。当代科学技术的发展日新月异，一项科技成果从研究到形成生产的时间越来越短，新的技术革命冲击着经济、社会的发展，使经济、政治、军事和社会都处于一个变化发展越来越快的环境之中。任何一个企业要前进、要发展，就要在各种挑战和激烈竞争的情况下，能够迅速地、正确地做出反应和决策。优柔寡断，将坐失良机；仓促决定，又会造成严重损失。严峻的形势要求企业经营管理面对层出不穷的新问题，审时度势、统观全局，不失时机地做出可行、有效的决策。

决策是管理的基础，决策是未来行动的指南，没有决策就没有合乎理性的行动。科学的、合乎事物发展规律的决策,能够指导人们正确地行动,并获得良好的预期效果,使企业兴旺发达。否则,不仅达不到预期结果,甚至会造成巨大损失,导致走向衰落。现代社会中经济活动的影响越来越大,决策失误造成的后果也越来越严重。这不仅因为现代社会在人财物的投资规模方面空前,而且整个社会的面也有着千丝万缕的联系,牵一发而动全身。一个决策失误,在给自身造成巨大经济损失的同时,也会带来严重的社会后果。没有决策的科学性,就没有企业管理的有效性。同时,正确的决策也是实现企业经营目标的保证。本章讨论了决策的重要意义;介绍了决策的类型;重点介绍了确定型决策、风险型决策和非确定型决策。

企业计划是企业管理的一项重要职能。计划过程是决策的组织落实,决策是计划的前提,计划是决策的逻辑延续。计划的任务是为决策目标作保证,它要将企业在一定时期的目标分解给企业的每个部门、环节和个人,才能使企业目标明确化、具体化,才能使企业的宗旨、方针、目标、任务得到贯彻和落实,才能使企业员工围绕企业目标树立明确的工作方向和信心,提高向心力、凝聚力,实现企业的经营目标。

[案例 4-1]

计划的执行

一群老鼠吃尽了猫的苦头,它们召集全体大会,号召大家贡献智慧,商量对付猫的万全之策,争取一劳永逸地解决这一事关大家生死存亡的大问题。

老鼠们苦思冥想。有的提议培养猫吃鱼、吃鸡的新习惯;有的建议加紧研制毒猫药。最后,一只老奸巨猾的老老鼠出了一个主意,让大家佩服得五体投地、连呼高明。这个妙主意就是给猫的脖子上挂个铃铛,只要猫一动,就发出响声,大家得到警报后,立刻就可以躲起来。

这一建议终于被投票通过。但是,谁去给猫的脖子上挂铃铛呢?老鼠们想尽了办法,高薪奖励,颁发荣誉证书等,但无论什么高招,都无法将这一计划执行下去。至今,老鼠们还在争论不休,也经常举行会议……

[案例 4-2]

(1)某花木公司经营鲜花,花鲜嫩易烂,每箱进价30元,售价40元。但如果当天进货不能售完,每剩余一箱就要造成损失5元。现市场情况不清楚,但有去年同期(季度)的日销量资料,请问每天按何种销量进货才能取得最好经济效益?(表4-5)

表4-5 去年同期(季度)的日销量

日销售量(箱)	完成日销售天数(天)
100	18
110	36
120	27
130	9
合计	90

(2) 受××公司委托,××学院××系学生于×××年对××商场的市场营销环境进行了调查。通过调查,了解该地区自然及社会经济发展情况、商业竞争对手状况、居民消费水平及需求情况,为正确决定商场的市场定位、经营方针提供依据。××商场经营的有利条件是当地人口众多,本地区目前正处于发展上升阶段;当地商业不够发达,现有商店无论在商业设施还是经营商品上,均属较低档次,不能满足居民需要;当地居民普遍欢迎在此建立较大规模的商场;经营的主要风险是本地区所处地理位置较偏,商业繁华度低,离市中心较远,居民在消费习惯和心理上与市内居民有一定差别;加上市内到此交通不便,二环以北的城区顾客将很少甚至不来光临此处,并且商场所处环境离居民集中住宅区较远,距公交车站也有相当距离,周围摊群杂乱,这些将对商场形象及经营产生不利影响。

问题:你对公司的决策者有哪些意见和建议?

思考与练习

一、判断题

1. 园林企业经营决策由五个基本要素组成,即决策者、决策对象、信息、决策理论与方法、决策结果。(　　)
2. 园林企业定量决策的方法有确定型决策方法和风险型决策方法。(　　)
3. 按照管理形式的不同分为指令性指标和价值量指标。(　　)
4. 园林企业经营计划的体系中,战略计划居于最高层。(　　)
5. 决策也可以简单理解为人们在行动之前做出决定。(　　)
6. 确定性决策中的盈亏平衡分析法也称量本利分析法。(　　)
7. 企业对一切工作的管理都必须始于计划和终于计划。(　　)

二、填空题

1. 园林企业经营决策,就是指为了实现_____、_____和设计等并达到盈利的目标,提出_____和实现目标的各种可行方案,依据评定准则和标准,在_____中,_____进行分析、判断并实施的管理过程。
2. 计划指标按照反映内容的性质分为_____和_____。
3. 园林企业经营计划的结构从纵向看,分为3个层次,即_____、_____和_____,_____居于最底层。

三、选择题

1. 园林企业经营决策的特点(　　)
   A. 目标性和可行性　　B. 选择性　　C. 满意性
   D. 过程性　　E. 动态性
2. 园林企业经营决策的内容(　　)
   A. 产品决策　　B. 销售决策　　C. 财务、成本决策　　D. 组织与人事决策
3. 定性决策方法(　　)
   A. 德尔菲法　　B. 名义群体法　　C. 头脑风暴法　　D. 电子会议法

4. 非确定性决策方法（　　　）

　　A. 乐观原则　　　　B. 小中取大法　　　C. 折中原则　　　D. 最大后悔值最小原则

四、思考题

1. 园林企业经营决策的程序包括哪些内容？
2. 什么是确定型决策、风险型决策和不确定型决策？划分这些决策类型的标准是什么？
3. 有人说"计划赶不上变化"，你认为计划是否有必要？请说明你的看法。
4. 企业计划与企业决策有何关系？
5. 简述计划编制的过程。

五、实训题

1. 分析讨论

（1）欣欣花木公司生产某产品，年固定费用为20万元，单位产品变动费用为30元，单位产品的价格为50元，企业欲实现年利润5万元，试决策企业生产该产品的产量。

（2）深圳某盆景公司为生产某种新产品而设计了基建方案，即建设大工厂和建设小工厂，建设大工厂需投资15万元，建设小工厂需投资8万元。估计在其使用期间，产品销路好的概率为0.7，销路差的概率为0.3，有关数据见表4-6。

表4-6　某盆景不同方案投产后的损益

方案 条件损益值 自然状态	概率	方案投产后的损益值	
		建大厂	建小厂
销路好	0.7	4.6	1.9
销路差	0.3	-0.9	0.2

请问该企业应该选用哪一种决策方案？

2. 模拟实训

根据所学内容，试编制一份职业生涯计划书。

第五章　园林企业人力资源管理

目的与要求
1. 掌握园林企业人力资源管理的内容目标和园林项目人力资源管理。
2. 初步学会人力资源规划的编制,能够进行工作分析、人员招聘和企业劳动关系管理。
3. 能够把握工作激励的原则,实施工作激励和参与团队建设的工作。

[阅读资料]

景植园林公司的人力资源管理

很早,景植园林公司就意识到了人力资源管理的重要性,更意识到企业生存发展最关键的是人才的运用和储备。因此,公司内部的人力资源系统发生了巨大变化。

首先,人力资源部门转变成为所有管理人员的协调部门,不仅仅限于本部门的专业性职责;其次,专门从事人力资源管理业务的工作人员越来越多,全面代理组织的人事管理工作越来越重。在景植园林公司内部,会把工作分析和为员工建立岗位职责描述的任务交给员工的直接主管经理或直接主管人员。景植园林公司的年度组织结构的重新设计和重整公司计划目标将成为其新世纪人力资源管理的重要制度背景。人力资源的信息都集中在最高层的领导人那里,景植园林公司鼓励员工扩大自己的工作内容,提高员工创新工作的运用性和灵活性,培训系统和薪酬体系都将支持他的晋升。在公司内部,公司人事部更加强调员工个人与工作前景的发展,而工作业绩更成为关注核心,单纯强调个人激励似乎不再是关键。

时下,很多公司都强调通过创新活动来加强自身的竞争优势。但事实上,在生产作业系统、财务管理、质量控制和销售方式等方面的创新都非常容易被竞争对手模仿,唯独人力资源管理方面的创新是对手无法模仿和学习的。而景植园林公司对员工进行的大幅度的改造,让竞争对手感到了压力。

随着园林绿化事业的发展,职工队伍不断扩大,也不断进行着新陈代谢。衡量劳动者质量的首要标志,是劳动者的技术文化水平。不能设想一批不懂技术、不懂业务、不懂管理的人能够把事情办好。如果缺乏战略眼光,不及时抓紧进行,待到事业进一步发展时,将会感到措手不及。建立现代化的园林事业,需要一支有科学文化知识,有专业技术和经营管理能力的职工。

第一节　园林企业人力资源管理概述

一、园林企业人力资源管理的概念及特点

企业要进行生产,就必须具备人、财、物三种基本资源。由于财力是货币表现,因此,企

业生产最基本的资源就是人力和物力。

(一)园林企业人力资源的概念

所谓人力资源是指能够推动整个经济和社会发展的有劳动能力的人。人力资源在宏观意义上的概念是以国家或地区为单位进行划分和计量的,处在劳动年龄的已直接投入建设和尚未投入建设的人口的能力;在微观意义上的概念则是以部门组织为单位进行划分和计量所有与职工有关的任何资源,如职工人数、类别、素质、年龄、工作能力、知识、技术等,它有如下的特点。

(1)人力资源的生物性:它存在于人体之中,是有生命的"活"的资源,与人的自然生理特征相联系。

(2)人力资源的能动性:人不同于自然界的其他生物,因为他具有思想、感情,具有主观能动性,能够有目的地进行活动,能动地改造客观世界。人具有意识,这种意识是对自身和外界具有清晰看法,对自身行动做出抉择,调节自身与外部关系的社会意识。由于人具有社会意识,并在社会生产中处于主体地位,因此表现出主观能动作用。

人力资源的能动性主要表现在:①自我强化。人类的教育和学习活动,是人力资源自我强化的主要手段;②选择职业。在市场经济环境中,人力资源主要靠市场来调节,人作为劳动力的所有者可以自主择业。选择职业是人力资源主动与物质资源结合的过程;③积极劳动。敬业、爱业、积极工作,创造性的劳动,这是人力资源能动性的最主要方面,也是人力资源发挥潜能的决定性因素。

(3)人力资源的动态性:人作为生物有机体,从事劳动的自然时间被限定在生命周期的中间一段,人力的劳动能力随时间而变化,特别是"劳动人口与被扶养人口"比例不断变化。因此,必须研究人力资源形成、开发、分配和使用的时效性、动态性。

(4)人力资源的智力性:人类在劳动创造中创造了机器和工具,通过开发智力,使器官有效地得以延长,从而使得自身的功能迅速扩大。人类的智力具有继承性,人力资源所具有的劳动能力随着时间的推移而得以积累,延续和增强。

(5)人力资源的再生性:它基于人口的再生产和劳动力的再生产,通过人口总体内部的不断更替和"劳动力耗费—劳动力生产—劳动力再次耗费—劳动力再次生产"的过程得以实现,当然人力资源的再生产除了遵守一般生物学规律之外,还受人类意识的支配和人类活动的影响。

(6)人力资源的社会性:人类劳动的群体性构成了人力资源社会性的微观基础。从宏观上看,人力资源又与一定的社会环境相联系。从本质上讲,人力资源是一种社会资源,归属社会所有,而不仅仅归属于某一具体社会组织单位。

人力资源管理是指运用现代的科学方法,对与一定物力相结合的人力进行合理的培训、组织与调配,使人力、物力经常呈最佳比例。同时对人的思想、心理和行为动机进行恰当的诱导、制约和协调,充分发挥他的主观能动性,使人尽其才、事得其人、人事相宜,来实现组织目标。

在社会化大生产过程中,人力与精力在数量上的比例是客观存在的,客观上也要求人力与物力按比例合理配置,使人力物力都充分发挥出最佳效应。这就要求在人力资源管理中,实现对人力资源外在要素——质的管理。

就人的个体而言,主观能动性是积极性和创造性的基础,而人的思想、心理活动和行为动机都是人的主观能动性的内在表现。因此,在人力资源管理中还必须十分重视对人的心理和行为动机的引导、协调和控制,以实现对人力资源内在要素——质的管理。

(二)园林企业人力资源的特点

园林企业人力资源管理的产生是和工业革命导致的快速技术革新及劳动专业化水平提高分不开的。管理科学、政府干预、行为科学的发展都促成了对原有"人事管理"认识的转变,也使园林企业人力资源管理在发展中显示出以下几个突出的特点。

(1)综合性:人力资源管理是一门相当复杂的综合性管理活动,需要综合的考虑种种因素。

(2)实践性:概括和总结,并反过来指导实践,接受实践的检验。

(3)发展性:人们对客观规律的认识总要受一系列主客观条件的制约,不可能一次完成,需要一个漫长的认识过程。

(4)民族性:人的行为深受其思想观念和感情的影响,而人的思想感情无不受到民族文化传统的制约。

(5)社会性:社会制度是民族文化之外的另一重要因素。影响劳动者工作积极性和工作效率的诸因素中,生产关系(分配制度、领导方式、劳动关系、所有制关系等)和意识形态是两个重要因素,而它们都与社会制度密切相关。

二、园林企业人力资源管理的内容

园林企业人力资源管理分为4个层次:规章制度与业务流程(基础性工作)、基于标准化业务流程的操作(例行性工作)、人力资源战略(战略性工作)以及战略人力资源管理(开拓性工作)。

1. 基础性工作

基础性工作主要指要建立起企业人力资源运作的基础设施平台。这个平台首先要包括一套完善的人力资源管理规章制度,这是人力资源部门一切管理活动的企业内部"法律依据"。但如果没有标准化的操作流程做支撑,管理的规章制度在具体操作上或多或少会存在因人而异的混乱现象。对人力资源管理者而言,如果解决不了操作层面的问题,人力资源管理就仅限于纸上谈兵。因此,建立一套有效的人力资源操作流程,是人力资源管理迈向实务的重要保障。

2. 例行性工作

例行性工作是在规章制度与标准操作流程这一基础设施平台之上进行操作的,主要包括人力资源规划、员工招聘、档案、合同、考勤、考核、激励、培训、薪资、福利、离职等管理内容,是人力资源管理中不可回避的基本事务。这也是目前我国园林企业人事管理部门的主要工作。具体工作大致包括如下几个方面。

(1)人力选用:即根据业务需要制订人力计划及需用人员应具备的资格条件,作为征募及考选人员的依据;鼓励应征及采用有效方法予以考选任用及迁调的一般原则,外求与内举的配合运用,以及任用方法与权责的说明;工时、休假、请假规则,应当履行的义务及激励的规则及其实施;考绩问题的探讨、考绩的程序、奖惩规划作业;训练的规则及其实施、培育人才的方法以及人力计划的发展。

(2)激发潜能意愿:即员工行为分析、心理卫生维护、意愿潜能的激发;沟通的原则与程序、鼓励员工参与、改善员工态度、提高士气的方法;工厂会议、团体协约、劳资争议处理的规划实施。

(3)保障生活安全:即制订薪给的原则,各种计时薪资、奖励薪资的设计,给予津贴的规定,奖金制度的建立;劳动管理最低基准的制订、职业灾害的统计与防范、劳工安全卫生的维护;各种保险制度及福利措施的规划推行;抚恤、退休、资遣的原则、制度的制定及其施行。

(4)其他:如人事资料的建立(运用于电脑处理);人事机构与人事职员的设置;工作态度的规定等。

3. 战略性工作

战略性工作要求人力资源管理者能站在企业发展战略的高度,主动分析、诊断人力资源现状,为企业决策者准确、及时地提供各种有价值的信息,支持企业战略目标的形成,并为目标的实现制订具体的人力资源行动计划。人力资源战略是企业园林人力资源部门一切工作的指导方针。

4. 开拓性工作

开拓性工作则强调人力资源管理要为企业提供增值服务,为直接创造价值的部门提供达成目标的条件。人力资源管理部门的价值是通过提升员工和组织的效率来实现的,而提升员工与组织效率的手段就是要结合企业战略与人力资源战略,重点思考如何创建良好的企业文化、个性化的员工职业生涯规划、符合企业实际情况的薪酬体系与激励制度,并特别关注对园林企业人力资源的深入开发。实际上,对人才的吸引、使用、保持以及培养等工作的成败,关键不在于日常的管理工作是否到位,而在于是否营造了一个适合人才工作与发展的环境。这个环境的创造,就需要园林企业人力资源管理者在开拓性工作上花更多的时间和精力。

三、园林企业人力资源管理的目标

在一切资源中,人力资源是第一资源,自然成了现代管理的核心。不断提高人力资源管理水平,是一个国家、一个民族、一个地区、一个企业长期兴旺发达的重要保证。具体来讲,人力资源管理的目标有如下几方面。

(一)取得最大和使用价值

根据价值工程理论:V(价值)= F(功能)/C(成本),即表示价值等于功能成本比,若要使 V 最大,有四种办法:①功能提高,成本不变;②成本降低,功能不变;③成本提高,功能提得更高;④提高功能,降低成本。其中第四种办法最理想,被称作大、高、低目标管理原则,即大价值、高效能、低成本。在人力资源方面,通过开发和管理实现人力管理的精干和高效。

人创造的使用价值达到最大 = 人的有效技能最大的发挥

人的有效技能 = 人的劳动技能 × 适用率 × 发挥率 × 有效率

其中:适用率 = 适用技能/耗用技能

努力方向是在提高人的前提下,不断提高适用率、发挥率和有效率。

(二) 发挥最大的主观能动性

美国学者威廉·詹姆斯通过调查发现:按时计酬的职工每天只需发挥自己20%~30%的能力,就足以保证个人的饭碗。但若充分调动其积极性、创造性,其潜力可发挥出80%~90%。又据国内有关报道,我国相当多的企业实际劳动生产率达不到应有劳动生产率的40%。由此可见,发挥人主观能动性、挖掘劳动潜能、提高劳动生产率和全面有效地完成工作任务,是人力资源管理的十分重要的目标和任务。

基本因素 价值标准和基本信念。

实际因素 现实的激励因素。现实的激励因素之优劣,决定了对员工工作动机激发的强调,只有强有力的激励,才会出现员工主观能动性的高涨。一般而言,现实的激励因素主要包括任用情况、信任程度、晋升制度、奖励制度、参与程度、福利状况等方面的内容。

偶发因素 在组织中发生的偶然事件会影响组织成员主观能动性的发挥:称赞、表扬、友好的表示、善意的交往、尊重的举动,这些积极的偶发事件会加强组织成员满意感、归属感、成就感、责任感、激发出更大的主观能动性。反之,讽刺、挖苦、批评、贬斥、冷落、不公正对待、不友好举动、恶意中伤等消极的偶发事件,则会减弱或破坏组织成员的满意感,甚至产生敌意,其主观能动作用也就无从谈起了。

(三) 培养全面发展的人

人类社会的任何发展,最终是一切为了人本身的发展。为了不断提高人的工作、生活质量,使人变得更富裕、更文明、更有教养、更趋完美。因此,我们的任务是培养有理想、有纪律、有道德、有文化的一代新人。

因此,教育与培训在企业人力资源管理中的地位越来越高。它不仅是提高社会生产的一种方法,而且是造就全面发展的人的唯一方法。

随着市场经济的发展,国家的兴旺、民族的发展、企业的振兴,归根结底要落实到对人力资源的管理。因此,无论是国家领导人,还是企业家,均把培养高素质的人当做首要任务。

四、园林项目人力资源管理

对于园林项目而言,人们趋向于把人力资源定义为所有同项目有关的人。一部分为园林项目的生产者,即设计单位、监理单位、承包单位等的员工,包括生产人员、技术人员及各级领导;一部分为园林项目的消费者,即建设单位的人员和业主,他们是订购、购买服务或产品的人。

(一) 园林项目人力资源管理的内容

园林项目人力资源管理是项目经理的职责。在园林项目运转过程中,项目内部汇集了一批技术的、财务的、工程的等方面的精英,项目经理必须将项目中的这些成员分别组建到一个个有效的团队中去,使组织发挥整体远大于局部之和的效果。为此,开展协调就显得非常重要,项目经理必须解决冲突,弱化矛盾,必须高屋建瓴地策划全局。

园林项目人力资源管理属于微观人力资源管理的范畴。园林项目人力资源管理可以理解为针对园林人力资源的取得、培训、保持和利用等方面所进行的计划、组织、指挥和控制活动。

具体而言，园林项目人力资源管理包括以下内容：①园林项目人力资源规划；②园林项目岗位群分析；③园林项目员工招聘；④园林项目员工培训和开发；⑤建立公平合理的薪酬系统和福利制度；⑥绩效评估。

（二）园林项目人力资源的优化配置

1. 施工劳动力现状

随着国家用工制度的改革，园林企业逐步形成了多种形式的用工制度。包括固定工、合同工和临时工等形式，形成劳动力弹性供求结构，适应园林工程项目施工中用工弹性和流动性的要求。

2. 园林项目劳动力的优化配置

园林项目所需劳动力以及种类、数量、时间、来源等问题，应就项目的具体状况做出具体的安排。安排得合理与否将直接影响项目的实现，劳动力的合理安排需要通过对劳动力的优化配置才能实现。

园林项目中，劳动力管理的正确思路是：劳动力的关键在使用，使用的关键在提高效率，提高效率的关键是调动员工的积极性。调动积极性的最好办法是加强思想政治工作和运用科学的观点进行适当的激励。

园林项目劳动力优化配置的依据主要涉及项目性质、项目进度计划、项目劳动力资源供应环境等。不同的园林项目所需劳动力的种类、数量是不同的，所以劳动力的优化配置的依据首先是不同特点的项目，应根据项目的具体情况以及项目的分解结构来加以确定。

劳动力资源的时间安排主要取决于项目进度计划。例如，在某个时间段需要什么样的劳动力、需要多少，应根据在该时间段所进行的工作活动情况予以确定。同时，还要考虑劳动力的优化配置和进度计划之间的综合平衡问题。

园林项目不同或项目所在地不同，其劳动力资源供应环境也不相同。项目所需劳动力取自何处，应在分析项目劳动力资源供应环境的基础上加以正确选择。园林项目劳动力优化配置首先应根据项目分解结构，按照充分利用、提高效率、降低成本的原则确定每项工作或活动所需劳动力的种类和数量；然后再根据项目的初步进度计划进行劳动力配置的时间安排；接下来在考虑劳动力资源的来源基础上进行劳动力资源的平衡和优化；最后形成劳动力优化配置计划。

第二节 园林企业人力资源规划

人力资源规划处于人力资源管理活动的统筹阶段，它为人力资源管理确定了目标、原则和方法。人力资源规划的实质是决定企业的发展方向，并在此基础上确定组织需要什么样的人力资源来实现企业最高管理层确定的目标。

一、人力资源规划的含义

人力资源规划，又称人力资源计划，是指企业根据内外环境的发展制定出有关的计划或方案以保证企业在适当的时候获得合适数量、质量和种类的人员补充，满足企业和个人的需求。是系统评价人力资源需求，确保必要时可以获得所需数量且具备相应技能的员工的过程。

人力资源规划主要有三个层次的含义：

第一，一个企业所处的环境是不断变化的。在这样的情况下，如果企业不对自己的发展做长远规划，只会导致失败的结果。俗话说：人无远虑，必有近忧。现代社会的发展速度之快前所未有，在风云变幻的市场竞争中，没有规划的企业必定难以生存。

第二，一个企业应制定必要的人力资源政策和措施，以确保企业对人力资源需求的如期实现。例如，内部人员的调动、晋升或降职，人员招聘和培训以及奖惩都要切实可行。否则，就无法保证人力资源计划的实现。

第三，在实现企业目标的同时，要满足员工个人的利益。这是指企业的人力资源计划还要创造良好的条件，充分发挥企业中每个人的主动性、积极性和创造性，使每个人都能提高自己的工作效率、提高企业的效率、使企业的目标得以实现。与此同时，也要切实关心企业中每个人在物质、精神和业务发展等方面的需求，并帮助他们在为企业做出贡献的同时实现个人目标。这两者都必须兼顾，否则，就无法吸引和招聘到企业所需要的人才，难以留住企业已有的人才。

二、制定人力资源规划的程序

制订人事规划是新的企业，或企业经营状况有较大变动的企业人事管理的首要工作或基础性活动。人事规划的制订程序如图 5-1 所示。

人力资源规划的过程大致分为以下几个步骤。

1. 调查、收集和整理相关信息

影响企业经营管理的因素很多。比如，产品结构、市场占有率、生产和销售方式、技术装备的先进程度以及企业经营环境。包括社会政治、经济、法律环境等因素是企业制定规划的硬约束，任何企业的人力资源规划都必须加以考虑。

2. 核查组织现有人力资源

核查组织现有人力资源就是通过明确现有人员的数量、质量以及分布情况，为将来制定人力资源规划做准备。它要求组织建立完善的人力资源管理信息系统，即借助现代管理手段和设备，详细占有企业员工各方面的资料。包括员工的自然情况、录用资料、工作执行情况、职务和离职记录、工作态度和绩效表现。只有这样，才能对企业人员情况全面了解，才能准确地进行企业人力资源规划。

3. 预测组织人力资源需求

预测组织人力资源需求可以与人力资源核查同时进行，它主要根据组织战略规划和组织的内外条件选择预测技术，然后对人力需求结构和数量进行预测。了解企业对各类人力资源的需求情况，以及可以满足上述需求的内部和外部的人力资源的供给情况，并对其中的缺点进行分析。这是一项技术性较强的工作，其准确程度直接决定了规划的效果和成败，它是整个人力资源规划中最困难,同时也是最关键的工作。

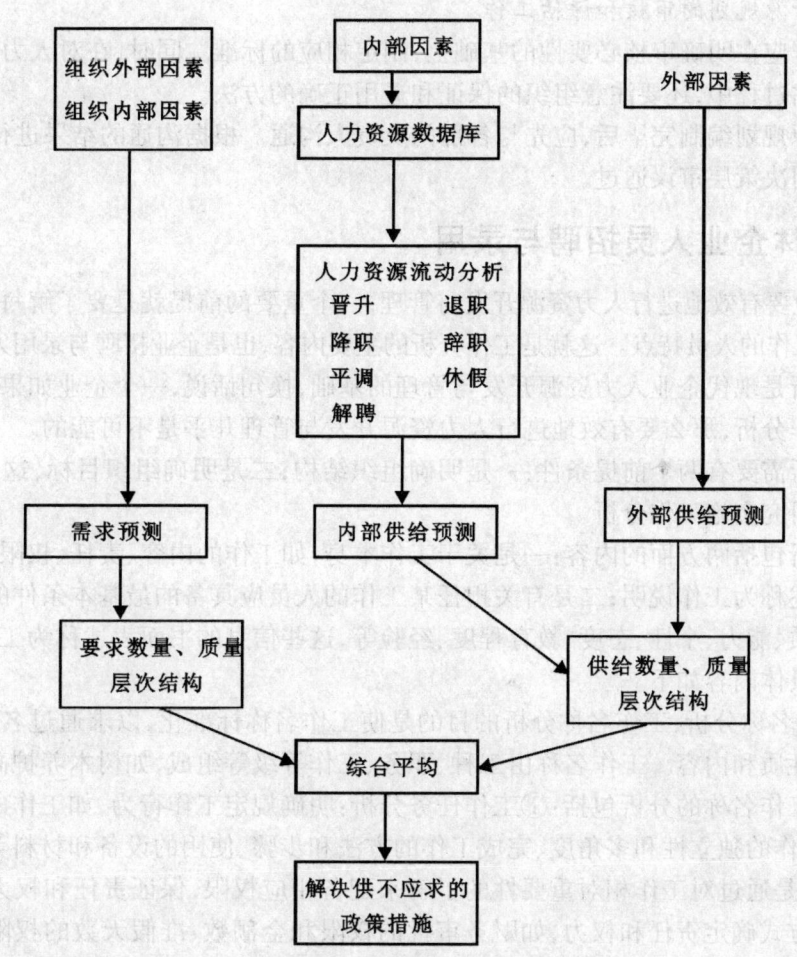

图 5-1 人力资源规划程序图

4. 制定人员供求平衡规划政策

根据供求关系以及人员净需求量,制定出相应的规划和政策,以确保组织发展在各时间点上人力资源供给和需求的平衡。也就是制定各种具体的规划,保证各时间点上人员供求的一致,主要包括晋升规划、补充规划、培训发展规划、员工职业生涯规划等。人力资源供求达到协调平衡是人力资源规划活动的落脚点和归宿,人力资源供需预测是为这一活动服务的。

5. 对人力资源规划工作进行控制和评价

人力资源规划的基础是人力资源预测,但预测与现实毕竟有差异。因此,制定出来的人力资源规划在执行过程中必须加以调整和控制,使之与实际相适应。因此,执行反馈是人力资源规划工作的重要环节,也是对整个规划工作的执行控制过程。

6. 评估人力资源规划

评估人力资源规划是人力资源规划过程中的最后一步。人力资源规划不是一成不变的,它是一个动态的开放系统,对其过程及结果必须进行监督、评估,并重视信息反馈,不断调整,使其更加切合实际,更好地促进企业目标的实现。

7. 人力资源规划的审核和评估工作

该项工作应在明确审核必要性的基础上,制定相应的标准。同时,在对人力资源规划进行审核与评估过程中,还要注意组织的保证和选用正确的方法。

人力资源规划编制完毕后,应先与各部门负责人沟通。根据沟通的结果进行反馈,最后再提交给公司决策层审议通过。

三、园林企业人员招聘与录用

一个企业要有效地进行人力资源开发与管理,一个重要的前提就是要了解每一种工作和能胜任某种工作的人员特点。这就是工作分析的主要内容,也是企业招聘与录用人的前提。

工作分析是现代企业人力资源开发与管理的基础,换句话说,一个企业如果不进行工作或不重视工作分析,那么要有效地进行人力资源开发与管理几乎是不可能的。

工作分析需要有两个前提条件:一是明确组织结构;二是明确组织目标,这两者明确以能通过调查研究实施工作分析。

工作分析包括两方面的内容:一是关于工作本身,如工作的内容、责任、权限、环境等,这样的书面表述称为工作说明;二是有关担任某工作的人员应具备的最基本条件的信息,如任职人员的资质、能力、个性、态度、教育程度、经验等,这些信息的书面表述称为工作范围。

分析的具体内容如下。

(1)工作名称分析:工作名称分析的目的是使工作名称标准化,以求通过名称就能使人了解工作的性质和内容。工作名称由工种、职务、工作等级等组成,如树木养护高级工、园林设计师等。工作名称的分析包括:①工作任务分析:明确规定工作行为,如工作的中心任务、工作内容、工作的独立性和多角度、完成工作的方法和步骤、使用的设备和材料等;②工作责任分析:目的是通过对工作相对重要性的了解来配备相应权限,保证责任和权力相对应,尽量用定量的方式确定责任和权力,如财务审批的权限和金额数、准假天数的权限;③工作关系分析:目的在于了解工作的协作关系。包括:该工作制约哪些工作;受哪些相关工作的协作关系;在哪些工作范围内升迁或调换。

(2)劳动强度分析:目的在于确定工作的标准活动量。劳动强度可用本工作活动中劳动强度指标最高的几项操作来表示,如劳动的定额、工作折算基准、超差度、不合格率、原材料消耗及工作循环周期等。

(3)工作环境分析:包括物理环境、安全环境和社会环境的分析。①工作物理环境即湿度、温度、照明度、异味、空间等以及人员每日和这些因素接触的时间。②工作的安全环境包括:工作的危险性;可能发生的事故;过去事故的发生率;事故的原因以及对执行人员机体的哪些部分造成危害,危害程度如何;劳动安全卫生条件;易患的职业病、患病率及危害程度如何。③社会环境包括工作所在地的生活方便程度;工作环境的孤独程度;上级领导的工作作风;同事之间的关系。

(4)工作执行人员必备条件分析:旨在确认工作执行人员履行工作职责时应具备的最低资格条件,包括:①必备知识分析:学历最低要求和专业等级要求分析;②必备经验分析:指各工作对执行人员为完成工作任务所必需的操作能力和实际经验的分析,包括执行人员过去从事同类工作或相关工作的工龄及成绩;应接受的专门训练及程度;应具备的有关工艺规程、操作规程、工作完成方法等活动所要求的实际能力;③必备操作能力分析:根据前两项提出的要求,通过典型操作来规定从事该项工作所需的决策能力、创造能力、组织能力、适应性、注意力、判断力、智力及操作熟练程度;④必备的心理素质分析:即根据工作的特点确定工作执行人员的职业倾向,执行人员所应具备的耐心、细心、勤奋、主动性、责任感、支配性、掩饰性、情绪稳定性等气质倾向。

四、人员招聘

通常情况下,企业通过招聘才能满足企业对人力资源的需求。为了达到这一目标,招聘就要有明确的目的,并要确立严格的标准。也就是要根据工作分析的成果补充缺员。招聘的方法应是广开渠道,依据所需人员类型的不同采取相应的办法。一般的招聘既可以从企业内部选择和挖掘,也可以从社会的范围内进行寻觅。

1. 企业对员工的一般要求

企业对员工的一般要求是:工作勤奋、态度良好、经验丰富、稳定性好、机智、责任感较强。

2. 招聘的途径和方法

企业招聘员工不难,但要招聘合适的员工却很不容易。为了保证员工队伍的素质和质量,提高职工的劳动效率,在招聘过程中要注意:

(1)把握招聘原则。招聘的原则大致上有:①公开原则指把招考单位,工作种类,招工数量,报考的资格、条件,考试的方法、科目和时间均面向社会公告周知,公开进行;②竞争原则指通过考试竞争或考核鉴别来确定人员的优劣和人选的取舍;③平等原则指对所有报考者一视同仁,不得人为地制造各种不平等的限制或条件(如性别歧视),以及各种不平等的优惠政策,努力为社会上的有志之士提供平等竞争的机会,不拘一格地选拔、录用各方面的优秀人才;④全面原则指对报考人员从品德、知识、能力、智力、心理、过去工作的经验和业绩等方面进行全面考试、考核和考察。因为一个人能否胜任某项工作或者发展前途如何是由多方面因素决定的,特别是非智力因素对将来的作为起决定性作用;⑤择优原则中,择优是招聘的根本目的和要求,只有坚持这个原则,才能广揽人才、选贤任能,为本单位引进或为各个岗位选择最合适的人员;⑥级能原则,人的能量有大小,本领有高低,工作有难易,要求有区别。招聘工作,不一定要最优秀的,而应量才录用、做到人尽其才、用其所长、职得其人,这样才能持久高效地发挥资源的作用。

(2)多途径寻找合适人选。通过多途径可以帮助企业相对容易地找到合适的人选。招聘的途径有:①企业内部在大多数管理层,寻找候选人的第一个地方是管理层内部。采用这种方法方便,而且会获得更好的职员,提高士气;②私人途径即从工友、同僚、朋友、亲属、邻居之中找到候选人,并了解候选人的情况;③临时代理如果雇佣临时工,这是一个不错的选择。通过劳务公司等中介组织,能较方便地找到比较合适的候选人。因为,在正式雇用他们之前,将得到机会去试用他们。如果不喜欢,只要告诉代理处,他们会派来替换者;如果对雇佣的临时工感到满意,大多数代理会用名义上的酬金或经过最短时间的委任来雇佣他们;④职业社团大多数职业都有相应的社团(协会),这里有助于找到有专长的员工;⑤中介公司如果要补充一个特殊专业化的职位,劳动或人才中介能帮助企业找到高薪水应聘者;⑥因特网可以在因特网上制作网页,网页使企业无止境地、几乎不受任何限制地发布工作信息。同时可以通过浏览人才网寻找到合适的雇员;⑦招聘广告在报纸上刊登广告,会收到许多自荐材料,在此之中,也许有企业所设岗位的合适人选;⑧设摊在政府人事部门或劳动部门指定的招聘场所设摊,寻找合适人选。

3. 提高面试质量

世界上最优秀的面试窍门就是认真并充分地准备面试。理想的面试有5个步骤:

(1)热情地欢迎求职者。热情地向求职者打招呼,并且同他们随便聊聊天,以便他们轻松面试。比如聊一些关于天气的情况,然后谈谈面试官自己在工作中寻求简易方法遇到困难以及他们是怎样了解这个职位的等等,这些话题都是一些常见的开场白。

(2)简要概括职位。简要地描述一下职位、企业需要什么样的人以及面试过程。

(3)提问。所提问题应当与求职者申请的职位相符合,并且要包括求职者的工作经验、所受教育状况和其他一些有关的话题。

(4)找出求职者的强项和弱点。尽管可以要求求职者对自己的优势和弱点进行介绍,但是做法似乎并不可靠。最好是要通过他们回答问题而了解情况,因此,提问是必要的。

(5)结束面试。给求职者机会,允许他(她)更进一步阐述自己的情况,这些对做出最后的决定是很必要的。对他们求职的兴趣表示感谢,并且告诉他们公司何时与他们取得联系。

面试提问是一个很重要的环节。通过提问及观察设法了解:该应聘人员为什么来应聘?能为我们做些什么?他(她)属于哪一类人?本企业能让他(她)满意吗?在面试的时候可多做些笔记,记笔记不单是为了记清楚每一个候选人的情况,它还是招聘决策人评估候选人的重要依据,面试可以进行多次。

五、录用

在面试结束以后,决定录用以前,还要做3项工作:核实证件;向求职者现在或以前的上司了解情况;征求同事的意见。

在录用员工时,一定要做到任人唯贤,不要草草雇用一个人来补空缺。

六、职前人员培训

人力资源是可再生资源,是可以通过教育和培训手段加以发展的。培训可以向受训者提供处理决策所需要的事实要素,可以为受训者建立一个进行思考的框架,也可以向受训者传授解决问题的方法,以及向受训者灌输其决策所依据的价值观。因此,培训作为一种组织影响方式,是从内向外来影响组织成员的,也就是说培训的结果会使组织成员依靠自己做出满意决策。

职前培训是使新聘人员熟悉和适应工作环境的过程。它的目标是使新职员在进入工作岗位之前完成自身的社会化并掌握必要的工作技能。在职前培训上花费较多的时间、精力、财力和物力是值得的,它将对新职员未来的工作行为和生活态度产生决定性的影响。职前培训要使新职员顺利地接受企业的文化观、价值观、规章制度,通过示范教育和实习操作,使新职员学会基本的工作技能,学会解决工作的有关技术问题;要使他们真正成为企业大家庭中负责任的、认真的、具有奉献精神的一员。职前培训还要解决新职员的社交问题,消除障碍,提供机会,使他们了解工作环境,以及与同事、上司交往的方式。

第三节 园林企业人力资源绩效考核

一、园林企业人力资源绩效考核

所谓绩效考核,就是个体或群体能力在一定环境中表现的程度和效果,以及个体或群体在实现预定的目标过程中所采取的行为及其作出的成绩和贡献。绩效考核可为任免、提升等人事决策提供依据,或者决定对工作人员付出的劳动做出合理补偿。同时,只要考核合理、奖罚分明,自然会产生激励效果。

(一)园林企业人力资源绩效考核变量因素

1. 绩效构成因素

绩效的构成因素有以下几个:
(1)工作效率:包括组织效率、管理效率和机构效率等方面的内容。
(2)工作任务:包括工作数量和工作质量。
(3)工作效益:包括经济效益、社会效益和时间效益。

2. 工作情景因素

这是对绩效形成的环境因素进行考察。主要包括工作任务或工作目标实现的难度及环境因素对绩效影响的结果。

3. 绩效主体因素

群体或个体在实现工作绩效过程中的行为方式和主观努力程度。

(二)园林企业人力资源绩效考核的步骤

绩效考核的目的是为了提高员工的劳动效率。绩效考核的第1步是设置岗位目标;第2步是监测绩效;第3步是评价绩效,帮助员工提高绩效。

1. 设置目标

目标决定发展方向和目的。有了目标,就可以把员工们的精力放在有助于朝着目标前进的工作上。在设置目标时,必须注意这个目标是可行的。可行的目标具有下面5个特点:具体目标必须是明确的、不含糊的;具体的目标能确切地告诉员工:期望他们做什么、什么时候做以及做多少。如有具体目标,能很容易地根据员工的工作完成情况衡量他们的进度。

(1)可衡量。如果年度目标是不可衡量的,就永远不会知道员工是否在朝着成功的方向前进。不仅如此,而且当员工没有可衡量目标来指明他们的进度时,就很难刺激他们去实现目标。

(2)能达到目标一定要实现,并且普通员工就能够完成最好的目标要求员工稍做努力就能实现,并且不是极端的。也就是说,目标既不能高于、也不能低于标准绩效。设定的目标太高或太低都会毫无意义,员工会很容易对它们熟视无睹。

(3) 相关目标是实现公司伟大远景和使命的重要工具。因此,员工的目标必须与企业的总体目标相一致。

(4) 限定时间目标必须有起点、终点和固定的时间段。约定最后期限,可以使员工集中精神按时或提前完成目标。没有计划或最后期限的目标,容易被一天天地拖下去,影响目标的实现。

目标的表达不能多于一句话。目标越简明扼要,越容易被员工所理解,就越有可能实现。

2. 监测绩效

监测个人绩效就像走钢丝一样,要步步小心。不能过度地监测员工,这样做只能导致繁文缛节和官样文章,会对员工的能力产生负面影响,从而影响他们的工作。但也不能做得不足,如果过少地监测员工,会出现任务不能及时完成或费用大大超过预算的情形。

监测员工绩效的主要目的,不是当员工犯了错误或错过了重要的事情时去惩罚他们;而是鼓励员工继续按计划表工作,并弄清楚他们在工作时是否需要额外的帮助和支持。

监测绩效的时点可设在起点、终点和工作进展过程中的关键点。关键点指的是:能告诉领导和员工在实现共同目标的路上还有多远的检查点。

例如,设定了一个目标,在3个月内完成公司预算。目标要求最迟在10月15日前,把部门预算草案交给部门经理。如果在10月15日部门经理还没有递交预算草案,那么工作进度落后于计划表;如果在10月1日交上所有的预算草案,那么工作进度先于计划,就可以提前达到最后目标,即完成公司预算。

对于一些较为复杂的工作,我们可用条形图等工具来确定监测点。例如,在6周内完成预算报告(见图5-2)。如图5-2所示,时间限制处在条形的顶端,时间界限从6月1日到6月11日。每一个增额代表一个星期。在6月11日之前的每个关键点,如6月6日、6月12日、6月17日都可以作为监测时点,以衡量任务的完成情况。

行动	0	5	10	15	20	25	30
a.研究上一月报告	--						
b.研究当月详细报告	--						
c.与同事会面		-------	------				
d.研究每个人的职位状况		-				----	
e.提出草案预算				----		--	
f.研究草案预算							----
结果:递交预算报告							

图5-2 条形图表明制作预算报告的主要活动

3. 绩效评价

评价员工的绩效有5个步骤:

(1) 设定目标、期望和标准。在员工达到目标或完成期望以前,必须给他们设定目标和度量,并制订标准来衡量他们的绩效,然后,必须在评价员工以前把评价标准传达给员工。实际上,绩效审查从工作的第一天就真正开始了!从第一天开始,就要告诉员工如何评价,向他们展示所用的评价方式,并解释评价程序。

(2)给予连续的、明确的反馈。无论哪一天,看到员工做得对,就要在当时当地告诉他们;如果他们错了,也要告诉他们。不断地、经常地进行反馈比把问题积累起来在某些场合反馈要有效得多(尤其当反馈是负面时)。

(3)准备一份正式的书面绩效评价。每个企业对正式绩效评价有着不同的要求。一些评价比较简单,仅有一张表格,只要求在表格上打号,其他的评价则要求广泛的叙述事实根据。不管特定部门的要求,正式绩效评价应当是评价阶段中与员工讨论过的重大事件的总结概述。用事实来支持评价,要使评价与步骤中设立的目标、期望和标准相关,这样才能使对员工的评价有意义。

在现实评价中,可以让员工来填写自己的绩效评价。然后,对比领导的评价与员工自己的评价,发现的不同之处将成为讨论的主体。

(4)亲自会见员工,讨论正式绩效评价。只有亲自接触员工,才能让员工理解领导要传达的信息,留出合适的时间会见员工并讨论他们的绩效评价。合适的时间不是5分钟或10分钟,而是至少1小时或更久!当准备正式的绩效会议时,要一是一、二是二。会议应该是积极向上的,即使不得不讨论绩效问题时,也要设法和员工一起合作来解决问题。

(5)设定新目标、新期望和新标准。正式的评价会议给领导和员工提供了一次机会。利用这次机会双方都可从一些不可避免的日常话题中退出,再从大局出发进行考虑,双方都有机会审查和讨论表现好的或表现不好的绩效。在这个评价基础上,就可以为下一个审查阶段设定新期望和新目标,绩效评价过程的最后一步变成了第一步,新的评价又开始了。

二、人员考核的内容

人员考核的对象、目的和范围复杂多样,因此考核内容也颇为复杂。但就其基本方面而言,主要包括德、能、勤、绩四个方面。

1. 德

指人的政治思想素质、道德素质和心理素质。德是一个人的灵魂,是用以统帅才的,它决定了一个人的行为方向——为什么人生目的而奋斗;决定了行为的强弱——为达到目的,所做努力的程度;决定了行为的方式——采取什么手段达到目的。

德的标准不是抽象的,而是随着不同时代、不同行业、不同层级而有所变化。在改革开放的今天,德的一般标准是坚持党的基本路线,坚持集体主义价值观,富有使命感、责任心和进取精神,遵守职业道德、遵纪守法等。

2. 能

指人的能力素质即认识世界和改造世界的本领,能力不能孤立地、抽象地存在。因此,对能的考核应以素质为依据,结合职工在工作中的种种具体表现来判断。一般来讲,能包括一个人的动手操作能力、认识能力、思维能力、研究能力、创新能力、表达能力、组织指挥能力、协调能力、决策能力、综合分析能力、调剂人际关系能力等。人不可能是无所不能的,有所能就有所不能。因此,对不同的职位,对能的要求应有不同的侧重。

3. 勤

指勤奋敬业精神,主要指人员的工作积极性、创造性、主动性、纪律性,也可指出勤率。但不能把"勤"简单地理解为出勤率。出勤率高是勤的一种外在表现,但并非内在的东西,也可能出勤不出工、出工不出力、动手不动脑。真正的勤,不仅出勤率高,更重要的是以强烈的责任感和事业心,在工作中投入全部的体力和智力,并且投入全部的情感。因此,人员考勤工作应将形式的考勤与实质的考勤结合起来,重点考核其敬业精神。

4. 绩

指人员的工作绩效,包括完成工作的数量、质量、经济效益和社会效益。数量、质量、效益之间,经济效益与社会效益之间都是对立统一的、辩证的关系,在考核和评价人员的绩效时,应充分注意这一点。对不同职位考核的侧重应有所不同,但效益应该处于中心地位。在考核"绩"时,不仅要考核工作数量、质量,更应当考核其工作满足社会需要所带来的经济效益和社会效益,即工作的社会价值。

三、绩效考核的方法

我国目前常用的绩效考核方法有:自我评价与小组鉴定相结合、组织考查法、实践考验法、考试法和领导判断法。这些方法简便易行,但一般讲,动态考核少,静态考核多;客观衡量少,主观印象多;定量少,定性多。下面介绍一些园林企业使用的人员考核方法。

1. 民意测验法

该法把考核内容分为若干项,制成考核表,每项后面空出 5 格,以优、良、中、及格、差,然后将考核表发至相当范围。考核前,也可先请考核者汇报工作,做出自我评价。然后,由参加评议的人填好考核表,最后算出每个被考核者得分平均值,借以确定被考核者工作的档次。民意测验的参加范围,一般是被考核者的同事和直属下级,以及与其发生工作联系的其他人员。

此法的优点是群众性和民主性较好,缺点是主要从下而上考察干部,群众缺乏足够全面的信息,会在掌握考核标准上带来偏差或非科学因素,一般将此法用作辅助的、参考的手段。

2. 共同确定法

考核小组共同确定法目前被广泛用于职称的评定:即由考核小组成员按考核内容,逐人逐项打分。尔后,去掉若干最高分和若干最低分,余下的取平均分,用以确定最终考核得分。

3. 配对比较法

该法是将人员用排列组合配对比较方法决定优劣次序。比较时以排列组合法决定职工对数。将每一对职工姓名写在纸上。判断孰优孰劣。一一比较之后,以得优次数多少进行排序。

此法优点是准确性较高,缺点是操作繁琐,如 10 人左右,应比较 4~5 对,因此每次考核人数宜少,通常 10 人左右。

4. 等差图表法

该法主要由两部分组成,一部分是考核的项目,一部分是评定的分级。如(图 5-3)主考官可对每一项目就计分尺上任一点标出记号作为评分,最后将各项得分相加,总分便是最后评价。此法使用简便,考核项目较全面,打分档次较多,尤其适合对工人的考核。缺点是主考的个人主观因素会带来偏差。

姓名	职务				得分
考核项目	评级记位				
工人质量	太粗糙	不精确	基本精确	最精确	
工作知识	缺点	不足	一般	很好	
其它					
总分					

图5-3 等差图表

四、绩效考核应注意的问题

（1）绩效评价标准不清。如果绩效评价标准不清，则会出现不同的评价人员对好、中、差做出不同的解释，从而无法得出客观的评价结果，导致绩效评价工作失败。

（2）晕圈效应。当评价者仅把一个因素看成最重要的因素，并根据这一因素对被评价者做出一个好坏的评价，这就是晕圈效应。即所谓的"一好都好，一坏俱坏"。

（3）居中趋势。即不根据真实情况拉开差距，而是对被评价的所有人均做出接近平均或中等水平的评价。

（4）偏紧或偏松倾向。

（5）带有个人偏见。

第四节　园林企业人力资源激励与沟通

一、园林企业人力资源激励

所谓园林企业人力资源激励，就是通常所说的调动人的积极性。激励员工的方法有两种：奖赏和惩罚。如果员工按照企业的要求去做并达到预期目标，就用他们想得到的东西奖励他们，如奖金、物品奖励、表扬、给予荣誉称号等；相反，如果员工没有完成企业交给他们的工作，就要用他们不希望得到的东西惩罚他们，如警告、训诫、降职、解雇等。人的本性就是这样，对于喜闻乐见的事情争先恐后地靠前站，对于憎恶之事掩鼻而避之。激励变来变去，但是刺激员工的办法无非是这两种：奖励和惩罚。奖励较惩罚更为有效，但惩罚在工作中不是毫无作用的，有时不得不采取惩罚、训诫甚至解雇的方法，但在此之前，首先应从正面理解和赞扬员工、奖励员工，企业会因此有一个最佳的工作环境。园林企业人力资源激励最好的管理方法就是"一分耕耘,一分收获"。

(一)工作激励的原则

激励员工的工作积极性,必须遵循以下原则:
(1)组织目标与个人需要相统一。
(2)重视人们的物质利益,坚持按劳分配。
(3)思想教育、精神鼓励与物质鼓励相结合。

(二)奖励的技巧

1. 对于不同的员工应采用不同的激励手段

对于低工资人群,奖金的作用十分重要;对收入水平较高的人群,特别是对知识分子和管理干部,则晋升职务、授予职称,以及尊重其人格,鼓励其创新,放手让其工作,会收到更好的激励效果;对于从事笨重、危险、环境恶劣的体力劳动的员工,搞好劳动保护、改善劳动条件、增加岗位津贴,都是有效的激励手段。为此,应对员工的需要进行调查。

2. 注意奖励的综合效价

亦即尽量增加物质奖励的精神含量。不仅使获奖的人在物质上得到实惠,而且在精神上受到鼓励,激起荣誉感、光荣感、成就感和自豪感,从而使激励效果倍增。发达国家的一些成功的企业,特别重视颁奖会的仪式,绞尽脑汁使仪式搞得隆重热烈,震撼人心,让人终生难忘。

3. 适当拉开实际效价的档次,控制奖励的效价差

效价差过小,搞成平均主义,会失去激励作用;但效价差过大,超过了贡献的差距,则会走向相反方向,使员工感到不公平。应该尽量使效价差与贡献差相匹配,使员工感到公平、公正,才会真正使先进者有动力,后进者有压力。

4. 适当控制期望概率

即适当控制员工主观上认为自己获奖的概率。否则会诱发一系列挫折心理和挫折行为,影响员工以后的积极性。

5. 注意期望心理的疏导

如上所述,每次评奖阶段是员工期望心理高涨的时刻,希望评上一等奖的员工一般总是大大多于实际评上一等奖的员工。一旦获奖名单公布,其中一些人就会产生挫折感和失落感。解决这个问题的办法是及时对员工的期望心理进行疏导,疏导的主要办法是将目标转移到"下一次"、"下一个年度",树立新的目标,淡化过去、着眼未来。特别要及时消除"末班车"心理,以预防争名次、争荣誉、争奖金的行为发生。

6. 注意公平心理的疏导

根据亚当斯的公平理论,每位员工都是用主观的判断来看待是否公平。他们不仅关注奖励的绝对值,还关注奖励的相对值。尽管客观上奖励很公平,也仍有人觉得不公平。因此,必须注意对员工公平心理进行疏导,引导大家树立正确的公平观。

正确的公平观包括3个内容:
(1)要认识到"绝对的公平是不存在的";
(2)不要盲目地攀比;

(3)不应"按酬付劳",造成恶性循环。

7. 恰当地树立奖励目标

在树立奖励目标时,要坚持"跳起来摘桃了"的标准。既不可太高,又不可过低,过高则使期望概率过低,过低则使目标效价下降。对于一个长期的奋斗目标,可用目标分解的办法,将其分解为一系列阶段目标,一旦达到阶段目标,就及时给予奖励。即把大目标与小步子相结合,这样可以使员工的期望概率较高,维持较高的士气,收到预期的激励效果。

8. 注意掌握奖励时机和奖励频率

奖励时机直接影响激励效果,犹如烧菜,在不同时机加入佐料,菜的味道就不一样。奖励时机又与奖励频率密切相关,奖励频率过高和过低,都会削弱激励效果。奖励时机和奖励频率的选择要从实际出发,实事求是地确定。一般来说,对于十分复杂、难度较大的任务,奖励频率宜低;对于比较简单、容易完成的工作,奖励频率宜高;对于目标任务不明确,需长期方可见效的工作,奖励频率宜低;对于目标任务明确,短期可见成果的工作,奖励频率宜高;对于只注意眼前利益、目光短浅的人,奖励频率宜高;对于需要层次较高、事业心很强的人,奖励频率宜低;在劳动条件和人事环境较差、工作满意度不高的单位,奖励频率宜高;在劳动条件和人事环境较好、工作满意度较高的单位,奖励频率宜低。当然,奖励频率与奖励强度应恰当配合,一般而言,二者呈反向相关关系。

9. 其他奖励技巧

除了物质以外,还可以使用其他一些激励员工的办法,例如:

(1)对雇员做的每一件出色的工作,要亲自向他们表示感谢,可采用面谈或书面形式,或者二者都用。做这件工作时要诚心诚意,要做到及时、经常。

(2)当员工想要或需要说些什么时,愿意花时间聆听他们的心声。

(3)向员工详尽地、并且经常地反馈他们做出的成绩,支持他们把工作做得更好。

(4)对优秀的员工给予认可、奖励,及时提升他们的职务,及时对不合格或合格的员工做出处理,帮助他们改进工作或劝其离开工作岗位。

(5)向员工提供关于公司为何赢利或亏损的原因、未来的新产品,以及竞争中的服务和策略方面的信息,解释员工在整个计划中的重要作用。

(6)让员工参与决策,尤其是对他们有直接影响的决议,他们的意见同样重要。

(7)给员工以成长和学习新技能的机会,鼓励他们尽全力创造优秀业绩,告诉他们在完成企业目标方面将如何帮助他们,与每个员工结成工作伙伴关系。

(8)在员工工作时,以及在他们的工作环境中,创造一种企业主人意识。这种主人可以是象征性的,例如,为所有员工提供交易卡片,无论他们在工作中是否需要。

(9)力求创造一个开放的、可以信赖的,并且有趣的工作环境。鼓励新的意见、建议及首创精神。从失误中吸取教训,而不是一味的惩罚。

(10)不管是部门的还是个人的,取得成绩就要进行庆贺,这项工作做起来要有创造性和新鲜感。

(三)惩罚的技巧

(1)不能不教而诛。应该把思想教育放在一边,只有对那些经教育不改或造成十分严重的后果者才实行惩罚。

(2)尽量不伤害被罚者的自尊心。宣布惩罚的方式要有所选择,应使被罚者自尊心的损伤降到最小,特别应尊重其隐私权,不要使用侮辱性的语言。

(3)不要全盘否定。应把其成绩和错误分开,不要一犯错误就全面否定其一切工作和个人长处。在处罚的同时,应看到其闪光点,抓住积极因素,促使其向好的方向转变。

(4)不要掺杂个人恩怨。不能在惩罚中掺杂个人好恶、个人恩怨,更不能以执行纪律为名行打击、迫害、报复或排除异己之实。

(5)打击面不可过大。每次惩罚打击面不可过大,"法不责众"正是说明这样的道理。对于涉及较多人员的违纪违法事件,应该采用"杀一儆百"的办法,尽量缩小打击面,扩大教育面。

(6)不要以罚代管。惩罚只是管理的一个环节,而且带有一定的负面作用,因此惩罚应慎用,不要过分依赖惩罚去推动工作和树立领导权威,更不应以惩罚代替全面的管理。

(7)不可以言代法。是否该罚,罚到什么程度合适,都不能由领导者主观决定,而应该有明确的标准,这个标准只能是有关法律、法规。坚持依法惩罚,是惩罚权不被滥用,惩罚比较公平、公正的保证。

(8)将原则性与灵活性相结合。坚持原则,就是严字当头,执法要严。"严是爱,松是害",这句话在执行纪律、运用惩罚时十分重要。但鉴于事务的复杂性,在不违背法律、法规前提下,掌握一定的灵活性则是完全必要的。惩罚中讲究灵活性就是要严得合理、严得合情,达到教育一大批的目的,这就是管理艺术。

二、园林企业人员沟通

(一)沟通的过程

沟通是指可理解的信息或思想在2个或2个以上人群中的传递或交换的过程。没有沟通,就没有管理;没有沟通,管理就只是一种设想和缺乏活力的机械行为。沟通是企业组织中的生命线。沟通的过程如图5-4所示。

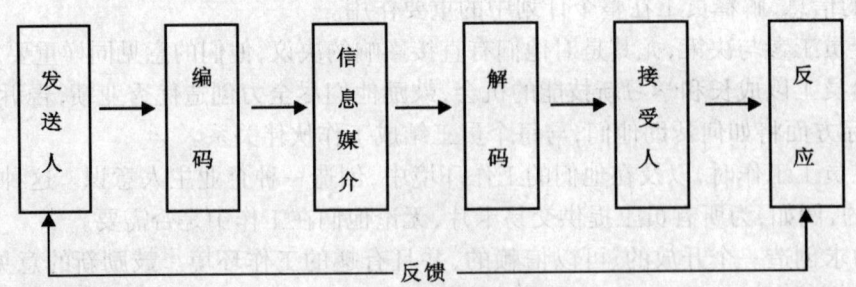

图5-4 沟通的过程

沟通的过程有3个基本环节:

(1)发送者需要向接受者传送信息或者需要接受者提供信息。这里所说的信息包括很广,诸如想法、观点、资料等。必须将这些信息译成接受者能够理解的一系列符号,为了有效地进行沟通,这些符号必须能符合适当的媒体。

(2)接受人要把信息转化为自己所能理解的东西,必须对信息进行"译进"。

(3)接受人对"译进"信息的反应,然后把这种反应传递给发送人。这个过程称为"反馈"。

(二)沟通的障碍与克服

在沟通的过程中,由于存在着外界干扰及其他种种原因,传递不能发挥正常的作用。

1. 沟通的障碍

园林企业管理沟通的障碍主要有6个方面:

(1)组织结构不合理。组织内部层次过多,影响沟通的速度;内部部门过多,增加了平行沟通的次数和需要协调的单位,从而影响到沟通的效果;另外,在上行沟通和下行沟通时,由于组织层次过多,每层主管都可能加上自己的理解和补充意见。这样,意见或信息的传递就可能走样而影响沟通效果。

(2)地位身份的差异。如果地位身份相差悬殊,会影响发送和接收的效果。位高者考虑自己的尊严,在发送信息时简单扼要,不作过多的说明,致使位低接收者心情紧张,对不明了之处也不敢多问或陈述自己的看法,致使无法真正理解发送者的意图,造成沟通上的障碍。

(3)心理因素所引起的障碍。由于个体的人格差异,使得在态度、观念、思想、处理问题的方法及情绪等方面,均具有个别差异。这种个别差异常导致沟通双方对问题的看法和态度上的不一致,往往引起沟通上的严重障碍。另外,接收者若对信息发送者抱有不信任感,心怀敌意,或由于紧张、恐惧而影响接收效果,或歪曲了对方传达的内容等,均会造成沟通上的严重障碍。

(4)内容过杂,数量过大。信息接收者对信息的复杂性都具一定的接受限度,超过了这种限度,则会发生接收困难。此外,信息量过大致使接收者无法完全接受,也会影响到沟通的效果。

(5)知识水平上的差异。由于发送者与接收者之间的知识和经验水平相差甚远,对方无法理解,或者造成对问题看法不同,致使双方的沟通遇到障碍。

(6)发送信息的含义不明。发送者如果对自己所要发送的信息内容没有真正的了解,不清楚自己到底要向对方说明什么,那么沟通过程的第一步就受到了阻碍,整个沟通过程就变成团队以一种简便的方式吸取所有员工(而不仅仅是管理者和经理)的知识及谋略来解决困难。

2. 沟通障碍的克服

有资料表明,企业管理者70%的时间用在了沟通上。开会、谈判、谈话、作报告是最常见的沟通方式。另外,企业中70%的问题是由于沟通障碍引起的。无论是工作效率低,还是执行力差,领导力不高等,归根结底都与沟通有关。因此,提高管理沟通水平显得特别重要。那么,如何使沟通更顺畅呢?

(1)首先让管理者意识到沟通的重要性。沟通是管理的较高境界,许多企业管理问题多是由沟通不畅引起的,良好的沟通可以使人际关系和谐、顺利完成工作任务、达成绩效目标;沟通不良则会导致生产力、品质与服务不佳,使得成本增加。

(2)在公司内建立良性的沟通机制。沟通的实现有赖于良好的机制,包括正式渠道和非正式渠道。员工不会做领导期望他去做的事,只会去做能得到奖励的事和被考核的事。因此,引入沟通机制很重要,应纳入制度化、轨道化,使信息更快、更顺畅,达到高效高能的目的。

(3) 以良好的心态与员工沟通。与员工沟通必须把自己放在与员工同等的位置上,做到开诚布公、推心置腹、设身处地,否则当大家位置不同就会产生心理障碍,致使沟通不成功。沟通应抱有"五心",即尊重的心、合作的心、服务的心、赏识的心、分享的心。只有具备这"五心",才能使沟通效果更佳,尊重员工,学会赏识员工,与员工在工作中不断地分享知识、分享经验、分享目标、分享一切值得分享的东西。

(4) 要学会"听"。对管理人员来说,"听"绝不是件轻而易举的事情。"听"不进去一般有下列3种表现:根本不"听"、只"听"一部分、不正确地"听",如何才能较好地"听"呢?如图5-5。

"要"	"不要"
①表现出兴趣	
②全神贯注	①争辩
③该沉默时必须沉默	②打断
④选择安静的地方	③从事与谈话无关的活动
⑤留适当的时间用于辩论	④过快地或提前作出判断
⑥注意非言暗示	⑤草率地给出结论
⑦当你没有听清楚时,请以询问的方式重复一遍	⑥让别人的情绪直接影响你
⑧当你发觉遗漏时,直截了当地问	

图5-5 听的过程中的"要"与"不要"

(5) 缩短信息传递链,拓宽沟通渠道,保证信息的畅通无阻和完整性。信息传递链过长,会减慢流通速度并造成信息失真。这是人所共知的事实,减少组织机构重叠、层次过多,确实是必须要做的事情。此外,在利用正式沟通渠道的同时,可开辟从高级管理人员至低级管理人员的非正式的直通渠道,以便于信息的传递。

(6) 非管理工作组。当企业发生重大问题,引起上下关注时,管理人员可以受命组成非管理工作组。该工作组有一部分管理人员和一部分职工自愿参加,利用一定的工作时间,调查企业的问题,并向最高主管部门汇报。最高管理阶层也要定期公布他们的报告,就某些重大问题或"热点"问题在全企业范围内进行沟通。

第五节 园林企业劳动的管理

一、园林企业劳动保护

园林企业劳动保护是指为了保障劳动者在生产过程中的安全与健康,从法律、制度、组织管理、教育培训、技术设备等方面所采取的一系列综合措施。根据《劳动法》有关规定,园林企业劳动保护主要包括以下3个方面内容。

1. 劳动安全卫生

劳动安全卫生有5个方面的基本内容：

(1)加强生产设备的安全防护,如设置隔离装置,对各种带有危险性的机器设备采用屏护的办法,使人体与生产过程中正在运转的设备隔离;设置保护装置,在出现危险状况时自动启动保护装置从而消除危险,保证安全;设置警告装置,当危险状况可能发生时,该装置便自动发出警告信号,提醒操作人员预防或及时消除危险;在生产现场容易发生事故的地方设置醒目标志牌;改善劳动的环境与条件。劳动的环境与条件包括劳动场所的建筑、采光、照明、温度、湿度、通风条件、噪音、整洁度、粉尘含量等。

(2)改进生产工艺,使操作简易化,减少操作人员的紧张感,防止疲劳。

(3)加强设备管理。机器设备在使用前进行预防性试验,合格后才准予使用。同时做好机器设备的维护保养与计划检查,防止因设备老化而发生意外事故。

(4)提供良好的工作场所卫生条件。

(5)强化职业病预防措施。

2. 劳动时间的限制

为保障劳动者的身心健康,要求园林企业做到:①员工每日工作8小时,每周工作40小时,实行这一工时制度,应保证完成生产和工作任务,不减少员工的收入;②因工作性质或生产特点的限制,不能实行每日工作8小时,每周工作40小时标准工时制度的,按照国家规定,可实行其他工作和休息办法;③任何单位和个人不得擅自延长员工工作时间,因特殊情况和紧急任务确实需延长工作时间的应按照国家有关规定执行;④用人单位由于生产经营需要,经与工会和劳动部门协商后可以延长工作时间,一般每日不超过3小时,但是每月不得超过36小时。

3. 对女员工和未成年员工的特殊保护

对女员工的特殊劳动保护包括:招工时不得歧视妇女;实行男女同工同酬;禁止安排女员工从事高强度的劳动和其他女员工禁忌从事的劳动;给女员工在月经期、孕期、哺乳期、已婚待乳期提供特殊保护。对未成年员工的特殊劳动保护包括:禁止招用未满16周岁的童工;对未成年员工实行缩短工作日制度,并且不得安排加班;禁止安排未成年员工从事矿山井下作业、深水作业及其他特别繁重的或者对身体有毒有害的劳动;要提供适合未成年员工身体状况的劳动条件。

二、园林企业劳动合同管理

园林企业劳动合同是劳动者与园林单位确立劳动关系、明确双方权利和义务的协议,也是维护劳动者和园林单位合法权益的保障。园林单位自用人之日起即与劳动者建立了劳动关系,建立劳动关系应当订立劳动合同。在订立劳动合同时,劳动合同大致应当具备7个方面的内容。

1. 劳动合同的期限

劳动合同的期限是指劳动合同具有法律约束力的时段,一般可分为有固定期限、无固定期限和以完成一定的工作为期限3种。其中最常见的是有固定期限的劳动合同,时间一般

在 1 年以上 10 年以内,劳动合同的期限包括使用期,对使用期有 4 个方面的规定:

(1)劳动合同期限不满 6 个月的,不得设试用期。

(2)劳动合同期限满 6 个月不满 1 年的,试用期不得超过 1 个月。

(3)劳动合同期限满 1 年不满 3 年的,试用期不得超过 3 个月。

(4)劳动合同期限满 3 年的,试用期限不得超过 6 个月。

2. 工作内容

劳动合同中的工作内容条款是劳动合同的核心条款,主要内容包括劳动者的工种和岗位,以及该岗位应完成的工作任务、工作地点。这些内容要求规定要明确、具体,以便于遵照执行。

3. 劳动保护和劳动条件

劳动保护是指用人单位为了防止劳动过程中的事故,减少职业危害,保障劳动者的生命安全和健康而采取的各种措施。劳动条件是指用人单位对劳动者从事某项劳动提供的必要条件。

4. 劳动报酬

获取劳动报酬是劳动者向用人单位提供劳动的主要目的。劳动者的劳动报酬包括工资、奖金和津贴的数额或计算办法,劳动报酬必须符合国家法律、法规的规定,如工资不得低于最低工资标准,工资支付的期限和形式不得违反有关规定等。

5. 劳动纪律

指劳动者必须遵守的用人单位的工作秩序和劳动规则。

6. 劳动合同的终止条件

是指劳动合同法律关系终结和撤销的条件。劳动合同双方当事人可以在法律规定的基础上,就劳动合同的终止进行约定,当事人双方约定的终止条件一旦出现,劳动合同就会终止。

7. 违反劳动合同的责任

是指违反劳动合同约定的各项义务所应当承担的法律责任。为了保证劳动合同的履行,必须在劳动合同中约定有关违反劳动合同的责任条款,包括一方当事人不履行或者不完全履行劳动合同,以及违反约定或者法定条件解除劳动合同所应承担的法律责任。

除了上述 7 项必备条款外,用人单位和劳动者还可以约定以下几个方面的内容:试用期、培训、保守商业秘密、补充保险和福利待遇以及其他经双方当事人协商一致的事。

企业一经录用员工,就应及时与劳动者签订规范的书面劳动合同,并向劳动保障行政部门指定的经办机构办理用工登记手续。企业的人力资源管理部门应保管好劳动合同,并按双方当事人协商一致或法律的规定,办理好劳动合同的变更、劳动合同的解除与终止手续。

三、劳动争议及其处理

劳动争议是劳动当事人之间在劳动的权利和义务的履行和实行过程中发生的争议。劳动争议当事人可以有 4 条途径解决争议。

1. 协商程序

劳动争议双方当事人在发生劳动争议后,应当首先协商,找出解决争议的方法。

2. 调解程序

这里的调解程序是指企业调解委员会对本单位发生的劳动争议的调解。调解程序并非是法律规定的必经程序。然而,对于解决劳动争议却起着很大的作用,尤其是对于希望仍在原单位工作的职工,通过调解解决劳动争议当属首选。

3. 仲裁程序

当事人从知道或应当知道其权利被侵害之日起60日内,以书面形式向仲裁委员会申请仲裁,仲裁委员会应当自收到申诉书之日起7日内做出受理或者不予受理的决定。仲裁庭处理劳动争议应当自组成仲裁庭之日起60日内结束,案情复杂需要延期的,经报仲裁委员会批准,可以适当延期,但是延长的期限不得超过30日。

4. 诉讼程序

当事人如对仲裁决定不服,可以在收到仲裁决定书11日内向人民法院起诉。人民法院民事审判庭根据《中华人民共和国民事诉讼法》的规定,受理和审理劳动争议案审限为6个月,特别复杂的案件经审判委员会批准可以延长。当事人对人民法院一审判决不服,可以再提起上诉,二审判决是生效的判决,当事人必须执行。

本章小结

人力资源是指能够推动整个经济和社会发展的。通过本章学习,要求学生了解园林企业人力资源管理的内容,初步学会人力资源计划的编制;能够进行工作分析、人员招聘和企业劳动关系管理,能够在他人的指导下,协助相关人员制定工作目标并进行绩效考核;能够把握工作激励的原则,实施工作激励和参与团队建设的工作。人力资源管理是园林企业管理的重要方面,所以还应掌握园林企业劳动的管理,包括园林企业劳动保护和园林企业劳动合同管理。

[案例5-1]

主管职位的三位候选人

北京吉祥花木公司有一个中层主管的职位空缺。公司当局组成了一个人事评核委员会,对各位候选人逐一评核,最后,经淘汰后只剩下了三个人。

第一位是公司新进不久的策划员,其毕业于北部某大学企管研究所,获硕士学位。在大学期间,主修企业管理学。公司当局认为,由于他有管理知识背景,对人员督导一定有一些技术上的认识。但人事评核委员会部分委员认为他受的教育是"通而不专",某一委员说:"最理想的人选应该是对管理业务有丰富经验和受过专业训练的人员。"

第二位是一位推销员。该推销员在过去两年里有着辉煌的推销业绩,但他不想终身从事推销,故毛遂自荐,表示希望担任该职位。从好的方面来说,人事评核委员会很满意他过去的业绩,一位委员说:"这年轻人确实表现了他在待人接物方面的优势,但并不意味他擅长管理。"

第三位是位女士,公司会计部门的注册会计师,在过去三年中工作成绩很出色。人事评选委员会中有一位委员认为她是理想的人选,他说:"她精通会计业务,应会有良好的表现。"不过也有委员认为她虽然精通业务,但不一定能胜任管理工作。

开会时,各位委员对三个候选人进行了充分的讨论,最后主席说:"各位,现在三位候选人的优缺点都已了解,今天必须决定从三人中选定一人,选谁呢?"

分析讨论

如果你支持第一位候选人,请提出你的观点。

如果你支持第二候选人,请提出你的观点。第二位候选人的缺点应如何补救。

对第三候选人,公司当局应有何发展计划?

[案例5-2]

重视人才从招聘开始

石家庄某园林绿化有限公司自己发展了一套衡量应聘者领导及解决问题的能力测试,面试过程具有目的性,并采取行为导向。应聘者过去的经历及成就将被检验,并找出下述能力的证明:领导、解决问题、优先顺序设定、主动性、事后追踪和团队合作的能力等。高级主管将提出招聘的结果,而相关改善方案也会持续地评估以后的招聘过程。

1. 100%的内部提升

公司坚持100%的内部提升政策。内部提升可以培养长久性的员工。既然未来的管理层来自内部提升,而相关改善方案也会持续地评估以后的招聘过程。

公司经理认识到自己的绩政与发展下属能力息息相关,所以协助下属成功是他们的职责。这是通过"工作和发展策划系统"来进行的,用于员工的提升、定薪和员工发展,每个员工的都有4个部分:

(1) 前一年计划与结果相比;

(2) 需要进一步成长和发展的领域;

(3) 近期和长期的职业兴趣;

(4) 下一年培训和发展计划。

在公司,发展下属潜能被认为是一件严肃的事情,而且是每个指导者的重要工作之一。

2. 每个员工都是领导者

公司在鼓励员工积极扮演领导者角色方面提供了很好的氛围。前任总裁认为:"别让员工感到被过度管理,应该将责任与决策下放到组织基层。"管理层提出需求,如缩短新产品上市时间、提高服务品质、积极开展多元化,并全权交给一线员工负责,由每个团队分工合作。

鼓励员工勇于担任领导者角色并不是所有主管可以对事业漠不关心。实际上,公司的主管花费许多时间深入事业的核心。比如,公司的高级主管需要经常拜访研发部门、生产部门并与消费者交谈。

3. 完善的培训机制

公司认为,在职训练是最好的训练。公司将每天的经营活动视为学习和培训的源泉。每个部门都有自己的训练课程。比如,品牌部门针对不同管理层级设计不同的课程和研讨课程对个人发展是必要的,即可登记上课。公司于1992年成立了培训学院,其宗旨在于将公司高级经理的经验理念传授给其他年轻的员工。学院的教授来自公司的高级管理层,每年大约 4 000 名员工在学院接受培训。

4. 最大财富是员工

公司在提高员工福利方面有悠久的历史。早在 19 世纪 80 年代,公司首创了一周五天工作日及利润分享制,激励员工提高效率来抵消福利的成本,此举震惊了美国产业界。1998 年 5 月公司首创了全体员工享有员工认股选择权——不限于管理层。这样,员工与公司的利益紧密相关,员工效率会自发提高并对公司实现长期目标提供保障。园林公司的招聘、培训体系对其他公司有何启示?

思考与练习

一、名词解释

人力资源管理　　人力资源规划　　绩效考核　　园林企业劳动保护

二、填空题

1. 工作分析需要有 2 个前提条件:一是_____,二是_____。
2. 绩效考核的第 1 步是_____,第 2 步是_____,第 3 步是_____。
3. 人员考核主要包括_____、_____、_____和_____四个方面。
4. 激励员工的方法有 2 种:即_____和_____。

三、选择题

1. 人力资源的能动性主要表现在(　　)
   A. 自我强化　　B. 选择职业　　C. 积极劳动　　D. 动态性
2. 园林企业人力资源的特点是(　　)
   A. 综合性　　B. 实践性　　C. 发展性　　D. 民族性　　E. 社会性
3. 园林企业人力资源管理的层次包括(　　)
   A. 基础性工作　　B. 例行性工作　　C. 战略性工作　　D. 开拓性工作
4. 园林企业人力资源管理的目标是(　　)
   A. 取得最大价值和使用价值　　B. 发挥最大的主观能动性
   C. 培养全面发展的人　　D. 取的最大的经济效益
5. 工作执行人员必备条件分析包括(　　)
   A. 必备知识分析　　B. 必备经验分析　　C. 必备操作能力分析　　D. 必备的心理素质分析
6. 绩效考核的方法有(　　)
   A. 民意测验法　　B. 共同确定法　　C. 配对比较法　　D. 等差图表法

四、思考题

1. 简述奖励和惩罚的技巧?
2. 人力资源规划的步骤是什么?

3. 简述工作分析的主要内容？
4. 企业管理沟通的障碍有哪些？如何克服？
5. 简述企业劳动关系管理的主要内容。

五、实训题

1. 通过调查，请为某园林公司的一个盆花组设计一个激励方案。
2. 将全班分为两大组，轮流担任招聘方和应聘方。招聘方要制定招聘计划，包括招聘目的、招聘岗位、任用条件、招聘程序，特别是聘用决定的方法。应聘方应写出应聘提纲或应聘演讲稿，一定要体现出应聘竞争优势。

第六章 园林企业生产技术和物资设备管理

目的和要求

1. 了解园林企业的技术管理定义及特点,掌握园林企业技术开发、引进和园林工程施工现场技术管理。
2. 懂得园林企业物资管理的基本任务和基本要求。
3. 熟悉园林企业设备管理的基本原则和要求,设备的维护和修理。

[阅读资料]

综合就是创新

有七个人,中国人、俄国人、英国人、法国人、德国人、意大利人、美国人。各国人都要宣传自己国家有什么好酒,中国人把茅台拿出来了,酒盖一启,香气扑鼻,在座的各位说茅台了不起。俄国人拿出了伏特加,英国人拿出了威士忌,法国人拿出了XO,德国人拿出了黑啤,意大利人拿出了红葡萄酒,都很了不起。到了美国人,美国人找了一个空杯子,把茅台等几种酒都倒了一点,晃了晃,什么酒? 鸡尾酒。

我国历来被称为"世界园林之母",这是因为我国有种类繁多的植物资源,更主要的是我国有悠久的造园历史,有先进的造园技术。

第一节 园林技术概述

一、园林技术概念及特点

(一) 园林技术的概念

技术是指操作技能、劳动手段、生产工艺、管理程序和方法。其中技术装备、生产工具等是硬件;施工工艺、管理技术等是软件。技术是第一生产力,它融会于其他生产要素之中。

从生产到再生产的过程是通过一定变换才能实现的(即生产—变换—再生产),而这种变换是由具有一定的技术能力的劳动者(体力和脑力)来完成的。即园林技术是指完成园林项目生产的操作技能、劳动手段、生产工艺、管理程序和方法。

近年来,随着科学技术突飞猛进地发展,新材料的出现、新的施工工艺的出现、新机械设备的出现、计算机在园林设计及管理中的广泛应用,园林生产技术也发生了日新月异的变化。如新型的塑山材料——玻璃纤维强化水泥(简称GRC)在园林塑山的运用中取得了良好的效果。

(1)用 GRC 造假山石,石的造型、波纹逼真、具岩石坚硬润泽的质感。

(2)用 GRC 造假山石,材料自身重量轻、强度高、抗老化且耐水、易进行工厂化生产,施工方法简便、快捷、造价低,可在室内外及屋顶花园等处广泛使用。

(3)GRC 假山造型设计、施工工艺较好,与植物、水景等配合,可使景观更富于变化和表现力。

(4)GRC 造假山可利用计算机进行辅助设计,结束过去假山工艺无法做到的石灰定位设计的历史,使假山不仅在制作技术,而且在设计手段上取得了新突破。

(二)园林技术的特点

衡量园林生产建设中的技术效果,要从园林的特点出发。以优质、快速、低耗的要求为标准,把技术效果和经济效果密切结合起来进行研究。

园林生产建设不同于其他社会的物质生产部门,它的科学技术也不同于其他生产部门,有其本身的特点。

1. 技术与艺术相结合的综合性

提高园林科学技术水平的目的是为了提高园林绿化生产建设,养护管理水平,促进植物材料的生产,提高环境效益、社会效益和经济效益。园林产品除了发挥它绿化环境的功能以外,同时又要发挥供人们欣赏的艺术功能,满足人们文化生活的需要。这些要求同样要通过技术手段来实现,因此,在园林生产中采用先进的科学技术、逐步形成独特的园艺技术体系,掌握自然规律、利用自然规律,达到最好的经济效果和园艺技术效果。例如:植物品种的培育,除了它的一般生物学特性以外,同时要考虑它的姿态、色彩、花型、花期、季节变化、气候种种因素,这就给园林科学带来了比较复杂的要求。

2. 园林技术的相关性

在园林生产过程中,各项技术措施是密切相关的。在协调妥当的情况下,可以相互促进;在协调失当的情况下,可能相互矛盾而导致相反的效果。由于品种的不同而对客观条件有不同的要求,优良品种只有在合理的技术条件下才能表现其优良的效果。

各种技术条件需要相互协调配合才能奏效。各项技术措施之间有横向相关,如水、肥、土、种;同时,在季节和年度之间还存在着纵向相关,如扦插、定植、出圃。左、右、先、后任何一方的失调或脱节,都不能达到预期的技术效果,园林科学技术的研究要注意掌握技术的相关性和协调性。

3. 园林技术的长期性、持续性

园林技术的效果不是立即可以反映出来的,有的表现在当季,有的表现在当年,有的则表现在以后的生长期中。所以,园林技术措施更需要采取慎重的态度。它与其他产品不同,它不可能在较短的时间内进行多次重复。失掉一次可能成功的机会需要较长的时间才能获得另一个成功的机会,这是由生命植物生长规律所决定的。另一方面,它的持续性还是表现在一旦获得某项技术成功,可以在一定时期内持续地发挥效果,如优良品种可以参加若干个生产过程。

园林生产受自然环境影响。由于自然环境的变化是比较缓慢的,在我们现有的技术条件下,短时间内不容易被人们所察觉。所以一项技术措施改革,对树木,特别是成年树木的影响不可能立即表现出来。所以在研究园林科学技术问题时,要注意它的长期性和持续性,从这一特点出发,考虑它的经济效果和艺术效果。

4. 园林技术多变性

园林生产受自然因素的影响较多,同时又有明显的地区性和季节性,可变因素较多。所以,园林技术效果往往受客观因素的影响而表现出不稳定性,同样技术措施在不同的地区,甚至在不同的小气候下,都可能表现出不同的效果。各项园林技术措施要进行多点、多项的重复试验,防止片面性。在运用某项技术措施时,要因地制宜,从实际出发,不能生搬硬套。

5. 园林是涉及多学科的综合性的学科

在自然科学方面,如农学、林学、生态学、地理学、城市规划学、建筑学、土木工程学;在社会科学方面,如经济学、社会学、心理学、法学;此外,还涉及文学、美学、绘画等文化艺术领域里的学科。现代园林科学的发展,将突破自然科学和社会科学的界限而在各个学科之间互相渗透,综合性越来越强。许多前人没有遇到过的问题,现在却摆在园林工作者面前,需要去实践,去回答。

二、园林技术开发与引进

园林事业的发展有赖于科学技术进步,才能逐步改变落后的生产方式,改变小生产的产业结构,才能实现劳动生产率的提高,使其在社会主义市场经济的激烈竞争中,立于主动地位。发展园林技术依靠两条基本途径:一是技术开发,二是技术转移。技术开发是指将科学技术潜在的生产能力转化为直接的生产能力;技术转移是将某一领域、某一地区行之有效的技术转向另一领域、另一地区的过程。技术引进和技术推广是技术转移的两种形式。技术转移的过程常伴以开发研究,并通过技术交易形式实现。有了技术交易,就产生了技术市场。技术开发、技术引进、技术推广、技术市场是社会主义市场经济体制下发展园林技术的重要环节。

(一) 园林技术开发

1. 园林技术开发的概念

园林技术开发是指在运用园林基础研究和应用研究成果的基础上,园林生产活动中所进行的改进老产品、开发新产品、完善老工艺和发展新工艺的创新活动。

对园林技术开发的理解有狭义和广义之分。狭义的园林技术开发是指开发前所未有的新技术,例如中国林业科学研究院研究开发的 ABT 生根粉,是一种新型的广谱性高效植物生根促进剂。在其发明创造以前,这种新技术还只是处于科学理论研究阶段,或者仅仅是一种设想,经过他们的技术开发,物化为直接的生产力,成为一种新型的产品。

广义的园林技术开发,含有三种情况:一是对刚诞生的新技术使其进一步完善,物化成社会生产力,为社会所认可;二是将某项在甲地有效的技术移植到乙地,移植的过程需要进行开发研究,并形成与乙地环境条件相适应的工艺和产品;三是对原有技术重新进行组装配套。这几种技术发展过程都包含着一定的创新活动,均可称之为技术开发。

2. 影响园林技术开发的因素

园林技术开发的深度和广度将受到一些主客观因素的影响,这些影响因素主要有以下几种。

(1) 科学理论的发展水平。园林技术的开发既依赖于基础研究和应用研究,同时又具有大多数新技术的开发,有赖于新理论、新原理的建立。理论上的重大突破最终将结出丰硕的技术之果,如林业遥感技术、同工酶技术等,都是在有关理论取得突破后才运用于生产的。但是也有许多技术的开发,并不依赖新理论、新原理的突破,而在原有理论和技术基础上,运用移植、组合等方法而得的成果。因此,技术的发展是创新与组合两种情况波浪式交替进行的,其动态过程与科学理论在一个时期的发展水平有关。

(2) 市场的需求。在社会主义市场经济体制下,市场是配置资源的途径。进行园林技术开发也必须根据市场的需求,园林技术开发者、各地经营主体与市场三者需要很好地协调起来,根据市场的需求组织生产,按照生产的需要进行技术开发。使技术开发、生产组织、市场供应三者紧密相连,形成良性循环。

(3) 资源、服务和环境条件。在技术开发中,根据市场需求确定开发项目后,就要配置必要的资源,还要有相应的技术服务。配置资源主要指配置人、财、物资源,包括资金、设备、生物资源、原材料、能源以及开发人员。相应的技术服务主要指能够为技术开发提供服务的物质系统和信息传递系统。所谓环境则包括自然和社会环境,一旦把社会需要和待开发的资源结合起来,在一定的环境条件下,又得到技术服务系统的支撑,那么就会形成技术开发的创造力。如果不具备资源、技术服务、环境条件,即使选择到很好的项目,也是无法实现的。

(二) 技术引进

1. 技术引进的含义

技术引进是技术转移的一种形式,它一般是指技术成果从国外向国内的转移。换言之,技术引进是指技术引进方通过各种途径,从技术输出方引进先进技术、设备、管理知识和经验的总称。它是企业促进经济和技术发展的主要战略和措施,也是技术管理的重要内容之一。

2. 技术引进的方式

许可证贸易　许可证贸易是国际上常见的技术引进方式。它的主要形式是技术引进方从技术输出方取得制造技术和工业产权(专利、商标)和权利(即许可证),双方达成交易后,签署许可证协议。许可证贸易只能取得某种技术或专利、商标的使用权,这是许可证贸易与其他的一般商品贸易不同的地方。

许可证协议分三种:①独占许可证,即技术引进方在一切领域内,对所引进的技术享受独占的使用权,技术输出方和任何第三方均不能使用该技术制造和销售产品;②排他许可证,即技术引进方在一定领域内,对所引进的技术享有独占的使用权,而技术输出方仍有权在一定区域内使用该技术制造和销售产品,但限制第三方插手;③普通许可证,即技术引进方对所引进的技术,在一定区域内享有使用权,并对技术输出方以及任何第三方使用该技术无任何限制。

补偿贸易　以补偿贸易的方式实现技术引进和贸易结合,并以商品交付货款,也是国际上通行的一种技术贸易结合的引进方式。

补偿贸易一般有两种方式：①直接商品偿还，即产品返销。指利用输出方提供的技术（也可以包括部分设备），将生产出的产品返销给技术输出方，以抵补技术引进方因引进技术而需支出的外汇；②直接商品的偿还，或称产品互购抵偿贸易。指技术引进方利用引进的技术生产一种产品，而以另一种产品返销来抵补外汇支出的方式。补偿的产品可分为初级产品、半制成品和制成品，制成品售价高、利润大，应是我国企业返销产品的主要方向。

合资经营　合资经营的方式是我国目前应用最广的一种技术引进和利用外贸的方式。用合资经营引进技术时，应警惕外商有意以落后的技术和设备进行欺骗，给国家和企业造成损失；也有的外商纯粹为长期推销原料或零件，以实行技术和经济控制。对于这些情况，应引起充分注意。

产品贸易　产品贸易是指通过购进机器设备引进技术。它可以分为单机引进、成套设备引进、关键设备引进三种。产品贸易方式对于引进方来说，生产能力形成快，但要花费大量外汇，也不利于提高设备的自制水平，容易造成技术上依赖输出方的弊病。

包建项目　它又称"交钥匙工程"，是指技术输出方按许可证合同、设计合同、公共工程、土建机械安装合同等要求，为技术引进方包建一项整体工程。在正常情况下，该工程应在开工状态交付引进方，并承担该工程开工、效率和消耗指标的义务。在所包建的项目中，除了上述合同外，往往还同时加订经营管理合同或推销该项产品的合同。

合作科研、合作生产　合作科研、合作生产是指与国外企业公司或科研单位合作，共同生产或研究开发一个项目。它带有对等交换技术、取长补短、互惠互利的性质，有利于缩短研制和生产周期，节约科研和制造费用。

技术咨询和技术服务　利用国际上的独立技术咨询，工程公司（某些大企业也兼容这项业务）承包成套工程项目，承担企业的技术改造，这也是一种技术引进的方式。至于技术服务，内容更多，主要根据服务合同对技术引进进行技术指导，培训人员，以及对设备和仪器进行安装调试等。

其他技术引进方式还有来件装配、来样加工、来料加工以及人员交流和知识流动等。

三、园林企业技术创新

(一) 技术创新的类型

技术创新在经济学上的意义只包括新产品、新过程、新系统和新装备等形式在内的技术，通过商业化实现的首次转化。这一定义突出了技术创新在两方面的特殊涵义：一是活动的非常性，包括新颖性和非连续性；二是活动必须获得最终的实现。

技术创新基本上可以归结为2类范畴。

1. 渐进性创新和根本性创新

根据技术创新过程中技术变化强度的不同，技术创新可以分为渐进性创新和根本性创新。

渐进性创新　渐进性创新也称改进型创新，是指对现有技术的改进引起的渐进的、连续的创新。

根本性创新　根本性创新也称重大创新，是指技术有重大突破的创新。它常常伴随着一系列渐进性的产品创新和工艺创新,并在一段时间内引起产业结构的变化。

2. 产品创新和过程(工艺)创新

根据技术创新中创新对象的不同,技术创新可以分为产品创新和过程创新。

产品创新　产品创新是指技术上有变化的产品的商业化。按照技术变化量的大小,产品创新可以分为重大(全新)的产品创新和渐进(改进)的产品创新。重大(全新)的产品创新是指产品用途以及应用原理有重大变化的创新。如园林生产中应用 GRC 材料等;渐进(改进)的产品创新是指在技术原理没有重大变化的情况下,基于市场需要对现有产品所做的功能上的扩展和技术上的改进:如在火柴盒、包装箱基础上发展起来的集装箱,由收音机发展起来的组合音响等。

过程创新　过程创新也称工艺创新,是指产品的生产技术的变革。它包括新工艺、新设备和新的组织管理方式。过程(工艺)创新同样也有重大和渐进之分。如园林设计、园林管理的计算机控制和应用专家系统等,都是重大的过程创新。另外,也有很多渐进式的过程(工艺)创新,如对产品生产工艺的某些改进,提高生产效率的一些措施,或使生产成本降低的一些方式等。

(二)技术创新的基本战略

技术创新有自主创新、模仿创新和合作创新 3 种基本战略思路。从中国国情出发,现阶段我国企业实施技术创新,应当以在引进技术基础上的模仿创新为主,逐步增加自主创新的比重,同时采取适当形式积极进行合作创新。

1. 自主创新

所谓自主创新,是指企业主要依靠自身的技术力量进行研究开发,并在此基础上实现科技成果的商品化,最终获得市场的认可。自主创新具有率先性。因为,一种新技术或一种新产品的率先创新者只能有一家,而其他采用这项技术、生产这种产品的企业都是创新的跟随者或模仿者。自主创新要求企业有雄厚的研究开发实力和研究成果积累,处于技术的领先地位,否则是做不到自主率先创新的。

2. 模仿创新

所谓模仿创新,是指在率先创新的示范影响和利益诱导之下,企业通过合法手段(如通过购买专有技术或专利许可的方式)引进技术,并在率先创新者技术的基础上进行改进的一种创新形式。模仿创新并不是原样仿造,而是有所发展、有所改善。就我国园林企业的实力而言,模仿创新也并非易事,决不能认为模仿创新"不够档次,不上台面"。

3. 合作创新

所谓合作创新,是指以企业为主体,企业与企业、企业与研究院所或高等院校合作推动的创新组织方式。合作的成员之间可以是供需关系,也可以是相互竞争的关系,一些较大规模的创新活动往往是一个单位难以独立实施的。多个单位进行合作创新,可以充分发挥各自优势,实现资源互补,从而缩短创新周期,降低创新风险,提高创新成功的可能性。合作创新的条件是合作各方共享成果、共同发展。借助合作创新,也能把有激烈竞争关系和利益冲突的企业联合起来,使各方都从合作中获得更大的利益。

(三)技术创新过程

技术创新是一个将知识、技能和物质转化为顾客满意的产品的过程,也是企业提高技术产品附加值和增强竞争优势的过程。自20世纪60年代以来,国际上出现了以下几代具有代表性的技术创新过程模式。

1. 技术推动创新过程模式

人们早期对创新过程的认识是:研究开发或科学发现是创新的主要来源,技术创新是由技术成果引发的一种线性过程。这一创新过程模式的基本顺序是基础研究、应用研究与开发、生产、销售和市场需求。许多根本性创新是来自于技术的推动,对技术机会的认识会激发人们的创新努力,特别是新发现或新技术常常会引起人们的注意,并刺激人们为之寻找应用领域,如无线电和计算机这类根本性创新就是由技术发明推动的。

2. 需求拉动创新过程模式

研究表明,出现在各个领域的重要创新有60%~80%是市场需求和生产需要所激发的,市场的扩展和原材料成本的上升都会刺激企业技术创新,于是有人提出了需求拉动(或市场拉动)的过程模式。在需求拉动创新过程模型中,强调市场是研究开发构思的来源,市场需求为产品和工艺创新创造了机会,并激发研究与开发活动。需求拉动创新过程模式的基本顺序是:市场需要、销售信息反馈、研究与开发、生产。

3. 技术与市场交互作用创新过程模式

技术与市场交互作用创新过程模式强调创新全过程中技术与市场这两大创新要素的有机结合,技术创新是技术与市场交互作用共同引发的,技术推动和需求拉动在产品生命周期及创新过程的不同阶段有着不同的作用。单纯的技术推动和需求拉动创新过程模式,只是技术和市场交互作用创新过程模式的特例。

4. 一体化创新过程模式

一体化创新过程模式是将创新过程看做是同时涉及创新构思的产生、研究开发、设计制造和市场营销的并行的过程。它强调研究开发部门、设计生产部门、供应商和用户之间的联系沟通和密切合作。

5. 系统集成网络模式

系统集成网络模式最显著的特征是强调合作企业之间更密切的战略联系,更多地借助于专家系统进行研究开发,利用仿真模型替代实物原形,并采用创新过程一体化的计算机辅助设计与计算机集成制造系统。创新过程不仅是一体化的职能交叉过程,而且是多机构系统集成网络联结的过程。

四、园林工程施工现场技术管理

(一)园林工程施工现场技术管理的内容

1. 建立技术管理体系,完善技术管理制度

建立健全技术管理机构,形成以技术为导向的网络管理体系。要在该体系中强化高级技术人才的核心作用,重视各级技术人员的相互协作,并将技术优势应用到园林工程之中。

园林施工单位还应制定和完善技术管理制度,主要包括:图纸会审制度、技术交底制度、计划管理制度、材料检查制度和基层统计管理制度等。

图纸会审制度 熟悉图纸是搞好工程施工的基础工作。通过会审可以发现设计内容与现场实际的矛盾,研究解决的方法,为施工创造条件。

技术交底制度 向基层施工组织交代清楚施工任务、施工工期、技术要求等,避免盲目施工。

计划管理制度 计划、组织、指挥、协调与监督是现代施工管理的五大职能,要建立以施工组织设计为先导的管理制度。

材料检查制度 选派责任心强、懂业务的技术人员负责材料检查工作,坚持验收标准、杜绝不合格产品进场。

基层统计管理制度 基层施工单位直接进行施工生产活动,在施工中必定有许多工作经验,将这些经验记录下来,作为技术档案的重要部分,为今后的技术工作积累素材。

2. 建立技术责任制

落实领导任期技术责任制,明确技术职责范围。领导任期技术责任制是由总工程师、工程师和技术组长构成的以总工程师为核心的三级技术管理制度。其主要职责是:全面负责本单位的技术工作和技术管理工作;组织编制单位的技术发展计划,负责技术创新和科研工作;组织会审各种设计图纸,解决工程中关键技术问题;制定技术操作规程、技术标准和安全措施;组织技术培训,提高职工业务技术水平。

要保持单位内技术人员的相对稳定,避免技术人员频繁调动,以利于技术经验的积累。

要重视特殊技术工人的作用。园林工程中的假山置石、盆景花卉、古建雕塑等需要丰富的技术经验,而掌握这些技术的绝大多数是老工人或上年纪的技术人员。要鼓励他们继续发挥技术特长,同时做好传帮带工作,制定以老带新计划,让年轻人继承他们的技艺,更好地为园林艺术服务。

3. 加强技术管理法制工作

加强技术管理法制工作是指园林工程施工中必须遵照园林有关法律法规及现行的技术规范和技术规程。技术规范是对建设项目质量规格及检查方法所做的技术规定;技术规程是为了贯彻技术规范而对各种技术程序操作方法、机具使用、设备安装、技术安全等诸多方面所做的技术规定。由技术规范、技术规程及法规共同构成工程施工的法律体系,必须认真遵守执行。

(二)园林工程施工现场技术管理的特点

1. 综合性

园林工程是艺术工程,是工程技术和艺术的有机结合。要保证园林绿地功能的发挥,必须重视各方面的技术工作。因此,施工中技术的运用不是单一的而是综合的。

2. 相关性

它在园林工程中具有特殊意义。例如,栽植工程的起苗、运苗、植苗和养护管理;园路工程的基层、结合层与面层;假山工程的基础、底层、中层与收顶;现代塑石的钢模(砖模)骨架、拉浆、抹灰与修饰等环节都是相互依赖、相互制约的。上道工序技术应用得好,保证质量,则为下道工序打好基础,从而确保整个项目的施工质量。

3. 多样性

园林工程中技术的应用主要是绿化施工和建筑施工,但两者所应用的材料是多样的,选择的施工方法是多样的。这就要求有与之相应的工程技术,因此园林工程技术具有多样性。

4. 季节性

园林工程施工受气候因素影响大,季节性较强,特别是土方工程、栽植工程等根据季节的不同,采用不同的技术措施。

第二节 园林企业物资管理

一、园林企业物资管理的概念

园林绿化部门工种很多,所需要的物资种类也是很复杂的。一切常用的生产资料、生活资料几乎都有涉及,所需要的物资品种和规格也是繁多的。随着生产的发展,先进技术的运用,社会分工和协作关系日益深化,物资管理工作将更加繁重。

园林企业物资管理,是指对园林企业生产经营过程中所需各种物资进行计划、采购、验收、保管、供应及节约使用和综合利用等一系列组织管理工作的总称。它是园林企业生产经营管理工作的重要内容,也是园林企业生产前的一项复杂的准备工作,从一定意义上说,也是各种物资使用和消耗的过程。

园林工程项目物资管理是指对园林生产过程中的主要物资、辅助物资和其他物资的计划、订购、保管、使用所进行的一系列组织和管理活动。主要物资是指施工过程中被直接加工、能构成工程实体的各种物资,如各种乔、灌、草本植物以及钢材、水泥、沙、石等;辅助物资指的是在施工过程中有助于产品的形成,但不构成工程实体的物资,如胶粘剂、促凝剂、润滑剂、肥料等;其他物资则是指不构成工程实体,但又是施工中必需的非辅助物资,如燃料、油料、砂纸、棉纱等。

园林工程实行物资管理的目的,一方面是为了保证施工物资适时、适地、按质、按量、成套齐备地供应,以确保园林工程质量和提高劳动生产率;另一方面是为了加速物资的周转,监督和促进物资的合理节约使用,以降低物资成本,改善项目的各项技术经济指标,提高项目未来的经济收益水平。

二、园林物资管理的基本任务和基本要求

园林物资管理的任务可简单归纳为全面规划,计划进场,严格验收,合理存放,妥善保管,控制发放,监督使用,准确核算。

(一) 园林物资管理的基本任务

1. 保证供应

在园林绿化事业中,如果物资供应中断,供应不足,或落后于生产建设事业的需要,就会影响生产业务工作的进行。因此,首先要根据生产建设事业的发展对物资的需要,制订物资

供应计划,按质、按量、按品种、按时间、成套齐备地采购和供应生产业务的需要,以保障顺利完成各项生产业务计划。

2. 合理地使用和节约物资

园林绿化事业确保合理地使用物资、节约物资,是加强物资管理重要工作之一。物资管理部门要克服"重供轻管"的思想,除了保证供应以外,还要管理物资的使用和节约物资,加强物资消耗的管理;此外,还要与生产业务部门密切配合,制定物资消耗定额,严格物资的发放制度,促使生产部门精打细算,节约使用物资,降低物资消耗。

3. 合理储备物资

为了以较少的资金去完成较多的生产建设任务,必须合理控制储备量,物资周转越快,物资的作用发挥就越大,为社会创造的财富就越多。日常工作中经常出现的弊病是仓库过量储备,形成积压浪费。这除了因管理制度的缺陷所引起外,缺乏经济核算,没有相应的责任制度也是很重要的原因。每个单位都应该加强库存决策,制定合理的物资储备定额,加速资金周转。

4. 建立和健全物资管理的各项规章制度

物资采购过程中要严格贯彻执行国家政策法令、园林企业及园林项目目标,尽量地选用资源丰富、价格低廉、经济适用的物资,降低采购成本和运输费用以及其他流通费用;执行计划采购,限额用料,加强验收、保管发料手续,健全原始记录、财务、报表制度;减少物资损耗,堵塞漏洞,保障财产的安全。

5. 严格实行经济责任制

严格实行经济责任制就是要把任务、责任、权利、利益结合起来,充分调动职工群众的积极性、创造性,做到多、快、好、省。

(二) 园林物资管理的基本要求

1. 加强计划管理

加强物资工作的计划性,必须从生产建设任务的计划阶段开始。在制订生产建设计划的同时制定物资计划,相应地提出品种、数量、规格和时间的要求,作为物资供应工作的依据,克服物资工作的盲目性。在制订生产建设计划的时候,也要充分考虑物资供应的可能性。根据计划协调供应、运输、生产之间的关系,用供应计划或合同方式固定下来,各方严格遵守合同,这样有利于供需见面,减少中间环节,降低流通费用,加速资金周转。对于园林专用和小额物资,可以根据就近就地的原则,由基层单位自行采购。

园林事业单位、园林企业对所属单位储存过量或闲置的物资,可以在单位、项目之间相互调剂,以减少积压,克服浪费。

2. 制订合理的物资储备定额

物资储备定额是指在一定条件下为保证生产建设顺利进行所必需的、最经济合理的物资储备数量的标准。

物资储备是保证生产、建设事业顺利进行的必要条件,它是核定一个单位流动资金的重要组成部分之一。基层单位在编制物资计划过程中,除了计划各种物资的需要量以外,还必须合理地确定各种物资的储备定额。

一个单位、项目的物资储备通常包括经常储备和保险储备两部分。经常储备是指前后两次进货之间,保证生产业务正常进行所需要的物资储备。库存量不断地减少,不断地补充,经常在最大储备和最小储备之间变动,就形成了经常储备;保险储备是为了生产建设事业的特殊需要而建立的一种特殊储备。保险储备往往受季节、气候等因素的影响而变化,如病虫害防治必需的药械,防台风、防汛专用器材的储备等。

3. 制订先进合理的物资消耗定额

物资消耗定额,是指在一定的技术条件下完成单位生产建设任务所必需消耗物资数量的标准,包括原料、材料、燃料、动力的消耗定额。物资消耗定额的高低,是反映一个单位生产技术水平和管理水平的重要标志。例如,在单位面积内各种不同植物不同肥料的施肥数量等,物资消耗定额应该由技术部门和物资部门共同制订。

制订物资消耗定额的方法一般有技术计算法、统计分析法和经济估计法三种。

技术计算法　根据技术需要在科学计算的基础上吸收实际操作经验,确定最经济合理的物资消耗定额。

统计分析法　根据以往生产中物资消耗的统计资料,经过分析研究,并考虑计划期内生产技术条件的变化因素来制订物资消耗定额,采用这种方法要有完整的统计资料。

经济估计法　是由生产工人和技术人员根据生产经验,并参考有关技术文件和生产技术条件等变化因素制订的,这种方法比较简单易行,但科学性较差。

4. 做好仓库物资管理

做好仓库管理工作,对保证生产需要,节约使用物资,合理储备,加速资金周转,降低生产成本,保护国家和企业利益都具有重要意义。

根据园林生产建设业务特点,要特别注意做好废旧物资的回收利用工作。例如:旧建筑物改建中拆下的旧砖瓦、门窗、木料等。类似可以回收利用的东西是很多的,这是节约物资充分挖掘物资潜力的一大来源。

开展物资的综合利用。物资的综合利用是依靠科学技术,提高管理水平的重要标志。园林部门可以综合利用的材料很多,如植物的花、果实、种子等。物资管理部门要列为自己的职责任务,主动配合生产业务部门把园林副产品的综合利用搞好。

仓库管理日常工作主要包括物资的验收、保管、发放和清仓盘点几个环节。

物资的验收入库是做好仓库管理工作的基础,也是管好物资的先决条件。物资的验收工作一定要把好入库前的数量关、质量关、单据关。要做到四个不收:凭证不全不收,手续不齐不收,数量不符不收,质量不合格不收。只有当单据、数量和质量验收无误后,才能办理入库、登账、建卡等手续。

物资保管工作应当做到物资不短缺、不变质,不同的品种、规格不混号。同时,物资的存放要便于发放、检验、盘点和清仓。物资在保管过程中必须建立和健全账卡档案,及时掌握需、购、供、耗、存的情况,财务部门应经常与仓库部门建立定期的对账制度,真正做到账、卡、物相符。

物资的发放是仓库管理工作的重要环节,必须做到全心全意为生产服务,坚持实行送料制,做好三个面向(面向生产,面向基层,面向群众),四到现场(供应人员、物资计划、送料、回收到现场)。

定期进行清仓盘点工作。仓库的物资流动性很大,为了及时掌握物资的变化情况,避免物资的短缺丢失,保持账卡物相符,每一个单位都必须进行经常的定期的清仓盘点工作。做好清仓盘点工作是充分挖掘物资潜力,变死物为活物,变无用为有用的重要措施。每一个单位必须重视这项工作,并把它制度化。

(三) 园林物资管理工作的要点

园林物资管理工作的要点如下:①队、组用料要订计划,计划要经生产业务部门核定;②核定的计划要送到仓库备案。计划内的材料如果仓库没有或者不够,要由仓库及时填制请购单请购;③请购单要经负责人批准。采购人员要根据批准的请购单进行采购,不要搞计划(请购单)外的采购;④材料购入,不论进仓或者堆在现场,都要验收,都要记入科账。验收要填验收单(或收料单),验收单要有采购员、材料保管员的签名或盖章。并且要登记入账之后,财务才能核付料款;⑤队、组领料要指定专人(如工具保管员)办理,要填领料单,要经过队、组长签名或盖章同意,仓库才能凭单发科,并要记入料账。不论从仓库里发料或者从现场料堆里发料,都同样要办手续;⑥队、组余料要及时退库。退库要填红宇领料单,仓库要用红宇记入(发出)料账,队、组不要设"小仓库";⑦材料保管员要对经手保管的器材物资的数量、质量、安全、调度负责。要及时做好记账、算账、报账工作。每到季末、年末要对库存物资进行全面清点;⑧材料保管员每月要根据领料单或料账,按队、组分类汇总,公布领用物资报表,同时要报送财务;⑨财务与料务要密切配合,要根据计划预算和采购、收料、领发单等凭证,随时对账查物,做到账账相符,账卡相符,账表相符;⑩材料保管员要照规定向上级物资部门报送报表,报表要保质、保量及时正确。报表要经财务会核,领导签名或盖章。

三、园林物资现场管理

物资的现场管理是物资管理的重要环节,直接影响着工程的安全、进度、成本控制等内容。

(一) 物资现场管理的基本内容

1. 物资计划管理

项目开工前,向企业物资部门提出物资需用量计划,作为供应备料依据;在施工中,根据工程变更及调整的施工预算,及时向企业物资部门提供调整供料月计划,作为动态供料的依据;根据施工图纸、施工进度,在加工周期允许时间内提出加工制品计划,作为供应部门组织加工和向现场送货的依据;根据施工平面图对现场设施的设计,按使用期提出施工设施用料计划,报供应部门作为备料的依据;按月对物资计划的执行情况进行检查,不断改进物资供应。

2. 物资验收管理

物资进场时必须进行物资的品种、规格、型号、质量、数量、证件等内容的验收,验收的依据是物资的进料计划、送样凭证、质量保证书或产品合格证,验收工作应按质量验收规范和计量检测规定进行,做好验收记录、办理验收手续。

3. 材料的存储与保管

进库的物资应验收入库,建立台账。物资的放置要按平面布置图实施,做到位置正确、保管处置得当、堆放符合保管制度,尤其是园林植物等有生命的物资。施工现场的材料必须防火、防盗、防雨、防变质、防损坏并尽量减少二次搬运;材料保管要日清、月结、期盘点、账实相符。

4. 物资的领发

凡有定额的工程用料,凭限额领料单领发材料。工程中,限额用料的方式主要有三种,即分项限额用料、分层分段限额用料、部位限额用料。超限额的用料,用料前应办理手续,填写限额领料单,注明超耗原因,经项目部物资管理人员签发批准后实施;物资领发应建立台账,记录领发状况和节约、超支状况。

5. 物资的使用监督

现场物资管理责任者应对现场物资的使用进行分工监督。监督的内容包括:是否合理用料,是否严格执行配合比,是否认真执行领发料手续,是否做到谁用谁清、随清随用、工完料退场地清,是否按规定进行用料交底和工序交接,是否做到按平面图堆料,是否按要求保护物资等。检查是监督的手段,要做到"四有",即情况有记录、原因有分析、责任有明确、处理有结果。

6. 物资回收

施工剩余物资必须回收,及时办理退料手续,并在限额领料单中登记扣除。剩余物资要造表上报,按供应部门的安排办理调拨或退料。设施用料、包装物及容器,在使用周期结束后应组织回收,并建立回收台账,处理好相应经济关系。

7. 周转物资的现场管理

各种周转物资(如模板、脚手架等)均应按规格分别码放,阳面朝上,垛位见方;露天存放的周转物资应夯实场地,垫高 30 cm,有排水措施,按规定限制高度,垛间应留通道;零配件要装入容器保管,按合同发放;按退库验收标准回收,做好记录;建立维修制度,按周转物资报废规定进行报废处理。

(二)竣工收尾阶段物资管理方法

估计未完工程用料,在平衡的基础上调整原用料计划,控制进场,防止剩余积压,为完工清场创造条件。

提前拆除不再使用的临时设施,充分利用可以利用的旧料,节约费用,降低成本。

及时清理、利用和处理各种破、碎、旧、残料、料底和建筑垃圾等。

及时组织回收退库,对设计变更造成的多余材料,以及不再使用的周转材料及时作价回收,以利于竣工后迅速转移。

做好施工现场物资的收、发、存和定额消耗的业务核算,办理各种物资核销手续,正确核算实际耗料状况。在认真分析的基础上找出经验与教训,在新开工程项目上加以改进。

(三)节约物资成本的主要途径

(1)合理确定物资管理重点。一般而言,占成本比重大的物资、使用量大的物资、采购价格高的物资应重点管理,此类物资最具节约潜力。

(2)合理选择物资采购和供应方式。物资成本占工程成本的绝大部分,而构成工程项目物资成本的主要成分就是物资采购价格。物资管理部门应拓宽物资供应渠道,优选物资供应厂商,加强采购业务管理,多方降低物资采购成本。

(3) 合理订购和存储物资。物资订购和存储量过低,容易造成物资供应不足,影响正常施工,同时增加采购工作与采购费用;物资订购和存储量过高,将造成资金积压,增加存储费用,增加仓库和堆场的面积。

(4) 合理采用节约物资的技术措施和组织措施。施工规划(施工组织设计)要特别重视对物资节约技术、组织措施的设计,并在月度技术、组织措施计划中予以贯彻执行。

(5) 合理使用物资。既要防止使用不合格物资,也要防止大材小用、优材劣用。可以利用价值工程等现代管理工具,在不降低功能和质量的前提下,寻找成本较低的代用材料。

(6) 合理提高物资周转率。模板、脚手架等周转物资的成本不仅取决于物资单价,而且与物资的周转次数有关。提高周转率可以减少周转物资的占用,减少周转物资的成本分摊,有效地降低周转物资的成本。

(7) 合理制定并执行物资领发管理制度。要凭限额领料单领发材料,建立领发料台账,记录领发状况和节约、超支状况,加强物资节约与浪费的考核和奖惩。

(8) 合理做好物资回收。班组余料必须回收,同时做好废料回收和修旧利废工作。完工后,要及时清理现场,回收残旧材料。

(9) 大力研究和推广节材新技术、新材料、新工艺。

第三节 园林企业设备管理

一、设备管理概述

设备是固定资产的重要组成部分。在国外,设备工程学把设备定义为"有形固定资产的总和",它把一切列入固定资产的劳动资料,如土地、建筑物(厂房、仓库等)、构筑物(水池、码头、围墙、道路等)、机器(工作机械、运输机械等)、装置(容器、蒸馏塔、热交换器等),以及车辆、船舶、工具(工具夹、测试仪器等)等都包含在其中;在我国,只把直接或间接参与改变劳动对象的形态和性质的物质资料才看作设备。

一般认为,设备是人们在生产或生活上所需的机械、装置和设施等可供长期使用,并在使用过程中基本保持原有实物形态的物质资料。

设备管理,是指以设备为研究对象,追求设备综合效率与寿命周期费用的经济性,应用一系列理论、方法,通过一系列技术、经济、组织措施,对设备的物质运动和价值运动进行全过程(从规划、设计、制造、选型、购置、安装、使用、维修、改造、报废直至更新)的科学管理。这是一个宏观的设备管理概念,涉及政府经济管理部门、设备设计研究单位、制造工厂、使用部门和有关的社会经济团体。包括了设备全过程中的计划、组织、协调、控制、决策等工作。

园林设备是园林施工过程中所需要的各种器械用品的总称,是园林企业进行生产所必不可少的物质技术基础。加强对园林设备的管理,正确选择机械设备,合理使用、及时维修机械设备;不断提高机械设备的完好率、利用率,提高机械效率;及时地对现有设备进行技术改造和更新,对多快好省地完成施工任务和提高企业的经济效益有着十分重要的意义。

园林工程项目本身所具有的技术经济特点，决定了园林机械设备的一些特点。例如，施工的流动性决定了机械设备的频繁搬迁和拆装，使机械的有效作业时间减少、利用率低；机械设备精度降低、磨损加速、机械设备使用寿命缩短；机械设备的装备配套性差、品种规格庞杂、增加了维护和保修工作的复杂性等。

园林机械设备的使用形式有企业自有、租赁、外包等。实行机械化生产，是园林现代化的努力方向。运用现代技术，广泛地使用机械操作，才能逐步改变传统的耕作方法，摆脱繁重的体力劳动，降低劳动强度，提高劳动生产率，提高生产质量和服务质量。诸如：整地、播种、排灌、植物保护、装卸、运输等笨重体力劳动，应该逐步采用机械作业代替人工操作。

设备管理是企业生产经营管理的基础工作；设备管理是企业产品质量的保证；设备管理是提高企业经济效益的重要途径；设备管理是搞好安全生产和环境保护的前提；设备管理是企业长远发展的重要条件。

园林行业技术装备比较落后，机械化程度不高，是目前比较突出的问题。为了适应园林业的发展，必须采用先进的技术装备，提高机械化、现代化程度，提高劳动生产率。

从具体生产看，在园林行业中不少工种属于手工艺性质的劳动，不可能用机械代替。这类产品的生产就有必要保持手工操作特色。通过科学的园林设备管理，既达到提高劳动生产率的目的，又有利于提高园林艺术质量。

二、设备管理的特点

一是技术性。作为企业的主要生产手段，设备是物化了的科学技术，是现代科技的物质载体，设备管理必然具有很强的技术性。

二是综合性。设备管理的综合性表现在现代设备包含了多种专门技术知识，是多门科学技术的综合应用。设备管理的内容是工程技术、经济财务、组织管理三者的综合；为了获得设备的最佳经济效益，必须实行全过程管理，它是对设备使用期内各阶段管理的综合；设备管理涉及物资准备、设计制造、计划调度、劳动组织、质量控制、经济核算等许多方面的业务，汇集了企业多项专业管理的内容。

三是随机性。许多设备故障具有随机性，使得设备维修及其管理也带有随机性质，为了减少突发故障给企业生产经营带来的损失和干扰，设备管理必须具备应付突发故障、承担意外突击任务的应变能力。这就要求设备管理部门信息渠道畅通、器材准备充分、组织严密、指挥灵活、人员作风过硬、业务技术精通，能够随时为现场提供服务，为生产排忧解难。

四是全员性。现代企业管理强调应用行为科学调动广大职工参加管理的积极性，实行以人心的管理。设备管理的综合性更加迫切需要全员参与，只有建立从厂长到第一线工人都参加的企业全员设备管理体系，实行专业管理与群众管理相结合，才能真正搞好设备管理工作。

三、设备管理的基本原则

（1）设备管理要"坚持设计、制造与使用相结合；维护与计划检修相结合；修理、改造与更新相结合；技术管理与经济管理相结合"的原则。

（2）设计、制造与使用相结合的原则。这一原则是为克服设计制造与使用脱节的弊端而提出来的。这也是应用系统论对设备进行全过程管理的基本要求。

(3) 从技术上看,设计制造阶段决定了设备的性能、结构、可靠性与维修性的优劣;从经济上看,设计制造阶段决定了设备寿命周期费用的90%以上。只有从设计、制造阶段抓起,从设备使用期着眼,实行设计、制造与使用相结合,才能达到设备管理的最终目标在使用阶段充分发挥设备效能,创造良好的经济效益。

(4) 贯彻设计、制造与使用相结合的原则,需要设备设计、制造企业与使用企业的共同努力。对设计制造单位而言,应该充分调查研究,从使用要求出发为用户提供先进、高效、经济、可靠的设备,并帮助用户正确使用、维修,做好设备的售后服务工作;对于使用单位来说,应该充分掌握设备性能,合理使用、维修,及时反馈信息,帮助制造企业改进设计,提高质量。实现设计、制造与使用相结合,主要工作在基层单位,但它涉及不同的企业、行业,因而难度较大,需要政府主管部门与社会力量的支持与推动。至于企业的自制专用设备,只涉及企业内部的有关部门,结合的条件更加有利,理应做得更好。

(5) 维护与计划检修相结合原则,这是贯彻"预防为主",保持设备良好技术状态的主要手段。加强日常维护,定期进行检查、润滑、调整、防腐,可以有效地保持设备功能,保证设备安全运行,延长使用寿命,减少修理工作量。但是维护只能延缓磨损、减少故障,不能消除磨损、根除故障,因此,还需要合理安排计划检修(预防性修理),这样不仅可以及时恢复设备功能,而且还可为日常维护保养创造良好条件,减少维护工作量。

(6) 修理、改造与更新相结合原则。这是提高企业装备素质的有效途径,也是依靠技术进步方针的体现。

(7) 在一定条件下,修理能够恢复设备在使用中局部丧失的功能,补偿设备的有形磨损。它具有时间短、费用省、比较经济合理的优点,但是如果长期原样恢复,将会阻碍设备的技术进步,而且有时修理费用大量增加。设备技术改造是采用新技术来提高现有设备的技术水平;设备更新则是用技术先进的新设备替换原有的陈旧设备。通过设备更新和技术改造,能够补偿设备的无形磨损,提高技术装备的素质,推进企业的技术进步。因此,企业设备管理工作不能只搞修理,而应坚持修理、改造与更新相结合。

(8) 专业管理与群众管理相结合原则。专业管理与群众管理相结合,这是我国设备管理的成功经验,应予继承和发扬。首先,专业管理与群众管理相结合有利于调动企业全体职工当家做主,参与企业设备管理的积极性。只有广大职工都能自觉地爱护设备、关心设备,才能真正把设备管理搞好,充分发挥设备效能,创造更多的财富;其次,设备管理是一项综合工程,涉及的技术复杂、环节多、部门多、人员广。所以,将合理分工的专业管理和有广大职工积极参与的群众管理有机结合,两者互相补充,定会收到良好成效。

(9) 技术管理与经济管理相结合原则。设备存在物质形态与价值形态两种运动,针对这两种形态的运动而进行的技术管理和经济管理是设备管理不可分割的两个侧面,也是提高设备综合效益的重要途径。技术管理的目的在于保持设备技术状态完好,不断提高它的技术素质,从而获得最好的设备输出(产量、质量、成本、交货期等);经济管理的目的在于追求寿命周期费用的经济性。技术管理与经济管理相结合,就能保证设备取得最佳的综合效益。

四、设备管理的基本要求

(一)设备的前期管理

设备的前期管理就是对设备前期的各个环节、执行技术和经济的全面管理。包括选型采购、安装调试、验收、试运转等内容。设备选择时应满足企业生产实际的需要,要从企业长远生产经营发展方向全面考虑,使企业把有限的设备投资用在生产必需的设备上,发挥投资的最大经济效益。因此,科学、准确地选择设备,是企业设备前期管理的一个重要内容。

1. 设备选择的一般性分析

设备选择总的原则和要求是:技术上先进、经济上合理、生产上可行、配套齐全、技术服务好。

具体因素分析如下:

(1)生产性:生产性是指设备的生产效率,这是衡量设备生产能力的主要指标。根据自身条件和生产需要,选择生产效率较高的设备。一般地,产品稳定、大批量生产的企业,宜选用生产效率高、自动化程度高的专用设备;相反,品种多变、生产批量少的企业,宜选择效率一般的通用设备。

(2)可靠性:可靠性是指设备的精度、准确度和对产品质量的保证程度及零部件的耐用性、安全可靠性,即要求减少设备故障的前提下,尽可能生产出高质量的产品。

(3)安全性:安全性是指设备对生产安全的保障性能,预防事故的能力。例如是否装有自动控制装置(如自动切断电流)。

(4)节能性:节能性是指设备要有利于节约能源和降低原材料的消耗。

(5)维修性:维修是指设备要便于检查、保养、维护和修理。

(6)环保性:环保性是指设备的噪音和排放的有害物质对环境的污染程度要尽可能的低,并要治理污染。

(7)成套性:成套性即设备的配套水平,包括单机配套、机组配套和项目配套。

(8)灵活性:灵活性也称适应性,要适应不同的工作条件和环境,生产不同性能的产品。

(9)耐用性:耐用性指设备的物质寿命要长。

(10)经济性:经济性指设备的投资费用和使用费用较少,投资回收期限短。

以上是选择设备时需考虑的一般性因素,有时是相互矛盾的,有时是相互制约的,对这些因素要统筹兼顾、全面地权衡利弊,尽量做到技术要求与经济要求的统一。

2. 设备的经济评价

就是通过对几种方案的对比、分析,选购经济性能最好的设备。经济评价的方法主要有投资回收期法、费用换算法等。

(1)投资回收期法:设备的投资回收期是指采用某种新设备以后,回收该设备投资所需的时间。

$$投资回收期法 = \frac{设备投资额}{采用新设备后的节约额}$$

式中,采用新设备后的节约额,是指新设备在提高劳动生产率和产品质量、降低能源和原材料消耗、减少停工损失等方面增加收益。

(2)费用换算法:由于计算方法不同,费用换算法又可分为年费法和现值法两种。

①年费法:首先把购置设备投资费依据设备的寿命周期按复利率计算,换算成相当于每年费用的支出,再加上每年的维持费,得出设备的年度费用,据此在不同设备投资方案中选择最优设备。

$$设备年度总费用=(设备最初投资\times投资回收系数)+年度维持费用$$

$$投资回收系数=\frac{i(1+i)^n}{(1+i)^{n-1}}$$

式中:i——年利率

n——设备寿命周期

[例 6-1]

现有甲、乙两种设备,其最初投资分别 10 000 元、15 000 元。每年维持费用则分别 2 000 元、1 100 元,年利率 6%,预计可使用 10 年,则投资回收系数为 0.13587。

甲设备的年度总费用 = 10 000×0.13587 + 2 000 = 3 359(元)

乙设备的年度总费用 = 15 000×0.13587 + 1 100 = 3 138(元)

根据以上结果,应选择乙设备。

②现值法:采用这种方法需把每年的维持费按现值换算成相当于最初投资时的数额。即把维持费的未来值换算成现值,再加上最初的投资费用,得出不同投资方案的总费用,对其进行分析、比较。

$$设备寿命周期内现值总费用=最初投资+每年维持费用\times现值系数$$

现值系数 = $\frac{(1+i)^{n-1}}{i(1+i)^n}$,为投资回收系数的倒数。

如上例资料、数据,$i=6\%$,$n=10$ 年,其现值系数为 7.360

甲设备费用现值 = 10 000 + 2 000×7.360 = 24 720(元)

乙设备费用现值 = 15 000 + 1 100×7.360 = 23 096(元)

根据计算结果,应选择乙设备。

3. 设备的维护

设备的维护其目的是减缓设备磨损速度,延长寿命,防止设备非正常损坏,属日常性工作,按工作量大小,可分为日常保养、一级保养、二级保养。

日常保养 是由设备操作工人每天进行的例行保养,主要集中在设备外部。工作内容包括:清洗、润滑和螺钉的紧固等。

一级保养 是由操作工人为主,维修工人为辅,按一定间隔时间定期进行,且由设备外部进入设备内部,对内部部件进行清洗、疏通及调节校正。

二级保养 是由维修工人为主,设备操作工人参加的定期保养。需对设备主体部分进行解体检查、调整,同时要更换和修复一些受损零部件。

4. 设备的修理

设备的修理是通过修复或更换已严重受损、腐蚀的零部件,而使设备的技术性能和功效得以完全恢复。设备的合理使用与维护可以减缓磨损速度和程度,但并不能消除磨损,当达到允许极限时,修理就是不可替代的必需工作。按工作量大小及重要性,可分为:小修理、中修理和大修理。

小修理　只是对易损件进行更换或修复,对设备局部进行调整与校正,工作量一般占大修理工作量的20%左右。

中修理　是对设备主要零部件进行更换或修复,调整和校正进行系统,使其精度、功效和技术参数达到规定标准,工作量占大修理工作量的50%左右。

大修理　是将设备全部解体,更换和修复全部受损部件,调整和校正整个设备,全面恢复原有的技术性能、工作精度和功效。

设备修理应遵循维护和修理并存,重在预防的原则;生产和修理并重,修理先行的原则;以专业修理为主,专群结合的原则。

五、园林设备的更新与改造

(一)设备的磨损

设备的磨损又分为有形磨损和无形磨损。

1. 有形磨损

又称物质磨损,是指设备在使用或闲置过程中发生的实体磨损,其磨损的形式主要有磨损、疲劳和断裂、腐蚀、老化等。

有形磨损的技术后果是使机械设备的使用价值降低,达到一定程度后,可使设备完全丧失使用价值。设备的这种有形磨损大致可以分为三个阶段:初期磨损阶段,由于相对运动的零件表面微观几何形状(如粗糙度等)在受力情况下迅速磨损,不同形状零件之间的相对运动所发生的磨损,这一阶段磨损速度较快但经历时间较短;正常磨损阶段,磨损速度缓慢,属正常工作时期。经历时间较长、设备处于最佳技术状态、生产效率高、对产品质量最有保证;剧烈磨损阶段,磨损速度急剧上升,有些性能、精度等技术性能已不能保证,生产效率迅速下降,如不及时修理,就会影响生产发生设备事故。

2. 无形磨损

又称精神磨损,是指由于科学技术的进步而不断出现性能更加完善、生产效率更高的设备,致使原有设备价值降低;或者由于工艺改进、操作熟练程度提高、生产规模加大等,使相同结构设备的重置价值不断降低而导致原有设备贬值。

无形磨损又可分为技术性无形磨损和经济性无形磨损两种。经济性无形磨损有使设备的价值部分贬值的后果,但设备本身的技术特征和功能不受影响,其使用价值并未发生变化,不会产生提前更换现有设备的问题。技术性无形磨损不仅使原有设备价值相对贬低,而且还造成原有设备使用价值局部或全部丧失。

(二)设备的更新

设备更新,是指以比较先进的和比较经济的设备来代替物质、技术和经济上不宜继续使用的设备。在对设备进行更新时,既要考虑设备的自然寿命,又要考虑技术寿命和经济寿命。

　　自然寿命　是设备的使用寿命，即从投入生产开始到设备报废为止的全部时间。

　　技术寿命　是设备的有效寿命，即从设备投入生产到被新技术淘汰为止所经历的全部时间。其长短取决于同类设备科学技术进步的速度。

　　经济寿命　是设备的费用寿命，是以维修费用为标准所确定的设备寿命。其长短取决于使用费用的增长速度。使用费用包括设备的维修费用、故障损失、停机损失、资源多耗损失、废品损失等费用。

　　研究设备更新问题是为了追求技术进步，提高经济效益。其目的是寻找设备的合理使用年限，即经济寿命。

　　改造与更新的选择。所谓设备改造，是指应用现代化科学技术成就，根据生产发展的需要改变原有设备的结构，或对旧设备增添新部件、新装置，改善原有设备的技术性能和使用指标，使局部或全部达到现代化新设备的水平。改造的优点是周期短、费用省、见效快，能够获得比较好的技术经济效益。当设备改造与更新在技术上、资金上、货源保证以及政策上都可行时，还须从维修的角度进一步分析，以便进行比较更新的选择。一方面搜集相关资料，包括改造费、大修费、停产损失、新设备购置费，新旧设备生产效率、单位产品成本等；另一方面计算有关费用的数值，判断改造方案是否可行。

本章小结

　　园林事业的发展有赖于科学技术进步才能逐步改变落后的生产方式，改变小生产的产业结构，才能实现劳动生产率的提高，使其在社会主义市场经济的激烈竞争中立于主动地位。技术开发、技术引进、技术推广、技术市场是社会主义市场经济体制下发展园林技术的重要环节；技术创新是一个将知识、技能和物质转化为顾客满意的产品的过程，也是企业提高技术产品附加价值和增强竞争优势的过程；园林工程是艺术工程，是工程技术和艺术的有机结合，要保证园林绿地功能的发挥，必须重视各方面的园林技术管理工作。

　　园林绿化部门工种很多，所需要的物资种类也是很复杂的。一切常用的生产资料、生活资料几乎都有涉及，所需要的物资品种和规格也是繁多的。随着生产的发展，先进技术的运用，社会分工和协作关系日益深化，物资管理工作将更加繁重。园林物资管理的基本任务可归纳为全面规划、计划进场、严格验收、合理存放、妥善保管、控制发放、监督使用、准确核算，必须重点合理确定物资管理。

　　园林企业设备管理是人们在生产或生活上所需的机械、装置和设施等可供长期使用，是园林企业进行生产所必不可少的物质技术基础。加强对园林设备的管理，正确选择机械设备；合理使用、及时维修机械设备；不断提高机械设备的完好率、利用率，提高机械效率；及时地对现有设备进行技术改造、更新、维护和修理，对多快好省地完成施工任务和提高企业的经济效益有着十分重要的意义。

[案例 6-1]

物资管理纠纷

某建设单位与施工单位签订了大型水景工程施工承包合同,并委托了监理单位负责施工阶段监理。施工承包合同中规定管材由建设单位指定厂家,施工单位负责采购,厂家负责运输到工地。当管材运到工地后,施工单位认为由建设单位指定的管材可直接用于工程,如有质量问题均由建设单位负责;监理工程师则认为必须有产品合格证、质量保证书,并要进行材质检验,而建设单位现场项目管理代表却认为这是多此一举。后来监理工程师按规定进行了抽检,检验结果达不到设计要求,于是,提出对该批管材进行处理。建设方现场项目管理代表认为监理工程师故意刁难,要求监理单位赔偿材料损失、支付试验费用。

分析讨论:

施工方和建设单位现场项目管理代表的行为都不对。因为施工方对到场的材料有责任、必须进行抽样检查;监理工程师的行为属于由建设单位授权、为维护建设单位权益而进行的职责行为,建设单位现场项目管理代表横加干涉是不对的。因此材料处理的损失应由厂家自己承担,试验费用则由施工单位承担。

若该批材料用于工程后造成质量问题,施工方和监理方均有责任。因为施工单位对用于工程的材料必须确保质量,监理方对进场材料必须进行检查,不合格的材料不准用于工程;建设单位只是指定厂家,不负责任。

[案例 6-2]

广州朗师园林工程施工公司设备管理法

广州朗师园林工程施工公司在设备管理上实行"三好"、"四会"操作准化。

"三好"——管好、用好、修好。管好:操作者对设备负有保管责任,未经领导批准不能任意乱动。对设备的附件、仪器、冷却、安全防护等装置应保持完整无损。每日做好交接班工作;用好:严格执行操作规程,禁止超压、超负荷使用设备等;修好:操作者应使设备经常保持新安装或大修后的良好状态,仪器、仪表和润滑、冷却系统灵敏可靠。

"四会"——会使用、会保养、会检查、会排除故障。会使用:操作者应熟悉加工工艺,会合理使用工装、刀具;会保养:操作者应经常保持设备内外清洁,要定质、定量、定时、定点加油换油,保持油路通畅。要做好设备的日常保养、一级保养、二级保养和三级保养。会检查:熟悉设备结构性能,了解设备精度、标准和检验项目。接班时如发现上一班造成事故或部件故障,要立即报复,做出鉴定,修好后再开车;会排除故障:操作者发现电器断路,应协助电工排除。

思考与练习

一、名词解释
园林企业的技术管理　　园林技术开发　　园林企业物资管理　　园林设备

二、填空题
1. 许可证贸易分三种：＿＿＿＿＿＿、＿＿＿＿＿＿和＿＿＿＿＿＿。
2. 技术创新有＿＿＿＿＿＿、＿＿＿＿＿＿和＿＿＿＿＿＿3种基本战略思路。
3. 制订物资消耗定额的方法，一般有＿＿＿＿＿＿、＿＿＿＿＿＿和＿＿＿＿＿＿3种方法。
4. 物资的验收入库要做到四个不收：＿＿＿＿＿＿、＿＿＿＿＿＿、＿＿＿＿＿＿和＿＿＿＿＿＿。
5. 设备有形磨损，又称＿＿＿＿＿＿。

三、选择题
1. 园林企业技术创新的类型有（　　　）
   A. 渐进性创新　　　B. 根本性创新　　　C. 产品创新　　　D. 工艺创新
2. 园林工程施工现场技术管理的特点（　　　）
   A. 综合性　　　B. 相关性　　　C. 多样性　　　D. 季节性
3. 设备的修理是按工作量大小及重要性，可分为（　　　）
   A. 小修理　　　B. 中修理　　　C. 一级保养　　　D. 大修理
4. 园林企业设备管理的特点（　　　）
   A. 技术性　　　B. 综合性　　　C. 随机性　　　D. 全员性

四、思考题
1. 园林企业技术引进的方式有哪些？
2. 简述园林企业有代表性的技术创新过程模式？
3. 园林企业物资管理的基本任务有哪些？
4. 园林企业物资现场管理的基本内容有哪些？
5. 园林企业设备管理应遵循哪些基本原则？

五、实训题
分组讨论
现阶段我国园林企业在技术引进时应注意哪些问题？

第七章 园林企业质量管理

目的与要求

1. 掌握全面质量管理含义与特点,设计质量管理及施工现场质量管理、园林工程项设计质量控制、园林养护管理的关键环节。
2. 理解质量管理基本原则、内容与方法(PDCA 循环)及园林质量认证的意义和实施步骤。
3. 了解常用质量管理方法、园林设计质量标准、园林设计质量体系。

[阅读资料]

质量管理日益成为园林企业及所有组织机构管理的核心

在日常生活中,人们往往把质量理解为一种产品规格,这种理解其实是非常狭隘的。随着市场竞争的加剧,质量管理日益成为园林企业及所有组织机构管理的核心。人们日益达成这样的共识:所有的管理都是质量管理,都是围绕提高产品质量、服务质量,降低运营成本,提高顾客满意度而为的。美国质量管理大师朱兰认为,在"质量"这个词的诸多含义中,有两个对质量管理来说是最重要的:其一,质量意味着能够满足顾客需要从而使顾客满意的产品特征,高质量的目的在于实现更高的顾客满意;其二,质量意味着免于不良,也就是说没有造成返工、故障,顾客不能满意和顾客投诉等现象,高质量意味着"花费更少"。从这个定义中我们可以看出质量管理涉及组织运营管理的方方面面,它是核心,也是全部。这些认识可以帮助我们理解为什么在过去许多年里,质量管理已经成为提升企业竞争力的经营战略和组织变革的方法。

第一节 质量管理概述

随着我国市场经济体制的逐步完善和国际经济的一体化,国内外市场竞争异常激烈。在市场上,同等产品看价格,同等价格看质量,同等质量看服务,可见产品质量是决定企业市场竞争能力的重要因素。只有那些质量高、牌子响、价廉物美、适合用户使用的产品,才能在市场上畅销不衰,才能给企业带来丰厚的经济效益,企业才会兴旺发达。园林企业也不例外,企业经济效益要好,靠的是严格的质量管理和过硬的产品质量。因此,可以说提高产品质量是园林企业增强竞争能力、扩大产品销售、提高经济效益的重要手段。

一、质量管理

(一)含义

质量的含义有广义和狭义之分,广义的质量是指"产品、体系或过程的一组固有特性满足规定要求的程度"。根据这一含义,质量可以分为产品质量、工序质量和工作质量。产品质量是指产品适合于规定的用途以及在使用期间满足顾客的需求。这里的产品包括有形的实物产品和无形的服务;工序质量是指工序能够稳定地生产合格产品的能力;工作质量是指企业管理、技术和组织工作对达到质量标准和提高产品质量的保证程度。狭义的产品质量是指实物产品的质量,包括实物产品内在质量的特性,如产品性能、精度、纯度、成分等;以及外部质量特性,如产品的外观、形状、色泽、手感、气味、洁度等。

质量管理,就是确定质量方针、目标和职责并在质量体系中通过诸如质量策划、质量控制、质量保证和质量改进,使其实施全部管理职能的所有活动。质量管理是企业管理的中心环节,其职能是质量方针、质量目标和质量职责的制订和实施。质量管理是各级管理者的职责,但必须由最高管理者领导,质量管理的实施涉及组织中的所有成员,同时在质量管理中要考虑到经济性因素。

质量管理是企业围绕使产品质量满足不断更新的质量要求而开展的策划、组织、计划、实施、检查和监督审核等所有管理活动的总和,是企业管理的一个中心环节。其职能是负责确定并实施质量方针、目标和职能。一个企业要以质量求生存,以品种求发展,积极参与到国际竞争中去,就必须制订正确的质量方针和适宜的质量目标。而要保证方针、目标的实现,就必须建立健全质量管理体系,并使之有效运行。建立质量管理体系工作的重点是质量职能的展开和落实。

质量管理必须由企业的最高管理者领导,这是实施企业质量管理的一个最基本的条件。质量目标和职责逐级分解,各级管理者应对目标的实现负责,质量管理的实施涉及企业的所有成员,每个成员都要参与到质量管理活动之中,这是全面质量管理的一个重要特征。

(二)质量管理的基本原理

质量管理的职能体现在计划、组织、指挥、控制、监督和审核各个方面。为了成功领导和运作一个组织,需要采用系统的管理方式,并针对所有相关方的需求,实施并保持持续改进其业绩的管理体系。

GBT 1900 – 2000 标准提供了质量管理的八大基本原理,具体如下。

1. 以顾客为关注的焦点

组织依存于顾客生存,因此组织应理解顾客当前的和未来的需求,满足顾客要求并争取超越顾客期望。这里的顾客指接受产品的组织或个人。顾客可以是组织外部的采购方,也可以是组织内部接受前一个过程输入的部门、岗位或个人。

2. 领导作用

领导者建立组织统一的宗旨及方向,他们应当创造并保持使员工能充分参与实现组织目标的内部环境。这里所说的领导者,是指在最高层指挥和控制组织的一个或者一组人。即组织的最高管理最高领导者要指挥和控制好一个组织,必须正确地完成确定方向、策划未来、激励员工、协调活动和营造一个良好的内部环境等工作。此外,在领导方式上,最高管理者还要做到透明、务实和以身作则。

3. 全员参与

员工是组织之本,员工的充分参与能为组织带来巨大的收益。质量管理不仅需要最高管理者的正确领导,还有赖于全员的参与。所以要对员工进行质量意识、职业道德、以顾客为关注焦点的意识和敬业精神的教育,激发他们为提高质量努力工作的积极性和责任感。为此,员工必须具有足够的知识、技能和经验,才能胜任工作,实现充分参与。

4. 过程方法

将活动和相关的资源作为过程进行管理,可以更高效地得到期望的结果。任何利用资源并通过管理将输入转化为输出的活动均可视为过程。系统的识别和管理组织所应用的过程,特别是这些过程之间的相互作用,就是过程方法。在应用过程方法的时候,必须对每个过程,特别是关键过程的活动进行识别和管理。

5. 管理的系统方法

将相互关联的过程作为系统加以识别、理解和管理,有助于组织提高实现目标的有效性和效率。在质量管理中采用系统方法,就是要把质量管理体系作为一个大系统,对组成质量管理体系的各个过程加以识别、理解和管理,以实现质量方针和质量目标。

6. 持续改进

持续改进整体业绩应当是组织的一个永恒目标,持续改进是增强满足要求的能力的循环活动,只有坚持持续改进,组织才能不断进步。最高管理者要对持续改进做出承诺,积极推动,全体员工也要积极参与持续改进的活动。

7. 基于事实的决策方法

有效决策是建立在数据和信息分析基础上的,正确的决策需要领导者用科学的态度,以事实或正确的信息为基础,通过合乎逻辑的分析,做出正确的决断。

8. 与供应商建立互利的关系

组织与供应商建立相互依存、互利的关系可增强双方创造价值的能力,供应商提供的原材料的质量对组织向顾客提供的产品质量产生重要的影响。因此处理好与供应商的关系,对组织持续稳定地提供给顾客满意的产品意义重大。对供应商不能只讲控制,不讲合作互利,要建立互利关系,特别是对重要的供应商。

二、质量管理的基本方法——PDCA 循环

推行全面质量管理,应当按一定的步骤与方法进行工作,即按一定程序办事,其顺序是按计划、实施、检查、处理4个阶段循环推进,简称为 PDCA 循环。P(Play)是计划、D(Do)是实施,C(Check)是检查,A(Action)是处理。每一个循环都要经过这4个阶段,其中共有8个步骤。

(一)计划阶段

所谓计划就是要明确这样几个问题:干什么、谁去干、什么时候干、在什么地方干,怎样干。再对这每一个问题问一个为什么,它包括调查分析、选题、定目标、研究对策、确定实施计划。步骤如下:

(1)调查分析现状,找出存在的质量问题;

(2)分析原因和影响因素;

(3)找出影响质量的主要因素;

(4)制订改善质量的措施,提出行动计划、预计效率,并具体落实到执行者、时间、地点、完成方法等方面。

(二)实施阶段

有了计划,按照计划去干,就是实施,即组织对质量计划或措施的认真贯彻执行。

(三)检查阶段

实施过了,干得怎么样,是否达到了预期的效果,是对实际工作结果与预期目标的对比,看执行的情况如何。这阶段只有一步,即检查采取措施的效果。

(四)处理阶段

干得有效果,就要想办法巩固并确定为标准;干得没效果,就要采取措施加以纠正,防止以后再发生。这些措施又都要反映到下一个计划中去,这就是处理。处理包括2个步骤:
(1)总结经验、巩固成绩,进行标准化。
(2)提出尚未解决的问题并找出原因,转到下一个PDCA循环中去。

经过这4个阶段8个步骤,一个循环就完成了。再计划、实施、检查、处理,这样一个循环接着一个循环进行下去,产品质量才能不断提高。

这种工作方式有4个要点:
①完整性:这4个阶段一个也不能少,4个阶段都走下来,才算做完了一件工作。
②程序性:这4个阶段的先后顺序一定是:计划、实施、检查、处理。
③连续性与渐进性:这4个阶段按顺序做下来就是一个循环,做好了一件工作。但质量管理工作到此并不能结束,要一个循环接一个循环地做下去,使循环不断转动起来,使产品质量逐步提高。

④系统性 PDCA 循环作为科学管理方法,可运用于企业各方面工作,是大环套小环。整个企业是个大环,企业的各部门都有自己的 PDCA,是中环;依次又有更小的环,直到个人的最小的环。但是,质量管理的真正效果是在大循环转动起来之后才能取得,这个循环的好坏、快慢,是各级管理水平高低的重要标志,如图7-1所示。

PDCA 循环大大加快了积累经验的过程,推动了质量的提高,管理的改善,技术的发展才能成长。

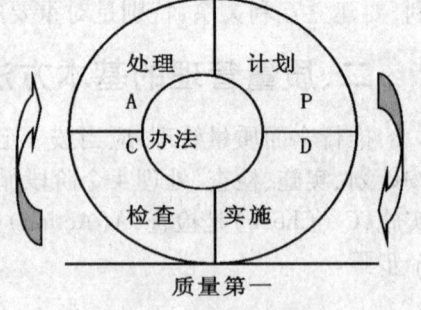

图 7-1 PDCA 循环

三、全面质量管理

(一)概念

全面质量管理是指一个组织以质量为中心,以全员参与为基础,通过让顾客满意和本组织所有成员及社会受益而达到长期成功的目的的管理途径。全面质量管理并不等同于质量管理,它是质量管理的更高境界。质量管理只是组织所有管理职能之一,与其他管理职能(如时务管理、劳动管理等)并存,而全面质量管理则是将组织的所有管理职能纳入质量管理的范畴。

(二)全面质量管理的思想基础

行动是受思想支配的,全面质量管理也要有一个思想基础,具体表现为以下几点:

(1)"质量第一"是根本出发点,在质量、数量和成本的关系中,要认真贯彻保证质量的方针。

(2)贯彻"以预防为主"的方针。好的质量是生产出来的,而不是检查出来的,好的检查虽然能对生产起反馈作用,但毕竟还是需要通过生产改进它的质量。因此,产品质量的大部分责任是在生产,而不是在检查。所以,管理应当从事后把关转到事前控制方面来,从这个意义上来说,检查就不只是对产品质量进行检查,而更应该对工序质量和工作质量进行检查,这样才能做到预防为主。

(3)一切用数据说话,广泛地运用数理统计方法。评价工程的优劣要有一个客观的评定标准和明确的概念,要用数据来判断事物,数据是进行全面质量管理的基础。

(4)全面质量管理是每个职工的本职工作。

(5)下一道工序是上一道工序的用户,质量管理要建立为用户服务的思想。施工企业生产连续性很强,工序之间依存性很大。不进行全过程的管理,要实现平行流水立体交叉作业是根本不可能的。只有上一道工序真正做到对下一道工序负责,才能保证整个施工过程中的各方面的组织与协调,这就要求每道工序和每个岗位要立足于本职工作的质量管理。凡是本工序和本岗位的质量问题,一定要争取在本工序和本岗位之中解决,不给下一道工序留麻烦。工程最终要交给用户,因此,全面质量管理要建立为工程最终用户服务的思想。

(三)全面质量管理的基本特点

全面质量管理的特点可归纳为"五全":全范围的质量管理、全过程的质量管理、全员参与的质量管理、全面运用各种管理方法的管理和全面经济效益的管理。

1. 全范围的质量管理

全面质量管理强调以过程质量和工作质量来保证产品质量,强调提高过程质量和工作质量的重要性。全面质量管理强调在进行质量管理的同时,还要进行产量、成本、生产率和交货期等的管理,保证低消耗、低成本和按期交货,提高企业经营管理的服务质量。为保证全范围的有效性控制,应做到以下几点:确立管理职责,明确职责和权限。一个单位或组织是否协调并能否有机运转,主要在于是否明确管理职责职权并各尽其责。

(1)有效的质量体系。要从全企业范围考虑如何通过系统工程对质量进行全方位控制。全企业范围的质量管理,必须包括健全的组织结构,通过程序文件控制过程,并配备必要的资源。因此,建立质量体系是全企业范围质量管理的根本保证。

(2)配备必要的资源。资源包括人力资源和物资及信息等。人力资源强调智力资源比体力资源更重要。一个健全的质量体系,如果只有组织结构、过程和程序而没有必要的资源,这样的体系无法运行。因此,必要的资源是全企业范围质量管理的基础。

（3）领导重视。实践证明，必须领导重视并起带头作用才能搞好全面质量管理，否则不会成功。全面质量管理本身要求全员、全过程和全方位的控制，没有领导的重视和协调是无法进行全面质量管理的。

2. 全过程的质量管理

全过程，是指产品质量的产生、形成和实现的整个过程，包括市场调研、产品开发和设计、生产制造、检验、包装、储运、销售和售后服务等过程。要保证产品质量，不仅要搞好生产制造过程的质量管理，还要搞好设计过程和使用过程的质量管理。对产品质量形成全过程各个环节加以管理，形成一个综合性的质量管理工作体系。做到以防为主、防检结合，重在提高。为保证全过程的有效性控制，应做到以下几点：

（1）编制程序文件。任何过程都是通过程序运作来完成的，因此编制科学、有效的程序文件是保证过程控制的基础，ISO9000 标准明确要求供方必须编制程序文件。

（2）有效地执行程序文件。程序文件是反映过程和运作的指南，若只编程序文件而不执行或错误地执行，都不会发挥程序文件的指南作用，也就不会保证全过程处于受控状态。ISO9000 标准要求供方有效地实施质量体系及其形成文件的程序，就是为了确保对质量形成全过程的控制。

（3）质量策划。质量策划是为了更好地分析、掌握过程的特点和要求，并为此而制定相应的办法，最终更好地实施全过程的控制。ISO9000 标准对质量策划同样有明确要求，这完全符合全面质量管理整体系统策划的原则。

（4）注意过程接口控制。有些质量活动是由很多小规模的过程连续作业完成的，还有些质量活动同时涉及不同类型的过程。这些情况都需要协调和衔接，如果不能密切配合，就无法做到全过程有效控制。

3. 全员参与的质量管理

产品质量是企业全体职工工作质量及产品设计制造过程各环节和各项管理工作的综合反映，与企业职工素质、技术素质、管理素质和领导素质密切相关。要提高产品质量，需要企业各个岗位上的全体职工共同努力，使企业的每一个职工都参加到质量管理中来，做到质量管理，人人有责。为了保证全员质量管理的有效性，必须做到以下几点：

（1）质量要始于教育，终于教育。通过教育提高全员的质量意识，牢固树立质量第一的思想，促进职工自觉参与质量保证和管理活动。通过培训教育，使职工掌握必要的知识和技能，不断进行知识更新，使他们胜任本职工作。

（2）明确职责和职权。各单位和部门都要为不同岗位责任者制定明确的职责和职权，并注意接口和合作。这样才能保证全员密切配合，协调、高效地参与质量管理工作。

（3）开展多种质量管理活动。全员积极参与质量管理活动是保证质量的重要途径，特别是群众性的质量管理小组活动，可以充分调动职工的积极性，使他们有发挥自己聪明才智的用武之地。这也是全面质量管理的基本要求。

（4）奖惩分明。奖励对提高质量有突出贡献的个人，可以引起大家对质量的重视。逐渐形成质量最重要的价值观，造就质量文化氛围，这是有效实施全面质量管理的必要基础。

4. 全面运用各种管理方法的管理

全面、综合地运用多种方法进行质量管理，是科学质量管理的客观要求。随着现代化大生产和科学技术的发展以及生产规模的扩大和生产效率的提高,对产品质量提出了越来越高的要求。影响产品质量的因素也越来越复杂,既有物质因素,又有人为因素;既有生产技术因素,又有管理因素;既有企业内部的因素,又有企业外部的因素。要把如此众多的影响因素系统地控制起来,统筹管理,单靠数理统计一、两种方法是不可能实现的,必须根据不同情况,灵活运用各种现代化管理方法和措施加以综合治理。在应用和发展全面质量管理科学方法时,注意以下几点:

(1)尊重客观事实和数据。必须用事实和数据说话,才能解决有关质量的实质性问题。否则,只凭感觉或经验,不能准确反映质量问题的实质,反而可能造成错觉。

(2)广泛采用科学技术新成果。实行全面质量管理要求必须采用科学技术的最新成果,才能满足大规模生产发展的需要。目前,全面质量管理已广泛采用系统工程、价值工程和网络计划及运筹学等先进科学管理技术和方法,同时也应用一些以计算机为中心的检测技术和设备。

(3)注重实效,灵活运用。有些技术很适用于全面质量管理,但必须结合实际,不要过于追求形式,否则将适得其反。特别是在采用各种统计技术时,更要注意实效、灵活运用,不要搞得过于繁琐而让操作人员感到并不实用。

5. 全面经济效益的管理

经济效益目的的全面性。TQM 的目的是在顾客满意的前提下,使组织的所有成员及社会受益且达到长期成功。做到企业效益与社会效益相统一,国家利益、企业利益、职工利益相统一。

第二节　园林设计质量管理

质量是园林企业各项工作的综合反映,是园林企业生死攸关的大问题。因此,园林设计质量管理是园林企业全部管理活动的一个重要方面。园林设计质量管理以设计促质量,以质量开拓、占领市场已成为园林企业获取市场竞争力的行为准则。

一、设计质量管理概述

(一)设计质量及其管理

质量,就是产品、过程和服务满足规定要求和特征需要的总和。根据 ISO 的标准定义量不仅是产品的质量,而且也包括体系的质量和过程的质量。根据质量的对象划分,质量一般有产品质量、工程质量、工作质量、设计质量等之分,而设计质量应该是其他质量合格的前提与基础,因为任何产品的出现,往往都是从设计工作开始。

设计质量应包括设计质量指标和设计质量标准两大部分。设计质量指标一般包括外观、色彩、造型、形状、功能和表面装饰等质量品质与特性;而设计质量标准一般是参照国家或国家质量 ISO 标准体系的规定来确定的。但设计质量标准有其独特性,如难以直接定量、定性的一面,又如外观、舒适、操作方便等性能与品质。

设计质量管理是指提出的设计方案能达到预期目标并在生产阶段达到设计要求的质

量,是从设计的角度去考虑设计对象的功能、结构、造型、工艺、材料等方面的合理性,以追求设计作品的完美。人们对设计质量管理的重视是一个从认识到逐步深化的过程。例如:长期以来,大型综合型产品(如飞机、汽车)的研制和使用周期较长、产量大,产品如暂时达不到设计性能,一般都是在漫长的生产过程中逐步加以改进和解决的。比如F-4飞机在135项设计问题中,设计定型中只解决了35%,有65%是在批量生产中解决的。随着科技的进步与现实需要,开始从"硬件"(生产)质量管理逐步发展到"软件"(设计)质量管理,这一转变是建立在新的认识基础上的。即产品研制过程是"软件"形成过程,最后的成品是"硬件"。这个硬件必须符合使用要求,而体现它的是设计,是保证实现产品的一套设计技术规定和程序。总的说来,设计质量管理是企业设计管理活动中的一个方面,是指通过质量策划、质量控制、质量承诺、质量改进,以建立一个合格的设计质量体系,达到企业设计质量目标、方针与职责,交付给用户满意的产品或服务。

设计过程是产品质量最早的孕育过程,搞好生产前的设计工作是产品质量提高的前提。设计质量"先天"地决定了设计对象的质量,在整个产品质量产生、形成过程中居于首位。

设计质量是以后制造质量必须遵循的标准和依据,而同时又是最后使用质量必须达到的目标。如果由于设计过程的质量管理薄弱、设计不周而铸成错误,那么这种"先天不足"必然带来"后患无穷"。它不仅会严重影响产品质量,还会影响投产后的一系列工作,造成恶性循环。因此,设计质量管理是企业全面质量体系中带动其他各个环节的首要环节,是全面质量管理的起点。

(二)设计质量管理的内容及任务

设计项目的不同决定了设计质量管理的内容不同。就产品设计而言,设计过程是指产品(包括未开发新产品和改进老产品)正式投产前的全部开发研制过程。一般包括调查研究、策划方案、模型制作、试制与鉴定、工艺及材料以及标准化等工作内容。

1. 设计质量管理的内容

设计质量管理的内容主要包括如下两个方面:

(1)根据对使用要求的实际调查和科学研究成果等信息,保证和促进设计质量,使研制的新产品或改进的老产品具有更好的使用效果,能满足用户的物质与精神要求。

(2)在实现质量目标。满足使用要求的前提下,还要考虑现有的生产技术条件和发展可能,讲究加工的工艺性,要求设计质量易于得到加工过程的保证,并获得较高的生产效率和良好的经济效益。

2. 设计质量管理的任务

为保证设计质量,设计管理一般要做好如下几项工作:

(1)根据市场调查及信息资料制定设计质量目标;

(2)保证产品前期开发阶段的工作质量。其任务是选择设计的最佳方案,编制设计任务书,阐明设计特征、风格、规格及结构等,并做出新产品的开发决策;

(3)根据方案论证、验证试验资料,鉴定方案论证质量;

(4)审查产品设计质量包括设计更改审查、性能审查、一般审查、可能性审查、互换性审查、计算审查等;

(5)审查工艺设计质量;
(6)检查产品试制鉴定质量,监督产品试制质量;
(7)保证产品最后定型质量;
(8)保证设计图样、工艺等技术条件的质量等。
以上设计质量管理的内容包含了一些技术设计的管理,管理者必须得到相关技术人员的支持。

二、设计质量标准

评价一项设计的好坏很难有一个统一的标准。因为设计具有理性与感性双重要素,但这并不能说设计就没有好坏之分,好的优良的设计具有一些共同的特点。1989年在世界工业设计联合会上曾将优良设计的原则定为以下几个方面:创新的;实用的;有美学设想的;易被理解的(会说话的);毫无妨碍的;诚实的;耐久的;关心细部的;符合生态要求的;尽可能少的设计。这十条原则比较全面地反映了一项优质设计应遵循的标准。

具体来讲,设计质量标准可分为以下两大类。

1. 资格标准

在设计的不同行业或类型中,国家制订了各类设计师(如平面设计师、室内设计师、建筑设计师等)评定标准,注册风景园林师考试制度也正在酝酿制订中,制订了设计企业的等级评定标准。在设计招标、竞标的过程中为了使设计质量有一定的保障,常对设计师的参与和设计企业的等级都会有相应的资格要求与标准。

2. 设计标准

任何一项设计,业主或顾客对设计都会有一些基本的期望或需求。设计师或设计企业为了使自己的设计能脱颖而出并被采纳,必须遵循对方的设计标准进行设计,保证设计质量。设计标准通常有设计优胜标准和设计失败标准之分。设计优胜标准常是指能充分考虑客户选择设计提供者的要素。这些要素尽管会因客户的需求或感受而异,但还是有一些共性因素,如价格、效率、舒适、方便、服务等。设计失败标准是指设计不能被采用或没有达到预期水平的那部分要素,通常包括个性化、可靠性、速度等。

三、设计质量管理战略

(一)实施设计质量管理战略的意义与作用

设计质量管理战略是指设计企业在设计事务运营过程中,强调以人为本,以提高设计质量为中心。一切设计活动必须围绕高标准的设计质量目标展开,将质量管理与保证提高到战略高度,并与企业经营理念融合在一起。

在设计企业中,实施设计质量管理战略可以紧密地结合经营环境的变化和客户的需求变化以及企业的目标市场定位,使设计行为围绕企业经营活动,以设计促质量、促效益,为有效地实现企业经营目标服务。其意义与作用具体体现如下:

(1)在管理意识上,可以从强调单纯的设计质量,上升到塑造一种质量意识和质量道德观念,形成一种企业质量文化,树立企业质量形象。

(2)在管理方式上,可以改变传统的偏重于产品的内容质量特征或外部质量特征,而强调质量特性(内在质量)与精神质量(外在质量)的融合统一,注重产品的文化含量和审美质量,使之相得益彰。

(3)在管理对象上,实现从以设计对象为中心向以人为本的经营理念转变,采取有效的管理措施与方法,激励设计人员以正确的工作方法来保证设计质量的改进与提高。

(4)在管理重点上,强调设计质量的经济性、效益性。在保证质量的前提下,注重降低设计成本,提高质量效益。

(5)在管理方法上,有利于将设计管理纳入全面质量管理的整体运作之中,强调设计质量持续改进(PDCA 循环)与突破,以提高企业的质量竞争优势。

(6)在市场营销和顾客满足上,强调设计的整体性与一致性。改变片面狭隘追求产品外观质量的满足,着眼于品牌、形象等无形资产的建立,以顾客满意为目标,赢得高质量设计的美誉。

(二)设计质量管理的具体战略

设计质量管理战略是全方位的、全面的,其主要目标是将设计质量提升为一种设计竞争的核心力量。在实施质量管理战略中,具体有如下一些策略。

树立全面、全过程、全员参与的全面质量管理意识。在设计工作中充分考虑制造、生产服务等各个环节的影响与制约,使设计成为其他工作开展的有效基础,以提高企业的整体质量水平。

参照 ISO9000 系列标准体系,建立一套完善的、操作性强的设计质量管理体制,撰写并颁布相应的设计质量管理文件,如设计质量手册、设计指导书、设计操作步骤与程序文件等。

建立一套可对设计质量进行合理评估与评价的体系。对设计质量的评价与测量是一项具有挑战性的工作,难以定量评定。因为设计质量的评定包括来自许多心理方面的因素,如客户满意度等。设计企业可以通过标准问卷法与比较法(与同行横向比较和与自身纵向比较)等方法进行测试,以得到一个公正、客观的评价结果。

强调设计质量应不断改进,建设一个充满凝聚力的、高水平的、质量意识强的设计团队,制订一些与设计企业相适应的设计质量改进计划。它包括降低设计开发成本,提高设计服务质量、提升设计投产率、加强设计团队建设等方面的规章制度。

追求零缺陷,使设计质量管理达到最高水平。在设计中强调一次就把事情作对,设计工作的标准是尽可能不出现失误。这就要求设计者具有较高的设计素质和问题预测能力以及综合系统分析能力。

四、园林工程项目设计质量控制

(一)园林工程项目设计质量控制的内容

1. 正确贯彻执行国家园林法律法规和各项技术标准

其内容主要有:贯彻执行有关园林绿化、城市规划、建设批准用地、环境保护、三废治理及建筑工程质量监督等方面的法律、行政法规及各地方政府、专业管理机构发布的法规规定;贯彻执行有关工程技术标准、设计规范、规程、工程质量检验评定标准、有关工程造价方面的规定文件等。其中,特别注意对国家及地方强制性规范的执行;经批准的工程项目的可行性研究、立项批准文件及设计纲要等文件;勘察单位提供的勘察成果文件。

2. 对设计方案的要求

保证设计方案的技术经济合理性、先进性和实用性,满足业主提出的各项功能要求,控制工程造价,达到项目技术计划的要求。

3. 对设计文件的要求

设计文件应符合国家规定的设计深度要求,并注明工程合理使用年限。设计文件中选用的建筑材料、配件和设备,应当注明规格、型号、性能等技术指标,其质量必须符合国家规定。

4. 对设计图纸的要求

设计图纸必须按规定具有国家批准的出图印章及建筑师、结构工程师的执业印章,并按规定经过有效审图程序。

5. 园林工程项目设计质量控制的步骤

主要包括设计策划、设计输入、项目设计数据编制、设计接口、设计评审、设计验证、设计文件审核和设计文件会签等。

(1)设计策划是指针对合同项目建立质量目标,规定质量控制要求。重点是制订开展各项设计活动的计划,明确设计活动内容及其职责分工,配备合格人员和资源。项目的设计策划要形成文件,通常以项目设计计划的形式编制,作为项目设计管理和控制的主要文件。

项目设计计划的主要内容包括:确定设计工作内容、确定设计原则、设计的主要内容和要求、设计规定、标准和规范、设计材料的采购、设计各专业职责等。

(2)设计输入就是针对设计的要求,在设计质量控制程序中规定设计输入的内容。设计输入应尽可能定量化。设计输入的内容和质量直接关系到设计文件的质量,因此,应予以高度重视。

设计输入内容主要包括:项目合同及其附件中的有关数据和资料,用户对设计的要求,计划任务书,项目可行性研究报告中的有关数据和资料,环境调查资料,项目规划设计及所采用的标准、规范和设计规定。

(3)项目设计数据表的编制就是对设计输入资料进行核对、检查和评审,并在此基础上编制项目设计数据表,经用户确认后作为设计的依据。当项目设计数据有遗漏或变更并对设计有较大影响时,应列入用户变更。

(4)设计接口是为了使设计过程中设计部门和其他部门,以及各设计专业之间能做到相互协调,必须明确规定并切实做好设计部门与其他部门、设计内部各专业间以及工业项目各工区、各车间的设计接口。设计接口分组织接口和技术接口,应制订相应的设计接口管理程序,经技术管理部门组织评审后实施。设计过程中应严格按照规定的程序进行设计接口管理。

(5)设计评审是对设计进行综合的、系统的、文件化的检查,以评价设计是否满足了相关质量要求,找出存在的问题,并提出解决的办法。设计评审分别按不同的设计阶段以及设计单位程序文件的有关规定进行。

设计评审过程中,对设计文件的质量,应主要依据其质量特性的功能性、可信性、安全性、可实施性、适应性、经济性和时间性等各个方面是否满足要求来衡量。

①对工业项目设计,应进行工艺方案评审。工艺设计方案是决定项目设计技术水平的关键。在工艺设计的初期阶段,必须对工艺方案进行充分的讨论和认真的评审,以确定先进、合理和可靠的工艺方案。成熟技术的工艺方案由工艺设计部门组织评审。重大工艺技术方案及新工艺由项目经理提出申请,由设计单位的技术管理部门协同项目部组织评审。

②总体方案的评审:总体方案的评审包括对设计规模、总建筑面积、生产工艺及技术水平、建筑造型等方面的评审,总体方案的评审主要在初步设计时进行。

③专业设计方案评审:专业设计方案评审的重点是设计方案的设计参数、设计标准、设备和结构的选型、功能和使用价值等方面,应做好设计方案的技术经济评价。

④施工图设计的评审:施工图设计的评审主要是针对设计是否满足工程设计输入的要求,设计深度是否符合规定,设计采用的标准、规范和设计文件标识是否正确,设计文件是否完整等。

(6)设计验证是确保设计输出满足设计输入的重要环节,是对设计产品的检查。通过检查和提供客观证据,证明设计输出是否满足了设计输入的要求。设计评审是设计验证的主要方法,从事验证工作的人员,应具备一定的资格要求。

(7)设计文件的校审是对设计所作的逐级检查和验证检查,以保证设计满足规定的质量要求。设计校审应按设计过程中规定的每一阶段进行,包括半成品和成品的图纸及文件的校审。

(8)设计文件的会签是保证各专业设计相互配合和正确衔接的必要手段。通过会签可以消除专业设计人员之间的误解、错误或遗漏,是保证设计质量的重要环节。

设计文件的会签包括综合会签和专业会签两部分。综合会签主要是保证各专业在建筑内或装置或厂区内的布置合理,互不碰撞;专业会签主要是保证各专业的设计图纸和设计条件相符。

(二)园林工程项目设计质量控制的方法

1. 设计单位的选择

设计单位对设计的质量负责。设计单位的选择对设计质量有根本性的影响,而许多业主和项目管理者在项目初期对它没有引起足够的重视,有时为了方便、省钱或其他原因(例如关系户),将工程委托给不合格的设计单位甚至业余设计者,结果造成很大的麻烦和经济损失。

设计工作属于高智力型的、技术与艺术相结合的工作,其成果评价比较困难。设计方案以及整个设计工作的合理性、经济性、新颖性等常常不能从设计文件如图纸、规范、模型的表面反映出来,往往在工程竣工后甚至是在项目运行一段时间后,才能作出适当的评价,所以设计质量很难控制。这就要求对设计单位的选择予以特别的重视。根据项目建设要求和有关批文、资料,组织设计招标及设计方案竞赛。通过对设计单位编制的设计大纲或方案竞赛文件的比较,优选设计方案及设计单位。设计单位必须是:规模大、著名的设计单位;正规的、管理规范的设计单位;不仅本项目设计在其业务范围内,而且具有与项目相符合的资质等级证书;有同类工程经验,在过去的项目中与业主合作良好、信誉好。

对勘察、设计单位的资质业绩进行审查,优选勘察、设计单位,签订勘察设计合同,并在合同中明确有关设计范围、要求、依据及设计文件深度及有效性要求。

2. 设计工作控制

根据建设单位对设计功能、等级等方面的要求,根据国家有关园林法规、标准的要求及园林项目环境条件等方面的情况,控制设计输入,做好建筑设计、专业设计、总体设计等不同工种的协调,保证设计成果的质量。

控制各阶段的设计深度,并按规定组织设计评审,按法规要求对设计文件进行审批(如对扩初设计、设计概预算、有关专业设计等),保证各阶段设计符合项目策划阶段提出的质量要求,提交的施工图满足施工的要求,工程造价符合投资计划的要求。

对阶段设计成果应审批签章,再进行更深入的设计,否则无效。无论是国内还是国外,设计总分为几个阶段进行,逐渐由总体到细部。各个阶段设计成果都必须经过一定的权力部门审批,作为继续设计的依据,这是一个重要的控制。

由于设计工作的特殊性,对一些大的、技术复杂的工程,业主和项目管理者常常不具备相关的知识和技能。所以常常必须委托设计监理或聘请有关专家,对设计进度和质量、设计成果进行审查,这是十分有效的控制手段。

由于设计单位对项目的经济性不承担责任,所以他们常常从自身效益的角度出发,尽快出方案、出图,不希望也不愿意做多方案的对比分析。他们往往只是认真做一个方案,并象征性地做一两个方案作陪衬。对此常须作如下考虑:

(1)采用设计招标。在中标前审查方案,而且可以对比多家方案,这样定下一个设计单位就等于选择了一个好的方案,但这对时间和花费要求较高。

(2)采取奖励措施。鼓励设计单位进行设计方案优化,从优化所降低的费用中取一部分作为奖励。

(3)另外,请科研单位专家对方案进行试验或研究,进行全面技术经济分析,最后选择优化的方案。

多方案的论证不仅对项目的质量有很大的影响,而且对项目投资的节约、经济性有很大的影响。

对设计工作质量进行检查,这是一项十分细致的,同时又是技术性很强的工作。在设计阶段发现问题便及时纠正,是最方便、最省事、最省钱,影响也最小的。

落实设计变更审核,控制设计变更质量,确保设计变更不导致设计质量的下降。并按规定在工程竣工验收阶段,在对全部变更文件、设计图纸校对及施工质量检查的基础上,出具质量检查报告,确认设计质量及工程质量满足设计要求。

设计工作以及设计文件的完备性,应包括说明工程形象的各种文件,如各种专业图纸、规范、模型,相应的概预算文件,设备清单和工程的各种技术经济指标说明,以及设计依据的说明文件和边界条件的说明等。设计文件应能够为施工单位和各层次的管理人员所理解。

从宏观到微观上分析设计构思、设计工作和设计文件的正确性、全面性及安全性,识别系统的错误和薄弱环节。分析这样的设计若付诸实施,工程建成后能否安全、高效率、稳定、经济地运行,是否美观,能否与环境协调一致。

设计应符合规范的要求，特别是强制性的规范，如防火、安全、环保、抗震的标准，以及质量标准、卫生标准。

3. 设计交底和图纸会审

请施工单位、制造厂商、工程的使用者参加会审。会审的目的有：

（1）使施工单位熟悉设计图纸，了解工程特点和设计意图，针对关键工程部分的质量要求，也可减少图纸的差错。

（2）检查技术设计中是否考虑到施工的可能性、便捷和安全性。

（3）检查设计中是否考虑到运行中的维修、设备更换、保养的方便。

（4）检查设计中是否考虑到运营的安全性及交通和运行费用的高低。

组织施工图图纸会审，吸取建设单位、施工单位、监理单位等方面对图纸问题提出的意见，以保证施工顺利进行。

五、园林施工质量管理

根据园林工程的质量特性决定质量标准，目的是保证施工产品的全优性，符合园林的景观及其他功能要求。根据质量标准对全过程进行质量检查监督，采用质量管理图及评价因子进行施工管理，对施工中所供应的物资材料要检查验收，搞好材料保管工作，确保质量。

（一）园林施工现场质量管理

施工现场质量管理一般分为施工前的质量管理、施工过程中的质量管理和工程竣工验收时的质量管理。在整个施工过程中要有全面质量管理的意识，采用其基本方法进行施工管理，搞好工程施工现场管理是园林作品能否满足设计要求及工程质量的关键环节。园林作品的质量应包含园林作品质量和施工质量两部分，前者以安全程度、景观水平、外观造型、使用年限、功能要求及经济效益为主。施工过程质量以工作质量为主，因此，对上述全过程的质量管理构成了园林工程项目质量全面监控的重点内容。

1. 施工现场质量影响因素的控制

目前，施工现场质量管理常采用"4M1E"控制模式。4M1E是指施工人员控制（Men）、机械设备控制（Machinery）、材料控制（Material）、施工工艺控制（Means）和环境因素控制（Environment）。

（1）施工人员因素的控制。施工过程中要加强对员工的劳动纪律教育和职业责任教育，做好技术培训，完善工作岗位责任，建立公平合理的竞争机制和持证上岗制度，杜绝违章作业。

（2）机械设备因素的控制。机械设备是施工中重要的劳动手段，也是保证施工质量的关键因素，因此要做好机械的选择和维护工作，认真遵守操作规程，实行定机、定人、定岗的"三定"制度。

（3）材料因素的控制。要严格材料采购制度，重视材料入库工作，不但要有质量合格证、还要进行材料抽样检测、各种配比明确，植物材料要按国家或地方标准出圃。

（4）施工工艺因素的控制。这主要表现在施工方法的选择是否合理，施工顺序是否妥当，即施工组织设计是否符合施工现场条件。

(5)环境因素的控制。例如工程技术环境(地质、水文等)、施工管理环境(质量保证体系、管理制度等)、劳动环境(劳动组合、工作面等),这些因素影响到施工工序的搭接、劳动力潜力发挥等。

2. 施工前的质量管理

施工前的质量管理要做好以下两方面的工作:

第一,"4M1E"的全面控制。即要对施工队伍及人员的技术资质;施工机械设备的性能料、各种配件的规格和质量;施工方案及保证工程质量的技术措施;施工现场、技术、管理的质量进行审核,以保证"4M1E"处于受控状态。

第二,建立施工现场质量保证体系。根据工程质量管理目标,结合工程特点和施工现场条件建立质量管理制度和质量保证体系;编制现场质量管理目标框图,用以监控施工质量。

3. 施工过程中的质量管理

施工过程中的质量控制是整个施工阶段现场施工质量控制的中心环节。因此,要确定每道工序的施工质量管理体制并制定保证措施。例如应做好工序衔接检查,隐蔽工序验收等。

4. 施工现场的质量控制

主要包括施工现场竣工的预验收、竣工正式验收和工程质量评定工作。

拟定质量重要管理点。对现场施工的各个工序,特别是那些需要加强控制的环节和关键性工序量管理的重点。园林工程施工中可用以下方法拟定:

首先根据项目确定需要重点管理的工序,然后按要求给出工序管理流程图,在图上标出所要进行重点管理的工序、质量特性、质量标准、检测方法和管理措施。

最后进行工序分析,利用因果图找出影响质量管理点的主导因素,并根据分析的结果编制"工序质量管理对策表",界定质量监控范围和具体要求。

接着编制出质量管理点的作业指导书。明确严格的作业标准和操作规程。

做好质量检验和评定工作。工程质量的判断方法很多,目前应用于园林工程施工中的质检方法主要有直方图、因果图和控制图等。这些方法均需选取一定的样本,依据质量特性绘制成质量评价图,用以对施工对象做出质量判断。

六、园林工程质量检验与质量评定

质量检验应包含园林作品质量和施工过程质量两部分。前者应以安全程度、景观水平、外观造型、使用年限、功能要求及经济效益为主;后者则以工作质量为主,包括设计、施工、检查验收等环节。因此,对上述全过程的质量管理构成了园林工程项目质量全面监督的主要内容。

1. 质量检验相关的内容

质量检验是质量管理的重要环节,搞好质量检验能确保工程质量,达到用最经济的手段创造出最佳的园林艺术作品的目的。因此,重视质量检验,树立质量意识,是园林工作者的基本素质条件。要做好这一工作,必须做好以下八方面的工作:

(1)对园林工程质量标准的分析和质量保证体系的研究;

(2)熟悉工程所需的材料、设备检验资料;

(3) 施工过程中的工作质量管理;

(4) 与质量相关的情报系统工作;

(5) 对所有采用的质量方法和手段的反馈研究;

(6) 对技术人员、管理人员及工人的质量教育与培训;

(7) 定期进行质量工作效果和经验分析、总结;

(8) 及时对质量问题进行处理并采取相关措施。

2. 质量检验和评定的分析

(1) 准备工作。要搞好质量检验和评定,必须做好以下几方面的准备工作:根据设计图纸、施工说明书及特殊工序说明事项等资料分析工程的设计质量,再依照设计质量确定相应的重点管理项目,最后确定管理对象(施工对象)的质量特性;按质量特性拟定质量标准,并注意确定质量允许误差范围;利用质量标准制定严格的作业标准和操作规程,做好技术交底工作;进行质检质评人员的技术培训。

(2) 检查与评定方法。工程质量的判断方法很多,目前应用于园林工程施工中的质检方法主要有直方图、因果图、排列图、散布图和控制图五种,这几种方法均需取样本(通常50~100个样本)。依据质量特性,绘制成必要的质量评价图用以对施工对象做出质量判断。

七、园林养护质量管理

园林绿地的养护主要指植株栽植成活后不间断的管理工作,可分为日常保养工作、周期工作及专项工作三大类。日常保养工作是指几乎每天都需进行的或每年进行的密度较大的工作,如浇水、清除残花黄叶、除杂草、园林保洁等;周期工作是指每隔一定的时间或每当植物生长到某一阶段就进行一次的工作,一般间隔期较长,如修剪、中耕除草、施肥、病虫害防治等;专项工作是指针对某种情况或某种事物而进行的特定工作,如园林绿地灾害预防等。植株栽植后的成活期的养护工作,也属于栽植的范畴。

(一) 园林养护质量管理的重要性和必要性

园林绿化不同于建筑和市政工程,竣工验收就达到最佳状态。绿化工程的竣工验收只能说明植物种植成活,达到体现设计的基础和雏形,需要经过一定的时间精心养护,使其生长茂盛。对有造型要求的植物要经常进行修剪、整形和加工,逐步成型,达到设计要求。植物生长不仅一般的生命过程,而且在生长过程中受自然条件和环境因素的影响。因此,创造适宜植物生长的环境,对出现损伤、衰老和死亡的植物要适时补植或更新。园林绿化的工程施工是设计的继续,而养护和管理则是施工建设的再继续。只有进行科学施工和养护,才能实现园林绿化的设计蓝图。现代城市园林绿化已突破传统的公园和街道绿化的范围,是覆盖全社会,遍布城市各个地方的重要的城市基础设施和环境工程,具有面宽、量大的特点。绿化不仅需要对环境的保护和改善发挥作用,还要塑造理想的艺术构图和景观特色,达到美化城市的作用,没有良好的管理和精心的养护是达不到目的的。当前普遍存在"重施工、轻养护"的状况下,加强园林绿化养护质量管理显得尤为重要。

（二）科学技术在园林养护园林中的作用

由于园林绿化具有长期性和连续性、技术性和艺术性、地域性和季节性、综合性和可塑性等特点，所以，园林绿地的质量是随着时间的演进而变化的，也是随着养护的技术质量而变化的。科学的养护管理应根据植物生长规律和生物学特性以及物候期和环境条件等方面，因地因时因对象制定相应的技术措施，防止片面性、教条性。如土壤质地不同，对水分的要求不同。质地黏重的土壤浇水过多会导致土中水气比例失调，影响植物正常生长发育。植物种类不同，对整形修剪的要求不同，尤其是观赏花树种，不正确的修剪方法会造成开花减少甚至无花。因此，做好绿地的养护管理工作，还必须加强专业技术的水平，面向社会单位定期进行技术培训，不断吸收新的科学技术知识，正确应用先进的养护管理技术。加强养护队伍专业技术的建设，按技术操作规程进行作业。建立技术责任制，充分发挥技术人员的作用，明确技术职权、责任。

园林养护则侧重于微观的、直接的、具体的、技术性的作业。只有将宏观管理和微观作业有机地结合起来，才能提高绿地的养护管理质量水平，巩固城市园林绿化成果。

（三）园林养护质量管理的关键环节

1. 灌溉及排水

新建园林绿地，应及时灌溉和排水，全年都应注意水分的管理。只有适宜的水分条件，园林植物才能良好的生长。涝时对于植株不利，轻则生长不良，重则死亡；干旱对植株生长也不利，轻则枯萎，重则枯死，"水少是命，水多是病"也就是这个道理。尤其是大苗大树，为保证成活和生长，应经常灌溉使土壤处于湿润状态，并视情况向枝干喷水，华北地区对新栽植树木5年内都要加强水分管理。

2. 施肥

园林绿地上栽植的各类植物要施肥。因为园林绿地上生长的植物在栽植点生长多年甚至上百年，土壤中各种营养元素的含量有限，而每种植物从土壤中吸收的营养元素大同小异，即使在肥力很高的土壤内，养分也不是取之不尽。同时，城镇土壤还不像森林、山地土壤那样，能进行树木与土壤之间的肥力自然大循环。城镇绿地为了美观和卫生，大量的枯枝落叶被打扫运走，不能回归到生长的土壤中，土壤逐渐贫瘠、恶化，最后丧失生产力。为此，应定期向土壤中施肥，达到既补充营养、改良土质，又能长期维持土壤生产能力。

通过施肥植物才能生长良好，花繁叶茂，充分发挥观赏效果与调节小气候的能力的绿化和美化作用提高。

3. 中耕除草

通过中耕，能使土壤表层松动，使之疏松透气、保水、透水和增温，利于园林树木的生长。除草可以减少杂草与树木争夺土壤中的水分和养分，特别利于新栽植的乔灌木或浅根性树种生长；同时可减少病虫害的发生，清除病虫害的潜伏处，保持绿地的整洁和园容。

4. 自然灾害防御

自然灾害对于园林植物生长及树体外观易造成巨大的影响，应及时对园林绿地所在地区的灾害性天气进行预测和防治。自然灾害有风害、日灼、冻害等，如在多风地区，树木常发生风害,出现偏冠和偏心现象。偏冠会影响树木整形,偏心的树易遭受冻害和日灼,影响树木正常发育。春季大风,易使树木干梢干枯死亡;春季旱风,常将新梢嫩叶吹焦,缩短花期。夏秋季沿海地区的树木常遭台风危害而枝叶折损,大枝折断,阵发性大风对高大树木破坏性更大。遭受日灼的树木,树皮变褐枯死,呈片状脱落。

5. 防治病虫害

园林树木种类繁多,为各种病虫提供了生活和繁殖的场所。园林绿地中的树木一旦发生病虫害,会大大降低绿地质量,直接影响观赏效果和绿化功能的发挥,特别是害虫大量繁殖时,令人望而生畏。另外,园林树木已渗入群众生活之中,城市各个角落都有树木生长,因此,园林植物病虫害发生也影响到环境卫生、市容整洁和群众生活。所以防治病虫害是园林地养护工作中的一项主要任务,对于保护树木生长、保持良好景观效果具有重要作用。

6. 防止人为、机械损伤

园林绿地的树木及街道上的行道树等处于游人的包围之中,常会遭受人为的伤害,如推摇树干、攀折花枝,在树干上刻字留念或无目的地刻伤树皮;有的居民在树干上拴绳、打钉晾晒衣被,或在绿篱上铺晒被褥等,都对园林树木生长不利,特别是在树干上拴绳或铁丝晾晒衣物。由于树干一年年在加粗,铁丝缚扎在树干上,导致此处树干无法增粗。结果在铁丝上方的树干上形成瘤状缢伤,既影响树木的美观,也对树木的生长不利;而且缢伤处往往成为病菌的侵入口,引起木腐病,木质部腐烂,造成孔洞。绿篱上晒衣被,使绿篱被压,顶芽无法向上伸长,侧壁得不到阳光,长此以往会造成绿篱空秃或缺株,影响绿篱的立体美感,并失去防范作用。因此,应加强人为活动对园林绿地的破坏的管理,保持和提高景观效果。

第三节　园林质量管理标准化

一、质量管理标准化的意义

标准是规范企业产品生产和服务的量规,也是促进企业科学管理、提高竞争力的重要手段;标准化是实施、执行标准的活动;法规则为实施、执行标准提供保证,可通过法律、行政法规等强制性手段实施、执行标准。

人们对绿化建设标准化的重视程度不够,园林绿化质量水平参差不齐,正是园林技术标准和管理质量标准的差异引起。人们不难发现一些外资园艺公司种植的花卉的大小、色彩、花期都基本一致;而国内生产的花卉往往大小不一、色彩多样、花期断断续续,很难形成规模化生产,相比较而言,国外在园艺生产和产品质量评价方面都有严格的标准。如荷兰对花卉生长过程所需的栽培介质、光照、水肥、农药等都有一套切实可行的操作标准;对花卉产品的颜色、直径、保鲜度、凋谢期等也有等级标准,从而确保了花卉大规模生产的产品质量。而国内虽然也制定了一些标准(如香石竹、唐菖蒲等切花的标准),但在实际生产中往往没有应用,说明标准化的观念还没有深入人们的意识之中,这种缺少标准化生产的现象在试管苗生产和种苗培育上也很普遍。这也是为什么国内苗木往往达不到国外标准,难出口的重要原因之一,没有标准化的生产和管理,就无法控制整个生产过程的质量。

园林技术标准化和规范化的提高也是打破传统的园艺技艺,实现园林现代化,使园林科技代代相传的有效途径。园林技艺,在很长的历史时期内,大都是靠父子相传、师徒相带的。现在仍有这种情况,当一些熟练的技术工人退休后,其技艺也随之消失。如果能把一些传统的经验和现代管理技术结合起来,总结成技术规范,那么这些传统经验就不会失传。

我国园林标准化建设的相对薄弱已引起有关部门的重视,迄今为止,已制定实施了一部分技术。与园林绿化相关的技术标准和规范除了现有的国家标准《城市用地分类与规划建设用地标准》、《城市居住区规划设计规范》、《游艺机和游乐设施安全标准》、《公共信息图形符号》、《公共信息标志用图形符号》和行业标准《公园设计规范》、《风景园林图例图示标准》、《城市道路绿化规划与设计规范》、《城市绿化工程施工及验收规范》之外,值得注意的是2000年11月颁布的国家标准《主要花卉产品等级》。该标准共分七个部分,分别对鲜切花、盆花、盆栽观叶植物、花卉种子、花卉种苗、花卉种球及草坪的质量等级、检测方法等进行了规定,这必将有利于我国花卉产业的专业化生产、集约化经营、规范化管理。国家建设部也指出标准化的工作只能加强,不能削弱。园林技术标准是我国园林科技的"十一五"规划重点。

二、质量管理体系认证

(一) 质量管理体系认证的概念

质量管理体系认证,亦称质量管理体系注册,是指由公正的第三方体系认证机构,依据正式发布的质量管理体系标准,对组织的质量管理体系实施评定,并颁发体系认证证书和发布注册名录,向公众证明组织的质量管理体系符合质量管理体系标准,有能力按规定的质量要求提供产品,可以相信组织在产品质量方面能够说到做到。

质量管理体系认证的目的是要让公众(消费者、用户、政府管理部门等)相信组织具有一定的质量保证能力,其表现形式是由体系认证机构出具体系认证证书的注册名录。依据的条件是正式发布的质量管理体系标准,取信的关键是体系认证机构本身具有的权威性和信誉。

(二) 质量认证的意义

1. 提高供方的质量信誉

人们常把产品质量信誉视为企业的生命。有了质量信誉就会赢得市场,有了市场就会获得效益。实行质量认证制度后,市场上便会出现认证产品与非认证产品、认证注册企业与非注册企业的一道无形界线,凡属认证产品或注册企业,都会在质量信誉上取得优势。

2. 指导需方选择供方单位

随着科学技术的高度发展,使得现代产品的结构越来越复杂,仅靠使用者的有限知识和条件,很难判断产品是否符合标准,实行质量认证制度后,可以帮助需方在纷繁的市场中,从获准注册的企业中寻找供应单位,从认证产品中择优选购商品。

3. 促进企业健全质量体系

一个比较完善的产品认证制度,除检验产品外,还得对企业的质量保证能力进行评定。作为独立的质量体系认证,更要对质量体系是否符合特定标准进行审核。这种审核和评定在某种程度上起到了专家咨询作用。检查中发现的问题,企业必须认真整改,否则不予通过。认证通过后还得随时准备接收监督性抽查,这些外加的压力将会转化为企业不断自我控制和自我完善质量体系的动力。

4. 增强国际市场竞争能力

质量认证制度已越来越多地被世界上许多国家和地区接受,成为国际上质量方面接轨的重要手段。国与国之间常常通过签订单边、双边或多边的认证合作协议,取得对方国家认可。如果获得国际上有权威性的认证机构的认证,便会得到世界各国的普遍认可,并按协定享受一定的优惠政策、待遇,如免检、减免税和优价等,这对增强国际市场竞争能力起到重要作用。

5. 减少社会重复检查费用

一个供方往往有多种产品,一种产品也往往涉及许多用户,一个供方还面对许多的分供方。在如此众多的供需交易活动中,都免不了要反反复复地作产品检验和质量保证能力的检查。这些检验和检查都要花去一定的人力和物力,从整个社会来计算,费用是非常巨大的。实行质量认证后,可以节约大量重复检查费用。

6. 有利于保护消费者利益

认证注册和认证标志能够指导买方、消费者从采购开始就防止误购不符合标准的货品,并且能使他们不会轻易地与未经体系认证的企业建立长期供需关系,这是对买方和消费者的最大保护。特别是涉及人们安全健康的产品实行强制性认证制度后,从法律上保证未经安全性认证的产品一律不得销售或进口,这就从根本上杜绝了不安全产品的生产和流通,极大地保护了消费者的利益。

(三)质量管理体系标准

目前,世界上体系认证通用的质量管理体系标准是 ISO9000 系列国际标准。组织的管理结构、人员和技术能力、各项规章制度和技术文件、内部监督机制等是体现其质量管理能力的内容,它们既是体系认证机构要评定的内容,也是质量管理体系标准规定的内容。体系认证中使用的基本标准仅是证明组织有能力按政府法规、用户合同、组织内部规定等技术要求生产和提供产品。

当然,各国在采用 ISO9000 系列标准时都需要翻译为本国文字,并作为本国标准发布实施。目前,包括全部工业发达国家在内,已有近 70 个国家的国家标准化机构按 ISO 指南 47 的规定,将 ISO9000 系列,国际标准等同转化为本国国家标准。我国等同 ISO9000 系列的国家标准是 GB/T19000—ISO9000 系列标准,是 ISO 承认的 ISO9000 系列的中文标准,列入 ISO 发布的名录。

(四)体系认证的实施步骤

1. 申请认证

组织向其自愿选择的某个体系认证机构提出申请,按机构要求提交申请文件,包括组织质量手册等。体系认证机构根据组织提交的申请文件,决定是否受理申请,并通知组织,按惯例,机构不能无故拒绝组织的申请。

2. 体系审核

体系认证机构指派数名国家注册审核人员实施审核工作,包括审查组织的质量手册,到组织现场查证实际执行情况,提交审核报告。

3. 审批与注册发证体系认证

机构根据审核报告,经审查决定是否批准认证,对批准认证的组织颁发体系认证证书,并将组织的有关情况注册公布,准予组织以一定方式使用体系认证标志,证书有效期通常为三年。

4. 监督

在证书有效期内,体系认证机构每年对组织至少进行一次监督检查,查证企业有关质量体系的保持情况,一旦发现企业有违反有关规定的事实证据,即对相应企业采取措施,暂停或撤销企业的体系认证。

5. 质量管理体系认证的作用

质量管理体系认证之所以在全世界各国能得到广泛的推行,是因为:

(1) 从用户和消费者角度:能帮助用户和消费者鉴别组织的质量保证能力,确保购买到优质满意的产品。

(2) 从组织角度:帮助组织提高市场的质量竞争能力;加强内部质量管理,提高产品质量保证能力;避免外部对组织的重复检查与评定。

(3) 从政府角度:促进市场的质量竞争,引导组织加强内部质量管理,稳定和提高产品质量;帮助组织提高质量竞争能力;维护用户和消费者的权益;避免因重复检查与评定而给社会造成浪费。

三、园林质量管理体系认证

质量认证是为确信产品和服务完全符合有关标准或技术规范而进行的第三方机构的证明活动,是国际上通行的制度。随着商品经济规模的扩大和经济多元化、国际化,为了提高产品信誉度,减少产品质量的重复检验,消除贸易技术壁垒,维护供方、需方、顾客、消费者各方的利益,产生了第三方认证。对一个企业来说,申请权威机构对其质量管理体系进行认证,使用国际公认的合格标志,其产品和服务就可以得到世界各国的普遍承认,并在国内外市场上获得顾客的信任,有利于扩大市场占有率,参与国际竞争。

2000年12月3日,广州市如春园林工程有限公司通过英国GLOBAL及中国商检CQC质量体系认证,从而成为国内园林行业中第一家取得ISO 9001双证书的企业。

ISO质量管理体系是适应市场竞争日趋激烈和满足顾客的要求而产生发展起来的,最早应用于生产制造业,目前在城市建设、建筑等工程领域也得到广泛运用。作为建设工程领域分支的园林绿化行业,ISO体系发展相对滞后。虽然很多园林企业早在几年前就已经通过了ISO9000族质量体系的培训和认证,但是在实际工作中,由于对体系作用的认识不全面、不准确,加上建立的体系与企业的发展不相适应,生搬硬套标准条文,可执行性差,符合性不好,企业普遍存在为认证、宣传而贯标的现象,建立的体系文件不仅成了摆设,有些甚至变成施工效率的障碍。近十多年来,随着经济的迅猛发展,城市建设投资剧增,风景园林事业得到迅速发展。但过快的发展速度,使得行业内部出现了良莠不齐的现象,工程质量参差不齐,工程管理水平低下成为阻碍园林行业可持续发展的关键因素。质量管理是一种意识,更是一种科学而有效地管理方法,通过质量管理规范工作程序和完善工序控制,可以确保工程项目有序进行,从而对实现项目目标进行有效的控制,满足项目的质量及成本目标,即:优化质量管理,取得优质工程;降低工程成本,体现企业效益。

本章小结

质量管理是确定质量方针、目标和职责,并在质量体系中通过诸如质量策划、质量控制、质量保证和质量改进使其实施的全部管理职能的活动。质量经历了检验质量管理和全面质量管理两个发展阶段。熟悉质量管理中的重要术语是质量管理工作的前提和基础。

园林设计质量管理以设计促质量,以质量开拓、占领市场已成为园林企业获取市场竞争力的行为准则;而园林工程的质量特性决定质量标准,对施工中所供应的物资材料要检查验收,搞好材料保管工作,确保质量;园林质量管理标准化是规范企业产品生产和服务的量规,也是促进企业科学管理、提高竞争力的重要手段;标准化是实施、执行标准的活动;法规则为实施、执行标准提供保证,可通过法律、行政法规等强制性手段实施、执行标准。

质量管理体系认证的目的是要让公众(消费者、用户、政府管理部门等)相信组织具有一定的质量保证能力,其表现形式是由体系认证机构出具体系认证证书的注册名录,依据的条件是正式发布的质量管理体系标准,取信的关键是体系认证机构本身具有的权威性和信誉。2000版ISO9000族标准是适用于各类企业质量管理体系建立和评审的系列标准。

在全面质量管理阶段,质量管理的范围在原有基础上向两头延伸,向前覆盖了设计过程直到市场调研以有效识别顾客的需求;向后覆盖了诸运交付直至售后服务以确保顾客满意。这样,质量管理形成了一个闭环系统,从顾客为关注焦点已经成为企业必须遵循的基本原则,企业只有以积极主动的态度,研究顾客需求、服务顾客,才能增强顾客满意度。任何一家希望按照ISO9001:2000来建立和完善质量体系的企业,只有牢牢树立顾客导向的观念,将顾客是否满意贯穿于质量管理活动中,其质量管理体系才具灵魂,才能够得到真正实施,企业的经营目标才能够实现。

思考与练习

一、名词解释

全面质量管理　　质量管理体系认证　　设计质量管理战略　　园林绿地的养护

二、填空题

1. 设计质量标准可分为以下两大类:＿＿＿＿＿＿和＿＿＿＿＿＿。
2. 施工现场质量管理一般分为＿＿＿＿＿＿、＿＿＿＿＿＿和＿＿＿＿＿＿3种方法。
3. 园林绿地养护的管理工作,可分为＿＿＿＿＿＿、＿＿＿＿＿＿和＿＿＿＿＿＿3种方法。

4. 设计质量应包括＿＿＿＿＿＿和＿＿＿＿＿＿2种方法。

5. 质量检验应包含＿＿＿＿＿＿和＿＿＿＿＿＿两部分。

三、选择题

1. 质量管理的基本方法——PDCA循环包括（　　）
   A. 计划　　　　　B. 实施　　　　　C. 检查　　　　　D. 处理

2. 全面质量管理的特点（　　）
   A. 全员参与的质量管理　　　　　B. 全过程的质量管理
   C. 全范围的质量管理　　　　　　D. 全面运用各种管理方法的管理
   E. 全面经济效益的管理

3. 施工现场的质量控制（　　）
   A. 施工前的管理　　　　　　　　B. 施工现场竣工的预验收
   C. 竣工正式验收　　　　　　　　D. 工程质量评定工作

4. 施工现场质量管理常采用"4M1E"控制模式，是指（　　）
   A. 施工人员控制　　　　　　　　B. 机械设备控制
   C. 材料控制　　　　　　　　　　D. 施工工艺控制
   E. 环境因素控制

四、思考题

1. 园林工程项目设计质量控制的内容。
2. 质量管理的基本原则。
3. 什么是PDCA循环？如何推动PDCA循环。
4. 质量体系认证的实施步骤。
5. 如何进行园林工程项目施工现场质量影响因素的控制？

五、实训题

举例说明"质量是园林企业的生命"的含义。

第八章　园林企业资产管理

目的与要求
1. 掌握园林企业财务管理，了解园林企业集资的渠道。
2. 深刻理解园林企业资产管理，包括流动资产管理和固定资产管理。
3. 熟悉成本费用管理。

[阅读资料]

江苏棕榈花木有限公司,2005年底实现销售收入1 000万元,利润41.5万元。2007年1~7月份完成销售额500万元,实现税收20万元,在本市花木销售行业中居领先地位。一个仅有20万元流动资金的公司在一年内实现以上的成绩,与在采购上实行以销定进的原则是分不开的。以销定进,说白了就是用厂家和用户的钱做买卖。这就要求既不能盲目进货,也不能盲目销货,要一手托两家,钱货两清楚。为此,该公司每次进货之前都要确认一批货能销出60%以上时,才拍板定案。这样既保证了回款率,也防止了压货。

第一节　园林企业财务管理

园林企业所从事的业务活动是为了改善生态环境,为生产和人民生活服务。所属单位有的没有固定收入,有的虽有部分收入,但不能抵补本身支出,所需经费主要由国家财政拨给。

园林企业的财务管理,是指所属单位业务活动和生产经营过程中有关经费的领拨、缴销、运用、管理、监督。财务工作的全过程要紧紧围绕着业务进行。通常分为预算管理、财务管理、财务活动分析、财务监督四个方面。它既是园林管理工作的组成部分,也是国家财政的组成部分。

一、园林企业现行的财务管理体制

从园林绿化事业的整体来说,是不以盈利为目的的"非盈利单位"。在社会主义制度下,生产资料以公有制为主体,在分配方面社会总产品要作各项扣除。其中,就要扣除用于社会集体事业,满足人们共同需要的部分。国家分配给园林单位的建设资金和维护资金就是"必要扣除"中的一部分,这就是常说的"取之于民用之于民"。虽然国家对园林事业逐年有计划地进行投资,但是,国家还不富裕,财力有限,还不可能拿很多钱用到园林建设上来,往往满足不了事业发展的需要。这是一个矛盾,解决这个矛盾的根本方法,就是要坚持勤俭节约这条原则,挖掘内部潜力,以最少的消耗和最少的投入,争取取得最大的效益。

近年来,国外对非盈利单位的财务管理有许多新的发展,可以从中看出加强财务管理提高经济效益的一些方法。例如:有一种"绩效预算"法,这种预算制度与传统的预算制度有所不同。它是以实际效益为依据的,强调成本与效益的比较,避免单纯地控制费用而忽视与工作成果相衡量的缺陷。就是说,对一个单位的考察,不是以它花钱多少来衡量。如果工作毫无成就,即使花钱再少也是不合理的;相反,如果工作效益很高,工作成果很大,即使花钱多一些也是合理的。这种预算方法,不但已经在非盈利组织中广泛应用,而且已经推广到了一些企业的管理机构中去了。而传统的预算方法,常常是在本期预算支出的基础上,考虑下期的某些变化之后而确定的,上级机构在审核预算时,往往是无条件地承认本期预算的支出部分,而只审查其下期的增加金额,这种预算编制方法随着基期金额的增加而逐步增大。还有一种所谓"零基预算",是指下期预算支出并不以本期预算支出为基础,而是从零开始,即"以零为基础",上级机构要审查每一元开支,而不是仅仅审核本期的增加金额。所以说,零基预算不仅是一种削减预算支出的方法,而且也是一种比较完善的预算控制方法。它的作用不仅限于供应资金,更重要的是它可以说明这些资金将如何有效地用于实现预定的工作目标。

  非盈利单位的财务管理方法基本上可以归纳为两类。一类是根据上级授权的预算限额控制支出;另一类是评价经营的成本和效益来支配支出。近年来趋向后一种,"绩效预算"、成本会计、成本效益分析等管理方法都属于后一种。

  园林单位内部存在着各种不同性质的生产业务单位,财务管理制度也不相同,凡属园林绿化建设工程,一般都要按照规定增加固定资产投资的程序进行有计划地投资。关于维持日常业务的支出则按照国家批准的预算,由上级财政部门按时提供资金。

  例如:公园是为人民群众提供休息游览场所的服务单位,属于城市的公用事业,其经费开支是由预算拨款的。但是有的公园有门票收入,还可以结合公园业务特点开展多种经营,有一定数量的收益,因此,采取收支相抵差额补贴的方式。街道绿化、行道树是市政设施的一部分,养护管理开支几乎全部由预算拨款,收入极微,它的经常养护管理开支几乎全部由预算拨款。苗圃是园林植物材料的生产单位,它的产品应该作为商品进入市场,一般按照企业管理的要求进行核算,承担一定的上缴任务。但是,由于经营管理水平等客观条件的限制,目前大多数苗圃仍然作为事业单位进行管理,虽然进行成本核算,但在财务上大多还是实行收支差额的管理方式。

  至于园林部门所属的商业、工业性质的单位,则以企业方式进行管理,采取利润提成的方式,对国家承担一定的上缴任务。园林部门所属各类型的单位,收入、支出相抵之下,不足之数实行差额管理,国家每年都安排相当数量的投资。

  近年来,国家为了调动园林单位和广大职工的积极性,扩大单位的自主权,在收支差额管理的基础上,实行了"预算包干"办法,由原来国家核定预算、年终结余、收回财政,改为"预算包干,结余留用"。这个办法的主要内容是:按照国家核定的预算包干使用,年终结余留归单位支配。至于单位的预算编制,则要根据事业计划、人员编制,各项定额以及保证完成各项任务所必需的资金,结合上年执行情况,由上级业务部门会同财务部门予以核定。如果在执行中由于上级下达的事业计划有所调整,或者国家规定的开支标准有所改变,而影响单位预算较大时,可以相应调整。实行"预算包干"有利于调动园林事业单位增加收入,节约开支的积极性。单位有了财务机动权,可以用于事业的发展、改善技术装备。同时,在提高经营管理水平,提高经济效益的基础上,可以适当改善职工的集体福利条件,或用作奖励基金,这样就把经济效益与国家、单位和职工三者的利益结合起来,与以前的统收统支的预算管理制度相比较是一个进步。

二、园林企业财务管理的主要职能

无论是实行哪一种财务管理方式,实行哪一种财务管理制度,财务管理必须贯彻执行国家的财经政策。在国家统一的方针、政策指导下,根据上级核定的预算,为园林生产建设事业的发展有计划地供应资金、监督资金的运用,并结合园林行业特点,开展多种经营、筹集资金。通过财务管理手段,发挥它对各项生产建设事业的保证作用和监督作用。概括起来,财务管理的职能有三方面:

1. 有计划地、合理地分配和供应资金

根据国家投资和收支情况,按照事业计划,进行合理分配和预算平衡,保证生产建设计划的顺利进行。

2. 发挥财政的监督作用

财政资金的合理分配和使用,是财务管理的重要环节。分配和使用是否得当、资金使用效果的大小,直接关系到事业发展的进程。对财政资金的运转过程,尤其是对资金的使用,要进行科学的管理和严格的监督,提高资金的使用效果。财务管理部门要督促所有财务活动;认真执行预算;严格执行财政制度;对违反财经政策,违背国家计划,不遵守财经纪律,浪费国家资金的行为进行监督。

3. 合理地组织收入

在现阶段,从我国的实际情况出发,充分利用园林业务特点,在为人民提供优良服务、丰富人民文化生活、满足人民需要的前提下,增加收入的工作是应该积极做好的。通过组织收入,可以扩大园林部门的自给能力,相应减少国家的负担,以更有效地加速园林绿化事业的发展。

为此,财务管理部门要克服单纯的财政观点。要做到面向生产,支持生产,参与生产,促进生产的要求;协助业务部门运用有利条件,积极开展多种经营,努力组织收入,推行经济核算制,实现高产、优质、低消耗,减少国家的支出。

三、园林企业财务管理的四个环节

有了健全的财务管理,才可能及时供应、合理安排、节约使用各种资金,保证生产、业务工作的正常进行,可以正确地核算各项收入和支出。因此,财务工作的水平直接关系到生产建设事业的发展和质量的提高。

（一）预算管理

园林部门的预算是国家整个预算的组成部分之一。预算是根据生产业务计划编制的,单位预算是计划的资金表现,是实现计划的财务保证,是在计划期内经费收支的安排及生产业务活动规模和方向的反映,也是园林绿化单位与国家预算之间资金缴拨关系的依据。

预算管理是根据单位预算,从财务角度对一个单位的生产、业务活动进行管理和监督。园林事业单位的预算管理,是根据"统一领导,分级管理"的原则,通过一定的管理体系和管理形式进行的。预算管理体系,是指单位预算级次的构成系统,和各级预算单位管理和使用预算资金的职责关系。

一级预算单位 即主管单位,一般是指一个城市里的园林管理局。它是直接向财政部门领报预算资金,并对其所属单位分配、转拨预算资金的单位,并且负责按照预算,对所属单位的预算执行情况进行监督和指导,有权在规定的权限内制订和颁发本部门各项财务管理制度和预算管理制度。负责财产管理,办理所属单位之间财产物资的调拨工作,审核所属单位财产物资的报损、报废、变卖等事项。

二级预算单位 是指园林局的下属单位。它是向一级预算单位领报预算资金,并对所属单位分配和转拨预算资金的单位,一般它下面还有独立核算的附属单位。它的职权和任务,除了它的经费是与上级预算有缴拨关系以外,其他基本与一级预算单位相同。

三级预算单位 即基层单位。它是向二级预算单位或没有二级预算单位而直接向一级预算单位缴拨预算资金的基层单位。它的权限和职责主要是在预算和各种定额范围内有权支配和办理本单位预算支出,按照有关规定组织各项收入,并负责按照预算规定正确合理地使用预算资金、接受上级预算单位的监督和检查。保护国家财产,按期办理财产物资的清查工作,遵守预算、财务会计制度,正确及时地编送会计报表和年度决算。

园林部门的预算管理类型有多种,有的单位有收入有支出,有些单位有支无收(或基本无收),有些单位支出大于收入,有些单位收入大于支出。为了充分发挥各单位生产业务的积极性,合理地组织收入,严格地节约支出,必须根据各单位不同类型和收支情况,确定不同的预算管理形式。

1. 全额管理

这种管理形式,一般适用于没有经常性收入的单位,如行道树养护单位等。就是单位的各项收入全部纳入预算,所需支出全部由预算拨款,所取得的各种收入全部上缴。采取这种管理形式,有利于国家对单位的收支进行全面的管理和监督,同时,使单位的支出得到充分的保证。

2. 差额管理

这种管理形式适用于有经常性业务收入的单位,如公园等。以自己的收入抵补支出,支出大于收入的差额由预算拨款,收入大于支出的差额上缴预算。采用这种管理形式,可以使单位收入和支出与国家、单位、职工的经济利益联系起来,有利于调动单位改善经营管理、提高服务质量,挖掘潜力、增加收入、节约开支的积极性,更好地提高服务质量,完成各项生产业务计划。

3. 企业化管理

在园林事业单位内部有一些是实行企业化管理的生产单位或商业单位,如工具厂、农药厂、花木商店、公园内部的餐厅、照相部等。虽然它是从属于园林事业单位的生产部门、服务部门,是事业性质的单位,但就其经营活动来看,它在保证完成各自任务的同时,又为社会提供一定数量的产品和服务,可以充分利用生产条件增加产品生产或扩大服务,增加生产增加收入。为了适应这类单位的特点,在财务上实行企业化管理的形式,要求这些单位按照企业的要求实行经济核算,力求收支平衡,并要有所上缴。

(二) 支出管理

支出,是为实现计划,开展生产业务活动以及从事一切经营服务活动所必需的资金保证,是发展社会生产力,改善生产、生活条件,提高人民物质文化生活水平必不可少的费用开支。国家对园林事业的开支实行厉行节约,保障供给的方针。就是一方面要保障提供资金;另一方面又必须贯彻勤俭建国,勤俭办一切事业的方针。首先,财务部门要及时供应资金;同时,生产业务部门要严格按照上级批准的计划开展工作。做好支出管理的基本要求,有以下几个环节。

1. 精打细算,把钱用在刀刃上

园林行业的普遍矛盾是,事业的发展跟不上城市建设和人民群众日益增长的需要。要做的事很多,但是国家用于园林事业的拨款是有限的,不可能百废俱兴,面面俱到,因此要把有限的资金用到最需要的地方,区别轻重缓急,精打细算,讲究经济效益。

2. 按计划、按规定用款

就要根据批准的预算和用款计划办理支出。对于各项支出,必须按照规定的开支范围和开支标准执行。用款要按照事业进度领拨,不能提前和推后,既要保证资金及时供应,又要防止资金的积压,财会人员要把住关口,要划清资金渠道。基本建设拨款和专项事业拨款与经常费不能互相挤占,预算内的资金严禁利用各种借口转到预算外;对于没有预算,没有计划和不符规定的开支,要守住口子。

3. 严守费用开支标准

费用开支标准是财务管理的重要环节之一,是国家为控制和掌握费用开支的统一规范,费用开支标准包括费用的开支范围和货币的额度两个部分。它规定了哪些是可以开支的,哪些是不可开支的,应开支多少等等。

费用开支标准有些是在全国范围内一切企业、事业、行政所有部门,所有单位统一执行的;有些是在行政事业范围内所有部门,所有单位统一执行的;有些则是仅限于在园林事业单位内的某一具体部门或工种执行的。不论是哪一种性质的开支标准,共同地具有以下的特性。

(1)政策性:费用开支标准规定中,有的由单位集中掌握使用,有的直接发给职工本人使用。这就使国家与广大职工群众之间,单位与广大职工群众之间在经济上发生联系。因此,在制订费用开支标准时,要从关心群众生活出发,按照党和国家的方针、政策,要求正确处理国家、单位、个人三者的关系。

(2)统一性:费用开支标准的政策性规定了费用开支标准的统一性,同一地区、同一时期、同一性质的同一费用开支必须支付等量的货币数额。因此,费用开支标准问题的解答、修改,不同意见的处理应当由制订费用开支标准的国家机关统一办理。

(3)指令性:费用开支标准经上级有关机关批准以后就赋有规范的性质。在执行过程中,各部门各单位以及个人必须按照规定的开支范围和货币额度办理支付,不得擅自扩大开支范围和提高开支标准。

4. 严守社会集团购买力

社会集团购买力是机关、团体、部队、企业以及事业单位在市场上购买公用消费品的资金。扩大社会集团购买力不仅意味着行政事业经费支出的增加,而且还会冲击市场,造成物资的紧张,影响人民群众的需要。

严格控制社会集团购买力是节约行政事业经费、稳定市场物价的一项重要措施,要充分认识这项工作的必要性,加强宣传工作和政治思想教育工作,自觉遵守有关规定,严格遵守经批准的社会集团购买力指标。

(三) 收入管理

是指在开展园林业务活动中以及相应的生产服务过程中,因为向社会提供服务,产品或行使行政管理措施,根据国家规定而取得的收入。园林单位向服务对象提供了服务和产品以后,向服务对象收取一定的费用是理所当然的,应该按照价值规律办事,按照"应收则收,合理负担","谁受益,谁负担"的原则,收取一定的费用,是可以为广大群众所理解和接受的。

园林事业单位的收入是抵补园林事业支出的资金来源之一,争取园林事业收入,可以促进事业的发展和提高,可以在不增加或少增加国家负担的情况下,多兴办一些事业。加强收入管理,主要做好以下几件事:

(1) 要结合园林业务特点,在促进发挥园林功能的前提下,充分挖掘潜力,合理地组织收入。不应该为了组织收入而去兴办那些与园林无关、甚至影响园林功能侵占绿地,挤占专业人力、物力、财力的事。

(2) 要结合提高园林服务质量,丰富群众的游览活动内容。例如,充分利用公园设备条件,开展多种形式的科学文化活动,扩大服务面,在满足群众文化生活的前提下,合理地增加收入。

(3) 办好园林事业单位的附属工、商企业单位。按照为园林事业服务的原则,提高经营管理水平,把生意做足,严格实行经济核算,为园林事业提供资金。如园林单位所属的花木商业、公园服务部门、摄影、茶点、饮食行业等。

(4) 收入要讲政策,园林事业单位的各项收费标准,是一项政策性很强的工作,要正确贯彻执行党和政府的政策,做到该收的收,不该收的坚决不收。

(5) 各类商品要严格遵照物价管理政策、法令办事。

(6) 各类收费标准,都要依照审批权限报经有关领导机关审批。审批权限应根据"统一领导,分级负责"的原则明确规定,有的由园林部门批准,有的由物价管理部门批准,有的还要经上级机关审批,以便做好综合平衡工作。

财务部门有责任配合业务部门认真执行收费标准。执行中如发现有不合理之处,应及时进行调查研究,向主管部门或原审批收费标准的单位反映,以便及时研究修订。在未经正式通知修订前,仍应照原标准执行,不得擅自提高或降低。

(7) 要建立健全各种票、据、凭证的管理制度。各项活动收费的票、据、凭证和其他有价证券,是园林部门与群众经济交往中的重要手段,它既与现金收付发生直接联系,又是核算各项业务收入的依据。因此,必须切实加强管理,建立健全印制、复核、检查、保管等制度。对各项有价凭证,定期进行复核检查,不仅可以防止多收、错收、漏收,提高收费工作的质量,而且有利于堵塞漏洞,从中可以及时发现收入管理中存在的问题,使各项收入做到点滴归公,保证国家资金不受损失。

(四)财务监督

财务监督是财务工作的组成部分。财务监督必须在财务部门和基层单位的领导下,依靠群众来进行。它的目的在于保证单位的社会主义方向,保障党和国家的方针、政策、财经纪律和规章制度的贯彻执行,促进增收节支、合理使用资金、讲究经济效果、全面完成国家计划。通过财务监督,守计划、把口子,保证按国家的规定办事,纠正违反制度的做法,制止违法乱纪行为。

日常工作中财政监督的主要内容如下。

1. 对单位预算和执行过程中的监督

主要有如下要点:年度预算编制是否根据党和国家的方针、政策及事业计划、工作任务、各项定员定额、开支标准进行编制。在收入方面是否符合收入政策和业务要求;支出方面是否贯彻了节约原则,有无宽打窄用,铺张浪费情况。

各项支出预算完成情况是否与业务计划完成进度相适应。

在人力、物力、财力消耗方面,是否贯彻了勤俭办事的方针;在财务管理上是否做到了积极筹集资金,及时供应资金,严格管理资金的要求。

2. 对收入方面的监督

各项收入是否按照业务计划和规定的范围进行。有无擅自扩大或缩小收费范围,提高或降低收费标准的情况。对应上缴的收入是否按照规定上缴,有无拖欠、挤用以及截留坐支等情况。

各项收费标准是否符合党的方针政策和上级规定,有无偏高偏低、该收未收、不该收的收了的情况。是否达到了挖掘潜力,扩大服务,促进业务,提高管理水平的要求。

3. 对支出方面的监督

各项支出是否按预算规定的范围、内容和要求进行支出;有无乱用、多支、借支,损公肥私,假公济私或贪污盗窃的情况。各项费用开支是否有擅自扩大范围,提高标准的情况。各项支出是否精打细算,讲究经济效果。购置财产、物资是否控制社会集团购买力的规定执行。

4. 对资金的监督

包括:预算内外资金是否按照规定使用,有无把预算内资金转为预算外资金的情况;各项周转金、现金有否超定额情况;库存现金有无随意借支、非法挪用、白条抵库,以各种方式额外收取现金,搞小金库等情况。

从企事业单位看,违反财经纪律主要有以下十项表现,是应严加防范的。它包括:①挪用、截留应当上交国家的税金、利润和基本折旧基金;②化全民为集体、化大公为小公,损害国家利益;③擅自提价、削价,破坏国家价格政策;④擅自扩大成本开支范围,提高开支标准,乱列营业外支出;自行提高各项专用基金提取比例;⑤乱搞计划外的建设工程,违反专款专用原则,挪用流动资金用于其他财政性开支;⑥私分产品,侵占国家资财,或用白条抵库、挪用库存物资和资金;⑦滥发奖金津贴和实物;⑧用公款请客送礼、铺张浪费;⑨向企业抽调劳动力、摊派物资、资金;⑩弄虚作假,虚报冒领。

四、经济核算

随着管理科学的发展,为了提高经济效益,许多非盈利为目的的事业单位也广泛地实行了经济核算制度。

经济核算在园林绿化事业中和其他部门一样,应该是经营管理的一项基本原则。国家把人、财、物交给了单位,应该负起责任管理好自己的单位,在政治上坚决贯彻执行党的路线、方针、政策;在经济上要根据经济核算的原则,建立相应的管理制度,形成完整的经济核算制度。没有经济核算,就没有管理目标,没有考核标准,更谈不上提高经济效益。

经济核算适用于国民经济的一切部门,不论是事业单位,还是企业单位,所有经济部门都要按经济核算的原则进行管理。就园林部门来说,生产、建设、养护、服务各个方面;计划管理、劳动管理、技术管理、质量管理、物资管理等一切环节,都要讲究经济核算,都必须用经济核算的手段反映它的经济效益。

经济核算并不是财务部门一家的事,财务部门仅仅是经济核算的组织者,通过财务计算反映各项经济活动的情况。必须实行全面的经济核算,把经营管理与经济核算紧密地结合起来,才能对各项生产业务活动进行经济评价。经济核算它概括了一切经济活动的成果,它监督各项工作的进行。因此,正确运用经济核算手段,全面推行经济核算制是做好园林事业的一项重要措施。

园林部门所属事业单位有的是按照核定的预算由国家按时拨给资金的。其中也有附属于园林事业单位之下的企业单位,要根据实际情况,分别确定符合园林事业特点的核算方法。所有实行经济核算的单位,概括起来应达到以下基本要求:

1. 要提高对经济核算的认识

不断地进行思想教育工作,提高职工对经济核算的认识;同时要把经济效果的好坏与职工的物质利益联系起来,按照劳动的数量和质量进行分配,在发展生产、提高经济效益的前提下,才能逐步提高职工的生活水平,正确安排好国家、单位和个人三者的利益关系。

2. 要在单位内部推行责任制

实践证明一个单位能不能办好,必须克服职责不清、任务不明,干好干坏一样吃"大锅饭"的状况,这是保证经济核算工作持续发展,不断巩固提高的重要条件。

建立了责任制,才有可能把各项经济技术指标实行分级分口管理,分级分口核算;才有可能把计划指标分解到各部门,各班组以至职工个人,分头负责,贯彻执行;才有可能考核各部门、各班组和各个职工完成任务的好坏、经济效果的大小,做到赏罚分明。搞责任制的根本目的是为了使职工关心自己的事业,主动搞好生产业务工作,挖掘各方面的潜力,提高经济效益。

3. 要建立健全的规章制度,做好经济核算的基础工作

科学的严格的规章制度,是一个单位进行正常生产业务活动的必要条件。所有单位都应该根据自己的实际情况,在计划、生产、服务、技术、劳动、物资、财务等方面建立规章制度,并且严格按照规章制度办事,做到事事有人管、人人有专职,克服无章可循、有章不循的混乱现象。要及时检查总结规章制度的执行情况,坚持合理的规章制度,改革不合理的规章制度,使其不断完善以适应生产事业发展的需要。扎实的基础工作是搞好经济核算的前提条

件,要依靠群众搞好定额管理、原始记录、质量验收等基础工作。要建立完整先进的定额体系。定额是计划管理的基础,也是搞好经济核算的条件,没有定额就像没有尺子一样,没有核算的依据。

要逐步地对材料、工具消耗、工时消耗、设备利用、物资储备、流动资金占用、费用开支等都要依靠管理人员、技术人员和工人,在总结经验的基础上制定合理的定额。要按定额制订计划、安排生产、业务工作,考核工作效率和经济成果。定额不是一成不变的,要随着生产技术的进步和管理水平的提高及时修订。

在生产业务活动的各个环节中,所反映的数量、质量和人力、物力、财力的消耗,都要有原始记录,准确、完整、及时地反映生产经营活动情况。要统一各种原始记录的格式、内容、填制方法及至签署传递和汇集方法。同时对物资的购进、领用、运输、生产过程中的转移,都要实行严格的计量验收制度,既要验量,又要验质,做到准确无误。

4. 搞好群众性的经济活动分析

经济活动分析是检查、分析经营成果的重要方法。通过分析,才能揭露各种矛盾,促进全面完成计划。它是提高经济效益的一项重要工作,应该建立经济活动分析制度,要按年、按季、按月进行综合分析,并针对关键问题进行专题分析。各个职能部门要进行定期或不定期的专业分析,基层单位直接到班组要开展一事一议的经常分析。

进行经济活动分析,必须作好调查研究,要对各项经济活动进行全面、深入的分析对比。例如:考核某项任务的完成情况和经济效果,可与计划比;可与历史先进水平比;可与同行业先进水平比。只有经过分析比较才能从中找出差距,发现问题,得出经验和教训。

专业部门的单项分析比较,要注意总结经验,交流经验,表扬好人好事,发现经济活动中的问题,通过分析,找出原因,提出改进措施。

经济活动分析不能单靠财务部门,要发动各部门、班组和广大职工群众参加,实行专业与群众相结合,使人人关心经济效益。群众性的经济活动分析是提高经济效益的一个重要方法。群众性的经济活动分析是群众参加管理的一种形式。班组核算要按干什么、管什么、算什么的原则,分析不同内容。经济活动分析要与责任制结合起来进行,用经济分析的方法考核经济效益,反映事业成绩的大小。同时要与奖惩制度结合起来,这样才能使经济活动分析持久地进行下去。

第二节 园林企业资金的筹集

一、筹集资金的基本原则

1. 合法性

合法性原则是指筹资主体要自觉遵守国家各种法律法规、方针和政策。

2. 适度性

筹集的适度性原则是指企业筹集的资金一定要与企业对资金的需求规模相适应的筹资金额、时机、期限和方式的适当性。

筹资金额的适度性　是指企业筹资时应做到既保证合理供应,又不超过合理需要。

筹资时机的适度性　是指企业应掌握好筹资的时间,因为筹资具有极强的时效性,只有在恰当的时间进行恰当的投资,才能获得高额的投资回报。

筹资期限的适当性　是指对所筹资金的期限进行合理搭配,使其与生产经营或建设的周期相吻合。

筹资方式的适当性　是企业应根据自身具体情况和资金使用的要求.对各种筹资方式所能筹到资金的数量、期限、成本、风险及其所需办理手续的繁简程度等因素进行全面的考虑,以做出合适的选择。

3. 负债经营担保原则

负债经营担保原则是指企业在筹集资金时,应对其负债提供相应的担保。这主要是为了杜绝企业因多头贷款而超重负债的现象出现,加强筹资的风险管理。负债经营中的担保,还可以把许多负债经营中的风险转嫁给不想直接参加负债经营成为负债经营提供资金的第三人。

4. 择优性原则

择优性原则就是要在多种备选筹资方案中选择最佳的筹集资金的方案。企业筹集资金的渠道和方式很多,各种筹资渠道和方式都有其不同的特点,各有所长,各有所短。因此,企业必须根据资金需要情况,从多种筹资的方案中,根据筹资成本、筹资条件和筹资时间的代价等方面进行比较,选择最佳方案。

5. 风险和效益统一原则

风险和效益统一原则要求企业在筹集资金的过程中对不同风险的筹资工具使用后,所得到的效益与之相对应。

二、筹集资金的渠道

筹资渠道是指资金来源的方向与通道,体现着资金的来源与流量。我国现行的企业筹资渠道主要有以下几种。

1. 国家财政资金

国家对企业的直接投资是国有企业最主要的资金来源渠道。从产权关系上看,国家投资的财政资金产权属国家所有。

2. 银行信贷资金

银行对企业的各种贷款是我国现有各类企业最为重要的资金来源之一。

3. 非银行金融机构资金

非银行金融机构是指信托投资公司、保险公司、租赁公司、证券公司和财务公司等,它们所提供的各种金融服务包括信贷投放、物资融通、为企业承销证券等。

4. 其他企业资金

在市场经济条件下,企业间的商业信用和互相投资业务十分频繁,企业可通过联营、入股及商业信用等方式获得长期资金的使用或短期资金的调剂。

5. 居民个人资金

资金市场开放后,企业可以通过发行企业债券、股票、可转债等形式获取职工和居民个人的民间资金,这也是企业的重要资金来源。

6. 企业自留资金

企业自留资金是指计提折旧、提取公积金和未分配利润等企业内部形成的资金。这些资金无需企业通过特定的方式去筹集,而直接由企业内部自动生成或转移。

三、园林企业筹集资金的方式及程序

筹集资金方式是指企业筹措资金所采用的具体形式。目前我国企业的筹资方式主要有以下几种。

(一) 吸收直接投资

1. 方式

吸收直接投资可以采用多种形式。从投资者的出资形式看,主要分为吸收现金和非现金投资两种类型。其中吸收非现金投资又可分为吸收实物资产投资和吸收无形资产投资。吸收非现金投资时,应注意两个问题:一是要做好资产估价;二是对于无形资产出资应符合国家规定的出资限额。

2. 程序

(1) 确定吸收直接投资的资金数额,投资者出资金额是其分享权利、承担义务的确认依据,因此必须确定好各直接投资者的资金数额,据此确定各出资者所占权益资金比率。

(2) 确定吸收直接投资的具体形式,即现金投资、实物投资或者无形资产投资。不同的出资方式都为企业所需,但必须做好估价工作,以确定各出资者的出资比率。

(3) 签订合同或协议等文件,规定出资金额、方式、时间,以及其他权利义务等。

(4) 取得资金来源,按合同或协议的规定及时取得资金。

(二) 股票筹资

1. 方式

股票是股份公司为筹集自有资金而发行的,表示持有人按其持有的股份享有权益和承担义务的可转让的书面凭证。股票持有人即为公司的股东,它为作为出资人按投入公司的资本额享有所有者的资产受益、企业重要决策和选择管理者的权益,并以其所持有股份为限对企业承担责任。股票作为股份企业资本所有权的证书,具有不返还性、风险性、流通性等特点。

2. 股票的种类

股票按照不同的标准,可以分为下列各类型:

(1) 按股东权益划分,可分为普通股票与优先股票。普通股票是股份制公司发行的代表股东享有平等的权利、义务,不加特别限制且股利不固定的股票,它是公司最基本的股票。优先股则是公司发行的优先于普通股东分得股息和公司剩余财产的股票。

(2) 按股票票面有无记名划分,可分为记名股票和无记名股票。记名股票是在股票票面记载股东的姓名或名称的股票,股东姓名或名称要记入公司的股东名册;无记名股票则是在股票面不记载股东的姓名或名称。

(3) 按票面中是否标明金额划分,可分为面额股票和无面额股票。面额股票的票面标有金额；无面额股票的票面不标金额，而只在股票上载明所占公司股本总额的比例或股份数。按照我国《公司法》的规定，股票必须标明其面额。

(4) 按投股主体不同，可分为国家股、法人股、个人股和外资股。

(5) 按发行对象可分为 A 股和 B 股。A 股是指我国个人或法人买卖的，以人民币标明票面价值并以人民币认购和交易的股票；B 股则是专供外国的我国港、澳、台地区投资者买卖的，以人民币标明其面值但外币认购和交易的股票，也称人民币特种股票。

3. 程序

(1) 公司做出新股发行决议；公司应根据企业生产经营情况，在认真分析和研究的基础上，提出发行新股的计划，并提交董事会讨论表决。董事会应根据资本授权制度和新股发行计划做出发行新股的决议(根据资本授权制度，在授权限额内股票发行可由董事会决定，但超过授权限额应由股东大会表决)。

(2) 做好前期准备工作。

(3) 提出发行股票的申请。企业聘请会计师事务所、资产评估机构、律师事务所等专业机构，对其资信、资产、财力状况进行审定、评估和就有关事项出具法律意见书后，按照隶属关系，分别向省、自治区、直辖市、计划单列市人民政府或者中央企业主管部门提出公开发行股票的申请。

(4) 有关机构的审核。政府证券管理部门根据有关法律规定对申请书进行逐项审查，确认是真实的、合理的，即可批准发行。被批准的发行申请送证监会复审。证监会应当自收到复审申请之日起 20 个工作日内出具复审意见书，并将复审意见书抄报证券委员会。

(5) 签署承销协议。

(6) 公布招股说明书。在获准公开发行股票之前，任何人不得以任何形式泄露招股说明书的内容，在获准公开发行股票后，发行人应当在承销期开始前 2～5 个工作日内公布招股说明书。

(7) 向社会发出公告。

(8) 向社会公开招股。

(9) 认股人缴纳股款。

(10) 承销机构向公司交付股款。

(11) 向认股人交割股票。

(12) 变更公司董事会与监事会。

(13) 办理资本的变更登记。

(三) 银行借款筹资

1. 方式

银行借款是指企业根据借款合同或向银行或其他金融机构借入的款项，我国商业银行与企业在进行了信贷业务时，遵循"平等、自愿、公平和诚实信用"原则。

2. 程序

(1) 选择借款银行：企业在借款时，除了重点考虑借款种类、借款利率、借款条件、管理等因素外，还必须对提供贷款的金融机构进行分析，择优选择。

(2)提出借款申请：企业需要向银行借入资金，必须向银行提出申请，提供如下申请资料：

①《借款申请书》；

②借款人及保证人的基本情况；

③抵押物清单及同意抵押的证明；

④财政部门或会计师事务所校准的上年度财务报告；

⑤项目建议书和可行性报告；

⑥原有的不合理借款的纠正情况；

⑦贷款金融机构认为需要提交的其他资料。

(3)银行审查借款申请：银行对企业的申请进行审查，以确定是否对企业提供贷款。

(4)签订借款合同：贷款银行对借款申请审查后，认为各项条件均符合规定并同意贷款的，应与借款企业签订借款合同。

(5)企业取得借款：双方签订借款合同后，贷款银行按合同的规定如期发放贷款，企业便可取得相应的资金。企业可根据借款合同办理提款手续，提款应在合同规定的期限内按计划一次或多次办理。如企业想变更提款计划，须提出申请，银行同意后方可变更。企业取得借款后，应按借款合同约定的用途使用借款。

（四）企业债券

1. 企业债券概念

企业债券是企业为筹集资金而发行的，约期还本付息的借贷关系的有价证券。企业债券通常又称公司债券，简称公司债。

2. 企业债券的种类

企业发行的债券按不同的标志可分为不同的种类。

(1)按有无特定的财产担保，分为抵押债券和信用债券。抵押债券是指发行企业以特定的财产作为担保的债券；信用债券是指发行企业没有设定担保品，而仅凭其信用而发行的债券。

(2)按是否记名，分为记名债券和无记名债券。

(3)按能否转换为本公司股票，分为可转换性债券和不可转换性债券。可转换性债券是根据发行契约允许持券人按预定的条件、时间和转换率将持有的债券转换为公司普通股票的债券；不能享有这种权利的债券则称为不可转换债券。

(4)按筹资期限长短，分为长期债券和短期债券。长期债券是指筹资期限在一年以上的债券，它主要用于满足企业长期、稳定的资产占用需要；短期债券则指筹资期限在一年以内的债券，它主要用于满足临时性的流动资产需要。

3. 程序

(1)企业权力机关做出发行债券决议；

(2)编制企业发行债券的章程；

(3)提出办理债券等级评定手续申请；

(4)报请国务院证券管理机关批准；

(5) 与承销机构正式签订承销合同；
(6) 发出募集债券；
(7) 印制相应的文件和表格；
(8) 登记认购申请；
(9) 交付债券，收缴债券款。

(五) 融资租赁

1. 方式

租赁是出租人以收取租金为条件，在契约或合同规定的期限内，将资产租给承租人使用的一种经济行为。按租赁业务性质，租赁分为经营租赁、融资租赁两种。

融资租赁是由出租人按照承租人的要求融资购买设备，并在契约或合同规定的较长期内提供给承租人使用的信用业务。它通过融物来达到融资的目的，是现代租赁的变相剥削形式，它具有以下特点：①设备租赁期较长，一般按近期资产经济使用年限的 70% ~ 80%，至少不低于使用寿命的一半；②不得任意中止租赁合同或契约；③租赁期满后，按事先约定的方式不处置资产，或退还、续租或留购；④租金较高，其租金一般包括设备的购置成本、预计设备残值、利息、租赁手续费。

融资租赁一般可分为直接租赁、售后回租和杠杆租赁等三种类型。

2. 程序

融资程序一般包括：①选择租赁公司；②办理租赁委托；③选择设备；④签订购货协议；⑤签订租赁合同；⑥验货与投保；⑦租赁期满后的设备处理。

(六) 商业信用

商业信用是企业在商品购销活动过程中因延期付款或预收货款而形成的借款关系。它是筹集短期资金的一种方式。

从筹资角度看，商业信用主要表现为应付账款、应付票据、预收货款等具体形式。

第三节 园林企业流动资产管理

流动资产是指可以在 1 年内或者超过 1 年的一个营业周期内运用或变为现金的资产，包括原材料、低值易耗品、在产品、产成品等各种存货，现金及各种存款、应收及预付款项等。

一、流动资产的特点

1. 流动性较大

园林企业流动资产的占有形态是经常变化的，一般在现金、材料、产品、产成品、应收款、现金之间顺序转化，通常在一个生产经营周期内完成一次循环。流动资产每次循环都要依次经过采购、生产、销售过程。流动资产的整体，从空间上看是以不同的存在形态同时并存于生产经营的每个阶段上。各种形态在空间上保持并存性，在时间上保持继起性。

2. 流动资产具有波动性

企业需要的流动资产数量,不是固定不变的,即使在同一时期的不同阶段,需要量也不一样,不管是季节性生产企业,还是非季节性生产企业都是如此。

3. 流动资产具有变现性

流动资产一般具有较强的变现能力,如果遇到意外情况,企业出现资金周转不灵、现金短缺时,便可迅速变卖这些资产以获取现金。因此流动资产回收时间较短,一般企业流动资产上的资金在一年或一个营业周期内能够得到回收。

除了上述特点外,流动资产提供的信息具有很强的综合性。流动资产的运动,综合反映了企业供、产、销的工作情况和企业各方面的管理水平。

二、流动资产管理的内容

流动资产在生产经营过程中不断流转,由货币形态转化为实物形态,再由实物形态转化为货币形态,其价值是一次性转移到产品中去的。流动资产管理的主要内容包括:现金、短期有价证券、应收账款、存货、其他应收款等。

1. 现金管理

在企业内以货币形态存在的资金统称为现金。现金可以有效地立即用来购买商品、货物、劳务或偿还债务。现金是企业中流动性最强的资产。现金包括库存现金、银行存款、银行本票和银行汇票等。现金管理的目标,就是要在资产的流动性和盈利能力之间做出抉择。具体做到:合理配置,保持最优资产结构;加速流动资产周转,提高其使用效果;正确处理盈利和风险之间的关系。

(1)现金的使用范围。现金是专门用来预备支付企业日常零星开支的。现金只能用于支付职工工资和各种工资性津贴,支付个人劳务报酬,支付个人奖金,支付各种劳保、福利费用及符合国家规定的个人其他现金支出,收购单位向个人收购农副产品和其他物资支付的价款,出差人员携带差旅费,结算起点(1 000 元)以下的零星支出,确实需要现金支付的其他支出。

(2)库存现金限额。库存现金量大小,视企业一定时期实际支付的现金总额(不含工资及其他一次性支出),一般是 3~5 天的平均需要量,最高不得超过 15 天的日常开支,企业收入的现金应于当日送存银行。企业应建立健全的现金账目,逐笔记载现金支付,日清月结,账款相符。

(3)银行存款管理。企业除了限额持有现金以外,应将款项存入银行,还要通过银行进行货币资金的转账结算。货币资金存入银行利率很低,所以是一种非盈利性的资产,尽量减少货币资金,把货币资金维持在某一特定水平上。维持一定量的货币资金,目的是为了支付和预防,保证生产经营活动顺利进行。货币资金的合理持有量是企业保证生产经营的最低资金需要和银行存款额。

(4)现金收支管理。现金收支管理的目的在于加速现金周转速度,提高现金的使用效率,为达到这一目的,可运用下列方法。

①加速收款。企业应在不影响销售收入的前提下,尽可能地加快现金的收回。即不仅要尽量使顾客早付款,而且要尽快使这些付款转化为可用现金。为此,企业应抓好以下几个

环节:加速客户汇款的速度;减少收到客户开来支票与支票的兑现时间;加速资金存入开户银行的时间。

②调整现金流量,提高收支的匹配程度。如果企业能力使现金流入与现金流出发生的时间趋于一致,就可以使企业持有的交易性现金余额降低到最低水平。

③使用现金浮游量。所谓现金浮游量,是指现金在从企业开出支票到银行将款项划出企业账户这段时间的占用。在使用现金浮游量时,要注意的事项是一定要控制好使用时间,否则会发生银行存款透支。

④延缓应付账款的支付。企业采取赊购方式购买原材料或其他商品,应尽量享受供应方给予的信用条件,将付款期推迟到信用期的最后一天。此外,在不影响企业商业信用的前提下,可延缓应付账款的支付,以缩短现金周转的周期。

2. 短期有价债券管理

短期有价证券管理是指企业能够随时变现或持有时间不超过1年的各种有价证券,是企业现金的一种转换形式,获取收益是持有有价证券的原因。

(1) 短期债券的种类

政府债券　是由中央政府或地方政府发行的债券。投资政府债券的优点是:风险很小,流动性强,免交收益所得税;缺点是投资收益相对较低。

金融债券　是由金融机构发行的债券。投资这种债券的风险较小,流动性强,能够获得比政府债券高、比企业债券低的收益。

企业债券　又称公司债券,它是由企业发行的债券。投资企业债券能够获得比政府债券和金融债券高的收益,但是本金和收益的风险稍大,一般都要交纳收益所得税。

(2) 影响债券价格的因素

影响债券价格的因素可分为内部因素和外部因素,影响债券价格的内部因素主要有:

①票面利率:债券的票面利率越低,债券价格越容易变动,在货币市场利率提高的时候,票面利率较低的债券价格下降较快;当市场利率下降时,它的增值潜力较大。

②提前赎回规定:提前赎回条款是债券发行人所拥有的一种选择权。它允许债券发行者在债券发行一段时间以后,按约定的赎回价格在债券到期前部分或全部偿还债务,这种规定在财务上对发行者是有利的。因为发行者可以在市场利率降低时发行较低利率的债券,取代原先发行的利率较高的债券,从而降低融资成本;而对投资者来说,他的再投资机会受到限制,再投资的利率也较低,这种风险是要从债券价格中补偿的。因此,具有提前赎回可能性的债券应具有较高的票面利率,也应具有较高的到期收益率,其内在价值也就较低。

③税收待遇:一般来说,免税债券的到期收益率比类似应纳税债券的到期收益率低。

④市场属性:市场属性是指债券可以迅速出售而不会发生价格损失的能力。如果某种债券很难按市价卖出,持有者会因该债券的市场属性差而遭受损失,这种损失包括较高的交易成本以及资本损失。这种风险也必须在债券的价格中得到补偿,因此,市场属性好的债券与市场属性差的债券相比,具有较高的内在价值。

⑤违约风险:违约风险是指债券发行者不能按期履行合约规定义务,无力支付利息和本金的潜在可能性。一般说来,除政府债券外,其他债券都是有违约风险的,违约风险越大的债券,投资者要求的收益率就越高,债券的内在价值也就越低。

影响债券价格的外部因素主要有：

①银行利率：银行是信用度较高的一种金融机构，其存款的风险较低，因此，银行利率是决定债券价格时必须考虑的一个因素。一般来说，政府债券由于没有风险，其收益率要低于银行利率，而一般企业债券的收益率要高于银行利率。

②市场利率：利率风险是各种债券都面临的风险。在市场总体利率水平上升时，债券的收益率水平也应上升，从而使债券的内在价值降低；反之，在市场总体利率水平下降时，债券的收益率水平也应下降，从而使债券的内在价值提高。同时，市场利率风险与债券的期限相关，债券的期限越长，其价格的利率敏感度也就越大。

③通货膨胀：通货膨胀会使投资者从债券投资中实现的收益不足以抵补由于通货膨胀而造成的购买力损失，从而使债券的内在价值降低。

(3) 债券投资的风险

违约风险　是指发行者无法按时支付债券利息和偿还本金的风险，方法是不购买偿债能力较差的企业债券和金融债券。

利率风险　是指由于市场利率变动而使投资者遭受损失的风险。由于债券价格会随市场利率变动，即使没有违约风险的政府债券，也会有利率风险。

通货膨胀风险　是指由于通货膨胀而使货币购买力下降的风险。一般说来，预期收益率不变的较会上升的资产的购买力风险大；利率固定的债券由于收益率不变，受到的影响更大。回避通货膨胀风险的方法是通货膨胀期间不买长期债券。

变现风险　是指无法在短期内以合理价格出售债券的风险。回避变现风险的方法是不购买市场属性差的债券。

再投资风险　是指债券变现后，难以找到比变现债券更高收益率的投资对象的风险。一般在预期市场利率处于上升通道时，不宜买入债券（特别是长期债券），以回避再投资风险。

3. 应收账款的管理

应收账款是指企业因销售产品、材料、提供劳务及其他原因，应向购货单位或接受劳务的单位收取的款项。企业在赊销条件下，才会产生应收账款，赊销是促进销售的一个重要手段。应收账款会给企业带来一定经济损失，原因是：占用资金的利息，资金不能参加其他获利投资的机会成本，收款费用支出，可能的坏账损失。所以，企业应加强对应收账款的管理与控制。采用赊销时应注意：

(1) 根据自身情况，确定客户信用标准。信用标准定得过高，企业在赊销时遭受坏账损失的可能性就越小，应收账款的机会成本也越小，但会限制企业通过赊销扩大营业额的规模；如果信用标准过低，虽可扩大营业额，但坏账损失的可能性较大，要确定适当的信用标准。

(2) 规定适宜的信用期。信用期过短，会影响营业额扩大，放大信用期限虽对扩大营业额有利，但企业得到的利益可能被增长的费用所抵消。所以要确定适当的信用期，同时规定用户提前偿还贷款的折扣率和折扣期限。

(3) 建立健全的收款办法体系。企业对应收账款应按期催收。对逾期付款的客户可规定一个允许拖欠的时间，并加强催收。收款政策要宽严适度，当客户超过允许拖欠期限后，应先发函通知对方；如果无效，则打电话或登门催交货款；如果确有困难，可商谈延期付款办法;如果以上措施均无效,可诉诸法律。要注意收账费用与坏账损失的关系,一般说来,收账费用支出愈大,坏账损失越小。

(4)建立坏账准备金。坏账是收不回来的应收款,下列情况属于坏账:因债务人死亡账款确实无法收回;因债务人破产,清偿后仍无法收回的款项;债务人逾期3年仍不能履行偿债义务。坏账会使企业减少盈利,影响投资者权益。因此,除在确认坏账时应十分慎重外,还要建立坏账准备金制度。

坏账准备金的作用是:有助于提高企业承担风险和参与市场竞争的能力;有助于准确反映企业经济效益及正确评价企业经营成果;有助于企业及时处理债务,防止亏损和三角债连续发生。

坏账准备金的提取应与潜在的坏账损失相一致。如施工类企业一般于年终按年末应收款余额的1%提取坏账准备金,计入管理费用内,其计算公式是:

年末提取的坏账准备金 = 年末应收账款余额 × 1% − 坏账准备金年初金额

4. 存货的管理

存货是指企业在生产经营过程中为生产或销售而储备的物质,存货管理的内容包括:

(1)存货入账价值的确定

①国内市场存货的实际成本包括:买价(原价 + 销货单位手续费)、运杂费(包装费 + 运输费 + 装卸费)、采购保管费(企业材料物资供应部门及仓库为采购、验收、保管、收发存货所发生的各类费用)。

②国外购入存货的实际成本包括:进口存货装运港船上交货价(FOB)、国外运杂费(从国外装运港到国内抵达港的国外运费、保险费、银行手续费等)、税金(进口关税等)、国内运费和装卸费、采购保管费。

③建设单位委托施工企业自行采购的存货成本包括:双方签订的合同中确定的存货价值、企业负担的运杂费。

④企业自制存货的成本包括:直接材料费、直接工资、其他制造费用。

⑤委托外单位加工的存货成本包括:耗用存货的实际成本、加工费、加工存货发生的往返运杂费。

⑥投资者投入的存货成本包括:国有企业投入的属于国有资产的存货,是国有资产管理部门评估确认的价值,其他企业投入的存货是双方合同或协议确定的价值。

⑦接受捐赠的存货成本包括:有发票账单的是发票账单原价加企业负担的运杂费、保险费和税金等。对方无发票账单的,为同类存货市价。盘盈存货的实际成本为同类存货的实际成本或市价。

(2)存货发出的计价

采用实际成本作为入账价值的存货,发出时可采用先进先出法、加权平均法、移动平均法、后进先出法等方法确定其实际成本。现对几种方法简述如下。

先进先出法　按先进库的货先发出,确定发出的方法和发出存货的实际成本。这种方法在发出存货时,就可以确定其实际成本,能把计价工作分配在平时进行;但发出存货时要辨别批次,工作繁琐。

加权平均法　该法以存货的月初结存数量加上本月各批收入数量加权数计算的平均单

价作为本期发出存货的实际单价,采用这种方法计价只能在月末使用。

移动加权平均法 该法可在发货时立即算出发出存货的实际成本,但计算工作量大。

后进先出法 即以后进库的货先发出的方法,确定发出存货的实际成本。

用计划成本核算存货 即先制订存货的计划成本,核算计划成本与实际成本的差异。发出存货时按成本计算期将其计划成本调整为实际成本。

(3)低值易耗品和周转材料摊销

单位价值较低、耐用期限较短的低值易耗品和周转材料,采用一次摊销法,即在领用时将其价值一次计入有关成本。

(4)存货盘盈、盘亏、毁损、报废的处理

存货种类多、数量大、保管分散,容易造成盈、亏和毁损,所以要及时盘点、发现问题、查明原因及时处理,保证年度财务报告真实、准确。对于盘盈、盘亏、毁损、报废的存货,在扣除过失人或保险公司赔款及残料后的净损失,按下列原则处理:企业材料部门和仓库在采购过程中发生的,除由供货者、运输者负责赔偿外,计入采购保管费;属于企业生产、施工单位在生产施工过程中发生的,计入管理费用;存货毁损计入营业外支出。

(5)经济订购批量(经济库存量)和经济保险储备

按经济订购、批量订购,亦应按此量进库保管,所以又称为经济库存量。经济保险储备量是指企业为预防材料供应出现异常而建立的储备。主要材料应有保险储备,在当地可随时取得补充或建立了季节性准备的材料,不建立保险储备。在需求不肯定的情况下,最佳保险储备量应使存货短缺造成的损失和保险储量的储存成本之和最小,即:

$$年保险储备成本 = 年缺货损失 + 年保险储存成本$$
$$年缺货损失 = 年订货次数 \times 缺货数 \times 短缺概率 \times 短缺单位材料的损失$$
$$年保险储存成本 = 保险储备量 \times 单位材料年储存费用$$

(6)流动资产清查

流动资产清查包括对货币资金、短期投资、应收款项及存货的清查。

①货币资金及短期投资的清查:货币资金和短期投资在清查时,着重进行数量上的核实。

②应收款的清查:首先要查实应收款是否能收回。如有希望收回,要切实加强催讨。当最后查实应收款无法收回,应将其列为坏账损失。特别是施工企业应收工程款数额巨大,一旦定为坏账所形成的损失,无论于投资者、企业及职工来说,都是极为不利的。因此,企业在确认坏账时,应格外慎重。

③存货的清查:保持存货价值的准确性,对于准确反映企业资产、正确计算损益有着重要的意义。由于企业存货种类多、数量大、存货分散、管理不当,极容易形成存货的盈、亏和毁损。因此,企业对存货应定期或不定期盘点,年度终了前必须进行一次全面的清查,发现问题应查明原因,及时处理,以保证年度财务报告的真实性和准确性。

对于盘盈、盘亏、毁损、报废的存货,在扣除过失人或保险公司赔款和残料价值后的企业净损失,按下列原则处理:

第一,企业材料物资供应部门和仓库在存货的采购、保管过程中发生的损失,除应由供货单位、运输单位负责赔偿的以外,计入采购保管费用。

第二,用于企业施工,生产单位在施工、生产过程中发生的以及企业行政管理部门发生的,计入管理费用。

第三,存货毁损和非常损失部分类似,计入营业外支。

第四节 园林企业固定资产及其他资产管理

固定资产是指其使用期限超过一年,单位价值在规定标准以上,并且在使用过程中保持原有物质形态的劳动资料,包括房屋及建筑物、机器、运输设备、仪器、工具、器具等。不同时具备以上3个条件的称为低值易耗品。固定资产的财务特性是:第一,固定资金(固定资产的货币表现)的循环周期主要取决于固定资产的使用年限;第二,固定资产的价值补偿与实物更新在时间上是分离的,前者渐次进行,后者一次实现;第三,固定资产投资是一次性的,投资回收分次进行。

一、固定资产管理的基本要求

(1)合理核定固定资产需用量,既要保证生产,又要节约资金,减少资金占用。

(2)正确提取与使用固定资产折旧基金,以保证固定资产更新的需要。

(3)加强固定资产日常管理,提高其利用效益。固定资产日常管理的内容包括固定资产的建账、记账和清查,实行固定资产的分级归口管理,进行固定资产的构成及利用效果分析管理等。通过加强日常管理,保证固定资产完整无缺,合理使用。

(4)科学进行固定资产投资的预测。在固定资产更新时,要搞好投资项目的必要性、可行性分析,保证投资决策的有效性。

二、固定资产的特点

1. 固定资产的用途相对稳定

房屋、建设物、机器、设备等固定资产,一般都有专门用途,不易改变。

2. 数量比较稳定

固定资产作为生产手段,在数量上相对稳定,不像流动资产那样明显地随着产销量的变化而变化。

3. 其价值可以与实物形态分离

固定资产的价值是在生产经营过程中分期分批地转移到产品成本中,所以其价值补偿也是随着产品价值的实现,分期分批逐步得到实现;而固定资产实物形态则是在其寿命周期结束后一次性更新。

三、固定资产管理的方法

1. 固定资产分类

(1)按经济用途分:固定资产按经济用途分为生产经营用固定资产和非生产经营用固定资产。前者直接参加生产经营过程或直接服务于生产经营过程;后者不直接服务于生产经营过程。

(2)按使用情况分类:固定资产按使用情况分为使用中、未使用和不需用的固定资产。

使用中的固定资产是指正在使用过程中的生产经营用或非生产用的固定资产。由于季节性原因和大修理等原因而停用的、在车间内替换使用的,也列为使用中的固定资产;未使用的固定资产是指尚未开始使用的新增固定资产、调入尚待安装的固定资产,正在进行改建、扩建的固定资产及长期停止使用的固定资产;不需用的固定资产指不适合本企业生产需要的、目前和今后都不需用的、准备处理的各种固定资产。

(3)按所属关系分类：按所属关系分类可分为自有固定资产和租入固定资产。

根据不同分类要求计算各类固定资产的比例关系、结合企业规模、生产特点,在本企业进行不同时期的比较,在同类企业中进行对比分析,有利于揭示固定资产配置和投资使用方面的情况和存在的问题,有利于调整投资方向、合理使用固定资产,提高利用率。

2. 固定资产管理办法

固定资产管理办法如下：

(1)固定资产管理负责部门：一般管理部门为资产管理部。维修部门包括生产部门和总业务部门,与业务有关的建筑设备、机械设备、储存设备、电仪设备和杂项设备等由生产部门负责,其他固定资产的维修由总务部门负责。

(2)固定资产的编号：为了便于登记和保管,应由资产管理部门根据固定资产的分类,结合本系统单位的实际情况,制订适合于本系统的《固定资产目录》,对每件固定资产进行编号,予以标记,实行管理。

(3)固定资产铭牌：固定资产铭牌采用特制胶带。编号由财务科指定总务科按一定格式统一编制并打印,铭牌粘贴由使用和管理该设备的部门负责。

固定资产铭牌的粘贴位置应统一,生产设备全部粘贴在控制左上角,其他设备粘贴在前部醒目位置,避免接触水和原料。除了生产设备以外的固定资产(如办公家具、电脑、文件柜等)粘贴的位置由总务部决定。

(4)固定资产购置程序

①使用部门提出申请,填写《请购单》。编制预算后,要按预算执行；

②经核准人同意后,交由采购人员办理采购作业；反之,则取消请购；

③固定资产在购买原则上必须与供应商签立契约书,其程序按《合同管理规定》办理；

④填写《合同申请书》,并连同契约书一起交由财务,财务依据《合同管理规定》确认编号后,呈报总经理审核签约；

⑤固定资产购买后,必须填写入库单,写明编号；

⑥经办部门申请支付时须填写《付款申请书》,并写明合同编号和具体支付内容；

⑦固定资产验收确认后,验收单送交财务科,财务科记录固定资产台账。

(5)固定资产追加：固定资产追加时,使用部门书面通知财务科,财务科调整台账。

(6)固定资产的领用、调出。

①固定资产的领用：领用固定资产应由使用部门主管人员和经办人员填制《财产物资领用单》,向财产管理部门申请领用；经单位领导人批准后,财产管理部门凭此发放财产物资,并在《财产物资领用单》上注明实发数量和财产编号,同时做财产分布记录。

②固定资产的调出：由于工作任务和计划变更,或者因为采购计划不同,或者因机构缩小和人员减少,可能使一部分固定资产闲置不用。对于闲置不用的固定资产,必须从整体利

益出发,向上级主管部门主动提出调拨。凡调出固定资产,应凭上级签发的《固定资产调拨单》办理调拨手续。但是调出固定资产,不论无偿或有偿,原则上应报主管部门审查批准,未经过批准,不得随意处理。

向外借出的固定资产,借用单位必须出具借据,并按商定归还的日期如期归还;借出的固定资产,在借出和归还时,应由借出与借用单位共同检验有无损坏。如在借出期间,借用单位对借出的固定资产有损坏,应按损坏程度进行赔偿。

(7)固定资产的报损、报废:使用的固定资产由于正常使用磨损到一定程度,不能继续使用和修复,就应予以报废。如果由于遭受非常事故,使固定资产受到严重破坏,不能修复使用,则需要进行清理报损。固定资产报损、报废,都要减少固定资产的数量,必须报经主管部门审查批准,然后填制《固定资产报损、报废单》,并送资产管理部门,凭此销账。

对于固定资产的报损、报废,应分不同情况,按照下列要求加以妥善处理:

①固定资产的自然损耗,可由使用部门或个人填写《固定资产报损、报废单》,经主管人员审查并签注意见后,报领导或其授权人批准。对于特别贵重的财产,还应通过有关部门讨论、鉴定,再提出处理意见,报领导审批,并报上级备案。

②凡因使用人或管理人玩忽职守或保管不力,致使财产物资发生被窃、遗失等,应认真查清责任,分情节轻重给予应有的处分。

③损坏公共财物一般都要按价赔偿。

④凡经批准报损、报废的财产残品,应如数交由财产管理部门核对、验收,并加以利用或变价处理。

(8)建立固定资产的账卡制度。单位的每一件固定资产,都必须根据其不同的特点,设立账、卡进行登记。

(9)固定资产维护

①固定资产编号的内容变更。固定资产地址变更时,由负责变更的部门书面通知财务部,财务部调整台账。

②固定资产定期检查。为了维护固定资产的正常使用及公司资产的安全,固定资产每年至少检查一次,并作书面记录,检查组织由总务科负责,其他部门要积极参与。总务科汇总检查结果并对检查结果处理后,如有变动,应书面通知财务部,财务部调整台账。

③固定资产日常的保管和保养,除公司有统一规定外,应由总务科委托各使用部门负责。

(10)固定资产台账管理。固定资产台账由财务部管理,并与相关部门协调。

四、其他资产的管理

(一)无形资产的管理

无形资产是相对有形资产而言的。是指企业长期使用而不具备实物形态的特殊资产,包括专利权、商标权、著作权、土地使用权、非专利技术、商誉等。它有三个特征:一是没有实物形态;二是能在较长时期内使用,受法律保护;三是能为企业带来超额利润,它们为企业提供的经济利益具有很大程度的不确定性。随着科学技术持续进步和市场竞争的加剧,无形资产对企业越来越重要。必须加强对无形资产的收益与风险认识。

1. 正确认识无形资产的收益与风险

企业要管好无形资产,首先要正确认识、充分重视无形资产,要明确无形资产对企业成败的利害关系。无形资产的取得和收回,比有形资产具有更大的艰巨性和复杂性。一般说来,无形资产的外购常要付出极大的代价,而企业内部自创的均是企业经过了多年的苦心经营,创造积累形成的。一旦失去,对企业的影响比有无形资产更深远、更重要。因为无形资产的丧失,一方面会影响企业的长期经营成果;另一方面,企业常常要花较长的时期和更多的代价才能使原有的无形资产得以恢复和弥补。因此,在对无形资产进行投资决策时,一定要考虑到它的风险,谨慎选择。

2. 依法取得、使用或转让

企业自创的无形资产要合理使用,维护相应的合法权益,未经允许其他企业不得使用。企业外购的无形资产要通过正常的法定程序办理,合法使用,避免侵权。无形资产的转让不论是转让所有权还是转让使用权,应遵守无形资产转让合同的有关规定,以保护转让方的权益。

3. 重视无形资产的投资,积极创立和积累无形资产

既然无形资产有其使用价值和价值,那么它的取得或形成必然要付出代价。企业应该像重视有形资产投资一样重视无形资产的投资。从提高经济效益和提高产品的竞争能力、开拓市场、吸引顾客出发,研究无形资产的投资方向和投资规模。由于企业的无形资产种类繁多,因此创立无形资产工作也是多方面和多项目的。有些方面不仅平时要进行一些小的投资,而且有时还要进行一些较大的投资。为此,对无形资产的投资要作出安排,列入企业的必要经营支出;要遵循投入产出,企业长远利益和眼前利益相结合的要求,切实做好无形资产投资的可行性研究,进行充分的技术经济论证,认准目标,积极投入;此外,要注意投资的时间选择和空间选择,追求无形资产投资的最佳效益,尽量减少盲目性,防止浪费。

4. 正确评估无形资产价值,准确计价,合理摊销

企业的无形资产种类很多,价值差别很大。取得无形资产既能给企业提供经济效益,也会增加相应支出。因此,对企业已有的和即将取得的无形资产,必须准确地确定其价值,按一定的原则估计其价值,如成本计价原则、效益计价原则、行业对比计价原则、技术寿命计价原则、合同随机计价原则等。按这些原则,企业外购的无形资产按实际支付的价款计价;投资投入的无形资产,按评估确认或合同、协议议定的金额计价;自行开发研制的按开发过程中的实际支出计价;接受捐赠的,按发票账单所列金额或者同类无形资产的市场价计价。除企业合并外,商誉不得作价入账。非专利技术和商誉的计价应当经济定评估机构评估确认。

无形资产的摊销,应在合理计价的基础上,确定有效使用年限,分期等额摊销。无形资产的有效使用年限有的法律没有规定,有的在合同或申请书中有规定,没有规定的按不小于10年的期限摊销。

5. 保护和发展无形资产

形成和积累无形资产的任务是艰巨的,保护和发展无形资产需付出更大的代价。比如,即使在取得较高的商誉的条件下,仍然要精益求精,始终严格规章制度,严禁刁难顾客。忽视商品质量,短斤少两,不恪守合同,发生有损于企业信誉的行为,导致无形资产的损失和丧失。一旦出现上述情况,要及时补救,如公开检查,内部处理,及时补偿用户与消费者的物质

损失和精神损害。

6. 充分利用无形资产，提高利用效果

无形资产的投资也是为取得更大的经济利益，所以要利用无形资产尽可能、尽快地筹集资金；充分利用企业的商誉，享受在商品购进、货源占有、价格结算方面的优惠；充分利用商标权、专利权等，积极发展横向联合；对现有无形资产实行有偿或有条件转让。

（二）递延资产和其余资产的管理

递延资产是指不全部计入当年损益，应当在以后年度分期摊销的费用。以企业财会实际工作中，有许多费用在本期发生，但其效用可递延至以后各期。这些项目就本期而言，虽其属于可递延至下期使用的资产，其领用与备作将来支付的费用，应分期摊提；有的是本期收益负担不了的大宗费用及意外损失等，这些资产通常不能变为现金，故只能作为递延资产，而不能作为流动资产。递延资产主要包括开办费和以经营租赁方式租入的固定资产改良支出。

开办费 指企业在筹建期间发生的费用。包括筹建人员工资、办公费、培训费、印刷费、注册登记费以及不计入固定资产和无形资产购建成本的汇兑损益和利息支出等。

租入固定资产的改良支出 是指承租人根据自己的需要对租入的固定资产进行改装、翻修、发行等支出，如租入建筑物的室内外装修工程所耗费用等。

对企业的递延资产的管理要依法划定范围，按有关规定正确地计价和合理地摊销。

其他资产主要包括特准储备物资、银行冻结存款、冻结物资、涉及诉讼中的财产等。企业对这一部分资产应严格根据有关规定和程序处理，不得随便挪用、转移、毁坏和变卖。

第五节 园林企业成本费用管理

成本费用控制是指运用以成本会计为主的各种方法，预定成本费用限额，按限额开支成本和费用，用实际成本费用同限额比较，衡量经营活动的成绩和效果，并以例外管理原则纠正不利差异，以提高效率，实现以至低于预期的成本费用限额。

一、成本费用的概念

成本和费用是既有联系又有区别的2个概念，成本是指用货币来计算的、在一段时间内企业正常情况下产生的与实际目标有关价值的消耗；费用是指货币计算的一年中的价值消耗，前提条件是费用的产生使净资产减少。但两者的经济内容是一致的，都是劳动耗费，因此通常把两者连在一起称为成本费用。

成本费用是企业在一定时期内为了生产产品（劳务）所发生的各种耗费和垫支的总和，其内容包括生产费用和期间费用。生产成本按照与产品生产的关系，可将生产经营费用分成两部分：一是与产品生产有直接联系的生产费用，它形成产品成本；二是与产品生产没有直接联系的管理费用、财务费用，统称为期间费用。所以，生产成本是针对一定产品而言的，是企业生产一定产品所支出的各种生产费用的总和。期间费用不针对一定产品，是从当期销售收入中进行补偿。

(一) 生产成本

即生产制造成本,也称为产品成本,是企业为生产一定种类和数量的产品所支出的各种生产费用之和。它包括以下项目:

1. 直接费

包括材料费、人工费和机械使用费等。

(1)材料费即企业生产中实际消耗并构成产品实体或有助于产品形成的原材料、辅助材料、备品配件、外购半成品、燃料动力、包装物以及其他直接材料。

(2)人工费即直接从事产品生产人员的工资、奖金、津贴、补贴以及这些人员的福利费。

(3)机械使用费指在园林生产中使用机械所产生的各种费用。包括折旧费、大修理费、经常修理费、安拆费及场外运输费、燃料动力运输费、人工费等。

2. 其他直接费

包括冬、雨季施工增加费、夜间施工增加费、材料二次搬运费、仪器仪表使用费、生产工具用具使用费、检验试验费、特殊工程培训费、工程定位复测、点交费。

3. 临时设施费

施工企业为施工所必需的生活和生产用的建、构筑物和其他临时设施费用。

4. 现场管理费

包括以下一些费用:

(1)现场管理人员的基本工资、工资性补贴、职工福利费、劳动保护费等。

(2)办公费:指现场管理办公用的文具、纸张、账表、印刷、邮电、书报、会议、水电、饮用热水和集体取暖(包括现场临时宿舍取暖)用煤等费用。

(3)差旅交通费:指职工因公出差期间差旅费、住勤补助费,市内交通费和午餐补贴费,职工探亲路费、劳动力招募费,职工离退休、退职一次性路费,工伤人员就医路费,工地转移费以及现场管理使用的交通工具的油料、燃料、养路费及牌照费。

(4)固定资产使用费:指现场管理及试验部门使用的属于固定资产的设备、仪器等的折旧、大修理、维修费或租赁费等。

(5)工具用具使用费:指现场管理使用的不属于固定资产的工具、器具、家具、交通工具和检验、试验、测绘、消防用具等的购置、维修和摊销费。

(6)保险费:指施工管理用财产,车辆保险,高空、井下、水上作业等特殊工种安全保险等。

(7)工程排污费:指施工现场按规定交纳的排污(包括吸声污染)费用。

(二) 期间费用构成

期间费用是企业在生产经营中为获得收益而发生的,不能直接归于某个特定产品负担的费用。它不受产品产量变化的影响,而是随着生产经营期的结束而结转,所以它不计入产品成本,而是从当期销售收入中一次性扣除,不应递延到下一个生产经营期间。分清产品成本和期间费用,可减少成本计算的工作量,正确反映企业生产经营成果。期间费用包括以下两种。

1. 管理费用

即企业行政管理干部为管理和组织全部生产经营活动而发生的各项费用,如公司经费、职工教育费、工会经费、管理人员工资、固定资产折旧、养老保险、广告费、审计费等。

2. 财务费用

指企业为筹集资金而发生的各项费用支出,如利息支出、汇兑损失、银行手续费等。

成本费用控制的程序是从工程成本的估算开始,经采取改善成本的对策,直到贯彻为止一系列成本管理工作。

二、成本费用的核算方法

成本费用的核算是指企业为生产一定种类和数量的产品时,对有关费用进行审核、记录、汇集和分配,并记录出产品总成本和单位成本的全过程。

产品成本费用核算的程序是:确定成本费用核算对象;按生产费用计入成本核算对象的方法汇集生产费用,其中制造费用按一定标准在各成本核算对象中进行分摊;将每一成本核算对象所担负的生产费用在完工产品和制品之间进行分摊,并计算出完工产品的总成本和单位成本。

成本的具体核算统一采用制造成本法。那么,什么是制造成本法?可以这样表述:它是指企业的产品成本只包括制造成本(生产成本),而把期间费用直接计入当期损益的一种成本核算法,也就是说,按制造成本法核算的产品成本只包括生产工程中所消耗的直接原材料、直接工资及制造费用;而把企业行政管理部门管理、组织生产、销售发生的费用作为期间费用,直接体现当期损益,从当期实现的销售收入中得到补偿。

为了加深对制造成本法的认识,现举一例说明:

[例 8 – 1]

某单位的一个加工厂生产某种产品 50 件,其中,实际消耗原材料费用为 1 500 元;工人工资为 1 500 元(含奖金、补贴);制造费用为 600 元(含生产管理费用 450 元,劳保费 800 元,差旅费 350 元),那么,该产品的总成本为:

1 500 + 1 500 + 1 600 = 4 600 元

单位产品成本 = 4 600 元/50 件 = 92 元/件

在遵循制造成本法的前提下,企业可以根据生产特点和成本管理的要求,来确定成本核算内容和成本核算对象,并可采取相应的成本计算方法。

1. 简单法(或称品种法)

在一定时期内,以企业生产的各种产品作为成本核算对象,来汇集各项生产费用,并计算出各种产品的总成本和单位成本的一种成本核算方法。上面讲的例子就属于这一类方法,它适用于产品单一、生产过程简单,没有或很少有在产品的企业或者车间,如制材厂制材车间等。

2. 分步法

以产品的生产步骤及半成品作为核算对象并汇集生产费用来计算产品成本。其中,直接费用直接计入本生产步骤的每种产品成本;间接费用(这里指制造费用)按一定标准在本步骤中各产品间进行分配。该方法适用于产品生产分为若干连续、顺序的步骤进行大批量生产的企业,如木材、胶合板等生产。分步法按生产费用的结转方式的不同又分为逐步结转分步法和平行结转分步法两种。逐步结转步法,是指上一生产步骤的半成品顺序结转为下一步骤相同制品的成本的分步方法;平行结转分步法,是指各生产步骤不计算所消耗上一步骤半成品成本,而只计算本步骤直接所发生的费用,各生产步骤相同的制品成本平行汇总的方法。

3. 定额比例法

它是以每一品种(或类别)的产品作为成本核算对象,归集生产费用,然后按实际生产费用与定额生产费用之比,计算分配率,并在产品与产品之间进行分配。

本章小结

本章介绍园林企业现行的财务管理体制和园林企业财务管理的四个环节,并且让学生掌握企业资金运动及资金筹集的渠道和程序,以及怎样进行园林企业资金的筹资。重点讲述园林企业固定资产与流动资产管理的方法,同时介绍无形资产、递延资产和其他资产,让学生能够进行成本费用的分析和核算。

[案例8-1]

王涛任园林公司苗圃负责人已经一年多了,厂里各方面工作的进展却出乎他的意料。记得他上任后的第一件事就是亲自制定了一系列工作的目标,如:为了减少浪费、降低成本,他规定在一年内要把原材料成本降低10%~15%,把运输费用降低3%。他把这些具体目标都告诉了下属的有关方面的负责人。现在年终统计资料表明,原材料的浪费比去年更严重,浪费率竟占总额的16%;运输费用则根本没有降低。他找来了有关方面的负责人询问原因。负责生产的副厂长说:"我曾对下面的人强调过要注意减少浪费,我原以为下面的人会按我的要求去做的。"而运输方面的负责人则说:"运输费用降不下来很正常,我已经想了很多办法,但汽油费等还在涨,我想,明年的运输费可能要上升3%~4%。"

王涛了解了原因,又把两个负责人召集起来布置第2年的目标:生产部门一定要把原材料成本降低10%,运输部门即使是运输费用要提高,也绝不能超过今年的标准。

分析讨论

王涛的控制有什么问题?怎样才能实现他所提出的目标?

[案例8-2]

怎样制定收账政策

北京科艺花卉有限公司近年来应收账款的数额逐渐增大,有些企业拖欠的货款越来越多,且部分货款拖欠时间很长,使企业流动资金周转困难。为此,领导专门召开会议,责令财务部门和销售部门认真分析研究这一情况,制定出恰当的收账政策和措施,尽快使拖欠的款项回笼,减少损失。企业财务、销售部门对应收账款情况进行了分析,编制账龄分析表(如

表8-1)。利用账款分析,他们掌握了以下情况:

1. 在信用期内的欠款。下表显示,有价值80 000元的应收账款处在信用期内,占全部应收账款的40%。这些款项未到偿付期,欠款是正常的;但到期后能否收回还待再定,因此要加强监督。

2. 超过了信用期的欠款。按超过时间长短分类,并估计成为坏账的可能性。

下表显示有价值120 000元应收账款已超过了信用期,占全部应收账款的60%。

其中拖欠时间较长的(21天~100天)有70 000元,占全部应收账款35%,这部分欠款回收有一定难度;拖欠时间很长的(100天以上)有10 000元,占全部应收账款的5%,这部分欠款有可能成为坏账。

在上述分析的基础上,该公司对每个拖欠企业又进行了资信等方面分析评估,制订了经济可行的收账政策;对可能发生的坏账损失,也提请企业领导提前做出准备,充分估计这一因素对损益的影响。

由于该公司加强了对应收账款的监督,加强了收账措施,使企业的应收账款情况有了根本好转,应收账款回收率提高到85%。

表8-1 某企业应收账款账龄分析

	账户数量	金额(万元)	百分率(%)
信用期内(30天)	200	8	40%
超过信用期1~20天	100	4	20%
超过信用期21~40天	50	2	10%
超过信用期41~60天	30	2	10%
超过信用期61~80天	20	2	10%
超过信用期81~100天	15	1	5%
超过信用期100天以上	5	1	5%
应收账款总额		20	100

请你帮助本部门的相关人员,制定出恰当的收账政策和措施。

思考与练习

一、名词解释

园林企业的财务管理　　流动资产　　成本费用控制
筹资的方式　　　　　　短期有价证券

二、填空题

1. 筹资渠道是指资金来源的_____与_____,体现着资金的_____与_____。

2. 存货发出计价时可采用_____、_____、_____、_____和_____4种方法确定。

3. 固定资产的特点包括_____、_____和_____。
4. 成本费用中的直接费用_____、_____和_____。
5. 期间费用包括：_____和_____。

三、选择题

1. 园林企业财务管理的环节有( )
   A. 预算管理　　　B. 支出管理　　　C. 收入管理　　　D. 财务监督
2. 筹集资金的基本原则有( )
   A. 合法性原则　　B. 适度性原则　　C. 负债经营担保原则
   D. 择优性原则　　E. 风险和效益统一原则
3. 筹集的适度性原则包括( )
   A. 筹资金额的适度性　　　　　　B. 筹资时机的适度性
   C. 筹资期限的适当性　　　　　　D. 筹资方式的适当性询问法
4. 流动资产具有特点( )
   A. 流动性　　　　B. 波动性　　　　C. 变现性　　　　D. 综合性

四、思考题

1. 园林企业筹集资金的方式及程序。
2. 流动资产管理的内容有哪些？
3. 固定资产管理办法包括哪些内容？
4. 什么是成本和费用？它们分别包括哪些内容？

五、实训题

1. 讨论分析
   园林企业应如何加强流动资产管理？
2. 模拟实训
   请制作一份园林企业现金管理的规定。

第九章 园林企业文化管理

目的与要求:
1. 掌握园林企业文化的含义。
2. 理解园林企业文化建设。
3. 理会园林企业形象。

第一节 企业文化的构成

一、文化与企业文化的含义

1. 文化的含义

文化一词涵盖的意思很广,有物质文化,也有精神文化;有历史文化,也有现实文化。据学者统计,其定义已达1万种以上。下面是较有代表性的有关文化的定义:《美国传统辞典》是这样对"文化"一词进行规范阐释的:"人类群体或民族世代相传的行为模式、艺术、宗教信仰、群体组织和其他一切生产活动、思维活动的本质特征的总和。"

2. 企业文化的含义

文化概念的多样性导致了人们对企业文化的多重理解。美国学者太伦斯·迪尔认为,每一个企业都有一种文化,而且文化有力地影响整个组织,甚至每一件事。企业文化对该公司工作的人们来说,是一种含义深远的价值观、神话、英雄人物的标志的凝聚。美国加州大学管理学教授威廉·大内认为,企业文化是由其传统和风气所构成,同时,文化意味着一个公司的价值观,诸如进取、守势或是灵活——这些价值观构成公司职工活力、意见和行为的规范。管理人员应身体力行,把这些规范灌输给职工并代代相传。

美国哈佛大学教育研究院的教授泰伦斯·迪尔和麦表齐咨询公司顾问爱伦·肯尼迪在长期的企业管理研究中积累了丰富的资料。他们集中对80家企业进行了详尽的调查,写成了《企业文化——企业生存的习俗和礼仪》一书。该书用丰富的例证指出,杰出而成功的企业都有强大的企业文化,即为全体员工共同遵守,但往往是自然地约定俗成而非书面的行为规范;并有各种各样用来宣传、强化这些价值观念的习俗。正是企业文化——这一非技术、非经济的因素,导致了这些企业的成功。企业文化影响着企业中的每一件事,大至企业决策的产生、企业中的人事任免,小至员工们的行为举止、衣着爱好、生活习惯。在2个其他条件都相差无几的企业中,由于文化的强弱不同,对企业发展所产生的后果就完全不同。

我们认为,园林企业文化是指园林企业在长期的实践活动中所形成的,并且为组织成员普遍认可和遵循的,具有园林行业特色的价值观念、团体意识、行为规范和思维模式的总和。园林企业文化是以无形的"软约束"力量构成园林企业有效的驱动力,在某种意义上说,这种力量是企业的管理之魂。

二、企业文化的特征

企业文化在本质上属于"软文化"管理范畴,是企业自我意识所构成的精神文化体系。它的基本特征包括以下4个方面:

1. 企业文化的核心是企业价值观

企业理念即企业的价值观,是企业文化的集中概括,不同的理念体系代表了企业的不同文化追求,代表了企业个性。任何一个企业,如果没有具有特色的企业理念,没有独特的企业文化精神,是不会取得巨大成功的。例如杭州蓝天园林的理念就是"创造人类美好家园"。

2. 企业文化的中心是人本主义

人是整个企业中最宝贵的资源和财富,也是企业活动的中心和主旋律,因此,企业只有充分重视人的价值,最大限度地尊重人、关心人、依靠人、理解人、凝聚人、培养人和造就人,充分调动人的积极性,发挥人的主观能动性,努力提高企业的全体成员的社会责任感和使命感,使组织和成员成为真正的命运共同体,才能不断增强企业的内在活力,实现企业的既定目标。例如从事园林行业的人大都知道:"景观设计师的终生目标和工作就是帮助人类,使人、建筑物、社区、城市以及他们的生活同生活的地球相和谐"。人类社会赋予景观工作者这样一个责任,让他们创造人类美好的生活家园。20世纪以来,城市化及城市工业化带来的后果,使得这个责任更加艰巨和迫切,景观工作者的工作范围已扩大到城乡和原野,关心的是全人类的生存环境。这使得园林企业不仅要具有深厚的文化内涵和雄厚的科技力量,而且要使其员工有着对人类、对社会的高度责任心。这也是企业文化的价值观,以使命感和历史感引导员工确立自己的人生观和价值观。当企业文化的价值观被企业成员接受后,就会形成巨大的向心力和凝聚力,职工把自己的思想感情和命运同企业的兴衰联系起来,产生了对企业的强烈的归宿感,与企业同呼吸、共命运;它的激励功能满足了人的精神需要,使人产生自尊感和成就感,调动了人的积极性;它的辐射功能使得企业文化不仅在企业内部起作用,还通过各种渠道对社会产生积极的影响。

3. 企业文化的管理方式是以软性管理为主

企业文化是以一种文化的形式出现的现代方式,也就是说,它通过柔性的而非刚性的文化引导,建立起企业内部合作、友爱、奋进的文化心理环境,以及协调和谐的人群氛围,自动调节组织成员的心态和行动,并通过对这种文化氛围的心理认同,逐渐地内化为组织成员的主体文化,使组织的共同目标转化为自觉行动,使群体产生最大的协同合力。事实证明,这种由软性管理所产生的协同力比组织的刚性管理制度有着更为强烈的控制力和持久力。

4. 企业文化的重要任务是增强群体凝聚力

企业中成员来自五湖四海,不同的风俗习惯、文化传统、工作态度、行为方式、目的愿望等都会导致成员之间摩擦、排斥、对立、冲突乃至对抗,这不利于企业目标的顺利实现。而企业文化通过建立共同的价值观和寻找共同点,不断强化组织成员之间的合作、信任和团结,使之产生亲近感、信任感和归属感,实现文化的认同和融合,在达成共识的基础上,使组织具有一种巨大的向心力和凝聚力,这样才有利于组织共同行动、齐心协力和整齐划一。

三、企业文化的构成要素

从最能体现企业文化特征的内容来看,企业文化包括企业哲学、企业价值观、企业精神和企业伦理规范等。

1. 企业哲学

企业哲学是组织理论化、系统化的世界观和方法论,是一个企业全体成员所共有的对事物最一般的看法。用于指导企业的生产、经营、管理等活动。从一定意义上讲,企业哲学是企业最高层次的文化,主导、制约着企业文化其他内容的发展方向。从根本上说,企业哲学是对企业进行总体设计、总体信息选择的综合方法,是企业一切行为的逻辑起点。企业哲学在管理史上已经经历了"以物为中心"到"以人为中心"的转变。

2. 企业的价值观

企业的价值观就是企业内部管理层和全体员工对企业的生产、经营、服务等活动以及指导这些活动的一般看法或基本观点。它包括企业存在的意义和目的、企业中各项规章制度的必要性和作用、组织中各层级和各部门的各种不同岗位上的人们的行为与企业利益之间的关系等。每一个企业的价值观都会有不同的层次和内容,成功的企业总是会不断创造和更新企业的信念,不断地追求新的、更高的目标。

3. 企业精神

企业精神是指企业经过共同努力奋斗和长期培养所逐步形成的、认识和看待事物的共同心理趋势、价值取向和主导意识。企业精神是一个企业的精神支柱,是企业文化的核心,它反映了企业成员对企业的特征、形象、地位等的理解和认同,也包含了对组织未来发展和命运所抱有的理想和希望。企业精神反映了一个企业的基本素养和精神风貌,是凝聚企业成员的精神源泉。

4. 企业伦理规范

企业伦理规范是指从道德意义上考虑的、由社会向人们提出并应当遵守的行为准则,它通过社会公众舆论规范人们的行为。企业文化内容结构中的伦理规范既体现了社会对企业自上而下环境的一般性要求,又体现着本企业各项管理的特殊需求。

四、企业文化的功能

企业文化在企业管理中发挥着重要的功能,主要表现在以下几个方面。

1. 整合功能

企业文化通过成员的认同感和归属感,建立起成员与企业之间的相互信任和依存关系,使个人的行动、思想、信念、习惯以及沟通方式与整个企业有机地整合在一起,形成相对稳固的文化氛围,凝聚成一种无形的合力,以及激发企业员工的主观能动性,并为企业的共同目标而努力。

2. 适应功能

企业文化从根本上改变员工的旧有价值观念,建立起新的价值观念,使之适应企业外部环境的变化要求。一旦企业文化所提倡的价值观念和行为规范被员工接受和认同,员工就会自觉不自觉地做出符合企业要求的行为选择;倘若违反,则会感到内疚、不安或自责,从而自动修正自己的行为。因此，企业文化具有一定程度的强制性和改造性，其作用是帮助企业指导员工的日常活动，使其能快速地适应外部环境因素的变化。

3. 导向功能

企业文化作为团体共同价值观，与企业员工必须强行遵守的、以文字形式表述的明文规定不同。它只是一种软性的理智约束，通过企业的共同价值观不断地向个人价值观渗透和内化，使组织自动生成一套自我调控机制，以一种适应性文化引导着企业的行为和活动。

4. 发展功能

企业在不断的发展过程中形成的文化沉淀，通过无数次的辐射、反馈和强化，会随着实践的发展而不断地更新和优化，推动企业文化从一个高度向另一个高度迈进。

5. 持续功能

企业文化的形成是一个复杂的过程，往往会受到政治、社会、人文和自然环境等诸多因素的影响，因此，它的形成需要经过长期的倡导和培育。正如任何文化都有历史继承性一样，企业文化一经形成，便会具有持续性，并不会因为企业战略或领导层的人事变动而立即消失。

第二节　园林企业文化的塑造

一、企业文化建设的一般步骤

企业文化的塑造是个长期的过程，同时也是企业发展过程中的一项艰巨的、细致的系统工程。从路径上讲，企业文化的塑造需要经过以下几个过程。

1. 选择合理的企业价值标准

企业价值观是整个企业文化的核心，选择正确的企业价值观是塑造良好企业文化的首要战略问题。选择企业价值观要立足于本企业的具体特点，根据自己的目的、环境要求和组成方式等选择适合企业自身发展的企业文化模式；其次要把握企业价值观与企业文化各要素之间的相互协调，因为各要素只有经过科学的组合与匹配才能实现系统整体优化。

在此基础上，选择正确的企业价值标准要注意以下 4 点：

(1) 企业价值标准要具有正确、明晰、科学、鲜明的特点；

(2) 企业价值观和企业文化要体现企业的宗旨、管理战略和发展方向；

(3) 要切实调查本企业员工的认可程度和接纳程度，使之与企业员工的基本素质相和谐，过高或过低的标准都很难奏效；

(4) 选择企业价值观要发挥员工的创造精神，认真听取员工的各种意见，并经过自上而下和自下而上的多次反复，审慎地筛选出既符合本组织特点又符合员工心态的企业价值观和企业文化模式。

2. 强化员工的认同感

在选择并确立了企业价值观和企业文化模式之后，就应该把基本认可的方案通过一定的强化灌输方法使其深入人心。具体做法可以是：

(1) 利用一切宣传媒体，宣传企业文化的内容和精要，使之家喻户晓，创造浓厚的环境氛围。

（2）培养和树立典型。榜样和英雄人物是企业精神和企业文化的人格化身与形象缩影，能够以其特有的感召力和影响力为组织成员提供可以仿效的具体榜样。

（3）加强相关培训教育。有目的的培训与教育，能够使组织成员系统地接受企业的价值并强化员工的认同感。

（4）提炼定格。企业价值观的形成并不是一蹴而就的，必须经过分析、归纳和提炼方能定格。精心分析。在经过群众性的初步认同实践之后，应当将反馈回来的意见加以剖析和评价，详细分析和比较实践结果与规划方案的差距，必要时可吸收有关专家和员工的合理意见。

（5）全面归纳。在系统分析的基础上，进行综合化的整理、归纳、总结和反思，去除那些落后或不合时宜的内容与形式，保留积极进步的形式与内容。

3. 精练定格

把经过科学论证和实践检验的企业精神、企业价值观、企业伦理与行为予以条理化、完善化、格式化，再经过必要的理论加工和文字处理，用精练的语言表述出来。

4. 巩固落实

在企业文化演变为全体员工的习惯行为之前，要使每一位成员在一开始就能自觉主动地按照企业文化和企业精神的标准去行动是比较困难的，即使在企业文化已成熟的企业中也是如此。所以个别成员背离组织宗旨的行为也是经常发生的。因此，建立某种奖优罚劣的规章制度十分必要；其次，领导在塑造企业文化的过程中起着决定性的作用，应起到率先垂范的作用。领导者必须更新观念并能组织员工为建设优秀企业文化而共同努力。

5. 在发展中不断丰富和完善

任何一种企业文化都是特定历史的产物，当组织的内外条件发生变化时，企业必须不失时机地丰富、完善和发展企业文化。这既是一个不断淘汰旧文化、生成新文化的过程，也是一个认识与实践不断深化的过程。企业文化由此经过不断的循环往复达到更高的层次。

二、企业文化建设的误区

改革开放以来，我国的园林企业文化建设有了很大的发展，对园林事业的发展起了积极的促进作用，涌现出一批拥有优秀企业文化的园林企业。但是，由于园林企业文化建设起步相对较晚，对企业文化的研究有待进一步深入。相当一部分企业对企业文化的本质缺乏科学的、理性的认识，导致企业文化建设出现了一些误区，束缚了企业的发展。要深入发展企业文化，就必须认清企业文化建设的种种误区。影响我国园林企业文化建设和发展的主要误区表现在以下几个方面。

（1）企业文化建设脱离员工独立存在。员工是企业文化的载体，企业文化不能在员工中体现出来，不能算是真正的企业文化。

（2）企业文化建设脱离企业而独立存在。依据这种思想所制订的是不切合实际的企业文化，令企业的发展目标违背市场规律，使企业误入歧途。

（3）企业文化建设存在着短期行为。往往是说起来重要、忙起来次要、经营效益好时就搞一点所谓的企业文化活动，效益差时就少搞，甚至不搞。缺乏一种常抓不懈的机制，缺乏一种持久的动力和发展后劲。

（4）企业文化建设缺乏特色。企业文化旺盛的生命力和独特的魅力，来源于其自身独创性。然而,现实中不少园林企业所搞的企业文化建设往往是大同小异,缺少园林行业特色,缺乏商业自身个性,缺乏本单位、本地区的创意,陷于低水平重复怪圈。

三、企业文化重塑

企业文化的重塑对企业制度、技术、管理的创新具有很重要的作用。

1. 要按规范的程序塑造企业文化

企业文化的重塑一般分为3个阶段:

(1) 调研与诊断阶段:包括调研访谈、深入现场、召开研讨会听取意见、设想,分析整理调查资料、对企业文化进行诊断、产生前期诊断报告等。

(2) 定位与方案设计阶段:包括确定各项目方案计划、举办研讨会、提交解决方案文本、举办企业文化营(导训)等。

(3) 方案推广实施阶段:包括方案实施指导、方案实施跟踪等。

2. 要注重企业精神、企业价值观的人格化

价值观是企业文化的核心,而"英雄人物"则是企业价值观、企业精神文化的人格化。在"英雄人物"中要强调"共生英雄",即"他的心在企业中,企业在他的心中"。这样的人,与企业同呼吸、同成长、同发展、同命运。从优秀的企业文化建设来看,就是培养越来越多的"同生英雄",实现"人企合一"的境界。创造、构建这样的文化氛围,对于发挥员工的主动性、积极性、创造性极为重要。

3. 要注意企业文化与企业战略和管理制度的匹配

企业文化是企业的灵魂,是企业优秀员工的心声,重塑企业文化必须要达成企业文化与企业战略和管理制度的和谐。当企业战略作调整的时候,企业文化要跟着调整。而当企业文化突出质量第一的时候,企业就要与之和谐一致。当企业战略要向"西"前进的时候,企业文化就不能向"东",这样才能有效避免企业文化重塑走过场或者徒有虚名。

四、塑造园林企业形象的基本原则

1. 差异性原则

塑造企业形象必须体现园林企业的个性特征,让公众在众多企业中所记忆、识别,并产生良好评价。园林企业形象塑造要突出行业特点,特别是体现本企业鲜明的个性和过人之处,形成与同行企业的明显区别,才能在市场中独树一帜,易为消费者和公众识别、记忆,进而产生印象和评价。贯彻差异性原则,可以确保企业形象的塑造与传播收到圆满的效果。

2. 客观性原则

园林企业形象的树立以切实有效的行动为基础,消费者和社会公众最终评判企业优劣的尺度,是企业在社会经济中真实的行为。园林企业塑造企业形象要真实和可信,只有这样,其在公众中的传播与弘扬才会收到良好的预期效果。

3. 系统性原则

园林企业形象的塑造应以战略眼光看待长远的发展,分阶段、分步骤从点滴做起,企业内部各部门应统一动作、协调配合、全方位出击,企业作为一个整体的形象,才能逐渐在社会中得以确立。同时,企业形象塑造应遵循严格的科学要求和技术性原则,以经营理念为核

心,以行为输出为体现,以具有冲击力的视觉识别符号为表现形式,才能达到公众识别、识别企业和塑造良好企业形象的目的。

4. 全员认同原则

园林企业形象关乎企业的发展和全体员工的利益,因而它不仅仅是企业领导或某一部门的事。确立企业形象必须让全体员工参与,让全体员工全身心地投入到企业形象的塑造工作中去。否则,企业形象塑造只能流于形式,难以取得实际的效果。

第三节 园林企业文化建设

一、园林企业文化结构

(一)园林企业文化的含义

企业文化和企业形象是关系到企业生存与发展的一个重要的观念。近年来,企业文化的建设、企业形象的树立越来越受到众多园林企业的重视。

企业文化是企业在发展中形成的一种企业员工共享的价值观念和行为准则,是运用文化的特点和规律,以提高人的素质为基本途径;以尊重人的主体地位为原则;以培养企业经营哲学、企业价值观和企业精神等为核心内容;以争取企业最佳综合效益为目的的管理理论、管理思想和管理方式。1982年,美国的迪尔和肯尼迪出版了第一本系统探讨企业文化的权威之作《企业文化——企业生存的习俗与礼仪》,提出了企业文化理论,强调"企业即人",认为企业中人、财、物的管理应是一个有机系统,其中人处于管理的中心和主导地位。企业的最高目标在于满足人的物质需要和精神需要。企业文化就是强调企业精神、全体员工共同的价值取向,以及在此基础上形成的凝聚力和向心力。

狭义的企业文化 是企业生产经营实践中形成的一种基本精神和凝聚力,以及企业全体员工共有的价值观念和行为准则。

广义的企业文化 除了上述内容外,还包括企业员工的文化素质,企业中有关文化建设的措施、组织、制度等。从企业文化结构层次看,又可分为三层:

物质文化层 属企业文化的表层,是企业文化结构中的最外层,包括企业的产品和企业文化建设的硬件设施。

制度文化层 属企业文化的中间层,它是企业文化中人与物结合的部分,是保证企业目标实现的一种强制性的文化,包括企业中的习俗、习惯和礼仪、成文的或约定俗成的制度等。

精神文化层 属企业文化的核心层,是企业文化的中心内容,它决定了企业物质文化、行为文化和制度文化的形态,包括生产经营哲学、以人为本的价值观念、思想观念、美学意识、管理思维方式等。

(二)园林企业文化的构成要素

1. 企业环境

是园林企业文化生成的背景和条件,包括企业内部环境和外部环境。内部环境主要有行业性质、经营宗旨、企业发展历史、企业人员素质、技术力量等。外部环境主要包括地域、社会文化、政治制度、经济体制、社会道德规范等因素。

2. 价值观念

是人们对事物意义的评判标准。园林企业的价值观就是企业全体成员在面对问题时所持有的某种一致的看法,它是企业经营的基础和核心,规定全体员工的共同一致的方向和行为准则,指导企业整体的活动和形象。

3. 企业规章制度

分为有形制度和无形制度。有形制度是由文字明确规定的,企业成员能够直接感受到的,企业用奖惩办法着力推行的制度;无形制度在企业内潜移默化地起作用。企业文化作为一种典型的无形制度,对企业的效率、竞争力产生影响。

4. 企业英雄

是园林企业价值观的"人格化",是企业里卓越地体现企业价值观的员工或员工群体。他们可能是企业的创始人、领导、技术发明者,也可能是企业的一般员工。

5. 文化仪式

是园林企业内部特有的、已经成为习惯、约定俗成的一系列文化活动的总称。包括人际交往的基本形式、日常工作仪式、表彰仪式、庆典仪式等。通过各种具体的文化仪式,使价值观演化成种种有形的范例,促使企业成员不断得到自我教育和熏陶,让他们从意识和潜意识中产生对这个文化的强烈认同感。

6. 企业形象

是社会公众和企业职工对企业的整体印象和评价。对企业服务人员的素质、公共关系、经营作风、产品质量、产品包装、产品商标、售后服务等方面的印象和评价,都是园林企业形象的具体表现。

(三) 园林企业文化的功能

1. 导向功能

园林企业文化对企业成员的思想行为和企业整体的价值取向起着导向作用,通过文化的培育来引导成员的行为与心理,使人们在潜移默化中接受共同的价值观念,自觉地调整个人的追求目标,并使之与企业目标协调一致。

2. 约束功能

约束行为的表现形式是园林企业的规章制度、道德规范、人际关系准则。企业文化所传播的价值观告诉职工,什么是应该提倡的,什么是应该反对的。文化形成的约束并非通过制度、权利等硬性管理手段实现,而是通过群体归属感、认同感、自豪感的诱导来实现,是一种"软性"约束。

3. 激励功能

通过园林企业文化,将会产生一种积极的激励机制,引导职工树立正确的价值取向、道德标准和整体信念,使职工充分认识到自己工作的意义,从而焕发出高度的主人翁责任感,激发出拼搏精神,为企业的生存和发展做出更大的贡献。

4. 凝聚功能

园林企业文化是企业全体成员共同创造并一致认同的价值观、企业精神、企业目标、道德规范、行为准则等,它反映了企业成员的共同意识。在这种"共同意识"支持下,会大大增强个体的"主人翁"意识和个体对群体的依赖性,从而产生强大的向心力和凝聚力。

5. 辐射功能

园林企业文化不但对本企业产生作用,而且还会对社会产生影响。优质的产品和优良的服务态度、良好的经营状况和积极向上的精神面貌,都会扩大企业的知名度和在社会上的影响力。企业文化不但对企业的发展起着巨大的推动作用,还会影响和带动其他企业及社会人员竞相仿效。

二、园林企业文化建设的内容

1. 企业物质文化

园林企业物质文化是由企业员工创造的产品和各种物质设施等构成的器物文化,它是一种物质形态的表层企业文化,是企业行为文化和企业精神文化的显现和外化结晶。

企业环境 是企业文化的一种外在象征,它体现了企业文化的个性特点,包括工作环境和生活环境两个部分。工作环境就是要为职工提供良好的劳动氛围;生活环境包括企业员工的居住、休息、娱乐等客观条件和服务设施等方面。

企业器物 包括企业产品、生产资料、文化实物等方面的内容,其核心内容是企业产品。产品以市场为存在前提,其存在价值体现出企业精神。

企业标识 是企业文化的可视象征之一,是体现园林企业文化个性化的标识,包括企业名称、企业象征物等。

2. 企业行为文化

园林企业行为文化是企业人在生产经营、人际关系中产生的活动文化,它是以人的行为为形态的中层企业文化,以动态形式作为存在形式。

企业目标 是以企业经营目标形式表达的一种企业观念形态的文化。企业目标作为一种意念、一种符号、一种信号传达给企业员工,引导企业员工的行为。

企业制度 它是一种行为规范,是为了达到某种目的,维护某种秩序而人为制定的程序化、标准化的行为模式和运行方式。

企业民主 是企业政治文化问题。它作为企业文化的一个方面,包括职工的民主意识、民主权利、民主义务等内容。充分发挥企业民主,有利于确定企业员工的主人翁地位,有利于改善干群关系,有利于提高企业在市场竞争中的应变能力。

企业文化活动 是企业员工在生产经营、学习娱乐中产生的文化,具有功能性、开发性和社会性的特点。园林企业文化活动有文体娱乐性活动、福利性活动、技术性活动、思想性活动等形式。

企业人际关系 是园林企业员工在社会生活中发生的人际交往关系,包括企业中领导与被领导。

3. 企业精神文化

园林企业精神文化 是企业在生产经营中形成的一种企业意识和文化观念,它是一种以意识形态为存在形式的深层企业文化,是由企业的精神力量形成的一种文化优势,是由企业的文化心理积淀的一种群体意识,是企业文化中的核心文化。

企业哲学　是对企业全部行为的一种根本指导。企业哲学的根本问题是企业中人与物、人与经济规律的关系问题。

企业价值观　是企业决策者对企业性质、经营目标、经营方式的取向所做出的选择。价值观是企业生存、发展的内在动力和企业行为规范制度的基础。

企业精神　是现代意识与企业个性结合的一种群体意识。现代意识,是现代社会意识、市场意识、质量意识、信念意识、效益意识、文明意识、道德意识等汇集而成的一种综合意识。企业个性,是企业的价值观念、发展目标、服务方针和经营特色等的具体体现。

企业道德　是调整企业之间、员工之间关系的行为规范的总和。一方面,企业道德是企业经营管理理论与实践的一种必然产物;另一方面,企业道德又是人们在实践中求生存、谋发展的主体性的强烈表现。

三、园林企业文化建设的程序

1. 分析评估阶段

在规划园林企业文化建设时,首先要调查了解企业的历史、现状和特点以及企业的社会环境、企业在同行业中的地位等资料,认真分析研究,做出科学的定位和评估。

2. 设计阶段

在调查分析的基础上,根据园林企业本身的特点,结合企业目标、企业精神、企业价值观、企业道德、企业制度、企业风貌等方面,发动广大职工参与讨论和设计,提出具有本企业特色的企业文化建设的目标,成为大家共同遵守的行为准则。

3. 培育和执行阶段

企业文化建设的目标一经提出,就应加以具体化。在培育和执行园林企业文化时,应着重从四个方面入手:一是要企业领导者强有力的指挥;二是要将目标层层分解,使其落实到各个管理层次;三是要发动企业全体成员参加;四是要大力宣传和提倡,以便形成舆论,使新的观念不断深入人心,久而成俗,为广大职工认同和接受。

4. 总结和提高阶段

企业文化在培育执行过程中,一方面会经常暴露出一些问题,需要不断地加以分析研究和改进;另一方面企业外部环境和企业内部条件在不断变化,企业文化的内容就应不断地进行总结和优化,使其成为适应我国市场经济体制需要的具有中国特色的园林企业文化。

第四节　园林企业形象

一、企业形象的概述

(一)企业形象的含义

企业形象一词来源于英文 Corporate Identity,在国外又称为 Corporate Image,缩写为 CI,

译为"企业形象"或"企业识别"。

企业形象可以从不同的角度予以界定。就企业与公众的关系而言,企业形象是公众对企业在运作过程中表现出来的行为特征和精神风貌的总体性评价和综合性反映,是企业的外观现象和内在本质、物质文明和精神文明的有机统一。就企业角度而言,企业形象是企业的无形资产,是企业文化的集中体现。

(二)企业形象的功能

(1)树立良好的企业形象,是企业文化建设的重要组成部分,它不仅对创建品牌、增强企业竞争力、提高企业经营管理水平和经济效益等方面发挥重要作用;同时还有助于企业赢得顾客信任、吸引优秀人才、获得企业间的协助与合作,帮助企业推进社会主义精神文明建设。

(2)增强消费信心,社会公众对企业的印象和评价,实际上裁定的是企业可信与否。良好的企业形象,使社会公众产生信任和依赖感,愿意与之发生经济利益上的联系。显然,增强公众对企业的信任和赞誉,就意味着企业有了广阔的市场发展空间和良好的前景。

(3)提升消费文明。企业取信于民,对内可以产生强大的凝聚力,对外可引导消费潮流和提升消费文明。因为,企业负有推动经济进步和社会发展的责任。只有企业形象卓著的企业,才能带动和引导消费文明,建立企业与社会和谐相处,形成共同发展的良好局面。

(4)创造良好的经营环境。企业诚信可靠,形象良好,社会公众拥戴,不仅会带来资金融通上的便利,政府主管部门也会大力支持其发展。企业的产、供、销、服务就易于协调和畅通,而且会不断扩大贸易伙伴的范围,有更自由的选择空间。

二、园林企业形象的特征

1. 客观性

园林企业形象是企业实态的表现,是企业一切活动在社会面前的展示,是客观真实的,具有客观性的特征。诸如企业的名称、地点、经营的资产以及产品、商标、质量、信誉等,都应该是真实可信的。良好的园林企业形象是有客观标准的,它由企业良好的经营管理实态、良好的企业精神、良好的员工素质、良好的企业领导作风、良好的企业制度、良好的企业产品以及整洁的生产经营环境等客观要素所构成。这些构成要素都是客观实在,是人们能够直接感知的,它不以人们的主观意志为转移。

2. 整体性

园林企业形象是由企业内部诸多因素构成的统一体和集中表现,是由全方位的复杂因素综合形成的,是一个完整的有机整体,具有整体性的特征。园林企业的历史、知名度、经济效益、社会贡献等综合因素以及人员素质、经营和管理水平、物资设备设施等要素之间有着内在的必然联系。构成企业形象的每一个要素的表现好坏,必然会影响到整体的企业形象。园林企业在企业形象形成过程中,应把企业形象贯彻和体现在经营管理思想、决策以及经营管理活动之中,从企业的外部形象和内在精神的方方面面体现出来,依靠全体员工的共同努力,使企业形象的塑造成为大家的自觉行为。企业只有在所有方面都有上乘的表现,才能塑造一个完整的全面的良好形象。

3. 稳定性

社会公众一旦对园林企业形成某种认识、看法,企业形象便具有相对的稳定性。这是由于社会公众对企业的认识是一种理性认识和概括性评价。如果企业情况没有发生重大变化,则这种基本评价就不会发生明显变化。针对园林企业而言,企业形象的稳定性可能会导致两种不同的结果:形象良好的企业,因"名品"、"名牌"效应,会胜利发展;形象不良的企业,则因名声不好,而陷入困境。因此,每一个园林企业都应努力维护本企业的良好形象。

4. 动态性

企业形象具有稳定性,但并不是一成不变的,还具有动态性或可变性的特征。随着时间的推移,空间的变化、企业行为的改变以及政治、经济环境变迁,企业形象始终处在动态的变化过程之中。

这种动态的可变性使得企业有可能通过自身的努力,改变公众对企业过去的旧印象和评价,一步一步地塑造出良好的企业形象。园林企业经营者必须明白,良好的企业形象的确立是企业员工长期奋斗、精心塑造的结果,在市场竞争空前激烈的态势下,要有强烈的危机意识和永不满足的精神。在企业形象塑造上没有终点,只有起点。只有不断开拓进取,创造佳绩,才能使企业形象越来越好。

5. 传播性

企业形象的形成过程,实质上是企业实态借助一定的传播手段,为社会公众认识、感知并得出印象和评价的过程。换而言之,企业形象可通过直接或间接方式,在社会公众中传播、扩散,从而成为公众比较、识别、评价不同企业的依据,同时也为进行企业形象策划,树立与众不同的企业形象提供有利条件。

三、园林企业形象的构成要素

园林企业形象是企业实态的外在反映。企业形象由不同要素构成,基本上可分为三大类:有形要素、无形要素和企业员工。

具体而言,园林企业的有形要素包括企业的产品、技术设备、企业内外环境、广告与产品包装等内容。园林企业的无形要素包括企业的经营理念、企业精神、企业知名度与美誉度等内容。园林企业员工包括员工素质、职业道德、言谈举止等内容。这些要素从不同侧面体现园林企业的整体形象。其中,对企业影响较大的有产品形象、环境形象、员工形象、企业信誉等。

产品形象　产品或服务构成园林企业形象的基础,是企业形象中的决定性因素。一方面,公众通过园林企业的产品和服务与企业发生经济与社会的联系,并以此实现自身的经济利益;另一方面,园林企业通过向社会提供符合要求的产品和服务,树立和塑造自身形象,取得经济效益。

产品形象一般是由质量形象、技术形象和生产销售状况所构成。技术水平决定了产品质量,生产销售状况则是产品质量的综合反映。

环境形象　园林企业的外观形象反映企业的经济实力和规模,同时也反映企业的文明程度和管理水平。园林企业往往根据自身的特点和优势,打造精品工程,给公众留下深刻的印象,塑造特色环境形象。

员工形象　园林企业的运营都是靠员工来推动的,企业社会经济关系的展开,也是通过员工来进行的。因此,员工形象是企业形象塑造过程中,唯一具有主观能动性的因素。员工形象不仅包括员工的行为举止、服务态度等,还包括员工共同信守的价值观、经营理念等。显然,共同遵守的价值观、经营理念是员工形象确立的基础。企业家形象是员工形象中一个极其重要的组成部分。因为企业家形象不仅会影响社会公众对其自身的评价,更重要的是,它会扩散、影响到企业的声誉和形象。在一定意义上讲,企业家实际上就是企业的化身,企业家形象实际上就是企业形象的代言人。

企业信誉 它作为无形要素折射企业的经营历程,并通过企业商标、商誉、企业名称等无形资产加以体现。园林企业的信誉是建立在企业所提供的优质产品和优质服务基础之上的,并通过长期的经营活动所逐渐形成的。它不仅是园林企业发展历史的长期积淀的证明,更是在现实中发挥巨大的感召作用,即不仅影响现有消费者的购买行为,还会影响未来消费者的消费行为。企业信誉是树立和塑造园林企业形象的一项重要内容。

四、企业文化与企业形象的关系

园林企业文化是在一定的社会大环境影响下,经过企业员工的创造和提炼所形成的企业整体的价值观念、道德规范、行为准则、经营特色、管理风格及传统与习惯的总和,它的形成受到社会政治、经济、地域、人文、传统习俗及企业历史、员工素质、经营特点等多种因素的影响。园林企业形象是社会公众和企业员工对企业的整体印象和综合评价。

(1)企业文化与企业形象密不可分。从一定意义上讲,企业形象是企业文化的一个组成部分,是企业文化的外化,是企业文化在传播和对外交往中的映射。企业文化则是企业形象的核心和灵魂,企业文化决定企业形象。企业形象与企业文化是一种标和本的关系,是从不同的角度反映企业特色。企业文化是从内部管理的角度反映企业优劣;企业形象是从社会评价的角度反映企业的好坏。两者之间的关系表现为以下几个方面。

(2)企业文化是一种客观存在,而企业形象则是企业文化在人们头脑中的反映,属于主观意识形态范畴。如果没有业绩存在的企业文化,就不会有公众心目中的企业形象。因此,企业文化是企业形象的根本前提,企业文化决定企业形象。

(3)企业形象对企业文化的反映有一个过程。由于人们的认识过程受到客观条件和自身认识水平的限制,公众心目中形成的企业形象不一定是企业文化的客观真实或全面地反映,这就会造成企业文化和企业形象之间在某些方面存在着差距。随着公众对企业认识过程的不断深入,两者之间的差距会逐渐缩小。

(4)企业形象不是对企业文化的全部反映。由于企业出于自身需要,企业文化的有些内容是不会通过媒介向外传播的。所以,企业文化与企业形象在内涵上存在差别。

(5)企业形象的塑造对企业文化建设具有促进作用。企业树立起来的良好形象一旦名声在外,这种名声反过来有会给企业带来压力,从而约束企业的行为,迫使企业练好内功,提高内在素质。同时,也给企业职工带来自豪感和工作动力。

本章小结

本章介绍园林企业文化的概念、构成及特征要素,掌握如何在企业管理中塑造文化;通过介绍园林企业文化的概念、作用、内容以及如何在此基础上建立和塑造适应当代园林企业管理的新型园林企业文化的步骤,并就其中可能出现的建立误区做了详尽的介绍,要求学生初步学会分析和重塑园林企业文化的方法,理会园林企业文化与企业形象的关系。学习这章的目的是为了将所学知识与园林企业管理结合起来,初步掌握通过企业文化建设推动企业发展的方法和理解园林文化的建设。

[案例9-1]

资料来源:http:OCUS.1wcj.com/locus-28/focus-28-01-01.asp 北京绿维创景规划设计院 林峰 杨iK

以水为魂、整合天津旅游
——企业(城市)经营战略、企业(城市)文化建设策划案例

2005年底,天津市规划局进行国际招标,对天津入座大型水库湖泊进行整合策划,题目为《天津市重点旅游区近期开发总体策划》。初选后,有四家规划机构入围竞争。招标机构公布结果,北京绿维创景规划设计院获国际竞标第一名。

1. 竞标方案具体剖析

1.1 天津规划局需求

需求一:将位置分散、特点不一且区位关系等各方面差异都很大的八个湖作为天津近期旅游开发的重点项目,形成了一种比较难以整合的资源状况。如何解决这个问题实际上是非常困难的,对参与竞标的这四家单位来说都是一个不小的挑战。

需求二:八个重点旅游区基本上都以水库形态呈现,要求策划不能缩小水面面积,不能减少水库容量,现场考察之后,绿维创景发现有些地方的资源格局尤其是水陆格局非常不利于进行旅游开发。

1.2 绿维创景策划思路——以水为魂,整合天津旅游

怎样有效地把这八个项目区整合到一个共同的主题、共同的核心吸引力之下,一起构架天津市重点开发的品牌和整体开发的理念,成为这个项目策划的关键问题。反之,如果不能把这八个旅游区整合到一个共同的结构、一个共同的品牌当中来,让它们处于一种比较浅层次的联系状态下,相互之间无关或者关系非常小,那么,这个策划就有可能失败。

绿维创景首先思考天津市整体旅游应该如何发展,应该如何把握天津旅游的整体定位。有了这个整体的把握,项目组才能合理地思考重点旅游区的近期开发。因此,天津市旅游的整体发展成为了项目组必须研究的一个课题,绿维创景《天津旅游的总体定位与发展战略》专题研究提出的总体定位、形象口号如下:

天津旅游总体定位——北国休闲水都;

目标定位——中国休闲旅游目的地、北方水休闲胜地、京津冀休闲旅游中心;

天津旅游的形象口号——北国水都,天下乐津;

天津八乐——逗乐天津、娱乐天津;游乐天津、玩乐天津;康乐天津、享乐天津;欢乐天津、同乐天津。山水旅游已经成为中国旅游发展市场接受度最高、最受市场追捧的产品形态

(详见林峰博士2006年8月7日发表在中国旅游报上的《市场宠儿——山水生态休闲》)。以水资源为依托,项目组对天津旅游进一步思考,就形成了"北国休闲水都"的总体定位——一个在资源与市场整合中推导形成的结论。

2. 城市文化提炼

着眼于天津市整体的旅游发展战略,通过资源、市场等多方面、系统的旅游综合研究,项目组发现了"水"对天津的重要性和特殊性。天津的水资源非常丰富,常说的"九河下梢"等就说明了水在天津自然地理、人文历史、社会中的重要地位,这对旅游发展来说非常有利。为了更深一步挖掘水资源与天津的关系,项目组作了《天津及其周边水资源专题研究报告》,得出一个结论:即天津拥有非常丰富的地上、地下水资源、地热资源,还有非常悠久丰富的水文化。

2.1 确定品牌

为了进一步明确北国水都的形态、风貌,项目组作了"江南水乡"与"北国水乡"的差异性对比专题研究报告。通过这种对比,借力江南水乡,可以打造一个具有国际吸引力的新品牌——北国水乡。

2.2 产品序列组合

为了具体地操作、实现这个品牌,必须研究以水为基础的游憩方式。为此,项目组系统研究了全球的水休闲模式,形成了《国际国内水休闲游乐专题研究报告》,收罗了国内外几乎所有的具有市场吸引力的水休闲娱乐方式。

北国休闲水都 = 水城 + 水乡 + 水景区 + 海滨 + 水镇

"北国休闲水都"是一个建设旅游目的地的系统工程:其一期工程(2006~2010年)就是"北国水乡·津味八品"工程,即本项目策划的八大重点旅游区的有效整合。这样,八个看上去互不关联的同质性湖泊,在"北国水乡·津卫(味)八品"工程结构中,成为天津旅游目的地建设的品牌核心。"北国水乡",把八太湖整合到一个品牌上;"津卫(味)入品",形成一湖一品的产品差异,形成独特又互补的完美组合。

分析了八大旅游区的共同特征之后,项目组重点挖掘其差异性,使每个湖都具有独特的魅力,提出了"休闲胜景一湖一品"的产品设计原则。"休闲"代表功能,"一湖一品"表现了其产品差异性,最终形成了"津卫(味)八品"的总体定位和产品序列。

这个序列中,既有层次与重点,形成了"一个龙头、三大精品、四大特色旅游区"的系统构架,又有每个湖自己的定位、主体功能和产品构成,都非常好的结合了天津市旅游的整体发展和自身资源的特色。

经过以上的思考、研究和策划过程,绿维创景最终明确了八大旅游区应如何形成一个统一的品牌,应怎样形成一个具有内部差异性的、丰满的、系统的结构。

3. 案例启示

独特吸引力与品牌提炼,是旅游策划规划的核心。本项目对"北国水乡"的提炼,是以资源挖掘、市场趋势分析、文化差异探索、游憩模式创新、风貌景观创意五个方面深度研究为前提,站在天津旅游目的地建设的高度上,实施系统整合的结果。

大胆创新水域水岸景观结构,突破水利形态局限,形成水库旅游的新模式。八个湖区基本上都是以前的农业水库,与需要作为景观的旅游区差别很大,水面与水岸的互动关系是其中最大的一个可以调整、可以操作的方面。在保证每个湖的水面面积、库容量不变的前提下,绿维创景大胆地改变了水面与陆地的结构,形成了多个水中岛、半岛,以及其他的一些水陆交叉的结构区。比如在银河景区,绿维创景打造出了"水乡大观园"、"天津 EOD"这样的产品和功能,形成了大量的延伸到水中的陆地,从而形成了"水乡园林"这样的格局,甚至形成了生态办公区这样的旅游、商业房地产类型。

泛旅游产业链接互动理念的有效贯彻,是项目成功的重要因素。绿维创景方案深度结合泛旅游产业(康体、会展、娱乐、博彩、农业等),系统整合天津旅游资源与城市发展,力求使本项目成为龙头,产生典型示范与龙头带动作用;特别强调把旅游产业与城市化发展及其他产业发展结合起来;各个项目都结合了旅游城镇化发展、步行街区、生态人居社区、度假房地产等,这是绿维创景泛旅游产业链接互动理念有效贯彻的结果。

旅游城市经营与旅游房地产开发理念的深度应用。本项目是以旅游休闲产业为主导和城市建设相结合的一类项目。这些旅游区有一个共同的特点,就是均处于天津与城市可以互动的建设性区域,特别是团泊洼、官港、鸭淀、银河、东嘴、天嘉湖等至少六个区,都是处于城市发展的建设性区域。

而绿维创景依托于独特的旅游城市经营模式,给出的解决方案均充分考虑依托于旅游休闲产业形成城市建设的快速发展,以城市经营的手法推动土地增值,达到良性经营的效果。

[案例9-2]

文化是企业之魂,企业理念和文化品牌是企业文化的核心。文化,是人类发展的基础;企业文化,是企业发展的灵魂。它是企业理念、形态文化、物质文化和制度文化的总和,包括企业最高目标、企业哲学、企业风气、企业道德和企业宗旨等方面。良好的企业文化把企业员工的个人目标引导到企业目标上来,使企业风气和道德健康向上,在激烈的市场竞争中形成强大的竞争力。现以杭州新天地园林公司为例,简述企业文化塑造在企业中的作用。

杭州新天地园林公司多年来一直致力于企业文化内涵的丰富和拓延上。在内,加大企业的科技含量、科研攻关;在外,创造出一个个园林精品以及通过一系列的出报、出刊、出书、各种社会活动的组织和参与,已经在杭州园林界形成了较高的声誉和地位,这对新天地园林公司实施品牌经营打下良好的基础。此外,新天地园林公司对联合的对象挑选也很严格,对它们的企业素质、增长潜力都有考察和研究。在联合后,对它们进行制度管理、技术指导、质量把关,使新天地园林公司的企业文化和精神逐步渗透到它们的企业文化中,使它们在杭州新天地园林这个文化品牌下,在园林行业的竞争中立于不败之地。新天地园林公司总部则更多投入到企业文化的培养上,为整个企业及至园林行业的可持续发展做工作。企业发展要靠两条腿走路,一个是同党和政府紧密联系,一个是依靠科技发展自身。为此,杭州新天地园林公司塑造了自己独特的企业文化。

新天地园林公司的企业文化是集全体人员的群体力量,在企业的共同信念下所形成的价值观、行为规范、组织观念的总汇,能起到激发员工积极性、提升企业形象、促进企业发展的巨大作用,主要有以下几项内容:

企业精神:团结拼搏、追求卓越。
经营理念:以人为本、创新求市场、质量求生存、财务求发展、管理求效益。
发展战略:以户外木艺为基础,以珠三角往全国全面发展,做品牌企业。
经营宗旨:以环保为己任,服务社会。
员工教育:采取完整的岗前培训,不断学习,不断进步。
广告用语:大师级的设计,鲁班式的施工。
基本元素:新天地英文名"NEW WORLD"的首写字母"N,W"。
形象诉求手法:强烈刚硬化。
象征意义:字母N,W连为一体,仿佛连成一片树林,表达了新天地在园林行业将成为一颗稳健的大树。
整体效果:具有信赖感、稳健感,目标明确,对外传达识别性强,有利于各媒体在传播中使用。
企业色:绿色代表园艺,蓝色代表产品的高技术性。
吉祥图形:啄木鸟天天。

啄木鸟代表树木的医生,专门清理树木中的虫害,可使树木少受侵蚀。取"天天"作名字,意为每天都在履行自己的职责。

2001年是中国极具纪念意义的一年,也是杭州新天地园林公司发展历程中重要的一年。北京申奥成功为古都带来新的绿色革命,杭州新天地园林公司积极支持北京绿色奥运,在当地的领导带领下去京,在怀柔湖宾景观带设计中先行做出自己的成绩。西部大开发最首要的就是生态建设,在贵阳"136工程"中的桂花园等设计中,杭州新天地园林公司也为贵阳的绿化建设添上一笔。2001年底,由杭州新天地园林公司牵头,在杭州市工商联的主持下筹建了杭州市园林花木商会,蓝天园林公司作为发起单位,投入大量的人力、物力,在商会的成立和运作中起到了主导和关键作用,成为杭州园林花木商会的会长单位。

杭州新天地园林公司拥有设计院、工程公司、种苗公司、监理公司,并设置科学研究院,从事花木引种驯化和园林应用科学研究;并设有编辑部,出版花卉报、园林杂志以及园林专业丛书;设计院与杭州职业技术学院联合设立环境艺术专业。杭州新天地园林公司是以园林为中心一条龙式的全面发展,在技术配合、科研攻关上科研相互协助、相互融合。2001年杭州新天地园林公司实施了一系列的科学研究活动,与浙江大学生命科学院联合培养景观生态专业博士;与浙江大学园艺系、同济大学城市规划学院等高校教授举行过多次座谈;与上海市绿化管理局、杭州市园林局等领导专家座谈;杭州新天地园林总经理、总工程师、种苗公司经理、编辑部副主编等多人授聘为杭州职业技术学院的客座教授。依靠科技发展企业已成为蓝天园林人的共识和持之以恒的信念,整个企业的学术气氛极为浓厚,科技创新观念也颇为强烈。因此,蓝天园林创造出像贵阳花园、怀柔滨湖景观带、昆山中山路等一系列的园林精品。

分析讨论
(1)分析杭州新天地园林公司是如何塑造自己的企业文化的?
(2)杭州新天地园林公司企业文化的核心是什么?

思考与练习

一、名词解释

企业文化　　　　　企业精神　　　　　企业文化重塑

二、填空题

1. 企业文化重塑分＿＿＿＿＿、＿＿＿＿＿和＿＿＿＿＿三个阶段。
2. 园林企业形象的特征是＿＿＿＿、＿＿＿＿、＿＿＿＿和＿＿＿＿。
3. 园林企业文化建设的程序包括＿＿＿＿、＿＿＿＿、＿＿＿＿和＿＿＿＿。
4. 塑造园林企业形象的基本原则＿＿＿＿、＿＿＿＿、＿＿＿＿和＿＿＿＿。

三、思考题

1. 企业文化的功能有哪些？
2. 园林企业的构成要素有哪些？
3. 园林企业形象的特征。
4. 如何重塑现代园林企业文化？
5. 论述影响我国园林企业文化建设和发展的主要误区。

四、实训题

调查某一园林企业管理的现状，并分析该企业文化的内在特征，就其出现的误区提出你的建议。

第十章　园林企业信息管理

目的与要求
1. 掌握管理信息系统及基本职能和在经营管理中的作用。
2. 熟悉管理信息系统开发方法和园林项目信息分类。
3. 让学生懂得怎样进行园林管理信息系统的建立、规划和园林工程项目综合管理系统。

第一节　管理信息系统

系统观点、数学方法和计算机应用是管理信息系统的三个要素，而数学方法和计算机应用都离不开技术。这里所指的技术主要包括硬件技术、软件技术和网络通信技术，也包括与系统建设相关数据结构和数据库技术。

一、管理信息系统的概念

管理信息系统概念在演变，一直没有形成公认、统一的描述。一般定义为："它是用系统思想建立起来的，以计算机作为基本信息处理手段，以现代通信设备作为信息传输工具，以资源共享为目标，且能为管理决策提供信息服务的人—机系统。"实际上，管理信息系统这一概念是指管理系统和管理信息的集合。当人们把管理对象作为一个完整的系统进行分析和设计时就构成管理系统，而管理信息就是根据管理功能和管理技术而组成的信息流和信息集。当把管理系统和管理信息集合成一个系统时，就形成管理信息系统。

作为一个管理信息系统，它将在管理信息的产生源与使用者之间起到媒介作用，并以此使管理信息从产生到利用的时间间隔大大缩短，同时保证管理信息处理的准确性和时效性，有利于提高管理信息利用率，更好地满足各种管理工作的需要。

二、管理信息系统的基本职能

一个较为完善的管理信息系统，必须具备四项基本职能。

第一，确定信息的需求，即按照管理工作的要求正确确定需要的信息的类型和类别，以及需要的时间和数量；

第二，按照信息的需求，进行信息的收集、加工等处理；

第三，向管理者提供经济信息的服务；

第四，对信息进行系统管理。

这四项基本职能之间有着密切的联系，表现为彼此间的衔接和连续，即后一个职能的发挥都必须以前一个职能工作的完成为基础。

三、管理信息系统在经营管理中的作用

园林企业的经营管理过程主要是由人、财、物、信息四要素组成。管理者通过信息的传递,把人、财、物、产、供、销等要素有机地联系和组合起来,从而实现对企业科学、有效的管理。现代企业经营管理过程可以概括为:确定目标—调查—研究—预测—决策与计划—组织与控制—实现目标,这样一个动态管理过程的每一个管理程序都依赖于信息。具体地说,信息对企业发展有如下作用:

1. 信息是企业制定经营决策的依据

在市场经济条件下,企业之间的竞争日趋激烈,要想在市场竞争中求得生存和发展,就需要及时而准确地掌握大量的信息,加工整理后作为分析、判断的依据。企业的重大决策,无论是经营目标、营销策略的制定,还是管理体制的改革,都要以信息为基础,进行形势分析、方案比较和决策优选。这是因为,正确的信息反映着市场经营的客观情况,全面反映市场活动的动态和过程,以这种信息为基础制定的计划和决策才是符合市场情况的决策。如果不掌握信息,凭主观想象去制定经营决策,往往会导致决策的盲目性和不确定性。从战略决策管理上看,发现市场机会、确立目标市场、进行市场定位、经营的成败与否,在很大程度上取决于对市场信息的掌握程度。

2. 信息是企业进行经营管理的手段

任何现代化经济活动都离不开经营管理,这是提高工作效率和经济效益的前提。然而,要搞好经营管理就必须充分发挥信息的作用,因为经营管理过程、经营管理水平的高低,要依赖于收集、加工和利用信息的程度。

3. 信息是企业组织生产的保障

企业的生产经营活动是一个动态的过程,自始至终存在着四大要素,即人流、物流、财流、信息流,企业为了将这"四流"组成协调运转的整体,实现良性循环,就必须借助于信息,形成畅通的信息流,以实现企业生产的有序化。信息流是企业指令、计划、财务、统计、物价、商情、广告等纵向、横向的流传。可以认为,企业本身就是一个信息系统,企业管理主要是通过利用信息流,协调和控制人流、物流和财流,对企业生产活动实行有效的管理,从而取得经济活动的最佳效益。

四、管理信息系统开发方法

管理信息系统从产生到现在已经发展了许多开发方法,其中生命周期法、结构化方法、原型法和面向对象的开发方法在 MIS 开发实践中产生了重要影响。

(一)生命周期法

诞生于 20 世纪 70 年代的主流方法是结构化方法的基础,它给出严格的过程定义并且改善了开发过程,严谨的文档依然是过程改善和软件质量管理的重要基础。从软件认证可以看到这一点,生命周期法的基本思想是"自上而下,逐步求精",即严格划分系统开发的各个阶段,从全局出发全面规划,然后自上而下一步一步地实现。生命周期法的局限在于周期过长、方法细腻苛刻和用户参与程度不高,因而它不能适应需求变化,加大了系统风险。

生命周期法管理信息系统包括五个阶段：系统规划阶段、系统分析阶段、系统设计阶段、系统实施阶段、系统运行维护阶段。

1. 系统规划阶段

这是管理信息系统开发的起始阶段，这一阶段的主要任务是：根据企业的整体目标和发展战略确定管理信息系统的发展战略、明确企业的信息需求，制定管理信息系统建设的总计划。系统规划阶段的主要工作有：

(1) 提出要求。实际上，每个企业都有一个信息系统，不过有的是手工的，有的是人机的；有的效率低，有的效率高，当企业用户不满足信息系统的现状，便会提出开发新系统的要求。

企业提出开发新系统的要求后，就应组成开发组。开发组一般由系统开发的专业技术人员、企业的业务人员和领导组成，开发组的成员根据开发阶段的不同可能会有所调整。

(2) 现行系统的初步调查。开发组对用户单位做初步调查，目的是为了从整体上掌握企业原有系统的运行情况，论证是否需要完全更新原有系统。

初步调查的内容有：查清企业的组织机构及各个部门所承担的业务工作；调查企业内外部的人、财、物的状况（因为原有系统所使用的各种信息是随着上述资源的流动而发生的）；对原系统进行分析，确立要开发的新系统的目标；此外还要调查与系统开发有关的背景材料。

(3) 可行性研究。综合初步调查的资料，从企业现有的自身条件和环境条件出发，分析新系统开发的可能性和必要性。可行性研究的内容主要有：组织机构及操作方式的可行性；经济上的可行性；技术上的可行性；系统目标是否合理。

(4) 编写可行性研究报告。根据可行性研究的结果，拟定可行性初步报告，并提交给企业或企业的主管部门。如果开发组认为开发新系统是可行的，应当在可行性研究报告中提出进度计划、资金投入计划等供审查机关参考。当可行性研究报告被批准后，便进入了系统开发的第二个阶段——系统分析。

2. 系统分析阶段

系统分析在系统开发中是很重要，也是很关键的一步。在这一阶段，系统分析员要和用户一起在充分了解用户要求的基础上，把双方对目标系统（即新系统）的理解表达为系统分析说明书。目标系统分析说明书通过审批之后，将成为目标系统设计的依据和验收的依据。

系统分析阶段的核心任务就是建立新系统的逻辑模型，建立逻辑模型要在充分了解企业的业务流程的基础上进行，所以，首先要进行详细的调查。

(1) 现行系统详细调查。详细调查与初步调查不同，此次调查的目的在于设计新系统，因为新系统要建立在现实组织中，要在原有系统基础上建设。没有对企业，特别是企业中现行系统的详细调查，新系统将无从设计，或设计得不好。详细调查应当比初步调查更广泛、更深入细致。详细调查的任务是相当艰巨的，其指导思想是抓宏观、抓信息流，要搞清系统中所有的信息输入、处理、存储和输出。

(2) 分析现行系统。在对原信息系统的详细调查中，通常会收集到大量的报表、单据、文件等资料。在做现行系统分析时，需要从业务流程的角度将业务处理过程中的资料以一个完整的图形表示出来，以帮助系统分析员了解该业务的具体处理过程，发现系统调查中的错误和疏漏,修改现行系统的不合理部分,优化业务处理流程。这个图形我们称为业务流程图。

(3)新系统逻辑设计。建立新系统的逻辑模型是系统分析阶段的核心任务,通常可以通过以下两种途径:改进原系统的逻辑模型得到新系统的逻辑模型,即改进用数据流程图等工具描述的原系统的逻辑模型;从新系统的功能目标出发,通过对系统基本模型的分解而得到新系统的逻辑模型。

3. 系统设计阶段

系统设计阶段的任务是依据系统分析说明书进行新系统的物理设计,提出一个由一系列物理设备构成的新系统设计方案,并把这一方案表达出来。通常,又将系统设计阶段分为总体设计和详细设计两个阶段。

(1)总体设计阶段的主要任务是:系统空间布局设计、系统模块结构的设计、系统软硬件结构设计。其中系统模块结构设计又称结构设计,它是对系统内部进行层次分解,即划分系统的模块结构,并确定模块的调用和模块之间数据流和控制流的传递关系。

(2)详细设计阶段的主要任务是:数据库设计和数据文件的设计、代码设计、输入输出设计、模块逻辑设计等。

数据库文件是数据存储的基本形式,数据库文件的设计应本着可靠性、安全性、方便性的原则来进行。数据库文件设计主要包括:研究数据项内容、类型、长度;确定哪些数据项组织到同一个数据库文件中;确定文件的组织形式,是顺序文件还是索引文件,若是索引文件还要确定其关键字;确定哪些文件应是长期储存的文件,哪些文件是中间过程文件。在文件设计中,应遵循数据库结构的规范化原则,减少重复和冗余,节省内存空间,提高系统运行效率。

代码设计　代码是代表事物的名称、属性、状态的符号,为了方便计算机的数据处理和存储,一般用数字、字母或特殊符号混合表示,如学号、工号等就是一种代码。在代码设计中,要求代码具有识别性和分类性。代码的种类很多,常见的有顺序代码、分类代码、区段代码、关键代码、助记代码、组合代码等,信息系统中要用到的各种代码都应统一,并应该适当考虑到系统将来可能的扩展,另外还要考虑企业已经习惯使用的代码。

输入输出设计　输入输出设计是整个信息系统与人对话的接口的设计。这部分设计的好坏,直接影响到信息系统的运行。输入设计必须在保证输入数据的准确性和可靠性的同时,做到输入简单、直观、清晰。同时,输入系统应具有各种排错功能。在设计的过程中,应尽量保持和接近原有系统的习惯。输出设计包括打印报表,输出文件和屏幕显示输出的设计。一般要求报表和屏幕显示格式简明、美观、符合习惯。

模块逻辑设计　系统设计的关键就是模块逻辑设计。系统是由可操作的若干模块构成,每个模块都应尽可能地独立、功能明确,它们可以单独地进行维护、修改和调试,而不影响系统的其他部分。

以上各种设计的图表、说明等构成了新系统的系统物理设计文档,称为系统设计说明书。它是新系统的物理模型,是系统实施的根据,是系统设计阶段的阶段性成果。

4. 系统实施阶段

物理设计完成后,即可进入系统实施阶段,系统实施阶段是根据系统的物理设计来构造一个物理的新系统。主要任务是:购置计算机硬件、系统软件,并安装调试;程序设计并调试程序;系统试运行,并评价运行情况,如果运行情况不满意,就需要重新进行程序设计,甚至回到系统设计阶段重新进行设计;通过系统试运行后,即可进行新老系统的转换工作。平稳而又可靠地进行新老系统的交接是系统转换的任务,系统转换方式主要有三种:

(1)直接转换:在新系统投入使用的同时,马上停止原有系统的工作。

(2)平行转换:让新系统和原有系统在一段时期内同时运行,以考核新系统的可行性。

(3)分段转换:逐渐地完成原有系统向新系统的转换,即在运行新系统时,逐步增加数据量以代替原有系统,让用户进一步熟悉新系统。

5. 系统运行维护阶段

经过评价认可的新系统交付使用后,新系统便进入了长期的运行、维护阶段。在这一阶段的工作主要有:系统正式运行并每日提交运行记录;系统维护以及对维护的评价,并提交每次的维护报告和维护评价报告;用户培训,以提高用户对新系统的应用效果。

(二)结构化方法

是以结构化系统分析与设计为核心的新生命周期法,是生命周期法的继承与发展,是生命周期法与结构化程序设计思想的结合。它使系统分析与设计结构化、模块化、标准化,面向用户且能预料可能发生的变化,结构化方法克服了生命周期法的某些缺陷,由于它在本质上是生命周期法,其固有缺陷没有根本性改观,但依然是系统开发的主流方法。

(三)原型法

产生于20世纪80年代,一开始不进行全局分析,抓住一个原型,经设计实现后,再不断扩充,使之成为全局的系统。原型法基于第四代程序生成语言,用工具快速构造原型,使系统开发周期较短,应变能力较强,它"扬弃"了结构化系统开发方法的某些繁琐细节,继承其合理的内核,是对结构化开发方法的发展和补充。生命周期法和结构化方法遵循从抽象到具体的思想,按分解的方法将复杂问题简单化;原型法符合实践、认识、再实践、再认识的认识规律,但过程定义不够清晰、文档不够完善,需求定义不够规范,不利于过程改善。原型法的改进方向在于完善过程标准,规范需求定义,明确应用范围。

(四)面向对象的方法

该方法从20世纪90年代开始获得广泛的应用,面向对象的方法包括面向对象的系统分析、面向对象的系统设计和面向对象的程序设计。面向对象的方法具有自然的模型化能力,它支持建立可重用、可维护、可共享的代码且将这些代码组织存放在程序设计环境的类库中;随着类库中的类不断积累,以后的程序设计过程会变得越来越简单,从而提高开发效率。面向对象方法更重要的是思维方式的改变,类和继承性提高了系统可维护性,拓展系统生命期,构件化使软件生产走向工厂化。

这些开发方法既有区别,又有联系,可以组合使用,具体选择哪种或哪几种方法的组合,应根据系统规模来确定。一般来说,较小的系统可采用原型法或面向对象的方法或两者结合,较大的系统以结构化方法为主轴,结合原型法和面向对象的方法,尤其是在系统实现阶段可以采用面向对象的程序设计方法,现在的主流开发工具都支持。可以预期,相互补充、相互促进的系统开发方式将是今后若干年MIS或软件工程中所使用的主要方法。

第二节 园林管理信息系统的建立

利用现代信息技术是企业管理的发展趋势,如何将企业管理要求与信息技术整合在一起,并制定一套有效的信息化方案,是实施企业信息化战略的重要保障。这里主要阐述园林企业管理信息系统建立原则与方法。

一、园林管理信息系统规划

(一) 园林企业管理信息系统规划的内容

(1) 制定企业战略目标:结合完善企业法人治理机构,提高企业管理水平的目标,明确信息化战略规划的阶段、年限及步骤,明确 MIS 应具有的功能、服务范围和质量等。

(2) 收集相关信息:企业现在以及未来几年经营规模及项目的个数、大小等情况,已有通用性软件、应用系统、人员和技术储备、费用分析和设备利用情况。

(3) 进行战略分析:对 MIS 的目标、开发方法、功能结构、计划活动、信息部门的情况、财务情况、风险度和政策等进行分析。

(4) 定义约束条件:根据单位(企业、部门)的财务资源、人力及物力等方面的限制,定义 MIS 的约束条件和政策。

(5) 分析业务流程的现状、存在的问题和不足,以及流程在新技术条件下的重组,信息系统的目标、约束及总体结构,为实现战略目标所构建的新型组织机构与管理模式,给出 MIS 的初步框架,包括各子系统的划分等。

(6) 对国内外园林企业信息化过程中经验与教训的综合考察并结合本企业情况进行分析。

(7) 选择开发方案,选定优先开发的项目,确定总体开发顺序、开发策略和开发方法。

(8) 提出实施进度,估计项目成本和人员需求,并列出开发进度表。

(9) 通过战略规划,将战略规划形成文档,经组织(企业、部门)领导批准后生效。

(10) 可行性分析。

(11) 具体规划(至少有 2～3 年的计划)。

(12) 行动计划,制定为了使总体规划有效实施所必需的具体行动计划。

(二) 园林企业管理信息系统具体规划

1. 园林企业信息管理组织体系规划

对园林企业在网络平台中的传递特点进行分析,在园林企业信息管理组织体系规划时,要使信息系统尽量摆脱对组织机构的依从性,以提高信息系统的应变能力。组织机构可以变动,但企业业务流程应不受影响,要以"项目为中心"展开,使项目信息管理组织扁平化。

2. 项目信息分类与编码体系规划

应用网络信息技术,项目参与方应能在同一个网络平台上实现对项目信息的管理。因此,在制定项目信息分类与编码体系时,应统一考虑建设方以及其他项目参与方对信息管理的要求,制定一套既能满足项目信息统一管理,又能满足项目参与方各自的信息管理需要的分类与编码体系。

3. 园林企业信息管理功能规划

园林企业信息管理功能规划应结合网络平台运作特点,充分利用现代网络信息技术实现项目信息的收集与分发管理、项目文档管理、工作流管理以及信息交流管理。

(三)信息系统规划的任务

(1)制定信息系统的发展战略;
(2)制定信息系统的总体方案;
(3)制定信息系统的资源分配计划,并进行可行性分析。

二、园林企业管理信息系统规划的步骤

(1)基本规划问题的确定。包括规划的年限、规划的方法,确定集中式还是分散式的规划,以及是进取还是保守的规划。

(2)收集初始信息。包括本企业内部各种信息系统委员会、各管理层、类似企业案例。

(3)现存状态的评价和识别计划约束。包括目标、系统开发方法、计划活动、现存硬件及其质量、信息部门人员、运行和控制、资金、安全措施、人员经验、手续和标消、中期和长期优先顺序、外部和内部关系、现存的设备、现存软件及其应用状况。

(4)设置目标。由总经理和信息中心来设置,包括服务的质量和范围、政策、组织以及人员等,它不仅包括信息系统的目标,还应包含整个企业的目标。

(5)准备规划矩阵。即信息系统规划内容之间相互关系所组成的矩阵。

(6)给定项目的优先权和估计项目的成本费用。

(7)编制项目的实施进度计划。

(8)把战略长期规划书写成文。

(9)总经理批准并宣告战略规划任务的完成。

三、园林项目信息分类

1. 按照建设项目管理职能划分

(1)投资控制信息

如各种投资估算指标,类似工程造价、物价指数、概算定额、园林项目投资估算、设计概算、合同、工程进度款支付算与决算、原材价格、机械台班费人工费、运杂费、投资控制的风险分析等。

(2)质量控制信息

如国家有关的质量政策及标准、园林建设标准、质量目标的分解结果、质量控制工作流程、质量控制工作制度、质量控制的风险、质量抽样检查结果等。

(3)进度控制信息

如工期定额、项目总进度计划、进度目标分解结果、进度控制工作流程、进度控制工作制度、进度控制的风险分析、某段时间的施工进度记录等。

(4) 合同管理信息

如国家有关法律规定、园林工程招标投标管理办法、园林工程施工合同管理办法、工程建设监理合同、园林工程勘察设计合同、园林工程施工承包合同、园林工程施工合同条件、合同变更协议、园林工程中标通知书、投标书和招标文件等。

(5) 行政事务管理信息

如上级管理部门、设计单位、承包商、业主的来函文件,有关技术资料等。

2. 按照建设项目进展阶段划分

(1) 工程建设内部信息

内部信息取自园林项目本身。如工程概况、可行性研究报告、设计文件、施工组织设计、施工方案、合同文件、信息资料的编码系统、会议制度、项目管理组织机构、项目管理工作制度、建设监理规划、项目的投资目标、项目的质量目标、项目的进度目标等。

(2) 工程建设外部信息

来自园林项目外部环境的信息称为外部信息。如国家有关的政策及法规、国内及国际市场上原材料及设备价格、物价指数、类似工程的造价、类似工程进度、投标单位的实力、投标单位的信誉、毗邻单位的有关情况等。

3. 按照建设项目信息稳定程度划分

(1) 固定信息

固定信息是指那些具有相对稳定性的信息,或者在一段时间内可以在各项管理工作中重复使用而不发生质的变化的信息,它是建设项目管理工作的重要依据。这类信息有:

定额标准信息 这类信息内容很广,主要是指各类定额和标准。如概预算定额,施工定额,原材料消耗定额,投资估算指标,生产作业计划标准,项目管理工作制度等。

计划合同信息 指计划指标体系,合同文件等。

查询信息 指国家标准,行业标准,部门标准,设计规范,施工规范,项目管理人员的人事卡片等。

(2) 流动信息

即作业统计信息,它是反映园林项目建设实际进程和实际状态的信息,它随着工程项目的进展而不断更新。这类信息时间性较强,一般只有一次使用价值,如项目实施阶段的质量、投资及进度统计信息,就是反映在某一时刻项目建设的实际进展及计划完成情况。再如,项目实施阶段的原材料消耗量、机械台班数、人工工日数等。及时收集这类信息,并与计划信息进行对比分析是实施项目目标控制的重要依据,是不失时机地发现、克服薄弱环节的重要手段,在园林项目管理过程中,这类信息的主要表现形式是统计报表。

4. 按照建设项目监理活动层次划分

(1) 总监理工程师所需信息

如有关工程建设监理的程序和制度、监理目标和范围、监理组织机构的设置状况、承包商提交的施工组织设计和施工技术方案、建设监理委托合同、施工承包合同等。

(2) 各专业监理工程师所需信息

如工程建设的计划信息、实际进展信息、实际进展与计划的对比分析结果等,监理工程师通过掌握这些信息可以及时了解工程建设是否达到预期目标并指导其采取必要措施,以实现预定目标。

(3) 监理检查员所需信息

主要是工程建设实际进展信息,如工程项目的日进展情况,这类信息较具体、详细,精度较高,使用频率也高。

5. 按照建设项目监理活动层次划分

(1) 设计阶段

如"可行性研究报告"及"设计任务书"、工程地质和水文地质勘察报告、地形测量图、气象和地震烈度等自然条件资料、矿藏资源报告、规定的设计标准、国家或地方有关的技术经济指标和定额、国家和地方的有关项目管理法规等。

(2) 施工招标阶段

如国家批准的概算、有关施工图纸及技术资料、国家规定的技术经济标准、定额及规范、投标单位的实力、投标单位的信誉、国家和地方颁布的招投标管理办法等。

(3) 施工阶段

如施工承包合同,施工组织设计、施工技术方案和施工进度计划,工程技术标准,工程建设实际进展情况报告,工程进度款支付申请,施工图纸及技术资料,工程质量检查验收报告,工程建设监理合同,国家和地方的有关项目管理法规等。

四、园林企业实施信息化建设的主要内容

企业信息化是指企业利用网络、计算机、通信等现代信息技术,通过对信息资源的深度开发和广泛利用,不断提高生产、经营、管理、决策效率和水平,从而提高企业经济效益和企业核心竞争力的过程。园林企业实施信息化建设,是指建立在计算机网络技术基础上,对施工的全过程以及相关各部门往来数据实施动态管理,以完成企业的计划管理、采购管理、库存管理、生产管理、成本管理等功能,并有效平衡企业各种资源、控制库存资金占用、缩短生产周期、降低工程成本的管理过程。其主要功能模块包括业务(项目)管理、协同办公(行政)管理、财务管理、知识管理等。

逐步建立和完善以工程项目管理信息系统和工程财务管理系统为核心,包括投标报价系统、合同与风险索赔管理系统、企业资源管理系统、物资设备采购系统、人力资源管理系统等在内的企业级项目管理系统,从而实现对企业信息与项目信息的全面控制与管理。

1. 企业协同办公系统

系统应充分体现信息管理的全过程受控(PDCA 闭环管理)、程序文件标准化及可持续改进的管理特色。将标准化、程序化管理转化为可调用的静态体系规范文件、动态的成果文件与自定义工作程序。在工作流的驱控下,使各项管理工作处于受控状态,包括每项工程的计划(指令)、实施(责任)、核审(检查)、反馈,直至关闭该项工作,并给出管理预警。

系统应使所有项目管理与企业管理的工作均可得到标准体系的有效支持。

一种是对内通过局域网实现内部信息的交流。企业(集团)总部通过局域网系统将公告通知、指令任务、计划安排发布给各单位各部门;各部门根据分管的需要,定义本部门网络文件目录的访问、管理权限,从而实现公共信息发布、信息流转等功能;下属各单位以及外地分支机构通过公司局域网或者互联网,以点对点的方式将下面的第一手资料(包括施工现

场图片、工程进度、质量、成本、单位汇报、总结等信息)传送回企业(集团)总部,企业(集团)迅速提出意见又反馈回去,同时各分支机构之间也可以互相传送信息。

另一种是对外业务往来电子化。现在许多城市的政府主管部门已经开通网上申报资质、网上资质年检、网上申报项目经理、网上申报职称等网上办公业务,还有网上公文下载。传统的文件交换站被逐步取代,文档管理人员每日上网点击已经是例行工作了。

2. 业务(职能部门)管理

企业应通过业务管理与现场项目管理的分离,即管理层与作业层的分离,重新在企业管理与项目现场管理中进行责、权、利划分,重新进行流程设计,如项目的劳务分包、机械设备租赁、商品混凝土使用、大型主要材料设备采购、物流组织均由企业(集团)提供后方支持,企业(集团)负责对项目总进度计划负责。通过内部合同管理、目标成本考核、进度里程碑、单位工程及分部验收、安全责任制对项目部进行考核。项目经理部则对限额以下的现场支付结算、分项工程质量验收、一般材料机具的采购、劳务管理、机械设备的维护保养、现场安全管理等负责。

企业(集团)管理职能的信息化主要包含如下功能模块:

(1)财务子系统。应用财务软件处理账务和报表,各项目经理部(分公司)汇总处理报表存为 HTML 格式,系统编制对 HTML 格式文件查询的应用软件,接入综合查询系统。

(2)合同管理子系统。建立已签订的每份合同基本情况数据库和施工单位工程预结算费用总表数据库、合同基础数据指标,系统主要完成合同数据管理、合同综合查询等功能。

(3)施工生产子系统。建立单位工程施工生产基础数据库、生产经营单位计划统计基础数据库,单位工程施工生产基础数据指标、计划统计基础数据指标,系统主要完成单位工程基础数据管理、计划统计基础数据管理、单位工程计划统计报表、企业(集团)综合报表、信息查询、合同预算系统和基本单位的调用以及项目经理、质量验评单位、项目进度、指标名称等代码库的维护。

(4)人力资源子系统。根据企业(集团)在职职工情况按人建库,并建立一对多表。每个人都对应一张工作简历表、家庭情况表、培训情况表、工作业绩表。系统主要完成快速注册、数据录入、照片输入、基本信息查询条件设置、查询信息项目选择、排序、统计、打印、详情显示。

(5)企业内部资源管理(材料与机械设备)子系统。设机械设备静态数据库和动态数据库。静态指标分为设备基本状况、主机状况、设备价值状况、折旧年限及比率、大修理费参数、动力状况、附属装置状况等七个部分。动态数据库分为企业资源配置系统、电子商务系统、机械设备使用情况、折旧与大修理费提取情况、运转情况、租赁情况、事故情况、维修情况等八个部分。

(6)招投标管理(客户关系管理)子系统。园林企业招投标管理系统就需要运用网络技术、大型数据库技术,按照企业的施工组织设计格式、分部分项工程逐一分解生成子模块。当开始投标工作时,系统结合工程实际直接生成技术标方案,大大缩短了时间,降低了劳动强度。投标报价计算、排版、印刷输出等也能在较短的时间完成。这样靠信息化管理的先进性,较好地克服了招标工作的突发性和复杂性,提高了投标的准确性和及时性。

(7)供应链管理子系统。是建立一套企业的合格供应商筛选系统的供应链管理系统,满足工程项目物质资源的供应需要。

3. 园林工程项目综合管理系统

园林工程项目综合管理系统,它包括了以下子系统。

(1)组成企业的设备、材料及构配件项目综合规划。建立一个以范围、工作、组织、资源、成本为核心的数据体系,构造出施工项目管理系统的数据体系基础。具体功能包括:项目基本信息、工程分解、组织分解、成本分解、项目资源库、项目定额库、统计期间、项目日历。

(2)进度计划管理:系统采用分级网络计划技术,可以依据项目实际情况,建立项目业主管理—总承包管理—分包管理—实施层管理的完整分级计划体系,实现进度计划的编制、跟踪、检查、调整变更和工程量的填报。具体功能包括:工作分解、计划编制与调整、工程量填报、进度统计分析、资源统计分析。

(3)质量控制:以 ISO9000 质量标准和国家行业的质量规范为基础,建立了一套知识体系作为日常管理中的依据。具体功能包括:质量文件、质量目标、质量计划、质量记录、质量事务、质量费用、质量管理一览表。

(4)安全控制:以 OHSAS180010 职业健康安全管理和国家行业的安全规范为基础,建立了一套知识体系作为日常管理中的依据。具体功能包括:安全文件、安全目标、安全计划、安全记录、安全事务、安全费用、安全管理一览表。

(5)成本财务管理:围绕着整个项目过程的各个与成本有关的环节,进行预算、计划、核算、支出、控制、决算、账务处理、统计、分析。除了对成本目标进行软性计划和管理,系统还能够对成本的发生进行硬性控制,提供一套财务账号的管理功能,直接与成本科目挂钩,实现本系统与财务系统的整合,最终形成一套很独特很具有市场竞争力的成本结构。具体功能包括:两算管理、目标成本、计划成本、成本核算分析、成本偏差分析、赢得值分析、成本趋势分析、实际资源统计、工程决算、财务账务处理、成本跟踪一览表。

(6)施工现场管理:对施工现场的分布进行记录,对施工现场的事务进行管理,记录施工现场发生的各种与现场、施工、事故、措施有关的各种事务以及对这些事务的跟进处理。具体功能包括:现场分布管理、现场事务管理、现场管理一览表。

(7)环境管理:以 ISO14001 环境标准和国家行业的环境规范为基础,建立了一套知识体系作为日常管理中的依据。具体功能包括:环境知识管理、环境目标管理、环境计划管理、环境事务记录、环保事故管理、环境费用管理、环境管理一览表。

(8)合同管理:施工项目以合同为中心,合同是经济效益的根本依据和保证。合同管理就是建立一个合同体系,并围绕着每个合同进行具体执行管理。具体功能包括:合同内容管理、合同文档管理、合同费用管理、合同变更管理、合同计量管理、合同支付管理、合同结算管理、分包合同管理、合同统计分析、合同范本管理。

(9)信息管理:针对项目构造完整的信息体系,对项目过程中所产生的信息文档进行登记、审批、跟踪检查和档案移交等多项管理,确保项目信息文档的完整性。具体功能包括:文件分类管理、文件登记管理、文件审批与跟踪、文件流转发布管理、文件存档管理、文件使用登记管理、档案移交管理、信息检索查询。

(10)组织协调:对项目过程中的各种需要组织协调的内容,以各种文件的方式(例如纪要、通知)进行项目管理组织内和组织外的沟通协调,确保项目的正常稳定运作与目标的顺利实现。具体功能包括：协调类型、协调信息。

(11)竣工管理：对项目的验收、最终考核与总结进行统一的管理，对数据进行有效管理控制，确保按照工程验收标准，全面管理各项验收事项。具体功能包括：分项专业工程验收、工程综合验收、竣工移交、缺陷责任期管理。

(12)风险与责任管理：建立风险管理的机制，通过风险的规划、识别、分析，制定相应的风险应对计划，并将所识别的风险和责任进行分配，跟进工作的执行，对执行过程和结果进行记录。具体功能包括：风险规划、风险识别、风险分析、风险应对计划、风险与责任分配、风险管理执行、风险记录、风险知识库、风险管理一览表。

(13)多项目管理中心：对项目和项目部进行统一编码、统一命名、统一授权、统一管理，同时对这些项目进行统一的综合统计、分析、比较和协调，进行均衡统筹。具体功能包括：多项目综合协调、多项目对比分析、多项目均衡统筹。

(14)投标中心：收集各类招标信息，经过内部评估决定参加哪些项目投标，然后对整个投标过程进行管理，包括投标资料和评审过程的管理。具体功能包括：多项目综合统计、投标信息管理、投标过程管理、投标资料管理、投标评审管理。

(15)经营管理中心：关注与项目有关的客户信息，并对企业中标后的服务进行跟踪管理。另外，企业也需要对经营效果进行统计分析。具体功能包括：客户信息管理、服务跟踪管理、经营综合事务、经营统计分析。

(16)资源管理中心：资源管理包括人工、材料、机械台班、分包往来、其他费用等的管理，与实际成本管理模块相对应。具体功能包括：人力资源管理、材料管理、机械设备管理、分包往来管理、其他费用管理。

(17)技术管理中心：不仅提供施工所需的技术知识，编制施工组织设计和施工方案，而且根据项目的实际情况制定相应的技术措施计划，进行一些科研创新工作，同时也对施工中使用的测量设备进行管理。具体功能包括：技术知识管理、施工组织及施工方案、技术措施计划、科研创新管理、测量设备管理、技术文档管理、技术费用管理、技术综合管理。

(18)资金管理中心：全面管理资金从筹措、到位、计划、使用到统计分析的完整过程。企业决策层能够及时全面了解资金的流向与动态，为公司决策提供高效的支持。具体功能包括：资金账户、资金计划、资金借贷及计息、资金流水账、资金统计分析。

(19)ISO管理中心：根据ISO系列(ISO9001:2000质量管理、ISO14001:1996环境管理、OHSAS18001:1职业健康安全管理)的要求，并结合工程项目质量管理、安全管理等方面的管理规范，系统提供了ISO系列的流程化管理功能。具体功能包括：ISO管理体系、受控表单管理、受控跟踪管理、评审过程管理、不合格品控制、纠正措施、管理评审与改善提高。

(20)项目考核中心：项目考核是针对项目全生命周期各个阶段对项目的执行过程以及执行成果进行考核。系统通过建立一系列的考核指标，围绕着从基础的流程执行与工作效率、项目经济效益指标、经营业绩指标到投资与战略指标各个方面对项目、项目组合、组织单元、企业战略等不同层次进行上面的考核和评估。系统还可以根据指标体系利用自动化方式汇总处理各种业务数据产生考核成绩，不仅可以为职能部门提供全面的数据监督企业业务的执行和经营效益，而且提供给企业管理层进行快速的分析与评估。具体功能包括：项目分项评分、项目经理考核、综合评分卡、项目间比较分析。

（21）知识管理中心：不仅可以建立知识库，提供在线学习，也能够通过综合评审和同行比较分析，让企业决策层和管理层得到很好的学习、帮助以及知识的积累、运用。具体功能包括：知识库查询、在线学习、综合评审、同行比较分析。

（22）报表中心：从不同的视角全方位反映项目的各类情况，为项目管理与决策人员提供分析决策的第一手资料，其中分析统计的内容和方式都是多种多样的。具体功能包括：报表列表、条件设置定制、统计报表、数据分析。

（23）个性化定制：系统除了在管理方面提供了丰富的功能，也在个性化方面设计了很人性化的定制功能。具体功能包括：数据个性化定制、操作个性化定制、流程个性化定制。

（24）移动办公：系统考虑施工企业在项目管理的特殊性，在讯息传递方面提供了电子邮件和移动办公功能。具体功能包括：电子邮件、移动办公。

（25）系统设置：系统设置是对项目管理的基础数据环境进行设置。具体功能包括：数据字典、计量单位、货币汇率、公司图标、报表管理。

（26）系统管理：系统管理是对系统运行中要求的基础数据环境进行管理。具体功能包括：项目清单、组织用户维护、权限维护、密码维护、操作日志。

本章小结

作为一个管理信息系统，它将在管理信息的产生源与使用者之间起到媒介作用，并以此使管理信息从产生到利用的时间间隔大大缩短，同时保证管理信息处理的准确性和时效性，有利于提高管理信息利用率，更好地满足各种管理工作的需要。管理者通过信息的传递，把人、财、物、产、供、销等要素有机地联系和组合起来，从而实现对企业科学、有效的管理。管理信息系统从产生到现在已经发展了许多开发方法，其中生命周期法、结构化方法、原型法和面向对象的开发方法在 MIS 开发实践中产生了重要影响。

利用现代信息技术是园林企业管理的发展趋势，如何将园林企业管理要求与信息技术整合在一起，并制定一套有效的信息化方案，是实施企业信息化战略的重要保障，所以又阐述园林企业管理信息系统建立原则与方法。

[案例 10-1]

他们发现了信息沟通的重要

据说，在比利时巴克曼实验工厂，为了促进部门之间的联系，其生产经理皮埃尔·马丁投资 5 000 美元，装了一个较高级的内部系统，为 18 名雇员配备了步话机，使仓库工人可以直接与发货部门联系，实验管理人员无须麻烦总机接线员就可以呼叫生产线。可是，一个意外的结果出现了。18 人中有两名工人步话机动运转不正常，能听到所有部门的对话。在开会时，那两名工人对什么都关心，提出许多问题，同时又提出解决其他部门问题的办法。当马丁发现原因是"有缺陷"的步话机时，没有去修它们。相反，他将先进的卖掉，重新安装了一套低级的系统，让每个人都能听到其他人的谈话。

问题：员工自觉参与管理、发现和解决问题的重要条件是什么？有人这么说：作为企业改革,在向外界推销产品的同时,要时刻不忘将企业发展的信息"推销"给下属。谈谈你的看法。

思考与练习

一、填空题

1. _____、_____和_____是管理信息系统的三个要素。
2. 系统分析阶段包括_____、_____和_____ 3 种方法。
3. 系统设计阶段分为_____和_____两个阶段。
4. 系统转换方式主要有三种,即_____、_____和_____。

二、选择题

1. 管理信息系统在经营管理中的作用有( )
   A. 信息是企业制定经营决策的依据   B. 信息是企业进行经营管理的手段
   C. 信息是企业组织生产的保障   D. 企业的生产经营活动是一个动态
2. 管理信息系统开发方法有( )
   A. 生命周期法   B. 结构化方法   C. 原型法   D. 面向对象的开发方法
3. 开发生命周期法管理信息系统包括的阶段有( )
   A. 系统规划阶段   B. 系统分析阶段   C. 系统设计阶段
   D. 系统实施阶段   E. 系统运行维护阶段
4. 系统规划阶段的主要工作有( )
   A. 提出要求   B. 现行系统的初步调查   C. 可行性研究   D. 编写可行性研究报告

三、思考题

1. 管理信息系统必须具备哪些基本职能?
2. 园林企业管理信息系统规划的内容有哪些?
3. 简述园林企业管理信息系统规划的步骤?
4. 园林工程项目综合管理系统包括哪些子系统?

四、实训题

1. 讨论分析
目前,组织建立、运行和维护信息系统面临的主要挑战是什么?
2. 模拟实训
怎样开发和完善园林企业管理信息系统?

第十一章　园林企业项目管理

目的与要求
1. 通过本章学习,应掌握工程项目经理的职责、工程招投标管理。
2. 理解项目管理的概念、园林工程项目管理的概念、园林建设可行性研究的职能。
3. 要学会拟定园林工程项目投标书的编写、项目合同的签订。
4. 熟悉园林建设项目可行性研究报告的写作的方法。

第一节　项目管理的概念

一、项目管理的概念

"项目管理"给人的一个直观概念就是"对项目进行的管理",这也是其最原始的概念,它说明了两方面的内涵,即:
(1)项目管理属于管理的大范畴;
(2)项目管理的对象就是项目。

然而,随着项目及其管理实践的发展,项目管理的内涵得到了较大的充实和发展,当今的"项目管理"已是一种新的管理方式、一门新的管理学科的代名词。

"项目管理"一词有两种不同的含义。其一是指一种管理活动,即一种有意识地按照项目的特点和规律,对项目进行组织管理的活动;其二是指一种管理学科,即以项目管理活动为研究对象的一门学科,它是探求项目活动科学组织管理的理论与方法。前者是一种客观实践活动,后者是前者的理论总结;前者以后者为指导,后者以前者为基础,就其本质而言,二者是统一的。

美国项目管理协会(PMI)对项目管理的定义是:项目管理就是把各种知识、技能、手段和技术应用于项目活动之中,以达到项目的要求。项目管理是通过应用和综合诸如启动、计划、实施、监控和收尾等项目管理过程来进行的,项目经理是负责实现项目目标的个人。管理一个项目包括:
(1)识别要求;
(2)确定清楚而又能够实现的目标;
(3)权衡质量、范围、时间和费用方面互不相让的要求;
(4)使技术规定说明书、计划和方法适合于各种各样利益相关的不同需求与期望。

国际知名项目管理专家,《国际项目管理杂志》(IJPM)主编 J. Rodney Turner 提出不要试图去定义一个本身就不精确的事物,因此他给出了一个很简练的泛泛的定义:项目管理既是艺术,又是科学,它使远景转变为现实。

美国著名的项目管理专家 James Lewis 博士认为:项目管理就是组织实施对实现项目目标所必需的一切活动的计划、安排与控制。

综合上述定义,我们认为:项目管理就是以项目为对象的系统管理方法,通过一个临时性的专门的柔性组织,对项目进行高效率的计划、组织、指导和控制,以实现项目全过程的动态管理和项目的综合协调与优化。

项目管理贯穿于项目的整个寿命周期,对项目的整个过程进行管理。它是一种运用即有规律又有经济的方法对项目进行高效率的计划、组织、指导和控制的手段,并在时间、费用和技术效果上达到预定目标。

(一)工程项目管理

1. 工程项目管理的概念及目的

《中国工程项目管理知识体系》对工程项目管理所下的定义是:工程项目管理是项目管理的一大类,是指项目管理者为使项目取得成功(实现所要求的功能和质量、所规定的时限、所批准的费用预算),对工程项目用系统的观念、理论和方法,进行有序、全面、科学、目标明确的管理,发挥计划职能、组织职能、协调职能和监督职能的作用。简单地说、工程项目管理就是为了项目的成功,对工程项目所进行的一系列的管理活动。也可以从以下几个方面对工程项目加以理解。

(1)工程项目管理的客体

工程项目管理的客体是工程项目,并且是具有明确目标的项目,其中有些目标是项目本身所要求的,有些目标是项目相关方所期望的,这些目标需要项目管理者加以识别或确定。没有明确目标的工程项目不是项目管理的对象。

工程项目是一个复杂的系统,包含许多相互关联又相互矛盾的要素,受到许多因素的影响和干扰,需要通过许多相关方的共同努力才能完成,需要经历许多过程与环节等。

(2)工程项目管理的主体

工程项目涉及建设单位、承包商、咨询单位、供应商、用户、政府、金融机构、公用设施(服务)和社会公众等众多利害相关方,如图11-1所示。
工程项目的最直接的相关方包括建设单位、承包商、咨询单位、供应商和政府,这些相关方都需要对其相关的部分进行管理。建设单位需要对建设项目进行管理,简称为建设项目管理(OPM);设计单位需要对设计项目进行管理称为设计项目管理(DPM);施工单位需要对施工项目进行管理,简称为施工项目管理(CPM);供应商需要对供应项目进行管理,简称为供应项目管理(SPM);咨询单位需要对咨询项目进行管理,简称为咨询项目管理;政府需要对工程项目实施监督管理,简称为政府监督管理。所以,可以认为工程项目管理是一个多主体的项目管理。图11-2表达了工程项目管理的多主体问题。

(3)工程项目管理的目的

工程项目管理的目的是实现工程项目的预期目标,包括工程项目的时间、费用、质量和安全等目标,并使项目利害相关方都满意。

2. 工程项目管理的职能

工程项目管理包括八大职能:策划、决策、计划、组织、控制、协调、指挥、监督。

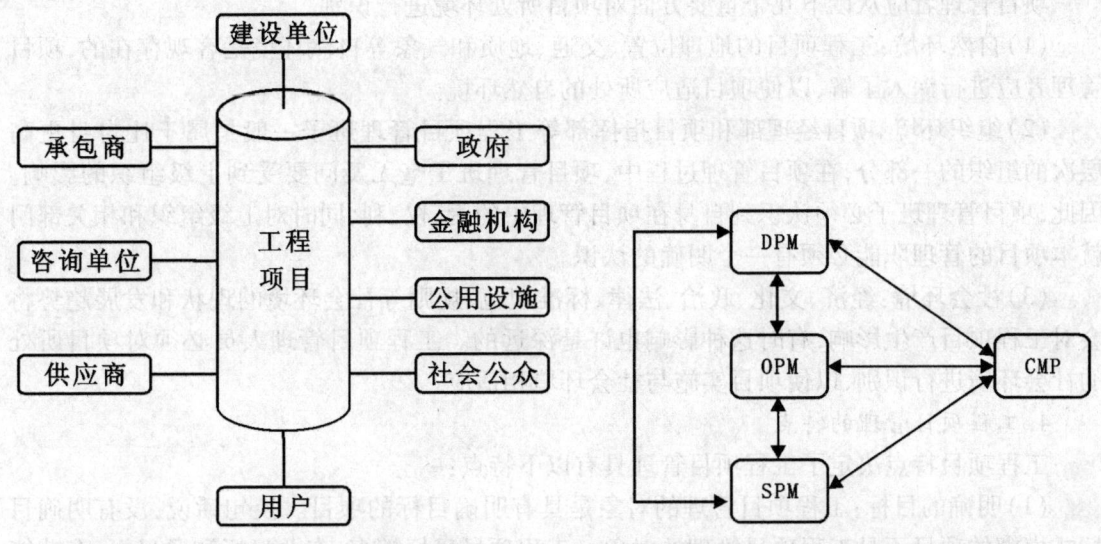

图 11-1　工程项目利害相关方　　　　图 11-2　多主体的工程项目管理

策划职能　将意图转化为系统活动,这是工程项目管理的主要工作,这项工作贯穿于项目进展全过程。将意图转化为系统活动的过程就称为策划。

决策职能　工程项目进展过程中的每一个阶段、每一个过程、每一个环节、每一项活动在开始以前,或在实施过程中,都存在这样或那样的决策问题。正确决策、及时决策是项目成功的重要保证,也是决策职能的最好体现。

计划职能　计划职能决定项目的实施方案、方法、流程、目标和措施等:计划是工程项目实施的指南,也是进行偏差分析的依据。

组织职能　组织职能是合理利用资源、协调各种活动,使工程项目的生产要素、相关方能有机结合起来的机能和行为,是项目管理者进行项目控制的依托和手段。

控制职能　控制和计划是有机的整体,控制的作用在于按计划执行,并在执行过程中收集信息,进行偏差分析,根据偏差采取对策,以保证项目按计划进行并实现项目的目标。

协调职能　工程项目涉及复杂的相关方、众多的生产要素、多变的环境因素,这就需要在项目实施过程中理顺关系、解决冲突、排除障碍,使工程项目管理其他职能有效发挥作用。所有这些都需要及时、有效地加以协调。协调是控制的动力和保证,协调可以使动态控制平衡、有力和有效。

指挥职能　工程项目管理的胜利进行需要强有力的指挥,项目经理就是实现指挥职能的重要角色。指挥者需要将分散的信息变为指挥意图,用集中的指挥意图统一项目管理者的步调,指导管理者的行动,集合管理力量。指挥职能是管理的动力和灵魂。

监督职能　工程项目管理的机制是自控和监控相结合,自控是管理者自我控制,而监控则是由其他相关方实施的。无论自控还是监控,实现的主要方式就是监督。

3. 工程项目管理的环境

工程项目处于一个复杂的环境之中,工程项目管理者必须对所处的环境加以识别,以便对工程项目管理环境有一个清醒的认识。

项目管理者应从以下几个重要方面对项目所处环境进行识别。

(1)自然环境:工程项目的地理位置、交通、地质和气象等自然环境是客观存在的,项目管理者应进行深入了解,以便项目适应所处的自然环境。

(2)组织环境:项目经理部和项目指挥部等工程项目管理班子一般是属于比自身更高层次的组织的一部分,在项目管理过程中,项目管理班子毫无疑问要受到上级组织的影响。因此,项目管理班子必须认识到自身在项目管理中的责、权、利,同时对上级组织和相关部门就本项目的管理职能必须有一个明确的认识。

(3)社会环境:经济、文化、政治、法律、标准规范、规则等社会环境的现状和发展趋势将会对工程项目产生影响,有时这种影响也许是深远的。工程项目管理人员必须对项目所处的社会环境进行识别,以使项目实施与社会环境相适应。

4. 工程项目管理的特点

工程项目特点决定了工程项目管理具有以下特点:

(1)明确的目标:工程项目管理的对象是具有明确目标的项目。换句话说,没有明确目标或模糊的项目不是工程项目管理的对象。工程项目目标繁多,有总目标和子目标;有功能性目标和过程性目标,过程性目标包括进度、费用、质量和安全目标等;有总体性目标和阶段性目标。工程项目的目标是一个完整的体系,目标之间存在着既相互联系又相互对立的关系,既对立统一的关系。例如,要提高工程质量就得增加成本,这是对立的;但工程质量达到一定的程度时,既可以减少返工、减少维修、减少质量事故,又可以降低成本,这是相统一的。

(2)管理的系统性:工程项目管理的对象是一个系统,该系统是由若干既相联系又相互制约的要素组成的。要实现工程项目的目标,就必须进行项目的整体管理,用统筹的、全局的思维对待每一个局部和个体。对各个子系统之间、各目标之间的处理应遵循系统法则,既考虑到独立性,又应考虑它们是同处于一个大系统中,将其有机地联系在一起,以使总体实现最优。

(3)管理的规范性:工程项目的实施过程存在其规律性,既有程序上的规律性,又有技术上的规律性,还有管理上的规律性。遵循其规律性进行管理则行之有效,违反其规律性进行管理则难以成效。工程项目管理是针对工程项目的客观规律所形成的一门科学,有与其相适应的理论、原理、方法、内容、规则和规律,已经被人们所公认、熟悉和应用,形成了规范和标准。被广泛应用于项目管理实践,使工程项目管理成为专业性的、规律性的、标准化的管理。所以,工程项目管理是规范化的管理。

(4)管理的专业性:工程项目管理具有丰富的专业内涵,涉及工程项目组织、决策、采购、目标、范围、风险、生产要素、信息和现场等专业内容。这些就决定了工程项目管理是专业化的管理。

(5)管理的特殊性:工程项目与IT项目、活动项目、研发项目等相比有其相似之处,但又存在很大的区别。所以,工程项目管理与其他项目管理相比也有相似之处,但又有其特殊性。这种特殊性体现在工程项目管理必须根据工程项目的自身特点,采用与之相适应的理论体系、方法体系和知识体系。

二、项目管理的特点

项目管理与传统的部门管理相比最大特点是项目管理注重于综合性管理,并且项目管理工作有严格的时间期限。项目管理必须通过不完全确定的过程,在确定的期限内生产出不完全确定的产品,日程安排和进度控制常对项目管理产生很大的压力。具体来讲表现在以下几个方面。

1. 项目管理的对象是项目或被当做项目来处理的运作

项目管理是针对项目的特点而形成的一种管理形式,因而其适用对象是项目,特别是大型的、比较复杂的项目;鉴于项目管理的科学性和高效性,有时人们会将重复性的"运作"中的某些过程分离出来,加上起点和终点当做项目来处理,以便在其中应用项目管理的方法。

2. 项目管理的全过程都贯穿着系统工程的思想

项目管理把项目看成一个完整的系统,依据系统论"整体—分解—综合"的原理,可将系统分解为许多责任单元,由责任者分别按要求完成目标,然后汇总、综合成最终的成果;同时,项目管理把项目看成一个有完整生存周期的过程,强调部分对整体的重要性,促使管理者不要忽视其中的任何阶段以免造成总体的效果不佳甚至失败。

3. 项目管理的组织具有特殊性

项目管理的一个最为明显的特征即是其组织的特殊性。其特殊性表现在以下几个方面:

(1) 有了"项目管理"的概念。项目管理的突出特点是项目本身作为一个组织单元,围绕项目来组织资源。

(2) 项目管理组织的临时性。由于项目是一次性的,而项目的组织是为项目得到建设服务的,项目终结了,其组织的使命也就完成了。

(3) 项目管理组织的柔性化。所谓柔性即是可变性的。项目的组织打破了传统的固定建制的组织形式,而是根据项目生存周期各个阶段的具体需要适时地调整组织的配置,以保障组织的高效、经济运行。

(4) 项目管理组织强调其协调控制职能。项目管理是一个综合管理过程,其组织结构的设计必须充分考虑到有利于组织各部分的协调与控制,以保证项目总体目标的实现。因此,目前项目管理的组织结构多为矩阵结构,而非直线职能结构。

4. 项目管理的体制是一种基于团队管理的个人负责制

由于项目系统管理的要求,需要集中权力以控制工作正常进行,因而,项目经理是一个关键角色。

5. 项目管理的方式是目标管理

项目的实施具有明确的目标和约束,因此项目管理是一种多层次的目标管理方式。由于项目往往涉及的专业领域十分宽广,而项目管理者谁也无法成为每一个专业领域的专家,对某些专业虽然有所了解但不可能像专门研究者那样深刻。因此项目管理者只能以综合协调者的身份,向被授权的专家,讲明应承担工作的责任和意义,协商确定目标以及时间、经费、工作标准的限定条件,具体的工作则由被授权者独立处理。同时,经常反馈信息、检查督促并在遇到困难需要协调时及时给予各方面有关的支持。可见,项目管理只要求在约束条件下实现项目的目标,其实现的方法具有灵活性。

6. 项目管理的要点是创造和保持一种使项目胜利进行的环境

有人认为,"管理就是创造和保持一种环境,使置身于其中的人们能在集中一道工作以完成预定的使命和目标"。这一特点说明了项目管理是一个管理过程,而不是技术过程,处理各种冲突意外事件是项目管理的主要工作。

7. 项目管理的方法、工具和手段具有先进性、开发性

项目管理采用科学先进的管理理论和方法。如采用网络编制项目进度计划;采用目标管理、全面质量管理、价值工程、技术经济分析等理论和方法控制项目总目标;采用先进高效的管理手段和工具,如使用电子计算机进行项目信息处理等。

三、工程项目管理机制

我国工程项目管理的运行机制是:总部宏观调控,项目委托管理,专业施工保障,社会力量协调。

基本组织结构体系是:两层分离,即项目管理层和作业层分离;三层关系,即项目层次与企业层次的关系,项目经理与企业法人代表的关系,项目经理部与劳务作业层的关系。

推行主体是:两制建设,即项目经理责任制和项目成本核算制;三个升级,即技术进步、科学管理升级,总承包管理能力升级,智力结构和资本运营升级。

基本的控制组织机制是自控和监控相结合。

1. 自控

指项目管理主体自我控制,自我管理。自控者本身称为自控主体。例如,施工单位对施工项目的管理与控制就是自控,施工单位就是自控主体。

2. 监控

指与项目相关的干系人对项目所进行的监督、控制。监控者称为监控主体。例如,建设单位、监理单位、设计单位和政府等对施工项目的管理与控制就属于监控,这些单位称为监控主体。

四、工程项目组织

(一)组织的定义

组织是管理的一种重要职能,其一般概念是指各生产要素相结合的形式和制度。前者表现为组织结构,后者表现为组织的工作制度。组织结构一般又称为组织形式,反映了生产要素相结合的结构形式,即管理活动中各种职能的横向分工和层次划分。组织结构运行的规则和各种管理职能分工的规则就是工作规则。

(二)工程项目组织应解决的基本问题

工程项目组织应解决的基本问题是:

(1)项目管理团队(项目经理部)与所在组织的关系,即项目组织形式;

(2)项目管理团队(项目经理部)自身机构设置;

(3)组织运行规则的确定。

(三)工程项目组织的基本形式

根据项目经理部与所在组织之间的关系,项目组织的基本形式有三种:职能制、项目制和矩阵制。

1. 职能制

职能制,又称为部门控制式,通常指项目任务以企业中现有的职能部门作为承担任务的主体来完成。一个项目可能是由某一个职能部门负责完成,也可能是由多个职能部门共同完成。各职能部门之间与项目相关的协调工作需在职能部门主管这一层次上进行:职能制组织形式的示意图如图11-3所示。

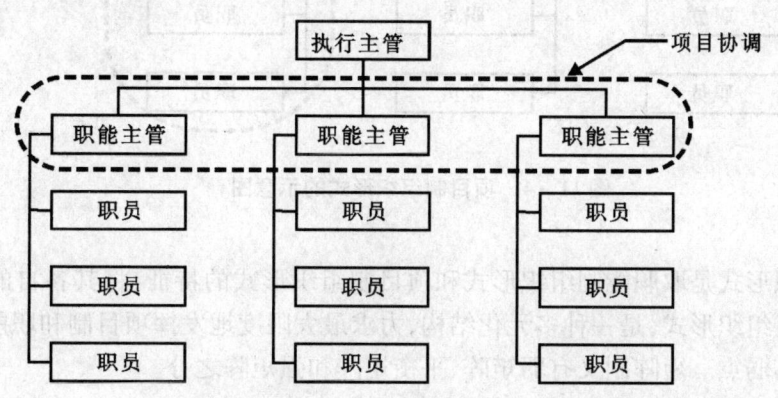

图11-3 职能制组织形式的示意图

职能制组织形式的主要特点:①无专职的项目经理;②无有形的项目团队。

职能制组织形式的优点:①人员的使用具有较大的灵活性;②同一部门的专业人员在一起易于沟通;③人员风险较小。

职能制组织形式的缺点:①项目的利益往往得不到优先考虑;②没有一个人承担项目的全部责任;③不能做到以项目为中心;④调配给项目的人员,其积极性往往不是很高;⑤技术复杂的项目通常需要多个职能部门的共同合作,交流沟通比较困难。

职能制组织形式的适用条件:规模较小、时间短、以技术为重点的工程项目。

2. 项目制

为特定项目设置专门的项目团队,并建立以项目经理为首的自控制单元。项目经理可以调动整个组织内部或外部的资源。项目制组织形式的示意图如图11-4所示。项目制组织形式的主要特点:①有专职的项目经理,且项目经理独立于企业职能部门之外;②有独立的项目团队,且团队成员来源于职能部门之外。

项目制组织形式的优点:①目标单一,能做到以项目为中心;②命令协调;③决策速度快;④结构简单灵活,易于操作。

项目制组织形式的缺点:①由于资源独占,可能造成资源浪费;②项目结束后项目团队成员的工作保障问题;③与企业各职能部门之间的横向联系少。

项目制组织形式的适用条件：①包含多个相似工程项目的企业；②长期的、大型的、重要的和复杂的工程项目；③工程项目所在地远离企业所在地。

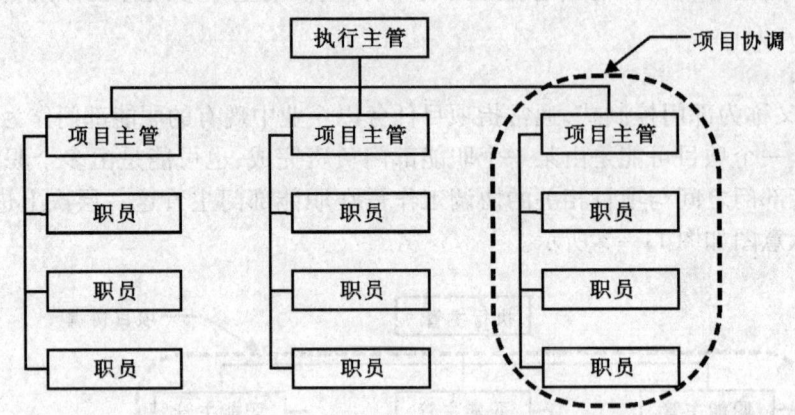

图 11-4　项目制组织形式的示意图

3. 矩阵制

矩阵制组织形式是取职能制组织形式和项目制组织形式的特征，将其各自的特点混合而成的一种项目组织形式，是一种多元化结构，力求最大限度地发挥项目制和职能制结构的优点并尽量避其弱点。矩阵制又有弱矩阵、平衡矩阵和强矩阵之分。

（1）弱矩阵，其示意图如图 11-5 所示。

弱矩阵组织形式的特点：从企业相关职能部门安排专门人员组成项目团队，但无专职的项目经理。

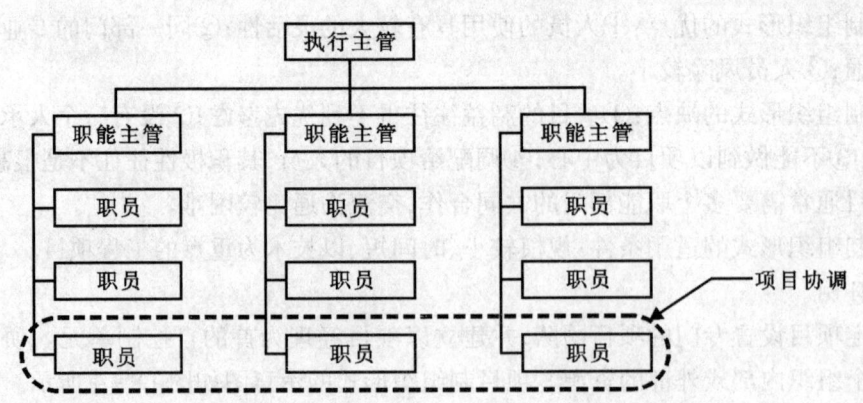

图 11-5　弱矩阵组织形式的示意图

该组织形式偏向于职能制，所以其优缺点和适用条件与职能制的相似。

（2）平衡矩阵，其示意图如图 11-6 所示。

平衡矩阵组织形式的特点：从企业相关职能部门安排人员组成项目团队；有专职的项目经理，且项目经理一般从企业某职能部门选聘。

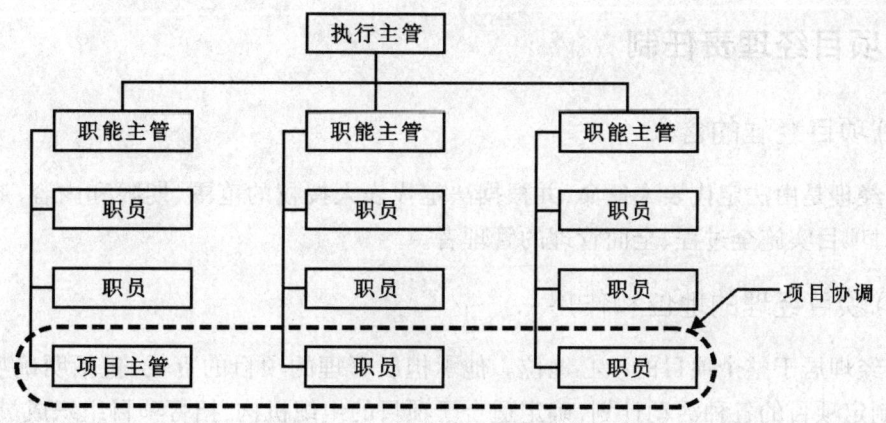

图 11-6　平衡矩阵组织形式示意图

(3)强矩阵,其示意图如图 11-7 所示。

强矩阵组织形式的特点:项目经理独立于企业职能部门之外;项目团队成员来源于相关职能部门,项目完成后再回到原职能部门。

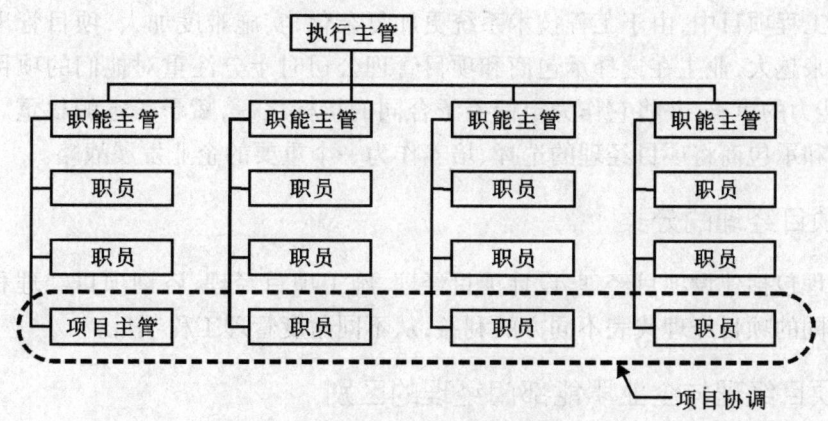

图 11-7　强矩阵组织形式的示意图

强矩阵组织形式的优点:①通过项目经理使各自项目目标平衡、各个功能部门之间工作协调;②能够避免资源的重置;③项目能得到较好的关注;④项目团队成员对项目结束后的忧虑减少。

强矩阵组织形式的缺点:项目管理人员为两个以上的主管工作,当有冲突时,可能处于两难困境;处理不好会出现责任不明确、争权夺利的现象。

强矩阵组织形式的适用条件:适用于需要利用多个职能部门的资源而且技术相对复杂,但又不需要技术人员全职为项目工作的项目,特别是当几个项目需要同时共享某些管理、技术人员时。

在项目组织形式设置过程中,可以独立选择其中一种形式,也可以加以综合。例如,项目制与职能制综合,矩阵制与职能制综合,矩阵制与项目制综合等。

五、项目经理责任制

(一)项目经理的含义

项目经理是由法定代表人任命,并根据法定代表人授权的范围、期限和内容,履行管理职责,且对项目实施全过程、全面管理的管理者。

(二)项目经理的地位和作用

项目经理居于整个项目的核心地位。他承担所管理的项目的责任,包括明确项目目标和约束,制定项目的各种活动计划,确定适合于项目的组织机构,招募项目组织成员,建设项目团队,获取项目所需资源,领导项目团队执行项目计划,跟踪项目实施,及时对项目进行控制,处理与项目相关者的各种关系,对项目进行考评,提出项目报告等。他对整个项目经理部以及对整个项目起着举足轻重的作用,对项目的成功有决定性影响。工程实践证明,一个强的项目经理领导一个弱的项目经理部,比一个弱的项目经理领导一个强的项目经理部项目成就会更大。有人称项目经理是项目班子的"灵魂"!

在现代工程项目中,由于工程技术系统更加复杂化,实施难度加大,项目管理对项目的效益影响越来越大,业主在选择承包商和项目管理公司时十分注重对他们的项目经理的经历、经验和能力的审查,并将它作为定标授予合同的指标之一,赋予一定的权重。而许多项目管理公司和承包商将项目经理的选择、培养作为一个重要的企业发展战略。

(三)项目经理的分类

项目经理包括建设项目经理、设计项目经理、施工项目经理、咨询项目经理和供应项目经理等。不同的项目经理代表不同方的利益,从不同角度管理工程项目。

(四)项目经理与企业职能部门经理的区别

1. 项目经理与部门经理的职责不同

项目经理对项目的计划、组织、实施负全责,并对项目目标的实现负终极责任;而部门经理只能对项目涉及本部门的工作施加影响。例如,技术部门经理对项目技术方案的选择,设备经理对设备选择的影响等。因此,项目经理对项目的管理比部门经理更加系统全面,要具有系统思维的观点。

2. 项目经理与项目经理的经理或公司总经理不同

项目经理是项目的直接管理者,是一线的管理者;项目经理的经理或公司的总经理是通过项目经理的选拔、使用和考核等来间接管理一个项目的。在一个实施项目管理的公司中,往往项目经理的经理或总经理也是从项目经理做起来的。

(五)项目经理的素质要求

项目经理至少应具有五大素质要求。

1. 德

即具有与所承担项目相适应的道德水准,具体表现在:必须具有很好的职业道德,必须有工作的积极性、热情和敬业精神,勇于挑战,勇于承担责任,努力完成自己的职责。

由于项目是一次性的,项目管理是常新的工作,富于挑战性,所以他应具有创新精神、发展精神,有强烈的管理愿望、勇于决策、勇于承担责任和风险,并努力追求工作的完美、追求高的目标、不安于现状。如果他不努力、不积极,制定较低的目标,作十分保守的计划,则不能有成功的项目。

为人诚实可靠,讲究信用,有敢于承担错误的勇气,言行一致、正直、办事公正、公平,实事求是,他不能因受到业主的批评和不理解而放弃自己的职责,不能因为自己受雇于业主或受到承包商不正常手段(如行贿)的作用而不公正行事。他的行为应以项目的总目标和整体利益为出发点,应以没有偏见的方式工作,正确地执行合同、解释合同,公平、公正地对待各方利益。

任劳任怨,忠于职守。在项目组织中,项目管理者处于一个特殊的角色,处于矛盾的焦点,常常业主和承包商都不能理解他。由于他责权利不平衡,项目经理要做好工作是很艰难的,可能各方面对他都不满意。

具有合作精神,能够与他人共事,能够公开、公正、公平地处理事务,不搞管理上的主义,不能用诸葛亮式的"锦囊妙计"来分配任务和安排工作。具有很高的社会责任感和道德观念,高瞻远瞩,具有全局的观念。胸怀坦荡,有坚强的意志,能自律,具有较强的自我控制能力。

2. 知识

即具有较强的项目管理知识和一定的专业知识,他需要广博的知识,能够对所从事的项目迅速设计解决问题的方法和程序,能抓住问题的关键和主要矛盾,识别技术和实施过程中逻辑上的联系。

3. 能力

即具有长期的工程管理工作经历和经验,特别有同类项目成功的经历,对项目工作有成熟的判断能力、思维能力和随机应变能力;应有很强的专业技术技能,但又不能是纯技术专家,对项目开发过程和工程技术系统的机理有成熟的理解,能预见到问题,能事先估计到各种需要,对整个项目系统做出全面观察并能预见到潜在的综合问题;具有较强的综合能力;具有处理人事关系的能力。项目经理职务是一个典型的低权力的领导职位。他的领导主要是靠影响力和说服力,而不是靠权力和命令。由于项目组织的特点,他能采取的激励措施是很有限的,他必须注意充分利用合同和项目管理规范赋予的权力运行组织;注意从心理学和行为科学的角度激励组织成员的积极性;在项目中充当激励者、教练、活跃气氛者、维和人员和冲突裁决人。还应具有较强的组织管理能力。例如,能胜任小组领导工作,知人善任,敢于授权;协调好各方面的关系,善于人际交往;能处理好与业主(或顾客)的关系,设身处地地为他人考虑;与企业各部门有较好的人际关系,能够与外界交往,与上层交往;工作具有计划性,能有效地利用项目时间;善于管理矛盾与冲突;具有追寻目标和跟踪目标的能力。同时,还应具有较强的语言表达能力和谈判技巧的能力,并能够在工程中发现问题、提出问题,从容地处理紧急情况,具有应付突发事变的能力,以及对风险、对复杂现象的抽象能力和抓住关键问题的能力。

4. 经验

即具有相应的项目管理经验。

5. 身体

即具有良好的身体素质。

(六) 项目经理部

项目经理部是组织设置的项目管理机构,承担项目实施的管理任务和目标实现的全面责任。项目经理部由项目经理领导,接受组织职能部门的指导、监督、检查、服务和考核,并负责对项目资源进行合理使用和动态管理。项目经理在项目启动前建立,并在项目竣工验收、审计完成后或按合同约定解体。

(七) 项目经理责任制

1. 项目经理责任制的定义

项目经理责任制是以项目经理为责任主体,确保项目管理目标实现的责任制度。其核心是项目经理承担实现项目管理目标责任书确定的责任。项目经理责任制有利于项目管理的责、权、利一体化;有利于项目管理的规范化和科学化;有利于项目目标的实现。

2. 项目管理目标责任书

项目管理目标责任书是组织管理层与项目经理部签订的明确项目经理部应达到的成本、质量、进度、安全和环境等管理目标及其承担的责任,并作为项目完成后审核评价依据的文件。目标责任书通常包括以下内容:

(1) 项目管理实施目标;

(2) 组织与项目经理部之间的责任、权限和利益分配;

(3) 项目设计、采购、施工、试运行等管理的内容和要求;

(4) 项目需要资源的提供方式和核算办法;

(5) 法定代表人向项目经理委托的特殊事项;

(6) 项目经理部应承担的风险;

(7) 项目管理目标评价的原则、内容和方法;

(8) 对项目经理部进行奖惩的依据、标准和办法;

(9) 项目经理解职和项目经理部解体的条件与办法。

六、项目团队

(一) 项目团队的定义和特点

项目团队是指为了有效地实施承接到的项目,把来自不同部门的若干人员组织协调起来,形成一个跨职能、跨部门的小组。项目经理部就是一个项目团队,并不同于部门或小组,有其自身的特点,具体表现在:

1. 明确的共同目标

项目团队的组建就是为了更好地完成项目,不能存在利己主义。所以组建之初,团队成员就已经了解了团队的目标和使命。

2. 合理的分工和协作

项目团队组建起来以后,其成员会被分配不同的角色、任务和责任,并要求为了达成共同的目标相互协作。没有合理的分工和协作,团队工作的效率将会非常低下,目标将很难实现。

3. 高度的凝聚力

由于团队所有成员明确团队的目标和自身的使命,为了顺利完成共同目标,彼此之间的吸引力就会格外强烈,成员之间容易沟通和合作,凝聚力很强。

4. 全身心的投入

由于团队成员在进入团队以后,明确了团队目标是当前最为重要的目标和使命,所以他们会全身心地投入到新的目标和工作中去。

5. 有效的沟通和信任

因为团队成员有共同的目标和使命,所以他们会为了顺利完成目标,在团队内部形成格外民主的气氛,彼此之间非常信任,沟通较为高效。

(二) 项目团队的建设

项目团队是由于项目而组建,因此也是随着项目的进程而不断成长和变化的。这个过程可以描述为五个阶段:组建阶段、磨合阶段、正规阶段、成效阶段和解散阶段。

1. 组建阶段

在这个阶段里,项目团队成员从不同职能部分被调集到一起,参与到一个新的岗位和环境中,成员可以说是既兴奋又陌生。这时,应及时向所有成员传达项目团队的目标和他们的使命,让他们及早适应新的环境。同时,应让他们尽快明确各自的工作岗位,熟悉新的工作。

2. 磨合阶段

在成员明确团队目标和各自工作后,他们在这个阶段就开始执行被分配的任务。但由于成员之间缺乏了解和有效的沟通,冲突和不和谐的因素开始暴露。成员会因彼此之间存在立场、观念、方法和行为等方面的问题,使得人际关系陷入紧张局面。这时,应加强成员之间的了解和协作意识,缓解存在的矛盾问题。

3. 正规阶段

在经过了磨合期的相互熟识和了解后,团队成员之间的关系应会逐步确立,大多数矛盾问题应会得以解决。然后,成员之间开始有效地沟通和协作,团队凝聚力开始加强,团队工作较为稳定和顺畅。

4. 成效阶段

经历了前面的几个阶段后,团队的气氛会变得较为民主和融洽,成员积极性较高,彼此信任度较强,拥有较高的集体荣誉感。这有助于他们之间的进一步合作和沟通,工作效率会变得较高,因此项目的一些重大决策就会在这个阶段顺利做出,项目会取得长足进展。

5. 解散阶段

由于项目的大多数工作已经完成,项目的基本目标已经实现,随着项目的竣工验收,项目团队也面临解散。这时,应肯定团队成员的工作,稳定他们的情绪,积极鼓励他们重新回到原来的岗位工作,以创造新的成绩。

七、项目人力资源管理

一个项目的完成除了需要大量的物质资源外,还需要优秀的人力资源,其主观能动性发挥的好坏直接关系到项目实施的成败。因此,项目人力资源管理是项目实施过程中格外重要的内容。

项目人力资源管理是对人力资源的取得、培训、激励、评估等方面所进行的计划、组织、实施和控制等活动的总称。项目人力资源管理的目的就是最有效使用项目人力资源,激发和调动他们的积极性,使项目组织高效率地运作,项目工作顺畅地完成。因此,项目人力资源管理包括以下内容。

1. 项目人力资源的取得

在项目实施之前,要根据项目的定义、范围、工作分解和需要的岗位等决定项目所需什么样的成员。为了确保取得合适的人力资源,必须建立一整套招聘和选择计划。

(1)项目人力资源的招聘。如果在组织内部进行招聘,方式主要有查阅组织档案,寻找具有与项目相关知识或技能的员工;由于各职能部门的主管对下属较为了解,可以靠他们推荐,但这种方式容易受到主管的主观判断,所推荐的人选并不一定适合项目;在组织内部对项目的工作细节进行张榜,寻找到最适合的人选。如果在组织外部进行招聘,方式主要有依靠雇员的推荐,这同样存在雇员的偏见问题;毛遂自荐,这种方式成本较低,但耗时较长;在报纸、杂志或互联网上刊登招聘广告,这种方式可以得到较多应聘者,但效率较低,且应聘人员的综合素质普遍较低,工作表现较差;通过就业代理机构,可以得到较为优秀的人员,但需要花费较高的成本。

(2)项目人力资源的选择方式。项目人力资源的选择方式有面试和测试。面试的类型有面试者即兴提问、应聘者即兴回答的非结构化面试;面试者事先准备好问题、依照程序进行的结构化面试;根据面试者背景材料、针对面试者的弱点而提出问题的压力面试。测试的类型有考察应聘者综合素质的能力测试;考察应聘者人际关系和应变能力的情景测试;考察应聘者的特征和品质的人格测试;考察应聘者对未来和前途看法的成就测试等。

2. 项目人力资源的激励

要充分利用人力资源,就必须调动项目成员的积极性,发挥他们的最大潜能,这就需要项目管理人员懂得如何去激励项目小组成员。在项目人力资源管理中,可以采取的激励方法和技巧有:

(1)项目经理应创建一种民主、和谐的工作环境,使项目成员能够得到尊重和信任,调动他们的工作热情和实现项目目标的积极性。

(2)注重项目成员的个人发展,给予更多晋升机会,发挥他们的创造力和主观能动性。

(3)项目经理要给予下属较多的关心和重视,让下属了解到自己在项目小组中的重要性,以使他们全身心投入到项目工作中。

(4)项目经理对待所有项目成员要坚守公平、公正原则,尽量消除项目成员因不公平导致的消极情绪,以便他们全力以赴地工作。

(5)建立奖励措施,肯定项目成员的工作,提高他们的工作热情,增强他们努力奋斗的精神。

3. 项目人力资源的培训

由于项目小组成员来自不同的职能部门,项目的工作任务可能和他们以前的工作不尽相同,所以,为了更好地提高项目成员的知识和技能,增强他们的工作能力,保证项目工作的胜利实施,对项目人力资源的培训就显得格外重要。

项目人力资源的培训主要有文化培训、技能培训和心理咨询。对项目成员进行文化培训主要是让他们了解项目团队的文化和目标,保证他们不会偏离项目工作,不会损害项目团队的利益,增强他们的责任感和使命感;技能培训主要是让成员熟悉和掌握项目工作,提高他们的效率,增强他们的工作能力,保证项目实施的进度;心理咨询主要为了帮助项目成员缓解因工作或个人发展而导致的心情沮丧或失去目标等问题,降低他们的挫折感、增强他们的信心,使其树立远大的抱负,以保证项目工作的顺利完成。

项目人力资源培训的方法主要有在职培训、工作指导培训和专家培训等。在职培训是指项目成员一边工作,一边学习,使他们学到的知识能尽快指导工作实践,再通过工作实践加深对所学知识的理解;工作指导培训是指安排一个有经验的人员对项目成员进行现场监督和指导,及时改正他们在工作中的错误,逐步让他们熟悉工作任务;专家培训是指聘请高学识、有经验的专家对成员进行专门培训,通过专家的知识和经验,让成员更好地理解项目工作。

4. 项目人力资源的绩效评估

项目成员的分工不同,工作态度不同,就会导致工作成果的不同。为了保证公正、公平的原则,必须对项目成员的工作成果加以区分,以做到奖罚分明,这就要利用人力资源的绩效评估。

有效的绩效评估系统应注意以下问题:首先,绩效评估要能够准确识别和区分效率高的员工和效率低的员工,否则会挫伤效率较高的员工的工作积极性;其次,绩效评估要具有可靠性,即当不同的评估者对同一员工评判时,结果要大体一致,不能差距太远;再次,绩效评估系统要得到大多数员工的认可和支持,否则,评估系统将毫无意义;最后,绩效评估系统要实用,不能过于复杂,不能使评估花费大量的时间和金钱,尽量使评估系统的收益大于其成本。

八、项目协调

项目的实施过程会涉及多方面的利益,为了处理好这些复杂的关系,就需要项目协调。通过协调,尽量满足各方利益,使各方齐心协力、通力合作,保证项目的顺利实施。因此,工程项目协调对项目目标的实现具有重要的作用和意义。

(一) 工程项目协调的内容

1. 组织内部协调

虽然项目团队是项目实施的主要力量,但项目团队也不可能掌握项目需要的所有信息和技术,因此,要保证项目目标的顺利实现,还需要组织其他部门的协调与帮助。

2. 组织外部协调

项目的实施会涉及业主、设计、施工、供应和监理等众多单位的合作与配合。如果这些组织之间没有良好的协作,就不能保证项目工作之间胜利地搭接,就会导致进度拖延、质量低劣等问题。

3. 人际关系协调

无论组织内部还是组织外部,都涉及很多相关人员和其利益问题;人际关系协调的主要作用就是解决各个项目相关者之间在相互联系和沟通中的矛盾与冲突问题。

4. 供求关系协调

项目的实施需要大量的物质资源和人力资源,如劳动力、资金、设备、材料、技术和信息等,这些资源的供给与需求是关系到项目成败的重要因素,每一个方面的短缺都会影响到项目的进度和质量,过剩又会造成浪费。因此,必须要通过可靠的协调来解决供需平衡的问题。

5. 约束条件协调

约束条件主要是指国家和地方政府的政策、法规、制度、法律等。项目必须要经过这些执法部门的许可,才能实施。

(二)工程项目协调的范围

如果把项目看做一个系统,协调的范围就可分成系统内部的协调和系统外部的协调。项目外部的协调又可分成近外层协调和远外层协调。一般来说,项目与近外层单位有合同关系,而和远外层单位没有合同关系。例如,设计、施工、供应和监理等单位可认为是近外层单位,而政府部门和金融机构等可认为是远外层单位。

1. 工程项目内部协调

工程项目内部协调包括项目内部人际关系的协调、组织关系的协调和项目内部供需关系的协调。内部人际关系的协调主要是指项目经理及其下属的关系,项目团队成员之间的关系等。人际关系的协调要求在项目团队内部坚持公正、公平、公开的原则,奖罚分明,充分调动每个人的积极性,提高工作效率,保证项目实施质量。项目实施过程中遇到的技术、信息等问题,要依靠组织其他部门的协作与帮助。因此,项目的实施要注意与组织其他部门的协调与合作,只有各部门齐心协力,才能顺利实现项目目标。项目实施所需的各种资源,如资金、劳动力、材料和设备等,需要准确地确定其需求量的大小,也需要及时可靠的供应。供需关系没有协调好,项目就很难顺利实施。

2. 工程项目外部协调

工程项目外部协调包括工程项目近外层协调和工程项目和远外层协调。工程项目近外层协调,包括甲方、乙方、监理单位、设计单位和供应单位等之间的协调,这些协调关系一般都是建立在合同关系的基础上,但也是各种冲突和矛盾产生的集中地。因此,合同的设计要详细、合理、责任明确,尽量权衡和考虑各方利益,减少冲突,保证项目胜利实施。工程项目远外层协调包括与政府部门、金融机构和项目周边环境等的关系协调。由于这些关系没有合同基础,使协调工作更加困难,应以尽量满足各方利益为前提,具体问题具体分析,妥善处理。

(三)工程项目协调的方式

1. 激励

在管理学中,激励就是指存在于人的内部或外部、能唤起人们的热情和积极性去执行某一行动方案的力量。激励水平高低会显著影响员工的生产率。因此,管理者的一部分工作就是通过激励手段去激发员工热情,使他们为实现项目目标而努力工作。激励的方式主要有奖励、表扬、授权和晋升等。

2. 沟通

沟通是指两个或两个以上的人交流并理解信息的过程,其目的常常是激励和影响他人的行为。由于项目涉及较多人员,因此,为了保证项目的信息畅通、人们互相尊重,就需要这些人员相互间广泛地接触、联系和沟通。沟通方式包括书面沟通、私下沟通、语言沟通和肢体沟通等。

3. 批评

批评是为了让项目成员认识到所犯的错误,并避免在以后的工作中再次发生的一种协调方式。批评有利于项目的正确实施,但管理人员应掌握批评的尺度问题,以免让成员产生排斥心理。

4. 会议

会议是协调和指导项目活动的重要工具,它能够发挥集体的智慧和力量,共同协调和解决项目实施中出现的问题。但要明确会议目标,确定合理的时间和地点,制定流畅的议程,做好会议记录等。

5. 报告

项目经理要想随时了解项目的进展状况,就需要编制报表计划,让其下属及时上交项目报告。报告应确定由谁上交、报告的内容和报告的周期等。

第二节　项目管理的基本职能

一、项目管理的基本职能

项目管理具有一般管理的所有职能,即计划、组织、指挥、协调、控制和监督等六大职能,但其最基本的职能是计划、组织和控制三大职能。

1. 计划职能

任何项目的管理都应从计划的编制开始,计划系统地确定了项目的任务、进度和完成任务所需要的资源等。计划的主要作用在于为项目的进行提供指南,为项目的偏差分析提供依据。项目的成败在很大程度上取决于项目计划工作的质量。范围核实是指正式验收已经完成的项目可交付成果。

2. 组织职能

一个项目往往会涉及很多相关方和干系人,组织就显得非常重要。项目管理的组织,是指为进行项目管理组织机构的建立、组织运行与组织调整等组织活动。项目管理的组织职能包括组织设计、组织关系、组织运行、组织行为和组织调整。项目组织是实现项目计划、完成项目目标的必要条件。

3. 控制职能

项目在实施过程中,由于受到各种因素的干扰,变化是经常发生的,及时发现变化,及时处理变化是控制的主要任务。项目管理的控制职能就是通过控制机制,根据项目实施中的实际状况及时做出判断和调整,最终使得项目得以实现。

二、园林绿化工程项目来源

(一)以园林绿化工程项目的用途来分

园林绿化工程有3大类:
(1)公园、植物园、动物园、陵园以及风景浏览区、自然保护区、道路、广场等处的公共绿地。
(2)机关、团体、学校、部队以及其他企事业单位和居住区内的专用绿地。
(3)铁路、公路、海塘、江堤、河道沿线以及水闸管理区和农田中用于防护的绿(林)地和防护林。

(二)以资金来源来分

园林绿化工程有的属国家投资,如公园、植物园、动物园、公共绿地等;也有企业出资的,如居住小区园林绿化;也有个人出资的,如庭院园林绿化;还有其他个人资、领养、认建的园林绿化工程等。园林绿化工程项目既包括建设项目,也包括养护项目,或是建设、养护二者的结合。

根据我国政府的有关规定:大型基础设施、公共事业等关系社会公共利益、公众安全的项目,全部或者部分使用国有资金投资或者国家融资的项目,使用国际组织或者外国政府贷款、援助的项目,其设计、施工单位的确定通过招标投标方式确定。养护期不少于一年的公共绿地、防护林地以及行道树的日常养护不少于 50 000 元,或者绿地面积不少于 10 000 m^2;城市道路以及公路、铁路两侧的绿地和其他绿地养护不少于 70 000 元,或者绿地面积不少于 20 000 m^2;年养护经费在 100 000 元以上的园林绿化养护项目;法律法规规定必须进行园林绿化养护招投标的项目,其养护单位应通过招标投标方式确定。《中华人民共和国招标投标法》规定任何单位和个人不得将依法必须进行招标的项目化整为零或者以其他任何方式规避招标。国家还鼓励其他园林绿化项目(如苗木采购等)采用招标形式。

三、项目招投标管理

招标投标,是在进行大宗货物的买卖、工程建设项目有发包、服务项目的采购与提供时,所采用的一种交易方式。在这种交易方式下,通常是项目采购(包括货物的购买、工程的发包和服务的采购)的采购方作为招标方,通过发布招标公告或者向一定数量的特定供应商、承包商发出招标邀请等方式发出招标采购的信息,提出所需要采购的项目的性质及其数量、质量、技术要求、交货期、竣工期或提供服务的时间其他供应商、承包商的资格要求招标采购条件;表明将选择最能够满足采购要求的供应商、承包商,并与之签约合同的意向;由各投标方提供采购所需货物、工程或服务的报价及其他响应招标要求的条件,参加投标竞争。经招标方对各招标者的报价及其他的条件进行审查比较后,从中择优选定中标者,并与其签约采购合同。

(一)投标书的结构

由于大部分的园林绿化工程是通过招标确定施工或养护单位的。因此,大部分的园林企业需要通过投标才有可能获得园林绿化建设或养护项目,尤其是大、中型项目。投标者应仔细阅读招标公告,并填写投标书。投标书实际上是一份表格,一般包括投标方授权代表签署的投标函,说明投标的具体内容和总报价,并承诺遵守招标程序和各项责任、义务,确认在规定的投标有效期内,投标期限所具有的约束力,还包括技术方案内容的提纲和投标价目表格式等内容(见表11-1、11-2)。

表11-1 某园林绿化工程项目投标书

投标者姓名		年龄		性别	
身份证号码		电话		手机	
家庭住址				邮编	
所投合同段				投标报价/元	
是否愿意参加二次招标				投标者签字	
投标者基本情况简介 (包括植树经验、组织协调能力、个人信誉、拟采取的施工计划等。本栏不够,可以写于背面)					
承诺书 本人签字宣布同意如下: 1.将按"招标文件"的规定履行相应义务; 2.已详细审查了全部"招标文件",完全理解并同意放弃对其有不明及误解的权利; 3.同意按照贵方要求提供与投标有关的一切数据或资料。 投标者签字: 年 月 日					

表11-2 某公司苗木采购投标书

序号	名称	高度/m	胸径/cm	地径/cm	冠幅/cm	招标数量/株	投标人报价/(元/株)	可供数量/株
1	速生杨		≥2.5			54976		
2	速生杨		≥6			460		
3	毛白杨		≥2.5			3643		
4	垂柳		≥2.5			20645		
5	馒头柳		≥2.5			41746		
6	馒头柳		≥4			27		
7	河南桧	≥1				10570		
8	河南桧	≥3				188		
9	桧柏球				60×60	109		
10	紫穗槐			≥0.6		95280		
11	火炬			≥1		141729		

续表

序号	名称	高度/m	胸径/cm	地径/cm	冠幅/cm	招标数量/株	投标人报价/(元/株)	可供数量/株
12	火炬		≥2.5		冠径50	2300		
13	木槿			≥4		161		
14	木槿	≥1.5				7045		
15	珍珠海	≥1.5				671		
	金银木	≥1.5				922		
	迎春	≥1.5				3		
	丁香			≥3		3		
	花红洋槐					1		
16	金叶女贞					6671		
	紫叶小檗					643		
17	大叶黄杨					5769		
18	黄杨球				冠径60	119		

（二）项目招标

项目招标往往是提出的法人或其他组织的事，但为了参与投标，提高投标的成果率，园林企业的有关管理人员应了解招标的过程。

1. 招标的形式

通常招标的形式有四种：公开招标、邀请招标、两阶段投标和议标。项目招标主要采用公开招标和邀请招标。

（1）公开招标是指招标人以招标公告的方式邀请不特定的法人或者其他组织投标。即招标人按照法定程序，发布招标广告，凡有兴趣并符合公告要求的企业，不受地域、行业和数量的限制均可以申请投标。经过资格审查合格后，按规定时间参与投标竞争。

（2）邀请招标是指招标人以投标邀请书的方式邀请特定的法人或者其他组织投标。由招标人员根据承包者的资信和业绩，选择一定数量的法人和其他组织，向其发出投标邀请书，邀请他们参加投标竞争。招标人向3个以上具备承担项目能力的、资信良好的特定法人或者其他组织发出投标邀请书。

（3）两阶段投标也称两步法招标，是无限竞争性招标和有限竞争性招标相结合的一种招标方式，适用于内容复杂的大型工程项目。通常做法是：先通过公开招标，邀请投标人提交根据概念设计或性能规格编制的不带报价的技术建议书，进行资格预审和技术方案比较，经过开标、评标、淘汰不合格者，然后合格的承包者提交最终的技术建议书和带报价的投标文件，再从中选择业主认为合乎理想的投标人与之签订合同。第1阶段不涉及报价问题，称为非价格竞争;第2阶段才进入关键性的价格竞争。

(4)议标亦称非竞争性招标。这种招标方式的做法是业主邀请一家自己认为理想的承包者直接进行协商谈判,通常不进行资格预审,不需开标。严格来说,这并不是一种招标方式,而是一种合同谈判。但是谈判的双方仍受到市场价格及国际惯例的制约。议标常用于总价较低、工期较紧、专业性较强或由于保密不宜招标的项目。

2. 招标的过程

招标的过程如下。

(1)发布招标公告或投标邀请书:招标公告是招标人以公开方式邀请不特定的潜在投标人就某一项目进行投标的明确意思表示,这是公开招标的第1步。

依法必须进行招标项目的招标公告应当通过国家指定的报刊、信息网络或其他媒介发布。招标广告应包括以下主要内容:①招标人的名称、地址、电话、联系人或招标代理机构的名称、地址、电话、联系人;②招标项目的性质;③招标项目的数量;④招标项目的实施地点;⑤招标项目的实施时间、质量要求;⑥获取招标文件的方法;⑦对投标人的资格要求;⑧报送投标的时间、地点和截止日期;⑨招标的资金来源;⑩招标工作安排等。

投标邀请书是法定招标项目按规定经批准可采用邀请招标方式时,招标人以邀请书的形式邀请事先选定的特定的潜在投标人就某一项目进行投标的明确意思表示。投标邀请书的法定内容与公开招标的招标公告内容一致。

招标单位根据工程具体情况和要求编写资格预审文件,并报招标管理机构审查,同意后刊登资格预审通告,按规定日期、时间发放资格预审文件。资格预审文件应包括以下内容:①投标单位与机构情况;②近3年完成工程的情况;③目前正在履行的合同情况;④过去2年经审计过的财务报表;⑤过去2年的资金平衡表和负债表;⑥下一年度的财务预测报告;⑦施工机械设施情况;⑧各种奖励或处罚;⑨与本合同资格预审有关的其他资料。

(2)资格预审评价:招标人对投标合法性合格的投标人要进行评价,以便淘汰在能力上不合格的潜在投标人。目前国内常用的评价方法是"综合评价法"。具体做法是首先根据工程特点确定评价项目、标准;其次淘汰报送资料不全的潜在投标者。如果投保人数目较多,招标人可以评出项目标准评分,最后根据评分结果从高分到低分确定投标人名单,并向所有合格单位发出资格预审合格通知书,申请单位应在收到通知书后以书面形式予以确认。

(3)发售招标文件:收到允许参加投标通知的潜在投标人,按招标公告或资格预审合格通知书规定的时间向招标人购买或领取招标文件。不进行资格预审的发售给愿意参加投标的单位。投标人收到招标书后,在7日内以书面形式向招标人提出有关疑问或需澄清的问题。

(4)投标预备会:投标预备会的目的在于澄清招标文件中的疑问,解答投标人对招标文件和现场踏勘所提出的疑问。一般可以安排在发售招标文件后7~28天内举行。会议主要内容是:对图纸或有关问题交底;澄清招标文件的疑问或补充修改招标文件;解答投标人提出的疑问;通知有关事宜。

(5)受理投标文件:在投标截止时间前,招标人应做好投标文件受理准备工作,如签收的书面证明,书面证明中列有签收的时间、地点、具体签收人、签收的件数、密封状况和送达人签字。招标单位要对文件的密封标志签收,遵守有关规定,并妥善保管。

(6)工程标底价格的报审:工程施工招标的标底价格在开标前报招标管理机构审定,招标管理机构在规定的时间内完成标底价格的审定工作,未经审定的标底价格一律无效。

标低价格审定完成后应及时封存,直至开标。所有标底价格的人员在截止日后、开标之前都有保密责任,不得泄露标底价格。

(7)开标:就是提交投标文件截止后,招标人在预先规定的时间将各投标人的投标文件正式启封揭晓,这是定标成交阶段的第1个环节。开标、评标就是选择中标人。开标方式可以分成秘密开标和公开开标。公开开标是目前招标投标中的主要方式。

公开开标一般按以下程序进行:①主持人按招标文件中确定的时间停止接收投标文件,开始开标;②宣布开标人员名单;③确认投标人的法定代表人或授权代表人是否在场;④宣布投标文件开启顺序;⑤依开标顺序,先检查投标文件密封是否完好,再启封投标文件;⑥宣布投标要素,并做记录,同时由投标人代表签字确认;⑦对上述工作进行记录,存档备查。

公开开标后,检查投标工作的密封情况。经检查密封情况完好的投标文件,由工作人员当众逐一启封,当场高声宣读各投标人的名称、投标价格和投标文件的其他主要内容,是为唱标。这主要是为了保证投标人及其他参加人了解所有投标人的投标情况,增加开标程序的透明度。

开标会议上一般不允许提问或做任何解释,但允许记录或录音。投标人或其代表应该在会议签到簿上签名以证明其在场。开标后,不得要求也不允许对投标进行实质性修改。唱标完毕,开标会议即结束。

一般情况下,在开标时,招标人对有下列情况之一的投标文件,可以拒绝或按无效标处理:①投标文件密封不符合招标文件要求的;②逾期送达的;③投标人法定代表人或授权代表人未参加开标会议的;④未按招标文件规定加盖单位公章和法定代表人(或其授权人)的签字(或印鉴)的;⑤招标文件规定不得标明投标人名称,但投标文件上有投标人名称或有任何可能的透露投标人名称的标记的。

(8)评标:投标文件一经开拆,即转送评标委员会进行评价,以选择最有利的投标。这一步骤就是评标。评标工作一般按以下程序进行:①招标人宣布评标委员会成员名单并确定主任委员;②招标人宣布有关评标纪律;③在主任委员主持下,根据需要,讨论通过成立有关专业组和工作组;④听取招标人介绍招标文件;⑤组织评标人员学习评标标准和方法;⑥提出需澄清的问题。经评标委员会讨论,并经1/2以上的委员同意,提出需投标人澄清的问题,以书面形式送达投标人;⑦澄清问题。对需要文字澄清的问题,投标人应当以书面形式送达评标委员会;⑧评审,确定中标候选人。评标委员会按招标文件确定的评标标准和方法,对投标文件进行评审,确定中标候选人推荐顺序;⑨提出评标工作报告。在评标委员会2/3以上委员同意并签字的情况下,通过评标委员会工作报告,并报招标人。

经初步评审合格的投标文件,评标委员会根据招标文件确定的评标标准和方法,对其商务部分和技术部分作进一步评审、比较。

商务评审的目的在于从成本、财务和经济分析等方面评定投标报价的合理性和可靠性,并估量授标给各投标人后的不同经济效果。商务评审的主要内容有:①将投标报价与标底价进行对比分析,评价该报价是否可靠、合理;②投标价构成和水平是否合理,有无严重不平衡报价;③审查所有保函是否被接受;④进一步评审投标人的财务实力和资信程度;⑤投标人对支付条件有何要求或给予招标人以何种优惠条件;⑥分析投标人提出的财务和付款方面的建议的合理性;⑦是否提出与招标文件中的合同条款相悖的要求,如重新划分风险,增加招标人责任范围,减少投标人义务,提出不同的验收、计量办法和纠纷、事故的处理方法,或对合同条款有重要保留等。

技术评审的目的在于确认备选的中标人完成本招标项目的技术能力以及所提方案的可靠性。与资格评审不同的是,这种评审的重点在于评审投标人将怎样实施本招标项目。技术评审的主要内容有:①投标文件是否包括了招标文件所要求提交的各项技术文件,它们同招标文件中的技术说明或图纸是否一致;②实施进度计划是否符合招标人的时间要求,注意计划是否科学严谨;③投标人准备用哪些措施来保证实施进度;④如何控制和保证质量,这些措施是否可行;⑤组织机构、专业技术力量和设备配置能否满足项目需要;⑥如果投标人在正式投标时已列出拟与之合作或分包的单位名称,则这些合作伙伴或分包单位是否具有足够的能力和经验是项目顺利实施和完成的保障;⑦投标人对招标项目在技术上有保留条件或建议,这些保留条件是否影响技术性能和质量,其建议的可行性和技术经济价值如何。

(9)中标:中标是招标人根据评价报告和推荐的中标候选人名单最后选定一名投标人为中标者的过程。

(10)合同签订:招标单位与中标的投标单位在规定的期限内签订合同。在约定的日期、时间和地点根据《中华人民共和国经济合同法》及其相关规定,依据招标文件,投标文件双方签订施工合同。

(三)项目投标

1. 投标的前期准备

参与投标竞争是一项十分复杂并且充满风险的工作,因而园林企业正式参加投标之前,需要进行一系列的准备工作。

投标的前期工作包括:成立投标工作组织、参加投标资格预审、研究招标文件、参加标前会议、收集相关信息和调查研究。

(1)成立投标的组织。园林企业应设置专门的工作机构和人员对投标的全部活动过程加以组织和管理。平时多掌握市场动态信息,积累有关资料,遇有招标项目则办理参加投标的手续,研究投标策略,编制投标文件,争取中标。投标人的投标班子应该由经营管理类人才、技术专业类人才、商务金融类人才和合同管理类人才等组成。

为了保守单位对外投标的秘密,投标工作机构人员不宜过多,尤其是最后决策的核心人更应严格限制。

(2)投标资格预审。资格预审资料的准备和提交是与专业资格预审文件及审查的内容和要求相一致的。资格预审项目一般包括5大方面:投标申请人概况、经验与信誉、财务能力、人员能力和设备。

项目性质不同、招标范围不同,资格预审表的样式和内容也有所区别。但一般都包括:投标人身份证明、组织机构和业务范围表;投标人在以往若干年内从事过的类似项目经历(经验)表;投标人的财务能力说明表;投标人各类人员表以及拟往项目的主要技术、管理人员表;投标人所拥有的设备以及为拟投标项目所投入的设备表;项目分包及分包人员表;与本项目资格预审有关的其他资料。

(3)研究招标文件。重点研究招标文件中的下列内容：

①研究投标者须知：应了解招标项目的资金来源，招标项目资金的提供机构，建设养护资金是否落实；了解资金提供机构关于资金使用的有关规定；了解招标文件对投标担保形式、担保机构、担保数额和担保有效期的规定，应注意若有其中之一不符合招标人要求的将列为废标。了解投标文件送达的时限、方式、份数。了解招标人是否允许对招标文件所提出的方案进行更改、调整、建议。

②合同分析：投标单位应注意对合同背景进行分析，其一是项目的合同结构，即业主签多少个合同。不同的专业合同与相关联签订的合同方式、委托监理的方式等；其二是合同的法规背景，给予拟签订的合同相关的法规条款；其三是承包方式、合同计价方式（总价合同、单价合同、成本补偿合同）、合同的风险因素等。

除了以上两个内容以外，还要研究技术规定、分析工程量清单、分析评标办法等。

(4)调查研究，勘查现场。为了获得投标决策的主动权，投标人要广泛收集与招标项目相关的各种信息。通过勘查施工现场、查阅资料、参加有关会议、走访同行专家和地域相关管理机构等多种形式开展信息汇集工作，为投标决策提供必要的依据。

调查的内容主要包括：施工现场自然条件调查、施工条件调查、施工辅助条件调查、生产要素市场调查、潜在的协作单位调查、招标单位及关联单位情况调查、对竞争对手的调查、项目所在地有关机构情况调查、业主及项目情况调查。

2. 投标决策

投标决策包括3方面内容：针对项目招标，或是不投标；倘若去投标，是投什么性质的标；投标中如何采用以长制短，以优胜劣的策略和技巧。

要决定是否参与某项目的投标，首先要考虑本企业当前的经营状况和参加投标的目的。其次，选择投标项目时，要衡量自身是否具备条件参加某项目投标。

(1)判断是否投标的方法与步骤。决策理论有许多分析方法，专家评分法在进行投标决策时仍然时常采用。利用专家评分法进行投标决策的步骤如下：①按照所确定的指标对本企业完成该项目的相对重要程度分别确定权数；②用各项指标对投标项目进行衡量，可将标准划分为好、较好、一般、较差、差5个等级，各等级赋予定量数值，如按1.0、0.8、0.6、0.4、0.2打分；③将每项指标权数与等级分相乘，求出该指标得分。全部指标得分之和即为此项目投标机会总分；④将总得分与过去其他投标情况进行比较或预先确定的准备接受的最低分数相比较，来确定是否参加投标。

(2)报价决策：报价应当根据招标文件的要求和招标项目的具体特点，结合市场情况和自身竞争实力自主报价，但不得以低于成本的报价竞标。

投标报价计算是投标人对承揽招标项目所要发生的各种费用的计算，包括单价分析、计算成本、确定利润方针，最后确定标价。在进行标价计算时，必须首先根据招标文件复标或计算工作量，同时要结合现场踏勘情况考虑相应费用。标价计算必须与采用的合同形式相协调。

(3)投标策略：投标策略是指企业在投标竞争中的指导思想与系统工作部署及其参与投标竞争的方式和手段。

由于招标内容不同、企业性质不同,所采取的投标策略也不相同。下面仅就园林工程投标的策略进行简要介绍。投标策略的内容主要有:

①以信取胜。这是依靠企业长期形成的良好社会信誉、技术和管理上的优势、优良的工程质量和服务措施、合理的价格和工期等因素争取中标。

②以快取胜。通过采取有效措施缩短施工工期,并能保证进度计划的合理性和可行性,从而使招标工程早投产、早收益,以吸引招标人。

③以廉价取胜。在保证施工质量的前提下报低价,这对业主一般都具有较强的吸引力。

④靠改进设计取胜。通过仔细研究原设计图纸,若发现明显不合理之处,可提出改进设计的建议和能切实降低造价的措施。在这种情况下,一般仍然要先按原设计报价,再按建议的方案报价。

⑤采用以退为进的策略。当发现招标文件中有不明确之处有可能拒此索赔时,可报低价先争取中标,再寻找索赔机会。采用这种策略一般要在索赔事务方面具有相当成熟的经验。

⑥采用长远发展的策略。其目的不在于当前的招标工程上获利,而是着眼于发展,争取将来的优势,如为了开辟新市场、掌握某种有发展前途的工程施工技术等,宁可在当前招标工程上以微利甚至无利的价格参与竞争。

(四) 项目合同签约

项目合同是指项目者与中标者为完成项目目标而达成的明确的相互权利和义务关系的具有法律效力的协议。项目合同大致上有:项目总承包合同、项目分包合同、转包合同、劳务分包合同、劳务承包合同、采购合同等。

1. 合同的内容

下面以施工合同为例来说明园林绿化工程合同的主要内容:

(1) 工程范围:具体包括工程名称、工程地点、工程规模、结构特征、资金来源、投资总额、工程的批准文号等。

(2) 建设工期:指整个施工工程从开工至竣工所经历的时间。开工日期通常是指建设项目或单项工程开始施工的日期,通常具体约定开工年、月、日。竣工日期是指全部完成约定的建设项目并达到竣工验收标准的日期。

(3) 中间交工工程的开工和竣工日期:在签订分包合同时,在保证工期的前提下,对单位工程分专业的中间交工项目,具体明确的规定开、竣工日期。

(4) 工程质量:工程质量应当达到有关工程文件的规定,包括工程的适用、安全、经济、美观等各项特性。同时,双方在合同中也可以约定,甲方如要求工程达到优良标准,应当支付给乙方的经济奖励的办法和金额。

(5) 工程造价:以招标、投标方式签订的合同,工程造价应以中标时确定的中标价格为准,也可以在合同中明确规定工程价款的计算原则和计算标准。

(6) 技术资料交付时间。

(7) 材料和设备供应责任。

(8) 拨款和结算:工程价款可预付、中间付,也可以竣工后付,皆由双方自行协商确定。

(9)竣工验收:工程验收应以施工图纸、施工说明书、施工技术等文件为依据。

(10)质量保修范围和质量保证期:双方当事人在约定质量保证条款时,应注意质量保修范围和期限等应当与工程的性质相适应,范围不能过小,期限不能过短。

(11)双方协作事项:要完成一个完整的建设工程,其各个环节、各项活动,都需要双方当事人的相互协作配合,因此,应当在合同中对协作事项予以明确规定。

2.合同的签约

经过实质性谈判,双方当事人就合同的基本条款逐步达成了一致意见。书面合同形成后,当事人各方就应及时签署予以确认,签署时一般要以法人的全称和签署人的姓名、职务作为标准。

3.合同的管理

合同的管理包括签约前的审批,合同的登记和进程管理。

(1)签约前的审批:在合同正式签订以前,要认真审查签订合同的对象、商品、成交条件的内容以及合同的合法性、有效性等。特别要注意以下一些问题:

①对签约的对方,一定要选择资信良好、经营能力较强的专业客户;对资信情况不十分清楚的客户,要控制交易金额,或在一定保护条件下签约;对信用较差、屡次违约客户,应停止往来,尤其是分包合同更要重视这类问题。

②审核价格、金额、支付条件及盈亏幅度;对远期付款条件应慎重考虑并规定审批手续,对不易办到的条件,不能轻易接受。

③交易双方承担的权利义务是否明确、合理可行,有无含糊不清、发生推诿纠纷的可能。

通过审查复核要做到:不签订可能无法执行的合同;不签订留有隐患的合同;不签订不符合法律条例及国际惯例的合同;不签订权利义务不对等的合同;不签订责任条款不明确的合同;不签订无约束力的合同。

(2)合同登记和进程的管理:合同登记和进程管理要求从签订合同开始,对合同的一切活动及履约过程进行登记。这一登记包括合同本身主要交易条款的记载,也包括成交直到结算的进程记录,掌握每一笔合同执行的全过程。

合同的登记从收到对方签字的正本合同开始,以后有关合同的变更、撤销、解除、终止以及合同的争议、调解、仲裁、索赔、理赔都要予以记录。

四、项目管理要素

项目管理涉及各种要素,包括项目的范围、组织、需求和目标、资源、环境等。

1.范围

项目范围管理是确保项目成功完成项目所需的全部工作和完成工作的各个过程,包括范围计划、范围定义、制作工作分解结构、范围核实和范围控制。

范围规划是指制定项目范围管理计划,记载如何确定、核实与控制项目范围,以及如何制定与定义工作分解结构。

范围定义是指制定详细的项目范围说明书,作为将来项目决策的根据。

制作工作分解结构是指将项目大的可交付成果与项目工作划分为较小和更易管理的组成部分。

范围核实是指正式验收已经完成的项目可交付成果。

范围控制是指控制项目范围的变更。

上述过程不仅彼此之间相互作用,而且还与其他知识领域过程交互作用。

2. 组织

组织是项目管理的一项基本职能,包括与之相关的人和资源,及其相互关系。

3. 需求和目标

项目利害相关方的需求通常表现为两类,即必须满足的基本需求和隐含的期望。

必须满足的基本需求包括项目的范围、功能、质量、安全、费用和时间等,这些需求有的通过合同和设计文件等加以表述,有些通过国家的法律法规和标准条例等加以规定。

隐含的期望是指组织、顾客和其他相关方的惯例或一般做法,所考虑的需求或期望是不言而喻的。

上述两类需求和期望都可以用项目目标加以表述。

4. 资源

项目中所涉及的人、机械设备、材料、方法工艺、环境、资金、时间和信息等都属于项目资源,上述资源是有形的,可以称为有形资源。除此以外,项目还存在无形资源,如信誉、关系、知识和文化等。资源的优化配置和动态管理是项目管理的重要内容。

5. 环境

项目的环境包括内部环境和外部环境。

内部环境　是指项目内部所存在的环境因素,如组织、机制、管理、文化、规章制度和领导行为等。内部环境可以通过项目相关方的行为加以改善。

外部环境　是指存在于项目外部的环境因素,如国家政策、地方法规、项目所在地周边硬环境和软环境等。外部环境通常可以通过相关方的行为加以适应。

项目的内部环境和外部环境是一个相对的概念,在一定的条件下,两者是可以转化的。

第三节　园林企业项目管理

实践已经证明,园林企业项目管理是一种行之有效的管理变化的方法。正如著名管理顾问 Peters and David Cleland 所指出的:"在当今纷繁复杂的世界中,项目管理是成功的关键。"在新的市场环境下,越来越多的企业引入项目管理的思想和方法,将企业的各种任务"按项目进行管理",不但对传统的项目型任务实行项目管理,而且还将一些传统的作业型业务当做项目对待,从而实行项目管理。

企业项目管理(Enterprise Project Management,EPM)就是伴随着项目管理方法在长期性组织中的广泛应用而逐步形成的一种以长期性组织为对象的管理方法和模式。其主导思想就是把任务当做项目以实行项目管理,即"按项目进行管理"(Managementh Projects)。企业项目管理就是站在企业高层管理者的角度对企业中各种各样的任务实行项目管理,是一种以"项目"为中心的长期性组织管理方式,其核心是基于项目管理的组织管理体系。

企业项目管理早期的概念是基于项目型公司而提出来的,是指"管理整个企业范围内的项目(managing projects on an enterprise–wide basis)"即着眼于企业层次总体战略目标的实现,对企业中的储多项目实施管理。随着外部环境的发展变化,项目管理方法在长期性组织中的应用已不再局限于传统的项目型公司,传统的生产作业型企业及政府部门等非企业型组织中也已广泛地实施着项目管理。企业项目管理的概念有了较大的发展,企业项目管理已成为一种长期性组织(不局限于企业组织)管理方式的代名词。

一、企业项目管理主要内容

(1)基于项目管理方式的企业组织设计,主要解决:
①目标管理与业务过程;
②绩效评价与激励机制;
③资源管理;
④冲突管理;
⑤项目管理信息系统;
⑥客户关系管理;
⑦项目管理规范与程序。
(2)多项目管理
企业项目管理的核心方法是多项目管理。多项目管理是指在组织中协调所有的项目的选择、评估、计划、控制等各项工作。多项目管理主要包括项目组合管理和项目成组管理。

二、企业项目管理面临的主要问题

企业项目管理模式下由于企业大多数任务是以项目形式完成并实行项目管理,因而企业层次的管理需要适应单个项目实行项目管理的要求,同时从企业总体目标出发也要平衡企业中多个项目间的资源和利益。为此,企业项目管理通常需要解决好下列几个主要的问题:
(1)企业资源效用最大化的问题;
(2)企业与个人的共同成长的问题;
(3)项目间的利益均衡问题;
(4)项目组织的临时性与终身为客户服务的问题。

三、实施企业项目管理所带来的好处

在新的不断变化的市场环境下,项目管理已成为企业发展的有力保障,而企业项目管理也将成为未来长期性组织管理的一种发展趋势。这是因为通过实施企业项目管理可以保证:

1. 组织的灵活性

一直以来多数企业都采取面向职能的管理模式。该管理模式中各部门的职能人员长期固定地待在某个部门中,并且通常只对所在部门负责,当面对不确定性高、跨部门的任务时,组织的效力将难以发挥,组织缺乏必要的灵活性。而企业项目管理采取面向对象(即项目)的管理模式,把项目本身作为一个组织单元,围绕项目来组织资源,打破了传统的固定建制的组织形式。根据项目生存周期各个阶段的具体需要适时地配备来自不同职能部门的工作人员,项目成员共同工作,为项目目标的实现而努力。当该项目完成后,该项目组织解散,项目成员根据工作需要又投入到另一个项目的工作中。此外,根据项目工作的需要及人员的限制,有的成员可以同时参加两个项目。企业项目管理基于任务与目标的管理方式使得组织形式具有了较大的灵活性。

2. 管理责任的分散

按项目进行管理是把企业的管理责任分散为一个一个具体项目的管理责任,由各项目经理具体对各项目负责,确保各项目的执行及完成。此外,各项目经理可以将项目分解为许多小的责任单元,由责任者分别按照要求完成目标,然后综合、汇总。从而管理责任被细分为一个个细小的责任单元,其有利于组织对项目执行情况及成员工作的考核、监督,有利于企业整体目标的实现。

3. 目标为导向解决问题的过程

企业项目管理是一种多层次的目标管理方式。每个项目的目标要与其相关的企业战略目标相适应;每个项目都有具体而明确的目标;项目中的每一任务都有明确的目标;同时,为了便于检查目标的实现情况,还会设立一系列阶段性的目标;从企业的负责人到项目经理,直至项目团队的每一个成员都有各自的目标。企业负责人根据项目实施的目标和情况来考核项目经理,而项目经理只要求项目成员在约束条件下实现项目目标,强调项目实施的结果。项目成员根据协商确定的目标及时间、经费、工作标准等限定条件,独自处理具体工作,灵活地选择有利于实现各自目标的方法,以目标为导向逐一地解决问题,最终来确保项目总体目标的实现,保证企业战略的实现。

4. 对复杂问题的集中攻关

项目团队集中了与项目有关的来自不同部门的人员,他们具有不同的专业知识、专业经验,集中在一起共同为实现项目的整体目标而努力,并经常进行开放、坦诚而及时的沟通,彼此交流信息及想法,相互做出和接受彼此的反馈及建议性的批评。基于这样的合作,团队成员可以对复杂问题集中讨论、集中解决、集中攻关,有利于复杂问题的快速解决,保证项目按期、按质量完成。

5. 实现以目标为导向解决问题的过程

一般来说,列作项目管理的一般是指技术上比较复杂、工作量比较繁重、不确定性很多的任务或项目。如通过传统的面向职能的管理模式来解决列作项目管理的问题,由于各职能部门间以各自利益为重,不注重企业的整体利益,部门间存在利益的冲突,交流沟通不及时,十分不利于项目实施过程中所遇问题的解决。而企业项目管理关注项目整体目标的实现,关注客户对项目实现程度的满意度,并且在项目的实施过程中,团队成员能以项目目标的实现、客户满意度为动力,相互之间充分交流和合作,不断做出科学决策,力争高质量、按时、在预算内完成全部项目范围,保证了问题解决方案的质量和被接受的可能性。

6. 个人及组织发展的机会

在传统的职能式管理模式下,企业员工处在各自独立的部门中,处理仅与该部门专业有关的工作。部门内经验的交流也仅限于某方面的专业知识,没有一个人经历整个管理过程,因而没有人能独立地处理整体性管理问题,从而很难成为综合性的高级管理人才。由于项目往往涉及十分广泛的专业领域,因而项目团队中聚集了来自不同专业领域的专家,团队成员聚集在一起,相互交流不同方面、不同专业的知识,从而有利于个人获取综合性的知识。

此外,项目成员经历了项目管理的整个过程,对与项目管理有关的问题有一个整体的把握,为今后独立处理整体性管理问题积累了经验,有利于员工发展为综合性的管理人才。可见,企业项目管理在保证企业项目成功实施的同时,也为员工个人的发展提供了良好机会。

本章小节

通过本章学习,要求学生理解园林工程项目管理的概念、职能,掌握工程项目经理的职责、工程招投标管理(投标书的结构、项目的招标、项目的投标、项目合同的签约),以及园林建设项目可行性研究报告的写作方法,理解企业成果的分析方法。通过本章学习要具备会拟订园林工程项目招投标书的编写、项目合同的鉴定。

[案例 11-1]

1. 项目背景

该园林企业成立于 1998 年,是具有中国城市园林绿化一级资质的高新技术企业。随着业务的不断拓展,公司产值连年实现 150% 的增长,员工人数也从 20 多人猛增到 300 多人。但与此同时,该市的竞争对手从 2 家增加到现在的 15 家。现在,公司一方面业务忙不过来;另一方面,客户每天都给总经理打电话,请他"帮帮忙",把工期管理严一点,质量控制好一点。而原来很有把握的投标项目,现在也常有失手的时候。交代给以前的几员"大将"的事情,刘总总是有"杀不到底"的感觉。今年的销售额看来只能跟去年持平,没法再增长了。刘总本来已经在荷兰的一家公司谈引进的园林成套技术设备,现在也不得不停下来再看一下。

2. 关键问题

(1)公司已形成了较强的核心竞争优势,但可持续发展的能力没有得到提升,新业务没有得到足够的重视和支持。

(2)企业经营管理与内部管理都没有跟上公司的发展速度。

(3)公司目前的管理不能适应企业的迅速扩张与发展的需要,各项管理机制与运营机制没有建立起来,无法充分调动和发挥员工的积极性,工程成本没有得到有效控制,工程回款率不高的问题没有得到有效解决。

3. 解决方案

(1)建立战略管理组织和战略决策流程。

(2)制定公司战略,建立战略联盟,确立公司的赢利模式。

(3)调整组织架构,健全各项管理制度和培训机制,规范绩效评估指标,完善激励机制。

(4)建立市场营销体系,规范项目运作系统,整合核心业务流程,建立客户管理制度。

4. 项目成果

(1)通过制定公司经营战略,形成企业远景,根据远景确定了公司最优先发展的产品和服务,明确了目标市场并设立了公司经营目标,形成了公司使命。

(2)通过建立战略联盟,增强了市场开发能力和招标能力,扩大了利润渠道,提高了市场竞争力。

（3）通过运用主业精专、生态依存、客户再造3个赢利模式，从不同角度切入市场，从不同途径取得多样化的利润。

（4）通过完善营销体系和客户服务体系，建立合理的激励政策，提高了营销人员的主动性，全面提升了组织营销水平，大大提高了客户忠诚度和满意度。

分析讨论

①你认为除了上述所说的内容，这家企业的关键问题还有什么？

②你认为这家园林企业的诊断方案有什么可取之处？

③如果是你在这企业进行诊断，你还有好的解决方案吗？

思考与练习

一、名词解释

项目管理　　　　　　　　工程项目管理的概念　　　　　企业经营成果
园林建设项目的可行性研究　　项目经理责任制　　　　　　项目招标

二、填空题

1. 项目管理的要素_____、_____、_____和_____。
2. 工程项目管理的职能_____、_____、_____、_____、_____、_____和_____。
3. 项目经理的素质要求_____、_____、_____和_____。
4. 招标的形式_____、_____和_____。
5. 可行性研究报告的特点_____、_____和_____。

三、思考题

1. 简述项目管理的基本职能。
2. 简述工程项目管理的目的。
3. 项目经理的素质包括哪些方面？
4. 招标的形式有几种？
5. 谈谈招标的过程。
6. 工程项目协调的方式有哪些？
7. 企业经营成果分析的具体内容。

四、实训题

根据所学内容从网上寻找资料自拟一份园林绿化工程项目投标书。

第十二章 园林建设项目的可行性研究与企业经营成果分析

目的与要求

1. 了解园林建设项目的可行性研究及报告写作。
2. 掌握园林企业经营成果的分析的内容及方法。
3. 学会园林企业建设项目评价的主要方法及资金时间价值的计算方法。

第一节 园林建设项目的可行性研究的概述

一、园林建设项目的可行性研究的概念

园林建设项目可行性研究是应用多种学科的有关理论和方法,对拟建设项目综合论证的一种具有科学性、预见性、决策性的分析评价方法。它是决定投资项目的基础工作,是投资决策的可靠依据。其任务是:从技术、经济、社会和生态等方面对拟建设项目的影响因素和主要问题,如资源条件、市场需求、社会经济、生产规模、生产方式、技术水平、资金来源、投资效果等进行全面系统的调查研究、分析、评价,选择出生产上可行、技术上先进适用、社会效益显著、经济上合理的最佳方案,为投资经营者提供决策依据。

可行性研究,通常采用系统工程的思维和分析方法,把研究对象视为一个整体,全面考察前后、左右的相关因素和它本身的复杂的时空结构。通过定性与定量分析,研究它们之间的相互影响和制约关系以及对整体的影响程度。所以,可行性研究要从全局出发,考虑整体的综合效果,并从经济、技术方面加以分析,使拟建设项目获得最佳效益。

二、可行性研究报告的写作

1. 可行性研究报告概述

把可行性研究论证的过程和结论用书面文字的形式表述出来,就称作可行性研究报告。它是指在从事一种经济活动(投资)之前,要从经济、技术、生产、供销直到社会各种环境、法律等各种因素进行具体调查、研究、分析,确定有利和不利的因素、项目是否可行,估计成功率大小、经济效益和社会效果程度,是决策者和主管机关审批的上报文件。可行性研究报告的基本任务是,为技术改造、技术开发、基本建设、科学研究、技术引进和设备进口等项目进行方案规划、技术论证、经济核算和分析比较,为项目的决策提供可靠的依据和建议。可行性研究报告有以下的特点:

(1)预测性:可行性研究报告中的分析、论证是在方案实施之前进行的,它主要运用预测的方法,借助对过去的探讨、对目前的研究,得到对未来的了解。预测可以通过召开座谈

会和书面调查等方式进行调查研究,搜集有关信息和资料,并在此基础上提出各种因果关系的预测。即在某一种前提下会产生什么结果,在另一种前提下又会产生什么结果,并做出对项目(事情)的定性分析。预测还可以通过数学模型法来进行,即在全面搜集统计资料的基础上,用正确的经济理论为指导建立数学模型,据以推算经济发展趋势,做出对项目(事情)的定量分析。在实际运用中,各种预测方法也可以结合使用,为可行性研究的准确性和可靠性提供保证。

(2)最满意决策:在可行性研究报告最终确定前,要对研究对象进行全面系统的分析,找出有利与不利因素,分析成功与失败的可能性,权衡所得与所失的各种情况,并在此基础上提出若干种可相互替代的方案和措施。经过反复比较和精确的分析推算,最后选择出最满意的方案,为项目(事情)的最终实施提供科学依据。这种最满意方案可以是优中选优的方案之一,也可以是选择各个方案中的合理部分组合而成。无论是哪种情况,这个最满意方案都应该是最切合该项目(事情)现有的实际情况的,其方案的期望结果与实际收益之间差距也应该是最小的。

(3)实证性:凡要进行可行性研究的项目,各种资源消耗都很大,如果不做局部试验,则很难保证最佳方案不会出现遗漏和偏差。因此,在选定了最佳方案以后,方案的制订者要先进行局部试验,即投入少量资本和装备,持续地进行试验,直到盈利情况已经清楚为止。唯有这样,可行性研究报告才具有实际应用的价值。

(4)综合性:可行性研究是一种多学科、跨部门、跨行业、多层次的综合性研究。它必须在广泛调查研究和充分占有资料的基础上,利用先进的计算技术,对研究对象进行分析和论证。作为可行性研究书面形式的可行性研究报告,它也不可避免地具有综合性这一特征。

2. 可行性研究报告的写作步骤及方法

(1)可行性研究报告写作的步骤:可行性研究报告是可行性研究结果的书面形式,可行性研究是可行性研究报告的先导,因此,撰写可行性研究报告,依赖于可行性研究的进行与开展。可行性研究包括一整套由浅入深的社会、经济、技术的调查研究程序,其主要工作有:

①机会研究:机会研究是对项目(事情)的设想、概念和费用所做的粗略研究,即通过对该项目的资料分析,鉴别该项目是否有进一步研究的价值和必要。如果有价值,就进入到下一步的研究,如果没有价值或价值不大,就重新提出设想,另找他途。机会研究所需要的费用要用大指标匡算,或用已有的类似项目(事情)进行推算。

②初步可行性研究:机会研究阶段所提出的设想,经研究认为可行,就进入到此阶段。其目的在于摸清所投资项目(事情)的产品规模和原料来源、可供选择的技术、工程范围、大致的组织机构、建设时间等情况,并要对项目(事情)的投资提出概算。它的研究重点是资源、市场、工艺、经济、政治、社会、生态等一系列制约条件,并提出总概算。如果上述内容可行,就进入下一个研究阶段,如果不可行,就停止研究。

③可行性研究:这一步研究的目的是为项目的投资决策提供技术、经济方面的依据,即提供一个完整的项目方案,包括项目(事情)中的各个环节,对项目(事情)的风险与机会做出初步评价,并在此基础上编制可行性研究的报告,提出投资总造价。

④评价和决定:在可行性研究的基础上,对所研究项目(事情)的优势和劣势进行比较,做出最后评价和可行或不可行的最终决定。最后评价的内容还包括对财务和盈利的评价。

在我国,现在一般采用资金利税率(利税和总投资费用之比)和税后利润率来评价企业的经济效果。

(2)方法:可行性研究报告的内容尽管因行业的不同、企业性质的不同而各有差别和侧重,但总的说来大同小异。现以园林企业的专题性可行性研究报告为例,扼要介绍如下:

①标题:标题由进行可行性研究的项目名称和文种2部分组成。如"某公园建设投资可行性研究报告",其中"某公园建设投资"是项目名称,"可行性研究报告"是文种。有的可行性研究报告也可以把论证得来的结论作为题目,如"某动物园工程宜早日兴建"就是一种变通形式的标题。有时为了进一步表述清楚,可在主标题下面加副标题。

②正文:正文的写作,是可行性研究报告的主体部分,一般包括以下内容:

总论　总论是对项目作的总说明,主要内容包括项目摘要、可行性研究的依据、主要技术经济指标。

项目背景　项目由来、项目准备过程、项目建设的理由、项目法人基本情况。

项目区基本情况　项目位置、自然人文条件、生产经营现状与分析、基础设施现状与分析等。

市场分析　市场分析、预测与评价,市场营销计划与策略。

项目选址　选址原则、场址条件分析与评价、场址比选。

工程技术方案项目　项目建设方针、项目建设基本目标、项目建设内容与规模、项目建设方案比选、生产技术与设备、工程规划、项目实施计划。

设备物资采购与供应　工程建设设备与物资、生产原材料与能源、采购与供应计划。

组织与管理　项目管理与监督机构、管理培训与技术培训研究、开发与咨询、管理制度。

投资估算与资金筹措　投资估算、资金筹措、资金使用计划、资本金。

财务估算　效益收入估算、建设成本估算、应纳税金估算、投资评价、效益能力分析、清偿能力分析、不确定性分析。

经济评估　国民经济评价参数、国民经济评价、不确定性分析。

社会评价　社会评价参数、社会评价。

环境评价　环境对项目的影响分析、项目对环境的影响分析。

结论与建议　研究结论、建议,需要深入研究的问题。

招投标方案(根据国家计委[2001]第9号令要求增加)、招标范围、招标组织形式、招标方式、其他有关内容。

(3)注意事项

①要客观全面。客观是就资料而言的,撰写可行性研究报告,应尽量搜集和利用已有的资料,诸如近年来单位内、地区内、行业内的生产规模、经济指标、生产标准、建设情报、专利项目、统计计量水平、能源交通状况等,还要到实地去作重点考察,了解建设项目的实际情况。

全面是就研究而言的,参加可行性论证的人员要有代表性,兼顾各方面,尤其是要有权威咨询机构的协助和健全的预审、审查制度。分析要从全局出发,研究手段要完备,力避片面性和主观性,坚决杜绝分析研究中的"马后炮式"(先列入计划,然后再找人作技术、经济分析)、"秘书式"(写作班子仅是为了贯彻某些领导的意图,闭门造车,与实际相去甚远)和"橡皮式"(没有确定的结论,或所得结论不可靠,模棱两可)。

②分析论证要准、深、远。所谓"准",即计算数字要准确,情况要真实,结论要正确;所谓"深",即分析要深入,要透过现象看本质,不能就事论事;所谓"远",即要用发展的眼光看问题,有预见性,预测今后一段时间将会出现的、随着客观环境发展变化的一种可能性或必然性。

第二节 园林企业经营成果的分析

一、经营成果分析的概念

企业经营成果是指一定经营期间的企业经营效益和经营者业绩。企业经营效益水平主要表现在赢利能力、资产运营水平、偿债能力和后续发展能力等方面。经营者业绩主要通过经营者在经营管理企业的过程中,企业经营、成长、发展所取得的成果和所作的贡献来体现。

企业经营成果的分析是指运用数理统计和运筹学方法,采用特定的指标体系,对照统一的评价标准,按照一定的程序,通过将企业一定经营期间的资产运营、财务效益、盈利能力、发展潜力等进行定量和定性对比分析,对企业经营成果和经营风险做出真实、客观、公正的综合评判。

二、经营成果分析的具体内容

(一)园林企业经营成果分析的主要内容

1. 生产情况的分析

主要是区别营林和森工两个方面分析生产活动过程的状况,具体包括:①生产成果的分析,即对产品(作业)的产量、产值、品种、质量等计划指标完成情况的分析。②生产均衡性的分析,即对生产进度的分析。可按年分季分析,也可以按季分月分析,或按月分旬、按月分日分析。③影响生产计划完成情况主要因素的分析,以便查明原因,提出措施,改进工作。④生产技术经济效果的分析,包括作业(产品)设计工艺改进经济效果的分析;推广新技术新品种经济管理效果的分析;技术组织措施(方案)经济效果的分析;以及生产组织状况的分析等等。

2. 劳动情况的分析

主要分析劳动生产率升降情况,由此查明劳动力的配备和使用情况,职工技术业务水平提高以及劳动组织的情况。

3. 原材料、辅助材料、工具、动力消耗的分析

主要反映其消耗量的变化,对单位产品(作业)成本和企业经济产生的影响,以及消耗、占用是否合理,应如何改进等。

4. 机械设备等固定资产使用情况的分析

主要分析利用率,维护修理费用,以及由于这些因素对企业经济效果带来的影响,通过分析提出挖掘潜力,提高利用程度的建议。

5. 成本分析

首先是对全部产品(作业)成本,单位产品(作业)成本和可比产品(作业)成本降低情

况进行分析,然后再对各成本项目的支出情况作分析。

6. 财务分析

主要是对各种资金的占用和利用情况进行分析,对收支状况(包括利润增长情况)进行分析等。

7. 市场分析

依据市场需求,确立企业经营规模,即把市场与企业生产、经营结合起来分析。

(二)企业经营成果指标体系的内容

1. 净资产收益率

由于净资产收益是现行企业经营成果分析指标体系中的主体指标(突出"以效益为中心"的理念),所以它对企业的评价结果影响最大。

(1)基本概念:净资产收益率是指企业一定时期内的净利润同平均净资产的比率。净资产收益率充分体现了投资者投入企业的自有资本获取净收益的能力,突出反映厂投资与报酬的关系。在当前市场经济体制下,以股份制形式来做大企业、增强实力,所有权与经营权分离的情况下,效益是投资者关心的问题,所以净资产收益率成了评价企业资本经营效益的核心指标。

(2)计算公式。净资产收益率的计算公式如下:

$$净资产收益率 = 净利润/平均净资产 \times 100\%$$

(3)内容解释

①净利润:指企业的税后利润,即利润总额扣除应交所得税后的净额,是未作任何分配的数额,受各种政策或其他人为因素的影响较少,能够比较客观、综合地反映企业的经济效益,准确体现投资者投入资本的获利能力。

②平均净资产:它是企业年初所有者权益同年末所有者权益的平均数,即

$$平均净资产 = (所有者权益年初数 + 所有者权益年末数)/2$$

净资产包括实收资本、资本公积、盈余公积和未分配利润。

(4)指标说明:净资产收益率是评价企业自有资本及其积累获取报酬水平的最具综合性与代表性的指标,又称权益净利率,它反映了企业资本运营的综合效益。该指标通用性强,适应范围广,不受行业的局限。通过对该指标的综合对比分析,可以看出企业获利能力在同行业中所处的地位,以及与同类企业的差异水平。通常,企业的净资产收益率越高,表明企业自有资本获取收益的能力越强,运营效益越好,对企业投资人、债权人的保证程度越高。

2. 园林企业绩效评价指标体系

园林企业绩效评价指标体系由基本指标、修正指标和评议指标3个层次共32项指标构成,3个层次的指标实现了多因素互补和逐级递进修正,基本上解决了以往评价指标单一、分析简单的问题,在评价中可以较为全面地考虑影响企业经营和发展的因素。各项指标具体内容如下。

(1)基本指标:基本指标是评价企业效绩的核心指标,由反映企业财务效益状况、资产营运状况、偿债能力状况、发展能力状况的4类8项计量指标构成,用以产生企业绩效评价的初步结果,其主要内容如下。

①财务效益状况包括：

$$净资产收益率 = 净利润/平均净资产 \times 100\%$$

$$总资产报酬率 = 利润总额 + 利息支出/平均资产总额 \times 100\%$$

②资产营运状况包括：

$$总资产周转率(次) = 销售(营业)收入净额/平均资产总额$$

$$流动资产周转率(次) = 销售(营业)收入净额/平均流动资产总额$$

③偿债能力状况包括：

$$资产负债率 = 负债总额/资产总额 \times 100\%$$

$$已获利息倍数 = 息税总额/资产总额 \times 100\%$$

④发展能力状况包括：

$$销售(营业)增长率 = 本年销售(营业)增长额/上年销售(营业)总额 \times 100\%$$

$$资本积累率 = 本年所有者权益增长额/年初所有者权益 \times 100\%$$

(2)修正指标：修正指标用以对基本指标评价形成的财务效益状况、资产营运状况、偿债能力状况和发展能力状况的初步评价结果进行修正，以产生较为全面的企业绩效评价的基本结果，它具体由16项计量指标构成。其主要内容如下：

①财务效益状况具体包括：

$$资产保值增值率 = 扣除客观因素后的年末所有者权益/年初所有者权益 \times 100\%$$

$$销售(营业)利润率 = 销售(营业)利润/销售(营业)收入净额 \times 100\%$$

$$成本费用利润率 = 利润总额/成本费用总额 \times 100\%$$

②资产营运状况具体包括：

$$存货周转率(次) = 销售成本/平均存货$$

$$应收账款周转率(次) = 销售(营业)收入净额/平均应收账款余额$$

$$不良资产比率 = 年末不良资产总额/年末资产总额 \times 100\%$$

$$资产损失比率 = 待处理资产损失净额/年末资产总额 \times 100\%$$

③偿债能力状况具体包括：

$$流动比率 = 流动资产/流动负债 \times 100\%$$

$$速动比率 = 速动资产/流动负债 \times 100\%$$

④发展能力状况具体包括：

$$总资产增长率 = 本年总资产增长额/年初资产总额 \times 100\%$$

$$固定资产成本利率 = 平均固定资产净值/平均固定资产原价 \times 100\%$$

$$3年利润平均增长率 = [(考核期末当年利润总额/3年前年末利润总额)^{1/3} - 1] \times 100\%$$

$$3年资本平均增长率 = [(年末所有者权益总额/3年前年末所有者权益总额)^{1/3} - 1] \times 100\%$$

(3)评议指标：评议指标是用于对基本指标和修正指标评价形成的基本结果进行定性分析验证，以进一步补充和完善基本评价结果。评议指标由8项非计量指标构成，具体包括：①领导班子基本素质；②产品市场占有能力(服务满意度)；③基础管理比较水平；④在岗员工素质状况；⑤技术装备更新水平(服务硬环境)；⑥行业或区域影响力；⑦企业经营发展策略；⑧长期发展能力预测。

三、经营成果分析的常用方法

园林企业经济活动分析可采用的方法很多,在具体分析中究竟采用哪种方法,要根据分析的目的,以及掌握的资料来决定。这里介绍几种运用比较广泛的方法。

(一)对比分析法

对比分析法也称比较法。它是将两个有关的可比数字资料进行对比,来发现问题、寻找差距的一种科学方法。它是经济活动分析中广泛运用的一种最基本的方法。

在运用比较分析时,要注意对比指标的可比性,即在指标的内容、包括的范围、计算时期和计算方法上具有一致性。没有可比性的指标不能比较。

在经济活动中,根据不同的要求,可以应用不同的指标进行对比,来反映经济因素间相互联系的各个方面。对比分析法,主要有计划完成情况分析,历史对比分析,同类事物对比分析等。

1. 计划完成情况分析

计划完成情况指标,是用实际完成数字与计划数相比所得的百分数来表示的,其公式为:

$$计划完成百分数 = \frac{实际完成数}{计划数} \times 100\%$$

$$超额完成(未完成)数 = 实际完成数 - 计划数$$

对计划完成情况的分析,通常是逐旬、逐月、逐季、逐年进行的,也可以在上述各个时间中的某一时间进行。将完成数与计划数相比,除可以说明某一时期的计划完成情况外,还可以说明累计计划完成程度,其计算公式如下所示。

$$本期预计完成百分数 = \frac{期初至本月止的计划完成数}{本期计划数} \times 100\%$$

实际与计划对比分析法,可以在产品产量分析、成本分析、利润分析和资金分析中普遍使用。

2. 历史对比分析

历史对比分析,就是把某一指标在本期的实际完成数与该指标在以前某一时期的实际完成数进行对比。有三种方法:本期和上期对比;本期和去年同期对比;本期和历史最好水平对比。这种历史对比分析法,在产品生产情况分析、成本分析、库存物资分析、原材料消耗分析、资金分析中经常使用,便于观察现象的发展变化,肯定成绩,找出差距。

3. 同类事物对比分析

同类事物对比分析,就是分析某一时期内,同类现象在不同单位、不同地区间的对比关系。这种对比分析得出的指标,叫比较相对指标。其公式为:

$$比较相对指标 = \frac{乙单位(地区)某一现象水平}{甲单位(地区)同类现象水平}$$

在企业内部各生产单位之间,在同行业企业中,甚至在国外先进企业,有许多技术经济指标如产品质量、劳动生产率、单位产品原材料消耗、单位产品成本、产值资金率等,都可采用这种对比分析的方法进行分析。

(二)比率分析法

比率分析法,是计算各项指标之间的相对数,比较各种比率的一种分析方法。这种分析方法可以把不同条件下不可比的指标,变为可比的指标。具体分析时,有以下几种:

1. 相关指标分析

它是将两个性质不同但又相关的指标加以对比,求出比率,以便从经济活动的客观联系中进行分析,了解生产经营的状况。如将资金指标和反映生产成果的产值指标对比,即产值资金指标。据以反映流动资金的利用效果。

2. 构成分析

它是计算某项经济指标的各个组成部分的数量和全体合计数的对比。用以说明各个组成部分在总体中所占的比重,从而掌握该项经济活动的特点和变化趋势。例如,产品成本是由工资、工资附加费、原材料及其他费用构成的,把构成成本费用要素的各个部分与成本总额进行对比,求出其比率,就可以确定成本的构成;然后将各个时期的成本构成相比较,分析观察产品成本构成与提高生产技术和加强科学管理的相互关系,明确进一步降低成本的重点。

[例 12 - 1]

某园林企业 1990 年木材和锯材成本构成情况如表 12 - 1 所示。

表 12 - 1 某林业企业木材和锯材成本构成

	木材		锯材	
	金额(元)	比重(%)	金额(元)	比重(%)
原材料及辅助材料	3010	21.5	1116.16	87.2
燃料和动力	2184	15.6	230.4	1.8
工资及工资附加费	3989	28.5	780.8	6.1
费用	4821	34.4	627.2	4.9
总额	14000	100.0	128000	100.0

从表 12 - 1 的资料可以看出木材和锯材两项生产的情况。在木材成本中,料、工、费占的比重大体上差不多,只是费用的比重大一些;而在锯材成本中,材料费占的比重很大。通过这样的分析,对企业成本管理有很大好处,可以使企业明确降低成本的主要方面。

3. 动态分析

要进行动态分析,首先要掌握积累各时期的统计资料,并编制动态分析数列,然后进行动态指标分析。所谓动态数列,也称时间数列,就是把说明某种经济现象的各个时期的统计资料,按顺序排列所形成的数列。在动态分析中,常用的分析指标有发展速度、增长速度、平均发展和平均增长速度。

(1)增长量

增长量是报告期水平与基期水平之差,是一个绝对数。这是反映某一经济现象在某一时期内的增长情况。增长量有定基增长量和逐期增长量,其计算公式如下所示。

$$定期增长量 = 报告期数值 - 基期数值$$
$$逐期增长量 = 报告期数值 - 前一期数值$$

(2) 发展速度

它是报告期发展水平与基期发展水平之比,是个相对数,用百分数或倍数来表示。它是反映某一经济现象在某一时期内的发展程度,即说明社会经济现象发展变化的快慢。

在计算发展速度时,用来作为比较基数的时期值称为基期数值(基数水平);而用于比较的时期数值称为比较期数值(即报告期水平)。比较期数值和基期数值相比而得到的比值,说明客观事物在原有基础上发展变化的程度。计算公式是:

$$发展速度 = \frac{比较期数值(报告期水平)}{基期数值(基期水平)} \times 100\%$$

在动态分析中,由于比较的基期不同,发展速度有定基发展速度和环比发展速度两种。

定基发展速度,是把比较的基期固定在某一个时期,而把各个比较期的数值都去和这一固定基期数值相比,以说明客观事物在某一个时期的基础上发展变化的情况。如果把报告期末水平与期初水平相比,所得指标表明这种现象在报告内总的发展速度,因此也叫"总速度"。环比发展速度,是以比较期的上一期数值为基数,逐期计算出来的。也就是报告期水平和前一期水平之比。它说明客观事物在上一期的基础上发展变化的情况。如果分析的单位时间是一年,则这个指标就叫"年速度"。

(3) 增长速度

它是根据增长量与基期水平之比来计算的,用来说明某种经济现象在一定时期内的增长速度,公式为:

$$增长速度 = \frac{比较期数值 - 基期数值}{基期数值} \times 100\% = \frac{增长量}{基期数值} \times 100\%$$

$$或:增长速度 = 发展速度 - 1$$

增长速度也可以分为定基增长速度和环比增长速度。计算方法和发展速度的方法相同,只是把比较期数值代之以增长量即可。

增长速度与发展速度是有区别的,但又有联系。

$$定基增长速度 = 定基发展速度 - 1$$
$$环比增长速度 = 环比发展速度 - 1$$

(4) 平均发展速度和平均增长速度

为了反映某一经济现象在某一时期内(五年、十年)发展的一般程度,需要计算平均发展速度和平均增长速度。

平均发展速度,是环比发展速度的平均值。它能反映出某一经济现象从最初期水平发展到最末期水平的平均发展程度。常用的平均发展速度的计算公式是:

$$X = \sqrt[n]{\frac{a_0}{a_n}}$$

式中:X——平均发展速度

a_0——最初期水平

a_n——最末期水平

n——期间数

平均增长速度,又称平均递增率。它说明某种经济现象在一个较长时期中每年平均增长的程度。平均增长速度不能用各个速度直接去求,要用平均发展速度减去1来求得。即:

$$平均增长速度 = 平均发展速度 - 1$$

它的正值表示递增,负值表示递减。

[例12-2]

某花卉企业1995~2000年产品产值如表12-2,试进行动态分析。

表12-2 某花卉企业1995~2000年产品产值

项目	年份	1995	1996	1997	1998	1999	2000
林产品产值(万元)		24	26	28	36	38	44
长量	定基增长量(万元)	/	2	4	12	14	20
	逐期增长量(万元)	/	2	2	8	2	6
发展速度	定基发展速度(%)	100.0	108.3	116.7	150.0	158.3	183.3
	环比发展速度(%)	/	108.3	107.7	128.6	105.6	115.8
增长速度	定基发展速度(%)	100.0	8.3	16.7	50.0	58.3	83.3
	环比增长速度(%)	/	8.3	7.7	28.6	5.6	15.8
平均发展速度(%)		\multicolumn{6}{c}{$X = \sqrt[6]{\frac{44}{24}} = 107.9\%$}
平均增长速度(%)		\multicolumn{6}{c}{平均发展速度 $-1 = 107.9\% - 1$}

(三)因素分析法

因素分析法,是根据指标之间的内在联系分析研究影响变化的方向和程度的一种分析方法。

作为反映企业生产经营活动的经济技术指标,在一定时期的水平,常常是许多因素共同影响的结果。但是各个因素对指标方向程度是不一样的,它们是相互联系地按照同一方向或相反方向对经济指标的变化起着作用。通过指标分析,找出影响指标水平变化的因素,并确定各因素的影响方向和影响程度,这样就找到了指标水平变化的原因。并能分析主次,从而为解决企业存在的问题和改进企业的工作指明方向。因此,因素分析法成为企业经营分析的一种主要方法,而得到广泛应用。

用因素分析法分析指标时,首先要找出影响指标水平变化的因素,并建立能正确反映指标变化与影响因素之间的数学关系式。将各影响因素根据它们之间的依存关系,排列成合理的顺序。最后,按各影响所排的次序,分别计算各影响因素对结果指标的影响程度。

确定各影响因素排列的顺序时,一般是按数量指标在前,质量指标在后;在依次计算中,已经计算过的影响因素,要用实际数指标。

因素分析的具体方法,常用的有连锁代替法、指数法等。

1. 连锁代替法

连锁代替法,是用来计算几个相互联系的因素对综合经济指标影响程度的一种分析方法。通过这种计算,可以衡量各项因素影响程度的大小。连锁代替法既适合于结果指标和影响因素之间是乘积关系的,也适用于结果指标和各影响因素之间是相除关系的。连锁代替法的要点是:每次置换因素的数值,是用其实际数的全值,已计算过的影响因素用实际数,未计算过的影响因素用计算数(基础数)。各因素对结果指标的影响,除第一次转换是本次转换的计算值减去结果指标的计划数外,其余各次是本次转换的计算值减去前一次转换的计算值。

假如用 Y 代表结果指标,X 表示影响因素。若结果指标与影响因素之间是乘积关系,可写成:

$$计划数: \Delta Y_a = X_{a1} \cdot X_{a2} \cdot X_{a3} \cdot X_{a4}$$
$$实际数: \Delta Y_b = X_{b1} \cdot X_{b2} \cdot X_{b3} \cdot X_{b4}$$

式中:下标 a 表示计划数,b 表示实际数,1,2,3,4 表示不同因素的转换顺序。则各因素对结果指标的影响程度,可分别按下式计算:

$$第一次置换: \Delta Y_{x1} = X_{b1} \cdot X_{a2} \cdot X_{a3} \cdot X_{a4} - Y_a = A - Y_a$$
$$第二次置换: \Delta Y_{x2} = X_{b1} \cdot X_{b2} \cdot X_{a3} \cdot X_{a4} - A = B - A$$
$$第三次置换: \Delta Y_{x3} = X_{b1} \cdot X_{b2} \cdot X_{b3} \cdot X_{a4} - B = C - B$$
$$第四次置换: \Delta Y_{x4} = X_{b1} \cdot X_{b2} \cdot X_{b3} \cdot X_{b4} - C = D - C$$
$$因素的总影响程度: \Delta Y = \Delta X_{x1} + \Delta X_{x2} + \Delta X_{x3} + \Delta X_{x4} = Y_b - Y_a$$

式中:A、B、C、D 分别为每次置换的计算值。

[例 12-3]

根据拖拉机集材台班产量的影响资料(见表 12-3),试分析各因素台班产量的影响程度。

表 12-3 拖拉机集材台班产量表

指标名称	计算顺序	定额	实际	备注
生产时间 X_1(min)	1	420	400	
每趟载量 X_2(m³)	2	5	5.4	
每公里往返时间 X_3(min/km)	3	24	22	$Y = \dfrac{X_1 \cdot X_2}{L \cdot X_3 + X_4}$
每趟装卸时间 X_4(min)	4	30	29	
平均集材距离 L		0.5	0.5	
台班产量(m³/台班)		50	54	

实际台班产量:$Y_b = \dfrac{400 \times 5.4}{0.5 \times 22 + 29} = 54 (\text{m}^3/台班)$

定额台班产量:$Y_a = \dfrac{420 \times 5}{0.5 \times 24 + 30} = 50 (\text{m}^3/台班)$

实际台班产量比定额台班产量高 4 m³,分析各因素对产量台班的影响程度。

第一次置换：$\Delta Y_{x1} = \dfrac{400 \times 5}{0.5 \times 24 + 30} - Y_a$

$= 47.62 - 50$

$= -2.38 (\text{m}^3)$

（由于生产时间缩短，使台班产量降低了 2.38 m³）

第二次置换：$\Delta Y_{x2} = \dfrac{400 \times 5.4}{0.5 \times 24 + 30} - 47.62$

$= 51.43 - 47.62$

$= 3.81 (\text{m}^3)$

（由于每趟载量增加，使台班产量增加了 3.81 m³）

第三次置换：$\Delta Y_{x3} = \dfrac{400 \times 5.4}{0.5 \times 22 + 30} - 51.43$

$= 52.68 - 51.43$

$= 1.25 (\text{m}^3)$

（由于每公里往返时间减短，使台班产量增加了 1.25 m³）

第四次置换：$\Delta Y_{x4} = \dfrac{400 \times 5.4}{0.5 \times 22 + 29} - 52.68$

$= 54 - 52.68$

$= 1.32 (\text{m}^3)$

（由于每趟装卸时间缩短，使台班产量增加了 1.32 m³）

由于以上四个因素的共同影响，使台班产量提高，即总影响额为：

$\Delta Y = \Delta Y_{x1} + \Delta Y_{x2} + \Delta Y_{x3} + \Delta Y_{x4} = (-2.38) + 3.81 + 1.25 + 1.32 = 4 (\text{m}^3)$

2. 指数法

研究社会经济现象各个因素的联系，应用着一种特有的分析方法——指数法。指数是表明现象变动的一种相对数。指数体系反映着客观因素之间的联系，因而可以用来进行现象变动的因素分析。

我们知道，从数量方面分析社会经济现象的变动，可以区分两种不同的情况：一种是各现象在数量上可以直接加总的，例如单一产品产量的变动工资总额的变化等等。对这种现象变动的分析，称为简单现象总体的因素分析；另一种是各现象在数量上不能直接加总的，例如不同使用价值的产品产量的变动、不同商品的销量的变动等等。对这种现象变动的综合分析，称为复杂现象总体的因素分析；此外，从指数的发展来看，指数法还可以用于静态，如计划完成程度的分析。从广义来说，指数法的应用范围包括以上情况。只是用来反映不能直接加总的复杂现象总体的综合变动分析，则属于狭义的指数应用范围。下面我们以实例来说明简单现象总体的因素分析方法。

[例 12-4]

某园林企业的总产量、职工人数和劳动生产率资料，如表 12-4 表示。试对各因素变动进行分析。

表12-4 某园林企业有关统计资料

指标	1990年	1991年
总产量(万元)	1200	1515
职工人数(人)	1000	1010
劳动生产率(万元/人)	1.20	1.50

上表资料表明现象因素的变动联系,亦即它们所形成的指数体系为:

$$总产值指数 = 职工人数 \times 劳动生产率指数$$

设 T 为职工人数,Q 为劳动生产率,I 为报告期,O 为基期,则该企业总产值的变动计划如下:

$$总产值指数 = \frac{T_i Q_i}{T_0 Q_0} = \frac{1\,515}{1\,200} = 126.25\%$$

$$T_i Q_i - T_0 Q_0 = 1\,515 - 1\,200 = 315（万元）$$

职工人数的增加程度,即由于职工人数增加而使总产值的增加绝对值为:

$$职工人数指数 = \frac{T_i}{T_0} = \frac{1\,010}{1\,000} = 101\%$$

$$(T_i - T_0) \times Q_0 = (1\,010 - 1\,000) \times 1.20 = 12（万元）$$

劳动生产率的提高程度,及由于劳动生产率提高而使总产值的绝对值为:

$$劳动生产率指数 = \frac{Q_i}{Q_0} = \frac{1.50}{1.20} = 125\%$$

$$(Q_i - Q_0) \times T_0 = (1.50 - 1.20) \times 1\,010 = 303（万元）$$

以上现象因素之间的关系,可以表示如下:

$$\frac{T_i}{T_0} \times \frac{Q_i}{Q_0} = \frac{T_i Q_i}{T_0 Q_0}$$

$$101\% \times 125\% = 126.25\%$$

$$(T_i - T_0)Q_0 + (Q_i - Q_0)T_i = T_i Q_i - T_0 Q_0 = 12 + 303 = 315（万元）$$

以上计算分析说明,该企业稍微增加工人个数的条件下,努力挖掘企业内部潜力,迅速提高劳动生产率,促使生产较大幅度的增长。1991年比1990年部产值增加了315万元,增长速度为26.25%,其中劳动生产率增长速度为25%。由于劳动生产率的提高而使总产值增加303万元;由于职工人数的增加,使总产值增加了12万元。

第三节 园林企业建设项目评价

一、资金时间价值概念

资金时间价值指的是货币在流转过程中随着时间的推移而价值不断增长,它表现为一定数量的货币资金在不同的时间点是具有不同的价值,但是应注意的是并不是所有的货币资金都具有时间价值,而只有那些参与了社会生产、进入社会资金循环的货币资金才能具备时间价值。资金时间价值理论是一种具有广泛实用价值的理论,在我国应用这一理论具有许多积极的社会意义。

第一,这一理论的应用可以促进货币资金得到有效的利用。

第二,有利于投资决策,选择净收益较多的项目进行投资。

第三,在社会主义市场经济和改革开放条件下,分析资金时间价值有利于进行技术引进和利用外资。

二、现金流量与等值

现金流量,是指企业在一定周期内实际支出(流出)的资金和收入(流入)的资金的代数和,因此现金流量有正有负。正现金流量,表示一定研究周期内的净收入;负现金流量,是表示在一定研究周期内的净支出。

在对工程项目进行技术经济分析与评价时,要绘制现金流量时间图。绘制现金流量时间图时,时间单位为利息周期,通常为年;图中现金收入(流入)用向上的箭头表示;现金支出(流出)用向下的箭头表示。

[例12-5]

某工程项目预计初始投资3 000万元,投产后每年销售收入抵成本后为1 000万元。经济寿命为6年,残值为300万元,其现金流量图如图12-1所示。

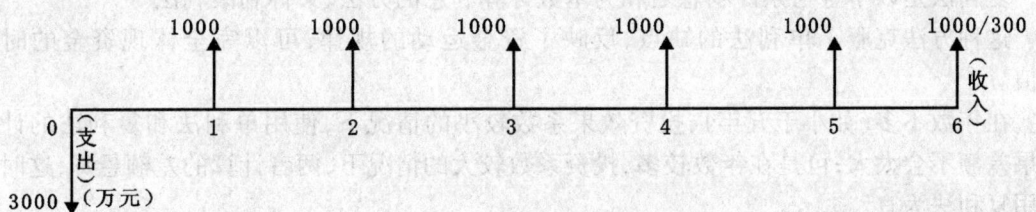

图12-1 某工程项目的现金流量图

不同时间的两笔资金或一系列资金,可按某一利率换算至某一相同的时点使彼此"相等",这就是等值的概念。

[例12-6]

利率为10%,现有100元资金,一年以后将增加利息10元,本利和为110元;又如,利率15%,现有1元资金,到10年、20年后,按复利计算,其本利和将分别为4.046元、16.367元。

我们不能认为,现有的100元比一年后的110元少;也不能认为,10年、20年后的4.046元、16.367元分别比现有的1元多,因其实质是等值的。等值的概念是在技术经济中比较、评价不同时期资金使用效果的重要依据。

三、资金时间价值的计算方法

(一) 单利法

单利法是只对本金计息的方法,每期的利息不再计算,其计算公式为:

$$F = P \cdot (1 + n \cdot i)$$

式中:P——期初一次投入的资金

n——计息期

i——每一计息期的利率

F——n 期末本利和(或回收的金额)

[例 12 - 7]

存入银行 100 元,月利率 6.9%,一年后的本利和为:

$F = 100 \times (1 + 6.9\% \times 12) = 182.8$ 元

这种方法的缺点是每期所得利息不再生息,不考虑利息再投入生产或流通领域参加资金周转,这是不符合资金实际运动规律的,也不能完全反映资金的时间价值,所以在项目评价中不用单利法,而用复利法。

(二) 复利法

复利法是以本金与累计利息之和为基数计算利息的方法,又称利滚利法。

这种方法克服了单利法的缺点,反映了资金运动的规律,可以完全体现资金的时间价值。

在年数不多(如小于五年),投资效果系数较小的情况下,使用单利法和复利法的计算结果差额不会太大;可是在年数较多,投资系数较大的情况下,两者计算的差额悬殊,这时以使用复利法为宜。

1. 普通复利一次支付终值公式

普通复利一次支付终值是指按一定时期和一定利率计算,利息逐期滚算(利上加利)到预定期限的本利总和。其公式为:

$$F = P(1 + i)^n$$

式中 $(1 + i)^n$ 为复利系数,并用另一特定符号 $(F/P \cdot i \cdot n)$ 表示,其数值可从相应的"普通复利系数表"中查得。故上式可简化为:

$$F = P(F/P \cdot i \cdot n)$$

[例 12 - 8]

假设某项投资需借款 10 万元,利率 10%,4 年后归还,本利和为多少?

$$F = 100\,000 \times (1 + 10\%)^4$$
$$= 100\,000 \times 1.4641$$
$$= 146\,410 (元)$$

或查"普通复利系数表"(表12-5)求得：

$$F = P(F/P \cdot i \cdot n)$$
$$= 100\,000(F/P \times 0.10 \times 4)$$
$$= 100\,000 \times 1.464$$
$$= 146\,400(元)$$

2. 普通复利一次支付现值公式

普通复利一次支付现值，是指未来某一时期收到或支付一定的金额，按一定利率进行折算的现值。是普通复利一次支付终值的逆运算。其公式为：

$$P = F[1/(1+i)^n] \text{ 或 } P = F \times \frac{1}{(1+i)^n}$$

式中的 $1/(1+i)^n$ 复利现值系数，可用特定符号 $(P/F \cdot i \cdot n)$ 表示，其数值可从相应的复利系数中求得。故上式可简化为：

$$P = F(P/F \cdot i \cdot n)$$

[例12-9]

假如某项投资五年后建成需100万元，利率10%，求现在应准备的投资数额为多少？

解：$P = F(P/F \cdot i \cdot n)$ 查表求得：

$$P = 1\,000\,000(P/F \cdot 10\% \cdot 5)$$
$$= 1\,000\,000(P/F \cdot 0.1 \cdot 5)$$
$$= 1\,000\,000 \times 0.6209$$
$$= 620\,900(元)$$

把未来的金额折算成现在价值的过程称为"贴现"。

3. 普通复利等额支付序列终值公式

普通复利等额支付序列终值是指在一定时期内，每隔相等的时间(如1年)，收入或支付一定等额款项到终期的本利和。其公式为：

$$F = A\frac{(1+i)^n - 1}{i}$$

式中 A 是等额年金(或年平均收益额)；$\frac{(1+i)^n - 1}{i}$ 为年金终值系数，可用特定符号 $(F/A \cdot i \cdot n)$ 表示，从相应的复利系数表中查得(见表12-5)，故上式中简化为：

$$F = A(F/A \cdot i \cdot n)$$

[例12-10]

假设某投资项目每年收益10万元，利率10%，5年后收益多少？

解：$F = A(F/A \cdot i \cdot n)$
$$= 100\,000(F/A \cdot 10\% \cdot 5)$$
$$= 100\,000 \times 6.105$$
$$= 610\,500$$

表 12-5　普通复利系数表（样表）（10%）

N	F/P	P/F	F/A	A/F	A/P	P/A
1	1.100	0.9091	1.000	1.00000	1.10000	0.909
2	1.210	0.8264	2.100	0.47619	0.57619	1.736
3	1.331	0.7513	3.310	0.30211	0.40211	2.487
4	1.464	0.6830	4.641	0.21547	0.31547	3.170
5	1.611	0.6209	6.105	0.16380	0.26380	3.791
6	1.772	0.5645	7.716	0.12961	0.22961	4.355
7	1.949	0.5132	9.487	0.10541	0.20541	4.868
8	2.144	0.4665	11.436	0.08744	0.18744	5.335
9	2.358	0.4241	13.579	0.07364	0.17364	5.759
10	2.594	0.3855	15.937	0.06275	0.16275	6.144
11	2.853	0.3505	18.531	0.05396	0.15396	6.495
12	3.138	0.3186	21.384	0.04678	0.14676	6.814
13	3.452	0.2897	24.523	0.04078	0.14078	7.103
14	3.797	0.2633	27.975	0.03575	0.13575	7.367
15	4.177	0.2394	31.772	0.03147	0.13147	7.606
16	4.595	0.2176	35.950	0.02782	0.12782	7.824
17	5.054	0.1978	40.545	0.02466	0.12466	8.022
18	5.560	0.1799	45.599	0.02193	0.12193	8.201
19	6.116	0.1635	51.159	0.01955	0.11955	8.365
20	6.727	0.1486	57.275	0.01746	0.11746	8.514
21	7.400	0.1351	64.002	0.01562	0.11562	8.649
22	8.140	0.1228	71.403	0.01401	0.11401	8.772
23	8.954	0.1117	79.543	0.01257	0.11257	8.883
24	9.850	0.1015	88.497	0.01130	0.11130	8.985
25	10.835	0.0923	98.347	0.01017	0.11017	9.077
26	11.918	0.0839	109.182	0.00916	0.10916	9.161
27	13.110	0.0763	121.100	0.00826	0.10826	9.237
28	14.421	0.0693	134.210	0.00745	0.10745	9.307
29	15.863	0.0630	148.631	0.00673	0.10673	9.370
30	17.449	0.0573	164.494	0.00608	0.10	9.427

4. 普通复利等额支付序列现值公式

普通复利等额支付序列现值是指在未来的一定时期内,每阶段的一笔等额收入(或支出)的现在价值。其公式为:

$$P = A \frac{(1+i)^n - 1}{i(1+i)^n}$$

式中 $\frac{(1+i)^n - 1}{i(1+i)^n}$ 为年金现值系数,可有特定符号($P/A \cdot i \cdot n$)表示,其数值可从相应的复利系数表中查得,故上式可简化为:

$$P = A(P/A \cdot i \cdot n)$$

[例 12-11]

假如某工程项目在今后 5 年内,每年能提供收入 20 万元,按复利 10% 计算,现在必须投入多少资金?

解:$P = A(P/A \cdot i \cdot n)$ 查表求得
$= 200\,000(P/A \cdot 10\% \cdot 5)$
$= 200\,000 \times 3.791$
$= 758\,200$

5. 普通复利等额支付序列偿债(存款)公式

普通复利等额支付序列偿债是指要达到一定数额的资金积累,每年必须筹集的资金数量,其公式为:

$$A = F \frac{i}{(1+i)^n - 1}$$

式中 $\frac{i}{(1+i)^n - 1}$ 为偿债基金系数,可用特定符号($A/F \cdot i \cdot n$)表示。其数值可从相应的复利系数表中查得。故上式可简化为:

$$A = F(A/F \cdot i \cdot n)$$

[例 12-12]

假设某基建工程预计在四年后动工,需资金 200 万元,按利率 10% 计算,每年应投入多少资金方能达到目的?

解:$A = F(A/F \cdot i \cdot n)$
$= 2\,000\,000(A/F \cdot 10\% \cdot 4)$
$= 2\,000\,000 \times 0.21547$
$= 43.09$(万元)

6. 普通复利等额支付序列资金回收公式

普通复利等额支付序列资金回收是指一次存入一定数额的资金,每隔一定的时期(如一年)应回收的资金数额。其公式为:

$$A = P \frac{i(1+i)^n}{(1+i)^n - 1}$$

式中 $\dfrac{i(1+i)^n}{(1+i)^n-1}$ 为投资回收系数,可用特定符号 $(A/P \cdot i \cdot n)$ 表示。其数值可从相应的复利系数表中查得,

故上式可简化为:

$$A = P(A/P \cdot i \cdot n)$$

[例 12-13]

某工程项目需投资 100 万元,假设项目每年新增加的收入全部用于还贷,贷款利率按 10% 计算,问每年应增加多少收入方能在 5 年内还清。

解: $A = P(A/P \cdot i \cdot n)$
   $= 1\,000\,000(A/P \cdot 10\% \cdot 5)$
   $= 1\,000\,000 \times 0.2638$
   $= 26.38(万元)$

上述六种复利计算公式归纳为表 12-6 所示:

表 12-6 六种复利计算公式

公式名称	符号	已知道	所求得	计算公式
一次支付终值公式	$F/P \cdot i \cdot n$	现值 P	将来值 F	$F = P(1+i)^n$
一次支付现值公式	$P/F \cdot i \cdot n$	终值 P	现值 P	$P = F\dfrac{1}{(1+i)^n}$
等额支付序列终值公式	$F/A \cdot i \cdot n$	年金 A	将来值 F	$F = A\dfrac{(1+i)^n - 1}{i}$
等额支付序列现值公式	$P/A \cdot i \cdot n$	年金 A	现值 P	$P = A\dfrac{(1+i)^n - 1}{i \cdot (1+i)^n}$
等额支付序列偿债公式	$A/F \cdot i \cdot n$	终值 F	年金 A	$A = F\dfrac{i}{(1+i)^n - 1}$
等额支付序列资金回收公式	$A/P \cdot i \cdot n$	现值 P	年金 A	$A = P\dfrac{i(1+i)^n}{(1+i)^n - 1}$

表 12-6 中的六个公式分为三组:

第一组包括表中的第 1、第 2 两个公式,它相当于银行的整存整取。
第二组包括表中的第 3、第 4 两个公式,它相当于银行的零存整取。
第三组包括表中的第 5、第 6 两个公式,它相当于银行的整存零取。

四、园林企业建设项目评价的主要方法

建设项目的经济评价主要评价项目的投资效果。在实际工作中,进行经济评价时常常采用以下方法。

(一) 投资回收期法

即通过投资回收期的计算、分析,衡量投资效果的一种分析方法。

$$投资回收期 = \frac{项目投资额}{年利润}$$

它表明企业用每年所得的收益偿还原始投资所需年数。投资回收期越短,其投资效果越好。在计算投资回收期限时,可以从项目投资之日起计算投资回收期,也可以从项目投产之日起计算投资回收期。

[例12-14]

某园林局生产某种产品,有两种设备可供选择,甲设备投资10 000元,每年净收入4 000元;乙设备投资9 000元;每年净收入3 000元,试问哪种设备效果好?

甲设备:投资回收期 $= \dfrac{10\ 000}{4\ 000} = 2.5$(年)

乙设备:投资回收期 $= \dfrac{9\ 000}{3\ 000} = 3$(年)

所以,购置甲设备好。

与投资回收期具有相同作用的另一指标是投资效果系数,它是投资回收期的倒数,即:

$$投资效果系数 = \frac{1}{投资回收期}$$

投资效果系数越大,其投资效果越好,反之,不好。它所反映的是单位投资所带来的收益。

当投资方案大于或等于标准投资回收期时,方案不可取,小于标准投资回收期则可取;当投资方案大于或等于标准投资效果系数时,方案可取,反之不可取。

投资回收期还可用现金流量表计算。其公式为:

$$投资回收期 = (累计净现金流量开始出现正值的年份) - 1 + \frac{上年累计净现金流量的绝对值}{当年净现金流量}$$

[例12-15]

某项目现金流量资料见表12-7。

投资回收期 $= 2 - 1 + \dfrac{1\ 000}{1\ 100} = 1.9$(年)

表12-7 某项目现金流量资料　　　　　　　　　　单位:万元

年份	现金流入	现金支出	净现金流量	累计净现金流量
0			-2000	-2000
1	1000		1000	-1000
2	1100		1100	100

续表

年 份	现金流入	现金支出	净现金流量	累计净现金流量
3	1200	-2000	1200	1300
4	1300		1300	2600
5	1400		1400	4000
6	1600		1600	5600
合计			5600	

(二)追加投资回收期

它是指项目投产后所追加的投资能在多长时间内收回。其表达式为：

$$Ta = \frac{K_1 - K_2}{C_1 - C_2} = \frac{\Delta K}{\Delta C}$$

式中：Ta——为追加投资回收期(或称差额静态投资回收期限)

K_1、K_2——分别为方案Ⅰ、Ⅱ的投资

C_1、C_2——分别为方案Ⅰ、Ⅱ的年经营成本

ΔK——为追加投资额

ΔC——为年经营成本节约额

若计算出来的追加投资回收期等于或小于标准投资回收期,则投资大的方案好;反之,投资少的方案好。

追加投资回收期的倒数,称投资效果系数。

在进行多方案对比时,可按各方案的投资额(或年成本费用),由多到少顺序排队,再分别计算追加投资回收期(或投资效果系数),并进行替代式的淘汰。即两两方案对比,从中选出一个方案,淘汰另一个方案,再以选出的方案与没比较的另一方案对比,反复同法对比、淘汰、最后留下一个方案就是最优方案。

[例 12-16]

某园林局,有一工程项目,设计了四个可行方案,见表 12-8。

表 12-8　某园林项目方案数据表　　　　　　　　　　　　单位:万元

名称	方案Ⅰ	方案Ⅱ	方案Ⅲ	方案Ⅳ
投资额 K	290	300	310	320
年成本费用 C	8.4	8.6	6.4	2.5
标准投资回收期	8(年)	8(年)	8(年)	8(年)

方案分析步骤：

(1)按方案投资额(或年成本费用)由多到少顺序排列;

(2)任取两方案进行对比、淘汰、若先比较方案Ⅰ和方案Ⅱ,因 $K_2 > K_1$,$C_2 > C_1$,所以,淘汰方案Ⅱ,保留方案Ⅰ;再用方案Ⅰ与方案Ⅲ比较,即 $T_{3:1} = \frac{310-290}{8.4-6.4} = 10$(年),大于标准投

资回收期8年,所以淘汰Ⅲ,保留方案Ⅰ;最后用方案Ⅰ与方案Ⅳ相比,即 $T_{4:1} = \frac{320-290}{8.4-2.5} =$ 5.1(年),小于标准投资回收期8年,所以,淘汰方案Ⅰ,保留方案Ⅳ,且为最佳方案,因为它符合标准回收期的要求。

上面介绍的投资回收期和追加投资回收期的计算都没有考虑资金的时间价值对方案经济效益的影响,不能衡量和比较各方案未收入的现值。同时也忽略了各方案回收期后的效益,所以,上述两个指标的计算常和其他方法结合应用。

(三)年费用法

把不同方案的年平均费用总额进行比较以评价其经济效益的方法,称年费用法。年费用是指按标准投资效果系数分摊给每年的投资与每年平均支出的成本费用(或年经营费用)之和,通常用下式表示:

$$AC = \frac{K}{T_0} + C \text{ 或 } AC = E_0 K + C$$

式中:AC——标准投资回收期年费用

K——投资总额

T_0——标准投资回收期

C——年成本费用

E_0——标准投资效果系数

年费用越少,其方案的经济效益越好。若方案的年销售收入不同,年利润越大的其经济效益越好。

仍以上例说明,因标准投资回收期为8年,所以,标准投资效果系数为 $E_0 = \frac{1}{8} = 0.125$

方案Ⅰ年费用 $= \frac{290}{8} + 8.4 = 0.125 \times 290 + 8.4 = 44.65$(万元)

方案Ⅱ费用 $= \frac{300}{8} + 8.6 = 0.125 \times 300 + 8.6 = 46.10$(万元)

方案Ⅲ用 $= \frac{310}{8} + 6.4 = 0.125 \times 310 + 6.4 = 45.15$

方案Ⅳ费用 $= \frac{320}{8} + 2.5 = 0.125 \times 320 + 2.5 = 42.50$(万元)

方案Ⅳ费用最低,所以,方案Ⅳ最佳,同上法结论相同。

若考虑资金的时间价值,年费用公式可用下式表示:

$$AC = K\left[\frac{i(1+i)^n}{(1+i)^n - 1}\right] + C = K(A/P \cdot i \cdot n) + C$$

式中:n——方案的有效年限

仍以上例说明,若基准收益率 i 为10%;方案有效年限 $n = 15$ 年。

方案Ⅰ年费用 $= 290 \times 0.1315 + 8.4 = 46.54$(万元)

方案Ⅱ年费用 $= 300 \times 0.1315 + 8.6 = 48.05$(万元)

方案Ⅲ年费用 = 310 × 0.1315 + 6.4 = 47.17(万元)
方案Ⅳ年费用 = 320 × 0.1315 + 2.5 = 44.58(万元)
所以,方案Ⅳ最佳。

需要指出的是,在进行多方案比较时,其时间要具有可比性。

(四)净现值法(NPV)

净现值是指投资项目建成后,在使用年限内所预计的每年收入和支出费用一定的贴现率折成现值,其两者的差额即为净现值。常用下式表示:

$$NPV = \sum_{i=1}^{n}(C_1 - C_0)_i a_i$$

式中:NPV——净现值;
C_1——现金流入(现金收入);
C_0——现金流出(现金支出);
$(C_1 - C_0)$——t 年的净现金流量(即现金收入与现金支出的差额);
n——为计算期;
a_i——为贴现系数,即 $1/(1+i)^n$。

净现值大于或等于 0 时,投资效果好,项目可取,反之不好。

[例 12 - 17]

某林业局,拟建一个苗圃,其现金流量情况,见表 12 - 9。

$$NPV = -8 \times \frac{1}{(1+0.1)^1} + 6.3 \times \frac{1}{(1+0.1)^2} + 6.3 \times \frac{1}{(1+0.1)^3} + \cdots + 6.3 \times \frac{1}{(1+0.1)^{10}}$$
$$= 26.46$$

由于该项目的净现值大于 0,所以,项目可取。

表 12 - 9 某苗圃现金流量情况

项目 年份	现金收入	现金支出					现金流量		按10%贴现率计算净现值	
		合计	其中				现金流量	累计现金流量	贴现系数	净现值
			总投资	经营费用	税金	贷款利息				
1	28	36	12	19.8	3.5	0.7	-8	-8	0.909	-7.27
2	35	28.7		24.1	4.2	0.4	6.3	-1.7	0.826	5.2
3	35	28.7		24.1	4.2		6.3	4.6	0.751	4.73
4	35	28.7		24.1	4.2		6.3	10.9	0.683	4.30
5	35	28.7		24.1	4.2		6.3	17.2	0.621	3.91
6	35	28.7		24.1	4.2		6.3	23.5	0.564	3.55
7	35	28.7		24.1	4.2		6.3	29.8	0.513	3.23

续表

年份＼项目	现金收入	现金支出				现金流量		按10%贴现率计算净现值	
		合计	其中			现金流量	累计现金流量	贴现系数	净现值
			总投资	经营费用	税金	贷款利息			
8	35	28.7		24.1	4.2	6.3	36.1	0.467	2.94
9	35	28.7		24.1	4.2	6.3	42.4	0.424	2.67
10	35	28.7		24.1	4.2	6.3	48.7	0.386	2.43
流动资金	2					2	50.7	0.386	0.772
总计	345	270.3	12	236.7	41.3	1.1	50.7		26.46

(五)内部收益率法(IRR)

它是指项目在计算期内各年净现金流量现值累计等于0时的贴现率,其表达式为:

$$\sum_{i=1}^{n}(C_1-C_0)_i a_i = 0 \text{ 或 } \sum_{i=1}^{n}(C_1-C_0)_i \frac{1}{(1+i)^n} = 0$$

其中的 i 就是所求解。

若投资方案实现后,每年净收益相等,内部收益率可写成:

$$\sum_{i=1}^{n} A\left[\frac{(1+i)^n-1}{i(1+i)^n}\right] - K_0 = 0$$

式中:A——每年相等的现金收入

K_0——原始投资

内部收益率是反映建设项目经济效益的一项基本指标。

在经济评价中,内部收益率应与部门或行业的基准收益率 i_0 比较,当 $IRR > i_0$ 时,项目可行。在进行方案对比时,以 $IRR > i_0$ 为最大者方案最优,因为 IRR 表示一个方案本身每年盈得的利润率,一般来说应大于贷款利润。

内部收益率的计算比较复杂,可通过逐次测试法求得。其方法是:首先估计一个内部收益率,然后按此利率计算净现值。若所得净现值正好为0,则内部收益率可求;若求出的净现值为正,说明 i_1 估计过小,再用高一点的利率测试。若求出的净现值为负,说明 i_1 估计偏高,可用再低一点的利率测试,直至净现值接近或等于0为止。在实际工作中往往通过内插法求出,其公式为:

$$\text{内部收益率}(IRR) = i_1 + (i_2 - i_1) \times \frac{|NPV|_1}{|NPV|_1 + |NPV|_2}$$

式中:i_1、i_2——分别为试算的低、高贴现率

$|NPV|_1$、$|NPV|_2$——分别为用低、高贴现率计算的净现值的绝对值

[例 12-18]

现仍以表 12-6 的有关数值为例说明内部收益率的求法,见表 12-10。

表 12-10　内部收益率计算

年份	现金流量	贴现率为78%			贴现率为79%		
		贴现系数	净现值	累计净现值	贴现系数	净现值	累计净现值
1	-8.0	0.562	-4.496	-4.496	0.599	-4.472	-4.472
2	6.3	0.315	1.9845	-2.5115	0.313	1.9719	-2.5001
3	6.3	0.177	1.1151	-1.3946	0.175	1.1025	-1.3976
4	6.3	0.100	0.6300	-0.7664	0.100	0.6300	-0.7676
5	6.3	0.056	0.3528	-0.4136	0.056	0.3528	-0.4148
6	6.3	0.031	0.1953	-0.2183	0.030	0.1890	-0.2258
7	6.3	0.018	0.1134	-0.1049	0.017	0.1071	-0.1187
8	6.3	0.010	0.0630	-0.0419	0.010	0.0630	-0.0557
9	6.3	0.006	0.0378	-0.0041	0.005	0.0315	-0.0242
10	6.3	0.003	0.0189	-0.0148	0.003	0.0189	-0.0053
合计			0.0148				

$$IRR = 0.78 + (0.79 - 0.78) \frac{|0.0148|}{|0.0148|_1 + |0.0053|_2}$$

$$= 0.78 + 0.01 \times 0.74$$

$$= 0.78 + 0.0074$$

$$= 0.7874$$

即 78.74%

该项目的内部收益率(78.74%),大于银行贷款利率10%,所以,项目可行。

在采用内插法求内部收益率时,两个相邻的 i_1 和 i_2 贴现率之差,不应超过2%。

(六) 净现值指数法(NPVR)

我们知道,在进行方案比较时,一般来说,建设项目的净现值越大越好。但是,当两个方案的净现值相同时,若投资额不同,这时应以投资少的方案为佳。所以,在多方案比较时,还必须用净现值指数加以说明。

净现值指数是指建设项目的净现值与其投资值之比。其表达式为:

$$净现值指数(NPVR) = \frac{净现值(NPV)}{投资现值(PVI)} \times 100\%$$

净现值指数越大,投资效果越好。

(七) 投资贷款偿还能力的计算方法

1. 投资贷款利息的计算

按照现行财经制度规定,投资贷款分别不同行业,实行差别利率,按复利计算。

(1) 建设期投资贷款利息,其计算公式如下:

$$本年应计投资贷款利息 = (年初投资贷款及利息累计 + \frac{本年贷款支用数}{2}) \times 年利率$$

建设期各年利息相加之和,即为建设项目建设期贷款利息。

(2)投产期投资贷款利息,其计算公式如下:

$$每年应计投资贷款利息 = (年初投资贷款及利息累计 + \frac{本年还本付息数}{2}) \times 年利率$$

此公式适用于"年初投资贷款及利息累计数"大于当年还款资金来源;若前者小于后者,则采用下式计算:

$$还清投资贷款年份贷款利息 = \frac{年初贷款及利息累计}{2}$$

2. 投资贷款偿还期估算方法

最简单的方法是列表进行估算,见表12-11。

[例12-19]

表12-11中,第4-7两行数值是按投资贷款利息的计算公式求出的,如建设期第2年的利息为:$(2\,042 + \frac{3\,000}{2}) \times 4.2\% = 149$(万元),投产期第4年的贷款利息为:$(4\,357 - \frac{1\,420}{2}) \times 4.2\% = 153$(万元),第6年贷款利息的计算,由于上年本息结转数(780万元)小于偿还本息数(2 190万元),所以,第6年贷款利息为$(780 \div 2) \times 4.2\% = 16$(万元);第9行偿还本息包括利润总额,可用于还款的折旧,可用于偿还的其他收益和扣除偿还期中的企业留利等。

表12-11 投资贷款利息汇总表

序号	项目	建设期		投产期			
		1年	2年	3年	4年	5年	6年
1	上年本息结转	0	2042				
2	当年投资贷款	2000	3000				
3	贷款合计(1+2)	2000	5042				
4	贷款利息	42	149				
5	贷款本息合计(3+4)	2042	5191				
6	上年本息结转			5191	4357	3090	780
7	贷款利息			196	153	80	16
8	利息累计			196	394	429	445
9	偿还本息(偿还能力)			1030	1420	2390	2190
10	贷款本息结欠(9-6-7)			-4357	-3090	-780	1394

从表12-11中的第10行可知,贷款本息欠数等于0的年份就是还清贷款的年份(第6年)。贷款的偿还期还可以结合表12-11的有关数据,按下列公式计算:

$$贷款偿还期 = [偿还后开始出现正值的年份] - 1 + [\frac{当年应偿还贷款数}{当年可用于还款的收益额}]$$

$$= 6 - 1 + \frac{780 + 16}{2190} = 5.4(年)$$

五、比较方案时应注意的问题

在方案的比较中,为了反映比较的相对经济性,符合经济标准的要求,必须使方案在经济上具有可比性。一般来说要遵循以下四个原则:

(1) 满足需要的可比性。相互比较的方案必须是满足相同的需要,否则,它们的目标不同,解决的问题不同,方案之间就无法相互比较。

(2) 劳动耗费的可比性。为了正确地进行经济效益比较,必须从整个社会和整个国民经济观点出发,要考虑方案的社会全部消耗费用,而不是只从国民经济中个别部门的观点,从个别环节、个别部门的劳动耗费出发考虑。同时,在方案比较中,还要注意劳动消耗的计算范围、计算方法、计量单位的口径必须一致。

(3) 价格指标的可比性。在方案比较时,所采用的价格必须要一致,否则,就不能真实反映方案的经济效益。对商品的季节差价,地区差价以及评价、议价等差别,应统一按不变价格或平均价格计算。

(4) 时间上的可比性

一是要用相同长短的计算期来比较方案的经济效益;二是要考虑时间因素对方案的投入、产出的影响。同样数量的投入、早占用早消耗,对社会经济损失就比迟占用消耗的大。相同数量的产品,早生产则可以早发挥效益。所以,方案比较要考虑时间因素,对树立资金周转观念、利息观念、投入产出观念等都有十分重要的意义。

本章小结

本章对园林建设项目的可行性研究及报告的写作进行讲述。园林项目建设成果怎样;经营成果要进行分析则采用相应的方法,对比分析法,比率分析法和因素分析法;而园林项目进行的如何,必须进行评价,并对其投资回收期法,追加投资回收期,年费用法,净现值法(NPV),内部收益率法(IRR),净现值指数法(NPVR),投资贷款偿还能力的计算方法和资金时间价值的计算方法进行介绍。

[案例 12-1]

已知某园林建设项目有三个方案进行比选,见表 12-12,试用投资回收期期望值及标准偏差进行方案评价。

表 12-12 某园林建设项目基础资料

序号	项目指标	方案 A	方案 B	方案 C
1	投资额(万元)	80	90	110
	概率(%)	30	40	30
2	年净现金(万元)	13	15	16
	概率	25	50	25

讨论分析:依据期望值、标准偏差和相对标准计算公式,可分别求出投资额和年净现金的期望值标准偏差和相对标准偏差。

[案例 12-2]

某园林建设项目有关投资、净现金收益的期望值见表 12-13。

表 12-13 某项目投资、净现金收益的期望值

序号	项目指标	期望值	标准偏差	相对标准偏差
		（1）	（2）	（3）	（4）=（3）÷（2）
1	投资额	$80×0.3+90×0.4+100×0.3=90$	±7.75	±8.6
2	年净现金	$13×0.25+15×0.5+16×0.25=14.25$	±1.09	±7.4

投资回收期望值 = 90/14.75 = 6.1（年）

投资回收期相对标准偏差 = $\sqrt{(投资额相对标准偏差)^2+(年净现金相对标准偏差)^2}$

投资回收期相对标准偏差 = $\sqrt{(8.6\%)^2+(7.4\%)^2}$ = 11.3%

换算成以年为单位的相对标准偏差:6.1 年 × 11.3% = ±0.69 年

评价:该项目投资回收期在 5.4 年~6.8 年之间变动,投资回收期的最大可能为 6.1 年。

思考与练习

一、名词解释:

园林建设项目的可行性研究　　企业经营成果　　投资回收期

二、填空题:

1. 可行性研究报告的特点有_____、_____、_____、_____和_____。

2. 园林企业经营成果分析,常用的方法_____、_____、_____和_____。

3. 园林企业建设项目评价的主要方法有_____、_____、_____、_____和_____。

三、简答题

1. 简述可行性研究报告写作的步骤及方法?

2. 简述企业经营成果指标体系的内容?

3. 简述比较方案时应注意的问题?

四、计算题

1. 某园林工程项目投资 120 万元,一年建成,产品经济寿命周期为 5 年,交付使用每年开支为 50 万元,销售收入 80 万元,基准收益率 10%,请分别用净值法和内部收益率法分析该项目是否可行。

2. 某园林企业拟投资建设一项目,现有个方案可供选择,具体资料见表 12-14。

表 12-14 某项目投资、年收益与概率

项目	A 方案	B 方案	概率(%)
投资额(万元)	400	150	
经济寿命(年)	10	10	
销路好	150	70	0.7
销路一般	80	35	0.1
销路差	-10	10	0.2

另知,寿命周期末固定资产残值 A 方案为 55 万元,B 为 23 万元。

试问:该项目应选哪个方案才可获得较大的现值收益(贴现率 8%)？

五、实训题

对某一园林工程项目调查并进行建设项目的评价。

主要参考文献

[1] 王祖和. 现代工程项目管理. 北京:电子工业出版社,2007.1
[2] 白思俊. 现代项目管理概论. 北京:电子工业出版社,2006.10
[3] 朱明德. 园林企业经营管理. 重庆:重庆大学出版社,2006.8
[4] 李梅. 园林经济管理. 北京:中国建筑工业出版社,2007
[5] 芦维忠,冉福祥. 现代林业管理. 陕西:西北农林科技大学出版社,2003.4
[6] 汪永太. 企业经营与管理. 北京:电子工业出版社,2007.1
[7] 邵冲. 人力资源管理例案. 北京:清华大学出版社,2006.10
[8] 孙跃纲. 政治经济学. 北京:科学出版社,2004年6月
[9] 鲍观明. 现代流通企业信息化管理与实践. 北京:科学出版社,2003.4
[10] 王进科. 企业管理案例. 北京:中国社会学出版社,2006.5
[11] 韩纪江,胡星主编. 发展经济学. 北京:中国农业大学出版社,2003.1
[12] 吴忠平. 现代企业管理. 北京:机械工业出版社,2003.4
[13] 王进科. 企业管理案例. 北京:中国社会学出版社,2006.5
[14] 郭毅陈,洪安科主编. 市场营销案例. 北京:清华大学出版社,2006.3
[15] 胡奕明. 财务分析案例. 大连:大连理工大学出版社,2001.8
[16] 戴庚先. 现代企业管理. 北京:电子工业出版社,2005.5
[17] 王焘. 园林经济管理. 北京:中国林业出版社,1997.1
[18] 周学安. 城市园林绿化经济管理. 辽宁:辽宁大学出版社,1994.5
[19] 朱清贞. 财务管理案例教程. 北京:清华大学出版社,2006.9
[20] 董舜琪. 现代企业经营业管理. 北京:首都经济贸易大学出版社,1992.9
[21] 程云喜. 现代企业管理. 河南:河南人民英雄纪念碑出版社,2005.8
[22] 冉福祥. 林业经济管理概论. 北京:中国林业出版社,1997.4
[23] 何钢. 园艺与园林经营管理. 北京:中国矿业大学出版社,2006.3